HH, 5/ 7/ 18

DIAKONIE
Bildung – Gestaltung – Organisation

Herausgegeben von

Jürgen Gohde
Hanns-Stephan Haas
Klaus Hildemann
Beate Hofmann
Heinz Schmidt
Christoph Sigrist

Band 7

Hans-Jürgen Benedict

Barmherzigkeit und Diakonie

Von der rettenden Liebe zum gelingenden Leben

Verlag W. Kohlhammer

ISBN 978-3-17-020158-3

Inhalt

Vorwort

In diesem Jahr feiert die evangelische Diakonie den 200. Geburtstag des Begründers des Rauhen Hauses und der Inneren Mission, Johann Hinrich Wichern. Erschüttert von den Zuständen in den Elendsquartieren der gerade erst beginnenden industriellen Gesellschaft, hatte sich Wichern mit großem Eifer und organisatorischer Phantasie für „Gottestaten der rettenden Liebe" an den verlorenen und armen Menschen eingesetzt. Er wollte zugleich mit der Bekämpfung von Entsittlichung und Armut die Rechristianisierung der Gesellschaft. Herausgekommen ist dabei die Diakonie als Zweitstruktur neben den Gemeinden und die Schaffung eines großen Wohlfahrtsverbandes in dem dual organisierten Sozialstaat.

Das Wichernjahr findet statt in einer Zeit, in der sich der Sozialstaat durch Deregulierungen auf dem Arbeitsmarkt (*working poor*) und veränderte Sozial- und Arbeitslosengesetzgebung (Hartz IV) zum Nachteil der Geringverdienenden und Langzeitarbeitslosen verändert hat. Einer Zeit aber auch, in der zivilgesellschaftliche Projekte der Barmherzigkeit, ähnlich wie zu Wicherns Zeiten das lebendige karitative Vereinswesen, die neue Armut bei Millionen von Menschen erträglich machen (sollen).

Ein großer ökumenischer Kongress „Kirchen gegen Armut und Ausgrenzung" hat im März 2008 in Heidelberg die Forderung erhoben, den Armen mehr öffentliche Mittel zum Aufbau von Selbsthilfeorganisationen zur Verfügung zu stellen. Zugleich forderte er von einer Kirche „mit den Armen" den „Aufbau eines Netzwerks von Kirchengemeinden gegen Armut und Ausgrenzung", ähnlich wie Wichern 1848 auf dem Kirchentag in Wittenberg eine „heiliges Liebesnetz" diakonischer Initiativen forderte.

Die in diesem Band versammelten Texte (zum Teil auf Vorträgen beruhend) sind in den letzten 13 Jahren entstanden, beginnend 1995, als sich diese Entwicklung abzuzeichnen begann, bis in die unmittelbare Gegenwart der Hartz IV-Reform, der 1-Euro-Jobs, der Armutsprojekte. Es gibt eine große Bewegung von zehntausenden von Ehrenamtlichen, die an der Not ihrer Mitmenschen nicht vorübergehen. Täglich eine halbe Million Menschen nimmt die Hilfe der Tafeln, Vesperkirchen und Suppenküchen in Anspruch. Wie aber ist das einzuschätzen?

Barmherzigkeit ist nach biblischem Verständnis nicht mildtätige Herablassung, sondern ein Verhalten, das auf die Umsetzung des barmherzigen Handelns in soziale Rechte abzielt. Das Erbarmensrecht verpflichtet die Diakonie, gegen die Minderung von sozialen Rechten oder gegen die Ausgliederung des Sozialen aus dem Recht Protest zu erheben. Am Maßstab dieser erbarmensrechtlichen Tradition geht das Buch Stationen der Diakoniegeschichte nach – vom alttestamentlichen Sozialrecht über das Hilfehandeln Jesu bis zur kari-

tativen Mission der frühen Kirche, von Wicherns Konzept der rettenden
Liebe Mitte des 19.Jahrhunderts zum zivilgesellschaftlichen Neuansatz der
Diakonie am Ende des 20. Jahrhunderts. Erörtert wird die Frage nach der
Aktualität von Wicherns Familienerziehung angesichts des Problems ver-
nachlässigter Kinder. Das 2. Kapitel erweitert den Diakoniebegriff um die
Dimension der Beauftragung und des Dazwischengehens. Was bedeutet dies
für das Professionsverständnis des Diakonenberufs, für die höchst gemischte
Mitarbeiterschaft der Diakonie, für engagiertes anwaltliches Handeln im
bröckelnden Sozialstaat? Im 3. Kapitel wird das Verhältnis von Diakonie und
Zivilgesellschaft am Beispiel der neuen Sozialkultur und Armutsorientierung
erörtert. Im 4. Kapitel geht es um den Neuansatz gemeinwesenorientierten
Handelns der Diakonie und um die Stadtteilorientierung gemeindlicher Diakonie. Hat die Diakonie mit der Erinnerung an die Gabenökonomie nicht
auch theologisch etwas Neues einzubringen, das für diese Gemeinwesenarbeit von Bedeutung sein kann? Die ironische Auslegung der Geschichte
vom reichen Jüngling durch Heinrich Heine sowie die rundfunkhomiletische
Erörterung von Arm und Reich in Gestalt von Andachten ergänzen diese
kritischen Beiträge.

Dem einflussreichen Wohlfahrtsverband Diakonisches Werk und einer
Kirche, die sich aufs Kerngeschäft konzentrieren will, werden immer wieder
kritische Fragen gestellt. Die Erinnerung an die Option für die Armen spielt
dabei eine wichtige Rolle. Das scheinbar allzu moralische Insistieren erweist
sich angesichts des bröckelnden Sozialstaats und der Zunahme von Armut
trotz des wirtschaftlichen Aufschwungs nicht als überflüssig. Ein Kongress
wie der oben erwähnte, das zunehmende Engagement von Kirchengemeinden in der Arbeit mit den Armen, die stärkere anwaltliche Rolle der Diakonie
in Fragen eines zweiten Arbeitmarktes zeigen, dass solche insistierenden
Interventionen auf Tagungen der Diakonie hilfreich waren.

Der Evangelischen Hochschule für Soziale Arbeit und Diakonie des Rauhen Hauses, dem Vorsteher des Rauhen Hauses, Dietrich Sattler und der
Nordelbischen Kirche danke ich für die Druckkostenzuschüsse.

Hamburg, im Mai 2008   *Hans-Jürgen Benedict*

I. Barmherzigkeit und Gerechtigkeit

Barmherzigkeit mit Gerechtigkeit verbinden[1] – ein Weg aus dem Dilemma der Diakonie

Die soziale Kälte und die diakonische Wärmestube

Im ersten Finale der Dreigroschenoper, uraufgeführt 1927 in Berlin, kurz vor der Weltwirtschaftskrise, tritt der Bettlerkönig Peachum, mit der Bibel in den Händen auf, und singt:

> Das Recht des Menschen ist 's auf dieser Erden, / Da er doch nur kurz lebt, glücklich zu sein, / Teilhaftig aller Lust der Welt zu werden, / Zum Essen Brot zu kriegen und nicht einen Stein. / Das ist des Menschen nacktes Recht auf Erden. / Doch leider hat man bisher nie vernommen, / Daß einer auch sein Recht bekam – ach wo! / Wer hätte nicht gern einmal Recht bekommen. / Doch die Verhältnisse, sie sind nicht so.

Wer genau hinhört, merkt: Peachum zitiert hier den Prediger Salomo, die alttestamentliche Skepsis, die realistisch das Unrecht, das unter der Sonne geschieht, benennt, die Bosheit des Menschen und seine Vergänglichkeit. Aber er schlägt auch das andere große Thema der Bibel an: dass die Menschen ihr Recht bekommen, dass Gerechtigkeit herrscht, die in der Bibel als Reich Gottes bezeichnet wird. Zwar sind die Verhältnisse nicht so, aber wie können sie so werden? Die Antwort Bertolt Brechts: Wir müssen die Welt ändern, damit der Mensch gut in ihr sein kann. Nur: im Parodie-Finale der Dreigroschenoper lässt er den reitenden Boten des Königs auftreten und Gnade vor Recht ergehen. Der Schlusschor singt zur Orgel: „Verfolgt das Unrecht nicht zu sehr, in Bälde/ Erfriert es schon von selbst, denn es ist kalt./ Bedenkt das Dunkel und die große Kälte/ In diesem Tale, das von Jammer schallt." Eine realistische, stark protestantisch getönte Zustandsbeschreibung unserer Welt. Theodor W. Adorno bemerkte einmal: „Es war einer der großen Impulse des Christentums, die alles durchdringende Kälte zu tilgen" – und es ist damit

---

[1] Dieser Beitrag ist die überarbeitete Fassung eines Vortrags an der Evangelischen Fachhochschule des Rauhen Hauses am 29.06.1994. Er wurde zuerst abgedruckt in H.-J. Benedict (Hg.), Wenn die Posaune einen undeutlichen Ton gibt, Hamburg 1995, 50–72.

gescheitert.[2] Denn: Liebe lässt sich nicht predigen, und wenn man versucht, sie zu leben (so meine Fortsetzung des Gedankens Adornos), so kommt in dieser großen Kälte allenfalls eine „Wärmestube" zustande. Wärmestube, so nennt eine große christliche Diakonie-Organisation in Dänemark die Räume in den Städten, wo die Verlierer der Gesellschaft etwas zu essen bekommen, sich rasieren und waschen, ihre Kleider reinigen und mit einem Mitarbeiter reden können. Die große Kälte, das Dunkel und die diakonische Wärmestube – Gerechtigkeit soll hergestellt werden, aber es reicht nur zur Barmherzigkeit. Wenn das der Schluss wäre, könnte ich jetzt abbrechen. Aber ich möchte genauer nachfragen und fange mit dem Begriff an, der im Zeitalter sozialer Hilfe, auf die ein Rechtsanspruch besteht, fast überholt erscheint. Barmherzigkeit steht unter dem Verdacht der bloßen Linderung von Not und karitativer Kosmetik, hat zudem den Beigeschmack von Herablassung. Die Geschichte jüdisch-christlicher Barmherzigkeit gegenüber den Nöten der Welt scheint an ihr Ende gekommen, der barmherzige Samariter als Prototyp des Helfenden in der Zeit vor der Entstehung des modernen Sozialstaats ein Auslaufmodell. Aber das wäre doch eine allzu schnelle Erledigung dieses Begriffs. Er hat durch die Entwicklung, die wir als „neue Armut" oder „Armut im Wohlstand" als bedrängende soziale Realität in unseren glitzernden Cities täglich erfahren, eine neue Aktualität erhalten. Denn Barmherzigkeit als Übersetzung des lateinischen *misericordia* heißt ursprünglich: ein Herz für die Armen haben. Das irritierende B (vor arm) stammt von dem Wort ‚erbarmen', das auch als ‚abarmen' auftaucht, also sich dem Armen, dem Miser, zuwenden, im Sinne: ihn von Armut befreien. Allein sprachlich[3] gesehen verlangt die neue Armut nach Barmherzigkeit, d.h. nach Wahrnehmung von Armut und dem Herzenswunsch, sie abzuschaffen

Barmherzigkeit ist bis heute ein stark durch die Bibel bestimmtes Wort geblieben; also frage ich zunächst nach dem biblischen Befund. In seiner Bibelübersetzung gibt Martin Luther mit Barmherzigkeit einen Sachverhalt wieder, der im Hebräischen durch fünf verschiedene Begriffe ausgedrückt wird. „Sie beschreiben alle etwas, das hervorbrechen und Gestalt in einer konkreten Handlung annehmen kann."[4] Vor allem bei Gott, aber auch beim Menschen. Dabei ist die Barmherzigkeit nie ein bloßes Gefühl, sondern äußert sich immer in der Tat.

---

[2]   Th.W. Adorno, Erziehung nach Auschwitz in: Ders., Gesammelte Schriften Bd. X,2, Frankfurt 1977, 688.

[3]   Vgl. F. Kluge, Etymologisches Wörterbuch der deutschen Sprache, 22. Aufl. Berlin 1989, 61.

[4]   Gustav Wingren, Artikel Barmherzigkeit IV, in: Theologische Realenzyklopädie, Bd 5, Berlin / New York 1980, 23.

1. Der Barmherzige – ein kostbarer Name Gottes

Von Gottes Barmherzigkeit erzählt das Alte Testament auch dort, wo das Wort nicht ausdrücklich erwähnt wird. Ich denke an die Situationen, in denen Gott Not und Elend des Menschen wahrnimmt und ihre Klage hört. Die vor Sarah in die Wüste fliehende Hagar wird von einem Engel des Herrn getröstet und nennt Gott daraufhin: „Du bist ein Gott, der mich sieht" (Gen 16,13). Als sie später, in einer Variante dieser Geschichte, von Abraham mit ihrem Sohn Ismael verstoßen wird, in der Wüste ohne Wasser umherirrt, ihr Kind unter einen Strauch legt und sagt: „Ich kann nicht ansehen des Knaben Sterben" und sich einen Bogenschuss entfernt hinsetzt und weint, spricht der Engel: „Was ist dir, Hagar? Fürchte Dich nicht; denn Gott hat gehört, die Stimme des Knaben, der dort liegt (…) und Gott tat ihr die Augen auf, dass sie einen Wasserbrunnen sah" (Gen 21,15ff). Gott rettet Ismael vor dem Tod und macht ihn zu einem großen Volk – eine Vorabbildung der Rettung Israels. In der ersten Begegnung des geflohenen Mose mit Gott am brennenden Dornbusch spricht der Herr: „Ich habe das Elend meines Volkes in Ägypten gesehen und ihr Geschrei über ihre Bedränger gehört. Ich habe ihre Leiden erkannt und ich bin herniedergefahren, dass ich sie errette aus der Ägypter Hand und sie herausführe aus diesem Land" (Ex 3,6f). Gott sieht, hört, erkennt und teilt das Elend, um es zu verändern. Barmherzigkeit, d.h. sich betreffen lassen, herunterkommen und handeln, Gott ist ein heruntergekommener Gott.

Von Gottes Barmherzigkeit und Erbarmen ist in der hebräischen Bibel häufig die Rede, viermal so häufig wie im Neuen Testament. Besonders die formelhafte Aussage vom „barmherzigen und gnädigen Gott" hat sich, ausgehend von dem späten Text Ex 34,6f eingeprägt.[5] Wiederum begegnet Mose Gott, als er zum Berg Sinai mit den zwei Tafeln heraufsteigt und Jahwe sich ihm im Stil einer göttlichen Selbstbeschreibung kundgibt: „Gott, barmherzig und gnädig, geduldig und von großer Gnade und Treue, der da Tausenden Gnade bewahrt und vergibt Missetat, Übertretung und Sünde". Bewegender und schöner kann es kaum ausgedrückt werden, was das Wesen Gottes ist; es ist fast schon eine Vorwegnahme der Rechtfertigung des Sünders aus Gnade allein, wie Paulus sie zum Zentrum der Guten Botschaft macht. Und darüber hinaus ist die Benennung Gottes als des barmherzigen und gnädigen Gottes eine Gemeinsamkeit, die die drei großen monotheistischen Religionen verbindet. Unter den 99 Namen Allahs sind die beiden wichtigsten: ar-Rahman, der Erbarmer, und ar-Rahmin, der Barmherzige; jede Sure des Korans beginnt mit ihnen. Und das Judentum ist trotz seiner schrecklichen Leidensgeschichte bis in die Gegenwart dabei geblieben, Gott vor allem als den

---

[5] Zu dieser Formel s. Horst D. Preuß, Artikel Barmherzigkeit I, in: Theologische Realenzyklopädie Bd. 5, 223.

Barmherzigen anzurufen (so wie das schon die Beter in den Psalmen taten). Wichtig ist folgende Beobachtung: Von Gottes Erbarmen und Barmherzigkeit wird vermehrt gesprochen und danach gefragt in der Zeit der Krise Israels, kurz vor dem Exil und während des Exils. Einerseits wird die Bedrohung Israels als Gericht Gottes über die sozialen Sünden des Volkes gedeutet. Aber bereits Hosea war davon überzeugt, dass Gott sein Volk trotz seiner Untreue nie ganz verlassen wird. Die Formel des neuen Bundesschlusses lautet bei ihm: „Ich will mich dir verloben in Gerechtigkeit und Recht, in Gnade und Barmherzigkeit" (Hos 2,21). Besonders Deuterojesaja wird zum Verkünder der Barmherzigkeit Gottes: „Ich habe dich einen kleinen Augenblick verlassen, aber mit großer Barmherzigkeit will ich dich wieder sammeln" (Jes 54, 7).[6]

Wie das aus Ägypten erlöste Volk den starken und rettenden Gott beschreibt, so das nachexilische Israel den barmherzigen und treuen Gott. Gott erbarmt sich über den Sünder, seine Barmherzigkeit ist viel größer als sein Strafbedürfnis. Gott steht zu seinen Versprechen, er hält Israel die Treue, vergibt die Schuld („Wo ist solch ein Gott wie Du, der die Sünde vergibt", Mi 7,18), auch wenn Israel selbst dafür nichts einbringen kann. Diese Beobachtung zur Entstehung der vermehrten Rede von der Barmherzigkeit Gottes zeigt also: Auch wenn Gott umfassend Gerechtigkeit will, so handelt er doch vor allem partikular barmherzig, indem er heilt und wiederherstellt.

Noch ein Blick auf die Barmherzigkeit des Menschen, die besonders in den nachexilischen Texten der Weisheit beschrieben wird. Sie äußert sich als Fürsorge gegenüber den Armen und Elenden, aber auch gegenüber dem Vieh. Sie zeigt sich besonders beim Leihen und Geben. Die zentrale und gewagte Spitzenaussage lautet: „Wer sich des Armen erbarmt, der leiht Gott, und der wird ihm vergelten, was er Gutes getan hat" (Spr 19,17). Gott ist der Anwalt der Waisen und aller sozial Schwachen; wer sich ihnen zuwendet, hilft somit Gott als diesem Anwalt. Die Werke der Barmherzigkeit, die der Mensch tut, entsprechen also hier schon Gottes barmherzigem Handeln. Es

---

[6] Für Barmherzigkeit steht hier das hebräische *rachamim*, der Plural von *rächäm* gleich Mutterschoß. Hier ist also das Gefühl der Zuneigung und Liebe angesprochen, wie es von der Mutter gegenüber dem schwachen Kind empfunden wird. Dabei geht diese Haltung aber nicht im Gefühl auf, sondern wird als Leben erhaltendes konkretes Tun verstanden. Interessant ist, dass Verb wie Substantiv fast nur von Gott ausgesagt werden, diese Barmherzigkeit ist also des männlichen Gottes weibliche Seite, mit einem Schuss von Regression: zurück in den Schoß der Mutter. Ähnlich ist es bei *chäsäd*, dem zweiten hebräischen Hauptwort für Barmherzigkeit, auch Güte oder Freundlichkeit zu übersetzen. Früher wurde es primär als bundesgemäßes Verhalten und Gegenseitigkeitsverhältnis gedeutet, wie etwa im Bund zwischen David und Jonathan (1. Sam 20,1–17). Es meint aber auch die Tat mit der ihr zugrundeliegenden Gesinnung, sprich der spontanen Zuwendung. Noch einmal Deuterojesaja, der von Gott dem Erbarmer spricht (Jes 49,10) und im gleichen Kapitel den Vergleich mit der Mutterliebe anführt: „Kann auch ein Weib ihres Kindleins vergessen, dass sie sich nicht erbarme über den Sohn ihres Leibes, und ob sie seiner auch vergäße, so will ich doch deiner nicht vergessen" (Jes 49,15).

ist eine ganz einfache Ethik des Teilens mit den Anderen, wobei Gott der Platzhalter des Anderen, besonders des Armen ist.

2. Gottes Sein ist im Werden der Gerechtigkeit

Wie aber steht es mit dem Verhältnis von Barmherzigkeit und Gerechtigkeit im Glauben Israels? Ein „oder" zwischen diesen beiden Worten wäre ganz undenkbar, sie gehören sowohl im göttlichen wie im menschlichen Handeln zusammen. In Israel hat das Reden von Gerechtigkeit seinen ursprünglichen Ort in der Rechtspflege. Es ist die Aufgabe des gerechten Richters, in einer durch soziale Ungleichheit charakterisierten Gesellschaft dem Schwachen zu seinem Recht zu verhelfen. „Du sollst das Recht des Armen nicht beugen in seiner Sache" heißt es in der ältesten Rechtssammlung, dem Bundesbuch (Ex 23,6). Ein gerechter Richter muss also ein barmherziger Richter sein, einer, der ein Herz für die Armen hat. Gegen das Schwergewicht der Macht- und Rechtsverhältnisse verschafft er dem Schwachen und Unschuldigen (im Hebräischen: dem Gerechten) Recht, hört seine Klage, so wie Gott Israels Klage hörte und ihm gegenüber dem mächtigen Ägypten Recht verschaffte. Gerade was die gerechte Behandlung oder Nichtunterdrückung von Fremdlingen, Witwen und Waisen betrifft, wird immer wieder an das Knechtsein in Ägypten erinnert, aus dem Gott Israel durch seine Liebe und Barmherzigkeit befreite (Lev. 19,33f; Ex 22,20). Das Recht allein ist eben noch keine Garantie für seine Durchsetzung, es gehören Barmherzigkeit als bundesgemäßes Verhalten und Rechtstreue dazu. So klagen die Propheten des 8. Jahrhunderts vor allem die Bestechlichkeit der Richter und die ungerechte Behandlung der kleinen Leute durch die herrschende Klasse an. Ich erinnere nur an die Weherufe Jesajas über die Sünden der Großen („Weh denen, die den Schuldigen gerecht sprechen", Jes 5,23) und an Amos scharfe Attacke auf die sozialen Freveltaten Israels („Ihr wandelt das Recht in Gift und die Frucht der Gerechtigkeit in Wermut", Am 6,12). Was aber ist die Ursache für die Verkehrung des Rechts? Hosea stellt fest: „Der Herr hat Ursache zu schelten, die im Lande wohnen, denn es ist keine Treue, keine Barmherzigkeit und keine Erkenntnis Gottes im Lande, sondern Verfluchung, Morden, Stehlen und Ehebrechen haben überhand genommen" (4,1). Und noch deutlicher in jenem Spruch, den Jesus zweimal in der Auseinandersetzung mit den Pharisäern zitiert: „Denn ich habe Lust an der Barmherzigkeit und nicht am Opfer, an der Erkenntnis Gottes und nicht am Brandopfer" (6,6).

Ohne die Wahrnehmung der Not der Schwachen und die Bereitschaft, diese zu ändern, ohne Barmherzigkeit, so diese Aussagen, hat es das Recht schwer sich durchzusetzen. Eine Gesellschaft, die Recht und Verfassung hat, muss auch den tatkräftigen, barmherzigen Willen haben, ihnen Geltung zu verschaffen. Gerechtigkeit ist also in der Praxis auch Barmherzigkeit als

Wahrnehmung der Leiden und als Hilfe für Menschen in Not. Und zweitens: es kann sein, wenn man sich in kultischen bzw. kulturellen Formen um Lebenssinn und um Gott bemüht, dass man dabei die Wahrnehmung von Menschen in Not versäumt und so keine Barmherzigkeit übt. Die Ablösung der sozialen Verpflichtung vom religiösen und kulturellen Verhalten ist eine Ursache der gegenwärtigen Unbarmherzigkeit. So formulierte es schon der Prophet Amos im Namen Gottes: „Ich bin euren Feiertagen gram und verachte sie und mag eure Versammlungen nicht riechen. Tu weg von mir das Geplärr deiner Lieder, denn ich mag dein Harfenspiel nicht hören. Es ströme aber das Recht wie Wasser und die Gerechtigkeit wie ein nie versiegender Bach" (Am 5,23f).

Der letzte Satz war das Motto Martin Luther Kings in seinem Eintreten für Bürgerrechte und soziale Gerechtigkeit. Gott ist die Quelle dieser Gerechtigkeit, ja, man könnte zugespitzt sagen, Gott ist jene Gerechtigkeit, die den Armen und Bedrängten Recht verschafft.

In einem jener großartigen Texte der hebräischen Bibel, in denen es wie ein Ruck durch die Geschichte der religiösen Erkenntnis geht, hält der Gott Israels in der Götterversammlung eine Anklagerede gegen jene Götter, die es versäumen, für das Recht der Armen einzutreten. „Schafft Recht dem Armen und der Waise und helft dem Elenden und Bedürftigen zum Recht. Errettet den Geringen und Armen und erlöst ihn aus der Gewalt der Gottlosen" (Ps 82, 3f). Weil das die anderen Götter nicht tun, werden sie abgesetzt. Wer die Parteinahme für die Armen versäumt, kann nicht Gott, nicht tragender Grund der Wirklichkeit und Wort des Anrufs sein. Gottes Sein ist im Werden der Gerechtigkeit, Gottes Existenz gebunden an die Option für die Armen. „Ist vielleicht die Frage nach dem Sein Gottes und die Frage nach der Gerechtigkeit ein und dieselbe Frage? Am Ende der ganzen religionsphilosophischen Bemühung um Gottes Wirklichkeit, am Ende dieser Bemühung, ihn zu fassen hinter den Dingen, hinter dem Erlebnis, hinter der Kultur – kurzum seines Seins irgendwie habhaft zu werden, steht der Schrei nach Gerechtigkeit."[7]

Gerechtigkeit und Barmherzigkeit gehören also zusammen und werden auch zusammen genannt (Ps 36,11; Jer 9,23). Es ist der Gott der Barmherzigkeit, der sich mit der Gerechtigkeit identifiziert. Wenn Gott als gerechter Richter bezeichnet wird, geht es vor allem um die Rettung der Unschuldigen. So appelliert Abraham (Gen 18,23ff) an Gottes Pflicht zur Gerechtigkeit, die es verbietet, Unschuldige mit Schuldigen zu verurteilen. Die Jona-Geschichte ist ebenfalls von Gottes Verschonungswillen bestimmt; der Prophet will nicht Gottes Barmherzigkeit verkünden und muss doch nach Ninive, um dort erfolgreich Buße zu predigen. Und wo Hiobs Freunde Gottes strafende Ge-

---

[7] Diese großartige Bemerkung stammt von Hans Iwand, Nachgelassene Werke, Bd. 2, München 1966, 54f.

rechtigkeit verteidigen, führt Hiob Gott gegen Gott ins Spiel: „Siehe, auch jetzt noch ist mein Zeuge im Himmel und mein Fürsprecher ist in der Höhe. Unter Tränen blickt mein Auge zu Gott auf, dass er Recht verschaffe dem Mann bei Gott" (Hiob 16,19; 19,25). Auch Gott kann leidunempfindlich werden, den Schmerz der unschuldig Leidenden vergessen und ihre Gerechtigkeit. Und da ist es dann die Klage seiner Menschenkinder, die ihn aufstören aus seiner Apathie oder seiner bloß rechtlichen Gerechtigkeit. Rufe wie „Mein Gott, mein Gott, warum hast Du mich verlassen?" (Ps 22,2) oder „Eile doch, mich zu befreien" (Ps 40,14; 70,2) zeigen diese Grenzerfahrung an. Es ist das tiefe Geheimnis der Barmherzigkeit, ja des Schmerzes Gottes, dass Gott schließlich selbst ins Leiden geht.[8]

3. Barmherzigkeit heißt: mit Gott kooperieren

Ich kann mich jetzt beim Neuen Testament kürzer fassen. Das Erbe der hebräischen Bibel, Gesetz und Propheten, ist in zwei denkwürdigen Sätzen Jesu zusammengefasst. Bei Matthäus sagt er in der Bergpredigt: „Trachtet zuerst nach dem Reich Gottes und nach seiner Gerechtigkeit" (6,33). Bei Lukas in der Feldrede: „Seid barmherzig, wie auch euer Vater barmherzig ist" (6,36). Zum letzteren: Zunächst einmal sagt Jesus damit, der Mensch kann barmherzig sein, er ist in der Barmherzigkeit der Nachahmer und damit der Mitarbeiter Gottes. Gott und Mensch bilden sozusagen eine Barmherzigkeitskooperative, er im Himmel, wir auf Erden oder genauer: er durch uns auf Erden. Die Geschichte vom barmherzigen Samariter erzählt das auf eindrückliche Weise, sie hat Geschichte gemacht.[9] Der Samariter sieht, hat Erbarmen und hilft, in dieser Reihenfolge. *Esplagchniste* – er wurde von Mitgefühl ergriffen, er ließ sich anrühren, er hatte Erbarmen. Mit eben diesem Verb wird das Erbarmen des Vaters im Gleichnis vom verlorenen Sohn gekennzeichnet. Das griechische *splagchne* meint die Eingeweide als Sitz des Mitgefühls und die Handlung, die aus diesem Mitgefühl entsteht. Mit eben diesem Wort wird Jesu Reaktion in den Wundergeschichten beschrieben, wenn er kranke und hungrige Menschen sieht (Mk 6, 34; 8,4). Das griechi-

---

8   Angemerkt sei: Die strafende Gerechtigkeit Gottes gegen die Gottlosen und Missetäter wird nicht verleugnet, ja, in den Psalmen sogar flehentlich herbeigerufen, Ps 35,24; 34,18f. Die Gerechtsprechung des schuldlos Leidenden hat die Strafe für den Missetäter zur Konsequenz. Missetat wird bestraft bis ins dritte und vierte Glied, heißt es in Ex 34,6 f. Das meint den Schuldzusammenhang in einer mehrere Generationen umfassenden Großfamilie. Aber der Akzent liegt auf der Freisprechung der Schuldlosen, auf der Rettung der Unterdrückten. Das kennzeichnet Gottes Gerechtigkeit und deswegen ist sie so verwandt mit Barmherzigkeit und Treue.

9   Bis hin zum Feuerwehrjubiläum in Seedorf im Wendland (dort liegt unser Ferienhaus), wo der Arbeitersamariterbund zusammen mit dem Rettungshubschrauber Christoph 19 und der Feuerwehr die Rettung zweier mit ihrem Auto verunglückter Jugendlicher auf hohem technischem Niveau probte.

sche Wort entspricht in gewisser Weise dem hebräischen *rachamin*. Es geht um eine tiefe innere Bewegung, die zentral zu unserem Menschsein gehört: sich von Not anrühren zu lassen und zu helfen. Knud Loegstrup nennt dies eine „souveräne Daseinsäußerung".[10] Solche Äußerungen bemächtigen sich des Menschen ohne vorherige längere ethische Reflexion. Diese Handlungsweise ergreift uns ähnlich spontan wie Liebe, Zutrauen, Aufrichtigkeit. Solche souveränen Daseinsäußerungen sind im Unterschied zu den zwanghaften lebensbewahrend und schützend, also konstruktiv. Sie entsprechen damit Gottes Leben schaffendem und bewahrendem Handeln. In einer interessanten Auslegung des Gleichnisses vom barmherzigen Samariter nennt Gerd Theißen dies Verhalten „antiselektiv".[11] Antiselektiv handelte Gott, als er Israel aus Ägypten befreite, denn Israel war laut einer pharaonischen Inschrift zur Vernichtung bestimmt. Noch einmal sei der Hinweis erlaubt, dass göttliches und menschliches Handeln genau parallel verlaufen: Hinsehen, hören, wahrnehmen, sich betreffen lassen, sich herabbeugen, teilnehmen, helfen. Wie Gott, so auch wir, sagt ein alter rabbinischer Satz. Es gibt keine besondere christliche Begründung für dieses Handeln. In Jesu Beispielgeschichte ist der Samaritaner bekanntlich ein religiöser Außenseiter, die Kultpersonen hingegen haben wie zu Amos' Zeiten das Soziale vom Religiösen getrennt: Sie gehen am Elenden vorüber. Der Konflikt zwischen Barmherzigkeit und institutionalisierter Frömmigkeit also auch hier. Was aber wichtiger ist: Der Samaritaner handelt ohne Hinweis auf Barmherzigkeit und Liebe Gottes, schlicht mitmenschlich. Doch wie bereits die Durchsetzung des Rechts in Israel nicht ohne Erinnerung an das befreiende Handeln bzw. das eigene Knechtsein auskommen konnte, so auch die christliche Ethik nicht ohne Hinweis auf das Beispiel Christi: „Ein jeder sei gesinnt wie Christus auch war; obwohl er in göttlicher Gestalt war, hielt er es nicht wie einen Raub fest, Gott gleich zu sein, sondern entäußerte sich selbst und nahm Knechtsgestalt an" (Phil 2,6f). Also: Herunterkommen, Solidarisierung nach unten. Diener werden wie Christus, Gottes Diakonie an uns aufnehmen im Dienst an den Geringsten und Schwachen.

Das Gleichnis vom Weltgericht (Matthäus 25,31ff) ist die zweite klassische Erzählung zum Thema Barmherzigkeit in der frühen Christenheit. Sie ist zum einen eine Zusammenfassung der frühjüdischen Barmherzigkeitsethik mit der Abfolge der sechs Werke der Barmherzigkeit (Laktanz fügte im 5. Jahrhundert das siebte Werk „Tote begraben" hinzu), die unter christliches Vorzeichen gestellt wird. Hieß es in den Sprüchen: „Wer dem Armen leiht, leiht Gott", so jetzt: „Wer den Hungrigen speist, speist Christus". Die christlichen Ausleger haben behauptet, in der jüdischen Auslegung sei die Sorge

---

[10]   Zit. bei Wingren, Barmherzigkeit, 234.
[11]   Gerd Theißen, Die Bibel diakonisch lesen. Der barmherzige Samariter und die Legitimitätskrise des Helfens, in: Gerd Schäfer/Theodor Strohm (Hg.), Diakonie. Biblische Grundlagen und Orientierungen, Heidelberg 1990, 393.

für den Armen ein Geschäft mit Gott, während sie in Matthäus 25 eine persönlich empfangene Gabe sei. Nun, davon steht nichts im Text. Die Erzählung will vielmehr einschärfen: „Sei dir bewußt, dass dir im Armen Christus begegnet; handle also, als ob dir Christus im Armen begegne."

Es war der Kirchenvater Chrysostomos (354–407), der in Antiochien und als Patriarch von Konstantinopel in seinen vor allem an die Reichen gerichteten Predigten von der leibhaftigen Gegenwart Christi in den Armen sprach. Der Arme ist für ihn „Opferaltar" und „Leib des Herrn". „Du nun aber ehrst wohl den Altar in der Kirche, weil er den Leib des Herrn aufnimmt; der Altar aber, welcher der Leib des Herrn selbst ist, mißachtest Du. Diesen Altar kannst Du überall errichtet sehen, auf Straße und Markt; auf ihm kannst Du zu jeder Stunde opfern (…) Ein solches Opfer ist wohlgefälliger als sonst jede Gabe".[12] An Christus zu glauben, ohne ihn in den Armen zu speisen, ist für Chrysostomos Häresie.[13] Dienst an Menschen in Not ist Dienst an Christus – das schärft Mt 25 ein. Und seit der Ersterzählung dieser Geschichte wissen die Christen es, sind nicht mehr ahnungslos, wie die Personen in der Geschichte selbst.

Doch wie steht es mit dem Verhältnis von Barmherzigkeit und Gerechtigkeit in der frühen Kirche? Ist die Geschichte vom Weltgericht der Beginn einer Institutionalisierung von Barmherzigkeit, die den Zusammenhang mit der anzustrebenden Gerechtigkeit aufgibt? Wingren meint: So wichtig diese Taten sind, in denen Barmherzigkeit sich verkörpert, so sehr dieser Ansatz zur Konzentration auf das praktische Handeln führt, er verengt den Ansatz zugleich und führt letztendlich zum Reparaturbetrieb Diakonie bzw. zur sozialen Feuerwehr „Sozialarbeit"[14]. Das ist, historisch gesehen, richtig. Die Geschichte kann aber auch anders gelesen werden. Den Hungrigen zu speisen zielt gemäß der alttestamentlichen Richtungsangabe: „Es soll kein Armer unter Euch sein" (Dtn 15,4) auf die Aufhebung des Hungers, nicht auf die Gelegenheit für das mildtätige gute Werk. Die Taten der Barmherzigkeit sind die von uns Menschen erwartbaren Handlungen innerhalb des alten und neuen Bundes. Es geht nicht nur um Almosen und punktuelle Liebestaten. Das Tun dieser Werke soll sich in letzter Konsequenz zur sozialen Gerechtigkeit summieren, zur Wendung des Geschicks der Armen und nicht nur zu

---

[12] Zit. in R. Völkl, Nächstenliebe. Die Summe der christlichen Religion?, Freiburg 1987, 172.

[13] Es finden sich, nebenbei bemerkt, in diesen Predigten Hinweise, die für die Sozialarbeit mit ihrer fast unausrottbaren Kontroll- und Disziplinierungsfunktion auch heute noch aktuell sind. So sagt Chrysostomos: Wer Armen gibt, soll nicht prüfen, ob der Arme ein würdiger Empfänger ist. Auch wenn der Bittende ein Betrüger wäre, ist man nicht verpflichtet, „dieses auszuklügeln" (Völkl, Nächstenliebe, 180). Vor allem soll man die Hilfeleistung persönlich tun und nicht delegieren, dem Hilfeempfänger als Mensch mit Achtung begegnen. Im übrigen klagt Chrysostomos heftig über die Erfolglosigkeit seiner Predigt-Bemühungen; die Reichen leben in Luxus, bauen sich Landhäuser und Bäder, Wandelhallen und tausend überflüssige Wohnräume, aber Christus „findet kein Obdach, irrt fremd, nackt und hungernd umher" (ebd., S. 186). Man könnte meinen, Chrysostomos rede von Hamburg im Jahr 1994 und nicht von Konstantinopel im Jahr 394.

[14] Vgl. Wingren, Barmherzigkeit, 223.

seiner Erträglichmachung. Barmherziges Handeln ist sozusagen die täglich neu zu bewährende und gestaltende Wahrnehmung von Not, ohne die es kein Recht für den Notleidenden gibt. Zusammen mit der kritischen Analyse führt sie zur Forderung der strukturellen Veränderung der Gesellschaft. Helder Camara: „Wenn ich einem Hungernden Brot gebe, nennen sie mich einen Heiligen. Wenn ich nach den Ursachen des Mangels an Brot frage, schimpfen sie mich einen Marxisten."

Dies meint auch Jesus mit seiner Forderung: „Trachtet zuerst nach dem Reich Gottes und nach seiner Gerechtigkeit" (Mt 6,33). Dazu ganz kurz eine Erläuterung. Die Rede vom Reich Gottes bzw. Reich der Himmel kommt auf in der Zeit der totalitären hellenistisch-römischen Reiche um 200 v. Chr. In der Daniel-Apokalypse wird der Zusammenbruch der als Raubtiere dargestellten Weltreiche und das Kommen eines Reiches Gottes mit menschlichem Antlitz beschrieben. Dieses Reich soll wie zuvor die israelitische Alternativgesellschaft vor der Königszeit und nach dem Exil eine Gesellschaft sein, in der die Menschen nach den Weisungen Gottes solidarisch zusammenleben. Allerdings sind in dieser Zeit die gesellschaftlichen Widersprüche so stark, dass die Hoffnung auf Gerechtigkeit zunehmend spiritualisiert und verjenseitigt wird. Es entstehen Fluchtbewegungen aus der zerrissenen sozialen Wirklichkeit. Gruppen von Frommen, Sadikim, Gerechte genannt, versuchen im allgemeinen Unrecht Gott wohlgefällig zu leben, in dem sie sich in die Wüste zurückziehen oder als Pharisäer in Teilopposition reformerische Gemeinschaften bilden.

In dieser Situation tritt Jesus auf, verkündet das Reich Gottes als nah und offen für alle sozial ausgeschlossenen und kulturellen Randgruppen wie Zöllner und Prostituierte. Die erwartete umfassende soziale Gerechtigkeit des Reiches Gottes wird als Alternative im Kleinen gelebt, als Selbsthilfebewegung der Armen, als buntgemischte Tischgemeinschaft der Verschiedenen, als patriarchatskritische Dienstgemeinschaft von Frauen und Männern. Die Jesusbewegung scheitert allerdings als innerjüdische Erneuerungsbewegung, das Judenchristentum verschwindet in der Katastrophe des Jüdischen Aufstands 70 n. Chr. Mit dem Übergang zum hellenistischen Christentum erfährt aber die Hoffnung auf das Reich Gottes und seine Gerechtigkeit eine entscheidende Transformation. Paulus, ein ehemaliger Pharisäer, erkennt, dass es nicht möglich ist, durch Taten vor Gott gerecht zu werden, sondern dass diese Gerechtigkeit ein Geschenk Gottes ist, das durch Jesu stellvertretendes Leiden ermöglicht wurde und das im Glauben ergriffen wird. Er will damit die Eröffnung des Heils für die Heiden begründen, macht aber aus dem Recht für die Armen die „Rechtfertigung der Gottlosen". Zwar bilden die Gerechtfertigten auch einen neuen sozialen Bund, den Leib Christi (Röm 12,5) und üben sich in Gastfreundschaft und Bereitschaft zum Teilen (Apg 2,45). Die Unterschiede zwischen Arm und Reich werden symbolisch aufgehoben im gemeinsamen Herren- und Liebesmahl, aber nicht immer in der

Realität. Gott wird zu seinem Recht kommen erst mit der Wiederkunft Christi. In der Zwischenzeit herrscht bei den von Christus Befreiten die Liebe als Erfüllung des Gesetzes (Röm 13,8–10). Damit beginnt die christliche Liebestätigkeit, die Geschichte auch der kirchlichen Diakonie, die sich von der Utopie der Gerechtigkeit verabschiedet und die Barmherzigkeit institutionalisiert und somit den Zusammenhang zwischen beiden auflöst bzw. ihn individualisiert.

Man könnte sagen: die soziale Gerechtigkeit wird praktisch auf die Gemeinde eingegrenzt, während die geistliche Rechtfertigung theoretisch allen zugänglich gemacht wird. Das Ergebnis ist punktuelle Barmherzigkeit ohne soziale Gerechtigkeit. Leitend wird der Gedanke der distributiven Gerechtigkeit, die die richtige Verteilung von Gütern und Anerkennungen vornimmt. Sie ist eine Gerechtigkeit, die jedem das Seine zuteilt und sich faktisch mit der gegebenen Ungleichheit einrichtet. Vorwegnehmend sage ich hier schon: Die Verrechtlichung des Sozialen kann deshalb kein Ersatz für eine Politik des Sozialen sein. Aus den biblischen Gerechtigkeitsimpulsen erwächst aber immer wieder in kleinen Gruppen die Hoffnung auf Befreiung aus Ungleichheit und Ungerechtigkeit, das Streben nach Umverteilung und nach revolutionärer Umgestaltung der Gesellschaft. Der Hinweis auf das so genannte Vorletzte, auf das nicht zu erreichende Reich vollendeter Gerechtigkeit, beachtet nicht, dass Gott seine Gottheit an die Durchsetzung des Rechtes für die Armen in eben diesem Vorletzten gebunden hat. Bonhoeffer hat das in seiner Skizze über die letzten und die vorletzten Dinge emphatisch so ausgedrückt: „Der Hungrige braucht Brot, der Obdachlose Wohnung, der Entrechtete Recht, der Vereinsamte Gemeinschaft, der Zuchtlose Ordnung, der Sklave Freiheit. Es wäre eine Lästerung Gottes und des Nächsten, den Hungernden hungrig zu lassen, weil gerade des Nächsten Not Gott am nächsten sei. Um der Liebe Christi willen, die dem Hungernden gehört wie mir, brechen wir das Brot mit ihm, teilen wir die Wohnung. Wenn der Hungernde nicht zum Glauben kommt, so fällt die Schuld auf die, die ihm das Brot verweigerten. Dem Hungernden Brot verschaffen, ist Wegbereitung für das Kommen der Gnade."[15]

4. Gerechtigkeit, nicht nur Barmherzigkeit.
   Siegmund-Schultzes Ansatz alternativer Diakonie

Es wäre fatal, die Liebe gegen die Gerechtigkeit auszuspielen. Emil Brunner schrieb 1943: „Es gibt darum nie Liebe auf Kosten der Gerechtigkeit oder an der Gerechtigkeit vorbei, sondern immer nur über die Gerechtigkeit hinaus und durch die Gerechtigkeit hindurch."[16] Schön gesagt, und doch lief es in

---

[15] Dietrich Bonhoeffer, Ethik, München 1963, 145f.
[16] Emil Brunner, Gerechtigkeit, Zürich, 1. Aufl. 1943, 1981, 153.

der Kirchendiakonie und Sozialgeschichte anders. Im zerfallenden römischen Reich siegte die Kirche als überzeugende Diakonie-Anstalt und verlegte das Thema Gerechtigkeit auf den St. Nimmerleinstag. Sie verfolgte und unterdrückte die messianischen Sekten und Gruppen, die mehr Gerechtigkeit wollten, bis im 19. Jahrhundert die sozialistische Bewegung, nun unter atheistischem Vorzeichen, das Thema Gerechtigkeit auf ihre Fahnen schrieb. Auf diese Weise gerieten Liebe und Gerechtigkeit erneut in Konkurrenz, weil gleichzeitig die Innere Mission sich sozial als rettende Liebe den Armen und am Rande Stehenden oft vorbildlich zuwandte. Es bleibt als Fazit über das Wirken Wicherns das zu wiederholen, was Brakelmann treffend so zusammenfasste: „Die Liebe wußte er wie kein anderer Mann seiner Zeit zu predigen und zu tun, aber er wußte nicht die Gerechtigkeit zu gestalten."[17]

Einer der ersten Theologen, die über das Verhältnis von Barmherzigkeit und Gerechtigkeit nicht nur nachdachten, sondern es auch politisch und diakonisch zu gestalten versuchten, war 30 Jahre nach Wicherns Tod Friedrich Siegmund-Schultze. Ich möchte kurz an diesen zu Unrecht fast vergessenen Pionier der ökumenischen Bewegung und Experimentator eines sozialen Christentums erinnern, weil sein Eintreten für soziale Gerechtigkeit eine nach wie vor aktuelle Möglichkeit diakonischen Handelns darstellt. Siegmund-Schultze erkannte aufgrund seiner Erfahrungen in einem Berliner Arbeiterviertel bald die Schwächen des Ansatzes der Inneren Mission im Allgemeinen und der Stadtmission im Besonderen. Für ihn individualisieren sie die soziale Not und wenden sich mit Liebestätigkeit und Gaben an die Schwächsten. Doch „Barmherzigkeit, die nicht auf der Grundlage der Gerechtigkeit aufgebaut ist, ist in sich unwahr". „Es ist die große Verfehlung der bisherigen christlichen Mitarbeit in der sozialen Frage, daß dort die Barmherzigkeit gepredigt wurde, wo es sich um die einfachsten Grundfragen der Gerechtigkeit handelte".[18] Anders formuliert: „Der Arbeiter verlangt keine Wohltaten, sondern sein gutes Recht; auch von der Kirche wünscht er keine Mission im landläufigen Sinne, sondern soziale Arbeit."[19] Kirchliche Mitarbeiter, die diesen Ansatz glaubwürdig vertreten wollen, müssen zu den Arbeitern herabsteigen. So wie Jesus mit den Worten des urchristlichen Hymnus „sich selbst erniedrigte und Knechtsgestalt annahm" (Phil 2,7 f), so sollen sich auch die Reichen und Gebildeten zu den Armen begeben, ihre Häuser verlassen und zu denen gehen und mit denen leben, die in sozialer und geistiger Not sich befinden.

Nach dem Vorbild der englischen Settlements im Londoner Eastend, die Siegmund-Schultze auf einer Studienreise kennenlernte, zieht er am 1. Oktober 1911 mit seiner Frau und 3 Theologiestudenten in den Berliner Osten.

---

[17]   Günter Brakelmann, Kirche und Sozialismus im 19. Jahrhundert, Witten 1966, 98.
[18]   Friedrich Siegmund-Schultze, Friedenskirche, Kaffeeklappe und die ökumenische Vision. Texte 1910–1969. Hg. v. W. Grünberg, München 1990, 360.
[19]   Siegmund-Schultze, 268.

Absicht der „Sozialen Arbeitsgemeinschaft Berlin-Ost" ist es, die soziale Wirklichkeit kennenzulernen, ein gegenseitiges Kennenlernen von Arbeitern und Studenten zu ermöglichen und so etwas wie soziale Versöhnung und eine neue Gemeinschaft voranzutreiben. Erstes Motiv: „Die Wirklichkeit kennenlernen". Dazu bedurfte es des täglichen Zusammenlebens, des Austausches am Morgen und Abend, des Verkehrs an denselben Stätten der Arbeit und Erholung.[20] Dies ist eine andere Form von Barmherzigkeit und Betroffenheit – durch Teilen, durch Anteilnahme, nicht theoretisch, sondern praktisch. Dann erst der zweite Schritt: „Die Änderung dieser traurigen, fluchwürdigen Zustände; neben dem Kampf um und für die Wahrheit das Eintreten für die Gerechtigkeit." F. Siegmund-Schultze nennt es kurz nach dem 1. Weltkrieg: „Kampf für eine andere Ordnung der Dinge, für eine neue Wirtschaftsordnung, für eine Verteilung von Arbeit und Gut, die der Gerechtigkeit besser entspricht."[21] Man vergleiche damit nur die reaktionäre Einstellung des Rauhen Hauses, das als Kommentar zur Novemberrevolution 1918 Wicherns Stellungnahme zur Revolution von 1848 wiederabdruckte. Siegmund-Schultze unterstützte sozialistische Forderungen, denn der Sozialismus „hat in vielen Punkten gerade das herausgebracht, was das ursprüngliche Christentum wollte"[22]. Allerdings steht für ihn nicht die politische Arbeit im Zentrum, sondern die Gemeinschaftsbildung, genauer eine neuerliche Menschwerdung in einem Bildungs- und Gemeinschaftsprozeß, der die Grundlage der neuen Gesellschaft abgeben soll. Sozialpädagogik hat dabei die Aufgabe, einerseits zu sozialem Verhalten zu erziehen (besonders die Mächtigen und die Reichen), zum anderen die Resozialisierung, die die Zurückführung der sozial Schwachen in die Gesellschaft beinhaltet, zu betreiben.

Die SAG Berlin-Ost war in dieser Hinsicht erfinderisch. Um mit den jungen Arbeitern in Kontakt zu kommen, richtete Siegmund-Schultze in einem Nebenhause eine Kaffeeklappe, eine Cafeteria ein. „Äußerlich aufgemacht wie eine der üblichen Kneipen mit Theke, runden Holztischen, Stühlen und Hockern und möglichst einem Volltheologen als Budiker. Zum Verkauf kamen Kaffee, Limonade, Weißbier, Schrippen, Schnecken oder ähnliches einfaches Gebäck. Das alles zum denkbar niedrigsten Preis, aber keinesfalls geschenkt. Man bezahlte, war Kunde." Denn diese merkwürdige Kneipe „durfte nicht nach barmherziger Betreuung aussehen."[23] F. Siegmund-Schultze gibt dafür eine wichtige Begründung. „Der Geist christlicher Barmherzigkeit soll nicht aufdringlich sein gegenüber denen, die von Barmherzigkeit nichts wissen wollen. Der Stolz, mit dem frühere Zeiten die christliche Barmherzigkeit zur Geltung brachten, mußte fallen." Ja, es gilt: „Diesen Armen gegenüber muß zunächst die Gerechtigkeit erfüllt werden. Und erst,

---

[20]   Siegmund-Schultze, 354.
[21]   Siegmund-Schultze, 357.
[22]   Siegmund-Schultze, 271.
[23]   Siegmund-Schultze, 277.

wenn das allgemeine System der Gerechtigkeit trotzdem durch die Schuld einzelner durchbrochen wird, darf denen gegenüber die Barmherzigkeit zur Anwendung kommen."[24] Dies ist eine außerordentlich wichtige Einsicht Siegmund-Schultzes, zur richtigen Zeit ausgesprochen, von Diakonie und Kirche seinerzeit leider wenig beherzigt. Diakonie in der Weimarer Republik hatte es auf Bestandssicherung abgesehen, mischte nach anfänglicher Verwirrung kräftig mit im Kartell der freien Wohlfahrtsverbände. Die Innere Mission konnte imposante Zahlen über ihre Heime und Plätze vorweisen, aber sie hatte keine geistliche Widerstandskraft. Sie segelte im Schlepptau des sozialen Katholizismus. Das hat Diakonie bis heute geprägt. Die Erinnerung an F. Siegmund-Schultzes Soziale Arbeitsgemeinschaft Berlin-Ost kann helfen, Mut zu machen zu einem dritten Weg der Diakonie neben Gemeindediakonie und Anstaltsdiakonie.

5. Diakonie als verlässliche Partnerin im ungerechter werdenden Sozialstaat?

Ich springe in die Gegenwart, in der Diakonie ein großer Träger sozialer Arbeit ist. Fragend nach der Tragweite biblischer Leitbilder für die heutige Gestaltung von Diakonie, will ich das vor dem Hintergrund der These tun, die Niklas Luhmann in seinem Aufsatz über „Formen des Helfens" 1973 entfaltete. Er sagte damals ein wenig provozierend: „Nach wie vor ist es möglich und sinnvoll, konkret zu helfen, etwa einem alten Menschen unter die Arme zu greifen und ihn über die verkehrsreiche Straße zu geleiten. Nur mit dem Pathos des Helfens ist es vorbei."[25] Und noch genauer bezogen auf die diakonische Motivation: „In der Form der Hilfe werden heute nicht mehr Probleme von gesamtgesellschaftlichem Rang gelöst, sondern Probleme in Teilsystemen der Gesellschaft. Damit ist ein einheitliches Muster, eine religiöse oder moralische Formel entbehrlich geworden."[26] Hilfe ist vielmehr „eine zuverlässig erwartbare" Leistung geworden, „gleichsam Sicherheitshorizont des täglichen Lebens"[27]. Es ist nicht die Sache der Organisationen sozialer Hilfe, „sich eine Änderung der Strukturen zu überlegen, die konkrete Formen von Hilfsbedürftigkeit erzeugen"[28], so die glasklare Definition des modernen Sozialstaats, die weitgehend auch das Hilfesystem der Diakonie angemessen beschreibt. Diakonisches Handeln besteht in einer sozialstaatlich legitimierten Dienstleistung, deren spezifische Motivation (Nächstenliebe,

---

[24]   Siegmund-Schultze, 336.
[25]   Niklas Luhmann, Formen des Helfens im Wandel gesellschaftlicher Bedingungen, in: H.U. Otto / S. Schneider (Hg.), Gesellschaftliche Perspektiven der Sozialarbeit, Neuwied 1973, 37.
[26]   Luhmann, 36f.
[27]   Luhmann, 32.
[28]   Luhman, 35.

Barmherzigkeit) weithin irrelevant geworden ist. Diese „innere Verweltlichung" der Diakonie scheint unumkehrbar. Zugespitzt formuliert Degen: Die Diakonie hat sich zu einer „zeitgemäßen Sozialarbeit mit christlicher Vergangenheit"[29] entwickelt.

Das hat auf der einen Seite für das diakonische Handeln Verbesserungen erbracht. Die caritative Zuwendung mit ihrem herablassenden oder hingebungsvollen Charakter ist einer Versachlichung der helfenden Beziehung gewichen, in der Distanz, zeitliche Begrenzung und Professionalität nicht nur erlaubt, sondern geboten sind. Der Hilfebedürftige ist zum Subjekt mit rechtlichem Anspruch geworden. Die Ausbeutung natürlicher Hilfefähigkeiten, besonders der Frauen, hat deutlich abgenommen. Auf der anderen Seite aber besteht die Gefahr, dass die Verstaatlichung der Diakonie zu ihrer Einpassung in die sozialstaatliche Leidensverwaltung führt, die das Kritische und Querliegende an ihr stilllegt. Dieses Besondere der Diakonie liegt für mich nicht in der Einmaligkeit der christlichen Liebestätigkeit, wie sie in Bundesverfassungsgerichtsurteilen im Unterschied zu einer normalen Hinwendung zum Nächsten sogar höchstrichterlich festgelegt wurde. Das Besondere der Diakonie liegt vielmehr in der Verbindung von Barmherzigkeit und Gerechtigkeit, die sich in der sensiblen Wahrnehmung von Leidenssituationen und ihrer Umsetzung in soziale Bewegung und neue Initiativen zeigt. Anders ausgedrückt: Der Geist der Diakonie führt zu ihrer Ausrichtung am Menschen und an den Klienten, nicht an der Institution oder am Staat. Degen spricht von der „verantwortlichen Unzuverlässigkeit der Diakonie"[30]. Als ich in einer Diskussion mit einem Landespastor für Diakonie daraus eine „notorische Unzuverlässigkeit" machte, milderte er sofort ab zur „kritischen Zuverlässigkeit des Partners Diakonie". Wie immer radikal oder weniger radikal auch formuliert, es geht darum, ob die Diakonie diesen Spielraum kreativen Protests und Gestaltung wahrnehmen will.

Jetzt in Zeiten offensiver Desolidarisierung und Sozialstaatabbaus einerseits, größerer Konkurrenz auf dem Sozialmarkt andererseits, wollen die Sozialbehörden natürlich einen verlässlichen Partner Diakonie, der die Sparbeschlüsse und den Mangel mitverwaltet. Kann die Diakonie aus eigenen Mittel sozialpolitische Zeichen dagegen setzen? Die Umverteilung staatlicher Gelder zu fordern (etwa mehr Tariflohn statt Sozialhilfe, mehr Staatsaufträge an Beschäftigungsprojekte), das geht zumindest eher, wenn auch eigene Mittel exemplarisch umverteilt werden, wenn Diakonie sagt: Wir wollen besonders an der Seite dieser Gruppen stehen, und das lassen wir uns auch etwas kosten. Noch nicht institutionalisierte und staatlich refinanzierte, sozusagen wilde Diakonie, die den Konflikt riskiert, die soziales Unrecht dramati-

---

[29] Johannes Degen, Diakonie im Widerspruch. Zur Politik der Barmherzigkeit im Sozialstaat, München 1985, 75
[30] Degen, 89.

siert und Partizipation Ausgegrenzter eigenständig in Angriff nimmt. Solche Projekte wären besonders in einer besser geplanten Verbindung von neuer gemeindlicher Diakonie in den Armutsgebieten und kreiskirchlicher fachlicher Diakonie zu erreichen. Hier würde dann die Systemfrage nicht mehr abstrakt oder theoretisch gestellt, sondern konkret angegangen: durch lokale Projekte der Aufhebung der Ausgrenzungsmechanismen des Marktes.

6. Hinsehen und teilen – Ansätze neuer Diakonie auf Gemeindeebene

In den Großstädten mit ihrer Inszenierung von Urbanität und touristischer Attraktivität führt die übliche Armutsverwaltung zu einer Nichtwahrnehmung von Armut. Obwohl Armut zunehmend sichtbarer wird (an den Bettlern, Stadtstreichern und Straßenkindern), wird sie ernstgenommen nur als Störung des auf wirtschaftlicher Aktivität und kulturellen Glanzes beruhenden Stadtfriedens, aber nicht als Infragestellung menschenwürdigen Zusammenlebens. In einem sich ausbreitenden „Klima der Teilnahmslosigkeit" erscheint das Leiden der Anderen den Modernisierungsgewinnern weniger als irritierender Schrecken denn als vorübergehende Störung ihres Alltags. Bei den selbst von Abstieg Bedrohten ruft es Aggressionen hervor, weil es ihnen ihr mögliches Schicksal spiegelt; die zunehmenden Gewalttaten gegen Obdachlose zeigen das auf brutale Weise. Wer Armut in der Großstadthektik wirklich wahrnehmen will, muss schon genau hinschauen oder in bestimmte Stadtteile gehen, wo die Armen in größerer Zahl wohnen und leben als Folge sozialräumlicher Ausgrenzung der Armutsbevölkerung. Die Fakten über die zunehmende Verarmung mitten im Wohlstand sind nicht unbekannt; Armutsberichte, Sozialatlanten und Appelle von Wohlfahrtsverbänden, Gewerkschaften und Kirchen machen ein paar Tage Schlagzeilen, wenn überhaupt, dann werden sie in der Regel vergessen. Bekannt ist inzwischen auch, dass die neue Armut marktwirtschaftlich verursacht ist. Ich nenne nur die Deregulierung der staatlichen Absicherung von Lebensrisiken, der Trend zu nicht existenzsichernden Einkommen und die Flexibilisierung der Arbeitskraft. Deutlich ist auch, dass dieser Prozess wachsender Verarmung vor allem Menschen mit geringem Einkommen, Alleinerziehende, Ältere mit niedrigen Renten, Dauerarbeitslose, obdachlos gewordene Menschen und ausländische Mitbürger mit unzureichender Sozialversicherung trifft. Und natürlich immer mehr Kinder und Jugendliche aus solchen Familien. Deutlich ist auch, dass diese Verarmung nur durch eine andere Politik der Umverteilung geändert werden kann. Diese Politik ist nicht in Sicht.

Was ist in der Zwischenzeit zu tun? Wie eine Politik der Barmherzigkeit, die den Armen mehr Gerechtigkeit verschafft, aussehen kann, macht ein Beispiel aus Hannover deutlich. Es zeigt vor allem, wie in Kooperation mit dem Diakonischen Werk diakonisches Handeln wieder in die Ortsgemeinden einwandern kann. Der Suppenküche der Calenberger

Ökumene in Hannover ist es gelungen, Gemeindemitglieder an einem diakonischen Projekt zu beteiligen, sodass sie sich auf die Lebensweise anderer Menschen einließen und das Teilen von Brot eigenständig finanzierten.[31] Die Suppenküche wandte sich an Menschen ohne festen Wohnsitz, die sich überwiegend im Innenstadtbereich Hannovers aufhalten. Die meisten der durchschnittlich 100 Besucher pro Tag kamen über Mundpropaganda. Auffallend war die zunehmende Zahl von jungen Menschen. Viele Besucher kamen in einem schlechten Gesundheitszustand. Die Essensausgabe zwischen 10.30 Uhr und 13.30 Uhr wurde durchgeführt von drei bis fünf haupt- und ehrenamtlichen Mitarbeitern. Über Gespräche entstanden Kontakte, Abbau von Vorurteilen, Auseinandersetzung mit unterschiedlichen Lebensgeschichten, Ausbruch aus mittelschichtorientierten Kommunikationsformen. Auch bei den Nachbarn kam es durch die Konfrontation zu Betroffenheit und persönlicher Anteilnahme bis hin zur Einladung in die „gute Stube". Also: Hinsehen und sich betreffen lassen. Ein Mitarbeiter sagte: „Hier bei der Speisung fühlte ich mich an biblische Zustände erinnert. Was haben wir in unserer Kirche doch manchmal für Scheinprobleme, die mit dem wirklichen Leben auf dieser Welt nichts zu tun haben".[32] Für drei Stunden am Tag eine Gemeinde aus ganz Verschiedenen, professionell begleitet und unterstützt, aber getragen von den „normalen" Gemeindemitgliedern.

7. Diakonische Erwachsenentaufe – einmal die Erfahrung des barmherzigen Samariters machen

In der Grundordnung der EKD von 1948 heißt es: „Diakonie ist eine Wesensäußerung der Kirche." Durchgesetzt hat sich die Einsicht: „Wort und Tat, Verkündigung und Diakonie gehören untrennbar zusammen." Auch die Predigt hat dann einen diakonischen Auftrag, so wie die Diakonie eine Wortseite hat. Es gab immer große Prediger der Barmherzigkeit Gottes. Zu ihnen gehörte der Kirchenvater Chrysostomos, der den Reichen seinerzeit eindrücklich den Christus in den Armen vor Augen malte. Thomas Müntzer war ein großer Prediger der Gerechtigkeit Gottes, so wie einige religiöse Sozialisten des 19. und 20. Jahrhunderts und wie unter uns Dorothee Sölle. Schon Chrysostomos aber klagte über die Wirkungslosigkeit seiner Predigten; das tut auch Dorothee Sölle heute. Predigten haben oft appellativen Charakter; sie moralisieren, setzen andere unter Druck. Doch: Nächstenliebe kann man nicht predigen. Vielleicht erzählen. Die großen Barmherzigkeits- und Gerechtigkeitserzählungen der biblischen Schriften sind keine Dogmatik und keine Moral. Sie sind Einladungen, sich auf das erzählte Projekt einzulassen. Was der „Held" kann, kannst du auch. Du kannst der Barmherzige, der Gerechte sein. Die jüdische Legende von den unerkannten 36 Gerechten, die den Bestand der Welt garantieren, illustriert das auf sehr schöne Weise. Die Gerechten wissen nicht, dass sie's sind. Das heißt doch aber: Für jeden kann der Moment kommen, der Gerechte zu sein. Kirche also als Erzählge-

---

[31] Vgl. Werner Lampe, Suppenküche und Ein Bett für eine Nacht, in: Die Armen und die Reichen: soziale Gerechtigkeit in der Stadt, Hamburg 1993, 45 ff
[32] Lampe, 51

meinschaft von der Barmherzigkeit Gottes und der Menschen, die zum Zwecke größerer Gerechtigkeit kooperieren.

Ein weiser alter Diakoniepastor sagte uns kürzlich bei einem Besuch in Arhus (Dänemark): Das Volk hat die soziale Verantwortung an den Staat übertragen, bei gleichzeitiger Bereitschaft, wenn es darauf ankommt, ehrenamtlich zu helfen. Von Zeit zu Zeit aber muss die Motivation erneuert werden. Das wäre u.a. die Aufgabe der Kirche, die in Dänemark als riesige Pflegesatzdiakonie überhaupt nicht tätig ist, sondern nur in einzelnen begrenzten Projekten der Nächstenliebe. (Nebenbei gefragt: Ist Dänemark darum ein schlechterer Sozialstaat als die BRD?) Also: Die Delegierung und Professionalisierung von Hilfe ist unumkehrbar. Aber jeder Einzelne müsste einmal die Erfahrung des authentischen Helfens, die Erfahrung des Barmherzigen Samariters machen, um danach delegieren zu können. Das wäre eine Art Erwachsenentaufe bzw. Mitgliedschaftserwerb in der Diakonie, in die man ja wie in die Kirche auch hineingeboren wird. Diese Entdeckung des Herzens für die Armen und für die Minderung von Armut, das kann Sozialarbeit/Diakonie professionell begleiten und unterstützen, es aber uns, den Delegierenden, nicht einfach und für immer abnehmen. Noch einmal: Gegen die Kultur der Teilnahmslosigkeit wäre also nicht anzupredigen, sondern eine einladende „Kultur der Barmherzigkeit" vor Ort zu setzen. Einzelne und Gruppen in den Gemeinden vor Ort könnten ihre diakonische Fähigkeit wiederentdecken, indem sie diese ausüben. Indem sie „diakonisch neu anfangen", also die Handlungsfähigkeit des Glaubens entdecken. Was wir brauchen, ist eine persönlich gestützte Kultur der Barmherzigkeit, die klare Zielvorstellungen sozialer Gerechtigkeit benennen kann. Also: Projekte wie die Suppenküche und ein Bett für eine Nacht, Beschäftigungsprojekte wie die Textilnäherei für alleinerziehende Frauen in Steilshoop, Kirchenasyl für von Abschiebung bedrohte Flüchtlinge auf der einen Seite, auf der anderen Seite aber, auf der regionalen und nationalen Ebene, eine politische Diakonie, die deutliche Töne gegenüber Politik, Wirtschaft und Verwaltung anschlägt, dabei auch den Konflikt um der Menschen willen riskiert, was Arbeitsmarkt und Wohnungsbaupolitik betrifft.

8. Zum Schluss: Gerechtigkeit als Ziel, Barmherzigkeit als Praxis

Es gibt eine Spannung zwischen Gerechtigkeit und Barmherzigkeit, die aufrechterhalten werden muss. Wie das Streben nach absoluter sozialer Gerechtigkeit ohne Barmherzigkeit und ohne konkretes Sich-Anrührenlassen zu einer bürokratisch totalitären Zerrform von Gerechtigkeit führen kann, so gilt es auch in der Diakonie und in der Sozialarbeit, barmherziger mit sich und den eigenen Ansprüchen zu sein, Abschied zu nehmen von der Überforderung, die in dem evangelischen Gedanken des Dienens zweifelsohne angelegt ist, gerade in der zentralen Stelle Mk 10,45. In der Diakonie werden ganz verschiedene natürliche Wünsche und Ängste abgewehrt, der Wunsch nach Stärke und Macht, der Wunsch danach, selbst geliebt zu werden, und die Angst vor Brüchigkeit, Zweifel und Mutlosigkeit. Es geht in der Diakonie darum, den eigenen Schatten anzunehmen. Zur menschlichen Grunderfahrung gehört die Endlichkeit und Vergänglichkeit und damit das sich wiederholende Versagen, die Erfahrung von Abhängigkeit durch sich selbst und andere.[33] Also: Es wäre schön, wenn Diakonie wegkäme von der Idealisierung der eigenen Ansprüche und Fähigkeiten, wie sie besonders von den leitenden Theologen betrieben wird und wenn sie stattdessen einen barmherzigen Umgang mit den eigenen Grenzen und Schwächen entwickeln würde. Denn nur bei Anerkennung der Brüchigkeit des Lebens kommen wir zu dem angestrebten Prozess der Gegenseitigkeit beim Helfen.[34]

Nicht im Widerspruch, sondern in spannungsvoller Verbindung dazu rechnet Diakonie damit, dass der Gerechtigkeitswille Gottes als ein Prinzip der Welt einwohnt, auch gegen den Augenschein. Es gibt einen Prozess schöpferischer Gerechtigkeit, der gleichzeitig ohne uns läuft und doch von unserer Teilnahme abhängig ist. Anders gesagt, Gottes Beziehungskraft ist gegenwärtig und wartet auf unsere Teilnahme. Deswegen ist jeder fähig, gerecht und barmherzig zu sein. Es gibt also zwischen Gott und Mensch eine wechselseitige Abhängigkeit. Nicht nur: „Seid barmherzig, wie euer Vater barmherzig ist", sondern ebenso: „Seid barmherzig, damit Gott barmherzig sein kann, damit seine Kraft spürbar wird. Spürbar dort, wo es fast nichts mehr zu hoffen gibt." Von dieser Erfahrung berichten Menschen, die in der Arbeit mit Aids- und Krebskranken tätig sind. Dabei zu bleiben und so weder diese Menschen noch Gott, dessen Ebenbild sie sind, allein zu lassen. Eine Münchener Pfarrerin, die regelmäßig mit Aidskranken im Krankenhaus Schwabing das Abendmahl feiert: „Ich bleibe dabei und halte eine Situation aus, die eigentlich nicht auszuhalten ist. Das Ritual des Segnens, die Berührungen, das ist Mystik, das Flehen um eine Kraft, die größer ist als die Kranken und ich selber. Das erlebt man nur mit Menschen, die an der Grenze der Machbarkeit stehen."[35]

---

[33] Dazu ein schönes Zitat von C. G. Jung: „Daß ich den Bettler bewirte, daß ich dem Beleidiger vergebe, daß ich sogar den Feind liebe im Namen Christi, ist unzweifelhaft eine hohe Tugend (…) Wenn ich nun aber entdecken sollte, daß der Geringste von allen, der Ärmste aller Bettler, der Frechste aller Beleidiger, ja der Feind selber in mir ist, daß ich selber des Almosens meiner Güte bedarf, daß ich mir selber der zu liebende Feind bin, dann dreht sich in der Regel die ganze christliche Wahrheit um, dann gibt es auf einmal keine Liebe und Geduld mehr. Wer mit Hilfe der modernen Psychologie nicht nur hinter die Kulissen seiner Patienten, sondern vor allem hinter seine eigene geblickt hat, der muß gestehen, daß es das Allerschwierigste, ja das Unmögliche ist, sich selbst in seinem erbärmlichen Sosein anzunehmen" (C.G. Jung, Gesammelte Werke, Bd. 11, 1971, 24–27).

[34] Vgl. Michael Kleßmann, Von der Annahme der Schatten, in: Michael Schibilsky (Hg.), Kursbuch Diakonie, Neukirchen-Vluyn 1991, 113ff.

[35] Die ZEIT, 11.2.1994.

Es gibt in der Sozialen Arbeit das Dreieck „Lebenswelt der Klienten", „soziale Gerechtigkeit" und „Praxis der Sozialen Arbeit". In diesem Dreieck ist eine Sinnkonstruktion wie der Glaube an den barmherzigen und gerechten Gott in der Lebenswelt angesiedelt – hier erweist er sich als die erneuernde Kraft, die Menschen trotz der Mängel und der Beschädigungen, die sie erleiden, aktiv und lebendig bleiben lässt. Die Barmherzigkeit ist auch wichtig als Haltung des Sozialarbeiters, der aufgeschlossen auf das hört, was die Leute ihm sagen, der sie mit seiner Parteilichkeit nicht bevormundet, der ihnen zutraut, dass sie Akteure bleiben und die Gestaltung ihrer Lebensverhältnisse zurückgewinnen können. Heute nennt man das „Empowerment". Jesus hat dazu gesagt: „Dein Glaube hat dir geholfen." „Schön und gut" wird jetzt manch einer sagen, „aber was ist mit der strukturellen Gerechtigkeit?" Die kirchliche Diakonie hat sich in ihrer Geschichte von dem Ziel umfassender sozialer Gerechtigkeit (Reich Gottes) verabschiedet und versucht, im Geist der Liebe und der Barmherzigkeit den Notleidenden zu helfen. Ihr wichtiger Beitrag zur Herausbildung des Sozialstaats und ihre bedeutsame Rolle als freier Träger von Sozialarbeit stehen außer Zweifel. Faktisch hat sie sich jedoch in der durch das Marktsystem hervorgerufenen Ungleichheit eingerichtet. Diese nimmt gegenwärtig mit dem von der Arbeitgeberseite forcierten Abbau sozialer Leistungen eine besonders skandalöse Form an.

Es ist notwendig, dass Diakonie in dieser Situation entschiedener versucht, Barmherzigkeit mit Gerechtigkeit zu verbinden. Wie sie das tun kann, das habe ich an den in ihrer Reichweite bescheidenen Praxisbeispielen zu zeigen versucht. Nötig ist zugleich eine neue soziale Bewegung, eine Koalition aus Gewerkschaften, Kirchen, Wohlfahrtsverbänden und sozialen Initiativen, der der Schritt von der Verteidigung des Sozialstaats hin zu einer Politik des Sozialen gelingt. Um an den Anfang anzuknüpfen: In der Dreigroschenoper mit ihrer Parodie „Gnade vor Recht" am Schluss, dem nicht ernst gemeinten reitenden Boten des Königs, gibt es eine andere Vision: Im Lied der Seeräuber-Jenny, die hofft, „das Schiff mit acht Segeln und 20 Kanonen wird liegen am Kai"; es bringt den Messiaspiraten, der die Mächtigen über die Klinge springen lässt. Das gefällt wegen der Erhöhung der Niedrigen und dem apokalyptischen Hoppla. Aber es hinterlässt auch Unbehagen. Der glückliche Ausgang in den gelungenen Komödien wird erreicht durch die Verbindung von Barmherzigkeit und Gerechtigkeit, von Vernunft und Liebe. Deshalb setze ich gegen den Gewaltakt die „schwache messianische Kraft", die nach einem Worte Walter Benjamins auch von uns erwartet wird.[36]

---

[36]   Walter Benjamin, Geschichtsphilosophische Thesen, in: ders., Illuminationen, Frankfurt 1961, 269.

Gott als kooperative Macht der Barmherzigkeit und Gerechtigkeit

Biblische Diakonie – diakonische Gemeinde[1]

„Am Anfang schuf Gott Himmel und Erde." Die Welt entsteht als Entäuße-rung Gottes zugunsten der Welt, als Selbstpreisgabe göttlicher Integrität um des Werdens willen. In der Evolution, diesseits von Gut und Böse konnte Gott nicht verlieren, bis die Heraufkunft des Menschen die Entstehung von Wissen und Freiheit nach sich zog und Platz machte für die Aufgabe der Ver-antwortung in der Trennung von Gut und Böse.[2] „Das Bild Gottes (…) geht mit dieser letzten Wendung (…) in die fragwürdige Verwendung des Men-schen über, um erfüllt, gerettet oder verdorben zu werden"[3], und zwar allein durch seine Taten. Es entsteht die soziale Berührung des Menschen durch die umgreifende Macht des Absoluten, durch Gott als das Geheimnis der Welt. Es gibt so etwas wie eine Uroffenbarung der Barmherzigkeit, ein Urwissen um die Pflicht des Menschen zum barmherzigen Handeln.[4] An bestimmten Zäsuren der Menschheitsentwicklung, an kritischen Punkten der Evolution ist es wichtig, dass diese Stimme besonders deutlich hörbar wird. Das ge-schieht im 8.–6. Jh. v.Chr. mit der Proklamierung des Sozialrechts im alten Israel. Unter legitimierendem Rückgriff auf die Rettung Israels vor ägypti-scher Vernichtungspolitik (der Same Israels ist zur Vernichtung bestimmt, heißt es auf der Stele Mernephtahs aus dem Jahr 1219 v. Chr.) wird die Ret-tung vor naturwüchsiger Selektion zum Prinzip sozialer Politik im Namen Gottes erhoben. Ein ähnlicher antiselektiver Impuls zeigt sich in Jesu Bei-spielerzählung vom Barmherzigen Samariter und im Gleichnis vom Welt-gericht[5] und immer wieder in rettenden beispielhaften Handlungen und

---

[1] Zuerst veröffentlicht in: Michael Schibilsky / Renate Zitt (Hg.), Diakonie und Theologie, Güters-loh 2004.

[2] Ich folge hier Hans Jonas, Der Gottesbegriff nach Auschwitz. Eine jüdische Stimme, Tübingen 1987.

[3] Ebd., 23.

[4] Belege für das alte Ägypten bei Hendrik Bolkestein, Wohltätigkeit und Armenpflege im vor-christlichen Altertum, Utrecht 1939, sowie Emma Brunner-Traut, Wohltätigkeit und Armenfür-sorge im alten Ägypten, in: Gerhard K. Schäfer / Theodor Strohm (Hg.), Diakonie – biblische Grundlagen und Orientierungen. Ein Arbeitsbuch, Heidelberg 1990, 23ff. Bekanntlich hat Bolke-stein das asymmetrische orientalische Barmherzigkeitsethos von der egalitären griechischen Menschenliebe unterschieden; er sieht in der Armenfürsorge der frühen Kirche eine Orientalisie-rung des Hilfehandelns.

[5] So Gerd Theißen, Die Bibel diakonisch lesen. Der barmherzige Samariter und die Legitimitäts-krise des Helfens, in: Schäfer/Strohm, Diakonie, 376ff; ders., Die Rede vom Weltgericht, in: Dia-konie der Versöhnung, Festschrift für Theodor Strohm, 1998, 60ff; Hans-Jürgen Benedict, Dein Reich komme. Bibelarbeit zu Mt 25,31ff, in: Der Bote. Berichte aus der Brüder- und Schwestern-schaft des Rauhen Hauses, 1994, H.3, 9ff.

Worten in der Geschichte des Christentums. Ich nenne des Basilius von
Cäsarea Fremdenherberge und Leprakolonie, des heiligen Martin Teilung des
Mantels, Franz' von Assisi Berührung der Aussätzigen, Wicherns Gründung
eines Rettungshauses für verwahrloste Kinder, die Denkschrift von Gerhard
Braune gegen die Euthanasiepolitik der Nazis, Martin Luther Kings Rede *I
have a dream* von 1963, Mutter Teresas Arbeit in den Slums von Kalkutta,
Rupert Neudecks *Cap Anamur* bis hin zum deutschen BSHG, das men-
schenwürdiges Leben zu einem Recht erklärt (und nicht zu einem Akt der
Barmherzigkeit). In diesen diakonischen Taten und Worten ist Gott als eine
Beziehungskraft der Barmherzigkeit, Liebe und Gerechtigkeit wirksam, die
zu ihrer Verwirklichung in der Welt der Kooperation der Menschen bedarf.[6]
Abschied nehmen müssen wir von der Vorstellung eines direkt eingreifenden
allmächtigen oder befreienden Gottes.[7] Gott ist gegenwärtig im „Anruf an
unsere Seelen" (H. Jonas), der von der Tora, der Botschaft Jesu und von dem
Antlitz des anderen (E. Levinas) ausgeht.[8] „Denn wenn einer zu dir kommt
und von dir Hilfe fordert, dann ist es nicht an dir, mit frommen Munde zu
empfehlen: habe Vertrauen und wirf deine Not auf Gott, sondern du sollst
handeln als wäre da kein Gott, sondern auf der ganzen Welt nur einer, der
diesem Menschen helfen kann, du allein" (M. Buber, Chassidische Geschichten). In einer Welt, in der Gott abwesend ist, bleibt Diakonie in der
Spur des abwesenden Gottes mit innovativen rettenden Projekten, wobei sie
allerdings kein Monopol auf diese Innovationen hat. Zum anderen darf Diakonie nicht mehr allein auf staatliche Finanzierung und institutionelle Selbstabsicherung setzen, sondern muss stärker als bisher die Ökonomie der
Gaben, die eine Ökonomie der Gnade ist, zur Geltung bringen und in solidarischen Arrangements in der Nachfolge Christi bis zur Selbstentäußerung
gehen.[9]

1. Das Erbarmensrecht als Ansatz zu sozialer Gerechtigkeit

In einer ersten Korrektur geht es darum, die alttestamentlichen Grundlagen
der Diakonie wieder in den Blick zu nehmen und den Satz Gerhard Uhlhorns
„Die Welt vor Christo ist eine Welt ohne Liebe" (Die christliche Liebestätigkeit, 1882) zu revozieren. Noch immer wird diakonisches Handeln in der
Regel exklusiv mit dem Hilfehandeln Jesu oder christologisch mit „Christi
Erscheinung als volle Offenbarung der Diakonie" (Wichern) theologisch
grundgelegt. Doch die entscheidenden diakonischen Leitlinien in Jesu Han-

---

6   Vgl. Barmherzigkeit mit Gerechtigkeit verbinden, in diesem Bd. S. 9ff.
7   Vgl. Hans-Jürgen Benedict, Gott ist barmherzig, nicht allmächtig, in: Junge Kirche 62, 2001, 2ff.
8   Vgl. Hans-Jürgen Benedict, Verantwortung für den anderen als mitmenschliche Schuld, in:
    WzM 53, 2001, 250ff.
9   Vgl. Diakonie und die neue Kultur des Sozialen, in diesem Bd. S. 143ff.

deln sind nicht vom Himmel gefallen. Seine Seligpreisungen der Armen, seine Umkehrung der Wertmaßstäbe und seine Liebe zu den marginalen Gruppen stehen in der Tradition der alttestamentlichen Gottesauffassung, nach der Gott die Schreie der Armen hört und sich der Witwen und Waisen annimmt (s. besonders Ps 82). Die erbarmensrechtliche und die sozialkritische prophetische Tradition des Alten Testaments ist längst in ihrer Brisanz für heutige Sozialethik und diakonisches Handeln wiederentdeckt, auch und gerade deswegen, weil hier gegenüber dem individualisierenden Ansatz des Neuen Testaments Fragen der strukturellen Veränderung und kollektiven Handelns thematisiert werden. „Für das Alte Testament in besonderer Weise prägend ist der umfassende Versuch, auf die in damaliger Gesellschaft herausragenden Formen menschlich produzierten Leids mit den Mitteln des Rechts zu reagieren. Den Armen und Elenden Recht zu verschaffen, nicht nur ihr Leben zu sichern, sondern Wirtschaft und Staat so zu gestalten, dass Unterdrückung und Ausbeutung verhindert werden, ist zentraler Teil der Tora und diese Ausgangspunkt der Kanonwerdung. Recht für die Armen ist ohne Kritik an Macht und Staat nicht zu haben."[10]

Der klassische Fall einer antiselektiven Rechtssetzung ist der Schutz des Fremden. Er wird zweimal wird in dem Abschnitt der Sozialbestimmungen der ältesten Rechtssammlung der Bibel, des Bundesbuchs, angemahnt (Ex 22,20a; 23,9). Am Recht der Fremden entscheidet sich gewissermaßen, ob es in Israel ein Recht der Barmherzigkeit gibt. Als Fremde (*ger*) werden Menschen bezeichnet, die an einem Ort dauerhaft leben, wo sie von Haus aus nicht hingehören, wo sie keine Verwandtschaft und keinen Grundbesitz haben. Damit steht dieser Begriff quer zu allen ethnisch-nationalen Größen. Ein solcher Fremder wird man vor allem aus zwei Gründen – durch Hungersnöte und Kriege, die Menschen aus ihrem eigenen Land treiben. Es handelt sich also um die heute so genannten Wirtschaftsflüchtlinge, die in den Bereich des Schutzes einbezogen werden. Fremde haben so wenig wie Frauen, Kinder und Sklaven eine eigene Stimme im Rechtsprozess am Tor. Es geht also bei dem Fremdenrecht um Recht für Rechtlose. Die theologischen Begründungen des Fremdenschutzes erinnern ausdrücklich an Israels eigene Fremdlingsexistenz: „denn Fremde seid ihr gewesen im Land Ägypten" (Ex 22,20b; Dt 10,17ff). In der Deuteronomischen Reform werden die Fremden in das, was man eine Vorform von Sozialgesetzgebung nennen könnte, mitaufgenommen und bekommen durch den Drittjahreszehnt eine ökonomisch gesicherte Grundlage (Dt 14, 28f).

Die restriktive Praxis der BRD bei der Aufnahme von Flüchtlingen aus den armen oder von Krieg heimgesuchten Ländern der Erde in den westlichen Industriestaaten zeigt, wie aktuell dieser Schutz der Fremden ist. Von Kir-

---

[10] Frank Crüsemann, Das Alte Testament als Grundlage der Diakonie, in: Schäfer/Strohm, Diakonie, 70.

chengemeinden und Asylgruppen praktiziertes Kirchenasyl für von Abschiebung bedrohte Asylbewerber steht daher in dieser unaufgebbaren Tradition.

Barmherzigkeitsprojekte und Rechtsverwirklichung

Das Erbarmensrecht bezeichnet es als Aufgabe der Rechtsgemeinde, in einer
durch soziale Ungleichheit charakterisierten Gesellschaft dem Schwachen zu
seinem Recht zu verhelfen, seine Klage hören, so wie Gott die Klage der unterdrückten Kinder Israel in Ägypten hörte. Das jeweilige positive Recht
allein ist eben noch keine Garantie für seine allgemeine, alle einschließende
Durchsetzung. Es gehören Barmherzigkeit als bundesgemäßes Verhalten und
Rechtstreue dazu, damit es auch eingehalten und seine Zuständigkeit erweitert wird. Die „Lust (Gottes) an der Barmherzigkeit", von der Hosea 6,6
spricht, meint nicht Mitleid mit den Armen oder Mildtätigkeit, sondern
Rechtsschutz für die sozial Schwachen. Ohne diese erbarmensrechtliche
Haltung ist das formale positive Recht kein Recht, das der Gerechtigkeit
dient. Eine Gesellschaft, die ein ausformuliertes Sozialrecht hat, muss auch
den tatkräftigen, sprich, barmherzigen Willen haben, diesem Recht für alle
Gesellschaftsmitglieder, auch und gerade denen am Rande, Geltung zu verschaffen.

Der unhintergehbare alttestamentliche Zusammenhang von Recht/Gerech-
tigkeit und Barmherzigkeit besteht also besteht also in der Eingliederung
rechtlos gestellter oder durch die ökonomische Verschlechterung rechtlos
gemachter Menschen (Verschuldete und Sklaven) in die Rechtsgemeinschaft.
Die sozialen Schutzbestimmungen der Tora sind so gesehen der Versuch, die
Barmherzigkeit zu verrechtlichen, noch nicht formales Recht, aber mehr als
bloß ethischer Appell. Deswegen wird in der deuteronomischen Reform
versucht, vom Appell an das Erbarmen wegzukommen und strukturelle Veränderungen in Gang zu bringen, die zur Abschaffung von Armut führen – so
der Drittjahreszehnt für die *personae miserae*, der Schuldenerlass alle 7 Jahre,
das Zinsverbot gegenüber den Armen und das Jobeljahr.

Das Erbarmensrecht verpflichtet die Diakonie, gegen die Minderung von
sozialen Rechten oder gegen die Ausgliederung des Sozialen aus dem Recht
Protest zu erheben. Dieser Grundsatz führt neben ihrer Anerkennung als
Nothilfe auch zu einer kritischen Beurteilung der diakonischen Barmherzigkeitsprojekte. „Barmherzigkeit kann Recht nicht ersetzen. Sie darf es nicht
einmal wollen. Die Verführung scheint aber groß, es doch zu versuchen. So
etwa bei den über 100 barmherzigen ‚Tafeln' und ‚Tischen', die sich in
Deutschland in wenigen Jahren gebildet. Sie wurden nicht zuletzt im Namen
der Barmherzigkeit gegründet, doch mit äußerst bedenklichen Folgen für das
Recht der Ärmsten. Sie nehmen in Kauf, dass die Empfänger durch sie stig-

matisiert und nicht selten in ihren Rechten geschmälert werden."[11] Diakonie, die sich der biblischen Verbindung von Gerechtigkeit und Barmherzigkeit verpflichtet weiß, kann eine Kultur der Barmherzigkeit nur pflegen, wenn diese zu neuem Recht beziehungsweise zur Wiederherstellung alter sozialer Rechte führt. Projekte der Barmherzigkeit dürfen nicht auf Dauer gestellt werden, sondern müssen sich überflüssig machen. Barmherzigkeit, die nicht auf eine Reintegration ihrer zeitweiligen Empfänger in die soziale Rechtsordnung abzielt, grenzt diese gegen ihre Absicht weiter aus und trägt zur sozialen Spaltung der Gesellschaft bei.

Die Klage als eine vergessene diakonische Handlungsform

Auf eine für die Diakonie wiederzuentdeckende wichtige Handlungsform des Menschen in Not hat Frank Crüsemann aufmerksam gemacht. „Die Grundreaktion eines von massivem Leid Betroffenen ist im alten Israel wie in vielen Kulturen die Klage. Nur von ihr her kann die Sicht menschlichen Leids im Schnittpunkt von Gott und Mensch, Leben und Tod, Schuld und Unschuld sachgemäß angegangen werden."[12] Auszugehen ist dabei von dem Befund, dass ein Drittel der Psalmen zur Gruppe der Klage einzelner in Not geratener Menschen gehören. Offensichtlich erfolgte die Bewältigung der Lebenskrisen in einer Gesellschaft ohne professionelle Therapeuten und Helfer mit Hilfe der Klagen und der Rituale, in die sie eingebettet waren.

Ausgehend von dem Phänomen, dass in den Klagen die eigentliche Not des Beters oft nicht zu erkennen ist, ist zu vermuten, dass es sich um ein „Netz der Not" handelt, um Kreisläufe der Not, die ähnlich wie bei den Nichtseßhaften unserer Tage als ein Ineinander von Ursachen und Wirkungen zu sehen sind. Angesichts dieser Lage war „die Möglichkeit der Klage das Entscheidende. Sie war selbst die wichtigste Hilfe, die Gesellschaft und Religion anbieten konnten. Durch sie wurden die Leidenden zum Subjekt des Geschehens."[13] Auch wurden durch die Klage Gegenkräfte des Vertrauens geweckt, die sich in der Regel auch am Schluss der Klagepsalmen als Lob und Dank äußern. Darin, dass die vernetzten Kräfte des Unheils durchbrochen werden konnten, wird Gott am Werk gesehen. Solche Klage wird heute in der Bezie-

---

[11]   Hartmut Drude, Alles was Recht ist ... wo bleibt die Barmherzigkeit?", in: Jürgen Gohde / Stephan Haas (Hg.), Wichern erinnern – Diakonie gestalten, Hannover 1998, 89. In der Diakonie-Denkschrift der EKD „Herz und Mund und Tat und Leben" aus dem Jahr 1998 wird die neue Sozialkultur positiv als Aktualisierung Wicherns unter den Bedingungen der Zivilgesellschaft gewürdigt. Das kann so gesagt werden, wenn die Kehrseite der sozialen Deregulierung durch den aktivierenden Sozialstaat nicht verschwiegen wird, s. Heinz-Jürgen Dahme / Norbert Wohlfahrt, Aktivierender Staat. Ein neues sozialpolitisches Leitbild und seine Konsequenzen für die soziale Arbeit in: neue praxis 32, 2002, 10ff.

[12]   Crüsemann, 1990, 70.

[13]   Ebd., 76.

hungsaufnahme mit Menschen am Rande, aber auch stellvertretend-anwalt-
lich wahrgenommen: wenn Diakonie beispielsweise in Gestalt von Straßen-
magazinen Foren für die bislang stimmlosen Wohnungslosen zur Verfügung
stellt und gleichzeitig ihre Re-Integration fördert, ohne sie in zwei Gruppen
aufzuteilen. Diakonie muss dabei beachten, dass sie nicht nur „stark für andere" sondern vor allem stark mit anderen, eben den Klienten, ist.

2. Was ist an Jesu Handeln diakonisch?

„Jesus, du Sohn Davids, erbarm dich über mich", ruft der blinde Bartimäus
(Mk 10,47). Der Rückgriff auf den historischen Jesus zur Begründung von
Diakonie setzte erst mit der sozialgeschichtlichen Wende in der Jesus-Forschung ein. Einen groß angelegten Versuch, die soziale Arbeit des Diakonischen Werks mit dem Hilfehandeln Jesu zu begründen, legte 1983 Horst
Seibert vor.[14] In Aufnahme der sozialgeschichtlichen Forschungsergebnisse
von Gerd Theißen zu den Wundern Jesu (Urchristliche Wundergeschichten,
1974) entfaltet Seibert in 12 Punkten die Besonderheiten der Diakonie Jesu
gegenüber dem Hilfehandeln seiner Zeit. Jesu Diakonie, verstanden als eine
Fähigkeit, Menschen zu heilen, befähigt auch andere Menschen zur Hilfe und
erwartet vom Hilfebedürftigen Mitwirkung.[15]
    Jesu entscheidender Beitrag zur Geschichte des antiselektiven Handelns
aber besteht in der Erzählung zweier Geschichten – der vom barmherzigen
Samariter und dem Gleichnis vom Weltgericht. Das „Nächster Werden" in
Lk 10,36, darauf hat Theißen aufmerksam gemacht, ist ein räumliches sich
Näherkommen; Nächste sind alle Menschen, denen man nahe kommen kann.
Diese begrenzte Nächstenliebe (ohne Helfersyndrom) ist auch in einem ausdifferenzierten Hilfesystem des Sozialstaats von jedem Menschen gefordert
und als „souveräne Daseinsäußerung" (Loegstrup) auch erwartbar. Jeder Einzelne müsste einmal die Erfahrung des authentischen Helfens machen, um
danach delegieren zu können. Denn in der gegenwärtigen Welt lässt sich
Gottesliebe einzig durch ihre Vorwegnahme in der Nächstenliebe verwirklichen. Wer wie der Samariter bedrohtes Leben rettet, handelt wie Gott antiselektiv. Er tut das allerdings als begrenzter Mensch mit begrenzten Informationen, Ressourcen und Möglichkeiten. Zu betonen ist die Konvergenz
mit dem Hilfehandeln anderer; die menschenrechtliche Dimension des Helfens ist wichtig, weil in diakonischen Institutionen Christen und Nichtchris-

---

[14]   Vgl. Horst Seibert, Diakonie – Hilfehandeln Jesu und soziale Arbeit des Diakonischen Werkes.
       Eine Überprüfung der gegenwärtigen Diakonie an ihrem theologischen und sozialen Anspruch,
       Gütersloh 1983.
[15]   Siehe dazu die ausführliche Darstellung und Kritik von Seibert in dem Kapitel 1.3 in diesem Bd.
       S. 47f.

ten zusammenarbeiten. Christen müssen mehr Verständnis für die humanen Motive des Helfens ohne Gottes- oder Christusbezug entwickeln.

Im Gleichnis vom Weltgericht spricht der Weltenrichter und König: „Was ihr einem meiner geringsten Brüder getan habt, das habt ihr mir getan". Hilfe für Hungernde, Arme, Kranke, Gefangene ist also Dienst an Höhergestellten mit königlichem Status, nämlich an den Geschwistern des Königs und Weltenrichters. Die Hilfeleistung wird nicht durch Erwartung eines Lohns motiviert, wissen doch die Gesegneten nicht, dass ihnen in den Notleidenden der König und Weltenrichter begegnet ist. So gesehen ist Mt 25,31ff eine der wichtigsten Erzählungen der Weltliteratur, die eine entscheidende Aussage über das soziale Verhalten der Menschen trifft. In ihr kommt ein „universales Hilfeethos" zum Ausdruck, das unüberbietbar dem sozialen Gewissen der Menschheit eingeschrieben ist. Zu beachten ist, dass in dieser Geschichte auch die Heiden („alle Völker") an ihrem ethischen Verhalten gemessen werden. Sie erinnert daran, dass auch bei den Christen die Motivation zur Hilfe immer wieder gefährdet ist, weswegen die höchste Identifikation aufgeboten wird, allerdings als mahnende Erzählung, nicht als Dogmatik.[16]

3. Diakonie zwischen demütigem Dienst an den Armen und Vermittlung der Botschaft

Diakonie als existentielle Grundhaltung in der Nachfolge Jesu

Zur Begründung der These, dass Jesus das Urbild der Diakonie ist, werden vor allem drei Stellen herangezogen – Jesu Selbstbezeichnung als Dienender in der Abendmahlsszene, wie Lukas sie schildert (Lk 22, 27), das Wort Jesu vom Menschensohn, der nicht gekommen sei, sich dienen zu lassen (Mk 10,45 par.) und die Geschichte von der Fußwaschung (Joh 13). Das Vorbild des Dienstes Jesu, sein stellvertretendes Leiden wie sein Dienerweise an seinen Jüngern, sollen das diakonische Handeln der Gemeinde begründen. Im Anschluss an die Abendmahlsszene fügt Lukas (22,23ff) das Streitgespräch der Jünger darüber ein, „wer von ihnen als der Größte gelten sollte". In der Belehrung, die Jesus gibt, kommt es zu der Selbstaussage: „Ich aber bin in eurer Mitte wie ein Dienender." Dieses einmalige Wort lässt die Ahnung eines Selbstverständnisses aufblitzen, das Lebensbewahrung durch aktive Hingabe, durch den Dienst der Solidarität ermöglicht sieht. Diakonsein bezeichnet so gesehen die existentielle Haltung der Selbstentäußerung um des Anderen willen, wie sie in Jesu Lebenshingabe aufscheint. In der Nachfolge

---

[16] Dass diese Identifikation während des Nationalsozialismus gegenüber den bedrohten jüdischen Geschwistern fast vollständig versagt hat, sollte das einen Hilfevorrang beanspruchende Christentum bescheidener machen.

dieses Jesus diakonisch-aufopferungsvoll tätig zu sein, war bis in die Mitte
des letzten Jahrhunderts eine wichtige Motivation für Christen, die diakonische Berufe ergriffen, wird heute jedoch zu Recht als Überforderung kritisiert.

Diakonie als Vermittlung und Dazwischengehen

„Dem Griechentum gegenüber bedeutet Jesu Stellung zum Dienen etwas
völlig Neues."[17] Das bei den Griechen negativ bewertete Dienen bei Tische
wird im frühen Christentum von Jesu Lebenshingabe her aufgewertet (Mk
10, 5) und als niedriger Dienst am Nächsten, besonders an den Armen, für
die christliche Lebensführung in der Nachfolge Jesu verbindlich gemacht. So
die immer wieder zitierte einhellige Lehrmeinung, die besonders auch den
sonst verdienstvollen Sammelband „Diakonie – biblische Grundlagen und
Orientierungen" bestimmt. Der australische Theologe John N. Collins hat in
einer profunden Analyse[18] zeigen können, dass diese Interpretation des Wortes diakonia durch die protestantische Liebestätigkeit im 19. Jahrhundert
(aufopferungsvoller Dienst an den Kranken in Kaiserswerth und Bethel)
beeinflusst ist und so den nichtchristlichen griechischen Sprachgebrauch, auf
den sich die frühchristlichen Aussagen beziehen, nicht richtig wahrnimmt. In
ihm kommen *diakonia* und verwandte Begriffe in drei verschiedenen Kontexten vor – in dem der Botschaft, der Tätigkeit und des Aufwartens für eine
Person. Die zugrunde liegende Bedeutung ist dabei die des Dazwischengehens, der Vermittlung. Das „bei Tische Dienen" ist also nicht die Grundbedeutung sondern eine mögliche Bedeutung von Dazwischengehen. *Diakonein* und verwandte Begriffe meinen also primär Unternehmungen für
andere, sei es ein Gott oder Mensch, Herr oder Freund. Diese Grundbedeutung nehmen die frühchristlichen Schriften auf und bezeichnen mit *diakonein* Botschaften vom Himmel, zwischen den Kirchen und Beauftragungen
in der Kirche. Das lässt sich besonders bei Paulus zeigen, der sich als *diakonos* Gottes, Christi, des neuen Bundes bezeichnet, um seine absolut verpflichtende Beauftragung durch Gott zu verdeutlichen. An anderen Stellen, 1
Thess 3, 1ff mit Bezug auf Timotheus, Röm 16,1f bezogen auf Phoebe und
2Kor 3,5f auf Paulus selbst ist die Bedeutung Bote, Vermittler nahe liegend.
Dazu passt, dass in Röm 15,25 „den Heiligen zu dienen" den Botengang im
Auftrag der asiatischen Gemeinden zu den Armen in Jerusalem meint. Kurz:
diakonos hat bei Paulus und auch in den Deuteropaulinen die Grundbedeutung ‚Vermittler' mit den Konnotationen ‚Bote', ‚Missionar', ‚Gesandter',
‚Katechet'. *Diakonos* meint also Menschen, die „sich erstens zwischen ver-

---

[17]   Hermann W. Beyer, Art. Diakoneo, Diakonia, Diakonos, in: ThWNT II, 1935, 81ff.
[18]   Vgl. John N. Collins, Diakonia – Reinterpreting the Ancient Sources, Oxford 1990.

schiedenen Orten hin und her bewegen und zwischen christlichen Personen und Gemeinden vermitteln und die dabei zweitens den Glauben stärken und das Evangelium verkündigen."[19] Es geht also primär um kommunikative und nicht um soziale oder liturgische Aufgaben. Das verlangt nach einer Korrektur des heutigen Diakonenbildes, der vorrangig als kirchlicher Sozialberuf in der Armenpflege gesehen wird. Leitungs-, Beratungs- und Vermittlungstätigkeiten auf mittlerer und auf Kirchenkreisebene wären eine angemessene Umsetzung.[20]

Dies neue Verständnis von Diakonia als autoritative Kommunikation des Versöhnungshandelns Gottes an der Welt verweist auf die „größere Diakonie" Gottes, von der die Diakonischen Werke eine wichtige Ausdrucksform sind, nicht aber ihre einzige.[21] Gott als kooperative Macht der Barmherzigkeit ist mit der oft asozialen Welt in einen Prozess der sozialen Gerechtigkeit verwickelt, für den unsere Beteiligung nötig ist, vor allem auch der prophetische Einspruch gegen eine Politik der Ausgrenzung. Gottes Sein hängt am Werden der Gerechtigkeit durch unsere Kooperation, und zwar dialektisch in dem Sinn, dass es Gott als Kraft barmherziger Gerechtigkeit unabhängig von unserm Handeln gibt, andererseits unser Handeln das Bild des barmherzigen und gerechten Gottes zugleich als ermutigende Kraft bewahrt. Der Gottesbezug in der Diakonie sollte diese instand setzten, die geschlossene Immanenz zu durchbrechen, Fragen zu stellen und Lösungen anzustreben, die sonst von den Zwängen gesellschaftlicher Reproduktion nicht zugelassen werden.

4. Gott als Geber und Unterhalter der alltäglichen Lebensbedürfnisse – Folgerungen für die Gemeindediakonie

In die gegenwärtigen Diskussion um die Finanzierung von Kirche und Diakonie und ihr besonderes Profil auf dem Sozialmarkt ist an die Ökonomie Gottes zu erinnern: Es handelt es sich um eine Ökonomie des Gabenaustausches, nicht des Warentausches. Die entscheidende Differenz liegt darin, dass die am Gabenaustausch Beteiligten in einem Prozess wechselseitiger Verpflichtung stehen. Während die Dynamik der Akkumulation in der Warenökonomie die Solidarität mit der natürlichen Lebensumwelt aufgibt und letztlich zerstörerisch wirkt, geht es der Gabenökonomie um die Bewahrung und Wiederherstellung der gemeinsamen Lebensgrundlagen. Ihre theologi-

---

[19] J. Starnitzke, Die Bedeutung von diakonos im frühen Christentum, in: V. Hermann / R. Merz / H. Schmidt (Hg.), Diakonische Konturen. Theologie im Kontext sozialer Arbeit, Heidelberg 2003, 184ff, bes. 211f.

[20] Den Kirchenkreis-Diakon als „Libero" favorisieren Lars Eisert-Bagemihl / Ulfrid Kleinert (Hg.), Mandat statt Mission – Soziale Arbeit in Kirchenkreisen, Leipzig 1999.

[21] Vgl. Hans-Jürgen Benedict, Die größere Diakonie, in: WzM 53, 2001, 349–358, hier 356.

sche Grundlage ist der Glaube an Gott als den Geber und Erhalter des Lebens. Im Anfang war die Gabe, könnte man im Anschluss an den Prolog des Johannesevangeliums und an M. Mauss' berühmtes Buch über die Gabe sagen. Gottes Ökonomie der Gabe und der Erhaltung des Lebens trifft sich mit den menschlichen Bemühungen um Lebensunterhalt und Erhaltung der Lebensgrundlagen. Für die alten vorkapitalistischen Gesellschaftsformen hat Martin Luther das prägnant in seiner Erklärung des 1. Gebots auf den Begriff gebracht: „Ich glaube, dass mich Gott *geschaffen* hat samt allen Kreaturen, ... noch unterhält, ... täglich und reichlich versorgt." Reichlich und täglich versorgen etwa aus der Sicht des zwölfjährigen Kindes, das diese Erklärung des 1. Artikels spricht, tun natürlich die Eltern, das verwandtschaftliche wie das nachbarschaftliche Netz, die Landwirtschaft, das Handwerk und der Handel, das lokale Gemeinwesen insgesamt. Doch ausgegangen und grundgelegt ist diese Lebenserhaltung und Hauswirtschaft von der Ökonomie Gottes als dem guten Haushalter des Lebens. Mit der industriellen Entfaltung der kapitalistischen Wirtschaft zu Beginn des 19. Jahrhunderts wird diese Grundlage gründlich vergessen. Menschlicher Fleiß, Technik und Erfindungskraft auf der Grundlage des Geld- und Tauschprinzips sorgen zusammen mit der *invisible hand* des Marktes (Adam Smith) für immer besseren und expandierenden Unterhalt der Menschen (besonders im Wohlfahrtsstaat). Der Begriff einer durch das Heilige, durch Gott ermöglichten und geschützten Ökonomie geht verloren.

Zu erinnern ist hier an das Beispiel der frühchristliche Gemeinden. Sie waren dezentrale Lebensgemeinschaften mit gemeinsamem Essen, Torastudium und Beratung, wobei die gemeinsame Mahlzeit der Verschiedenen ihr von der üblichen sozialen Gesellung der Antike (man isst nur mit Gleichen) abweichendes Kennzeichen war. Gerade der Begriff *charis*, der mehr meint als nur Gnade, hat ihnen als kreativer Leitbegriff gedient – Paulus verwendet ihn um 50 n. Chr neu in dem Sinn, dass beide Seiten nehmen und geben und zwar so, dass aufgrund der Gnade und Gabe Gottes der Mangel sich in Überfluss verwandelt. Besonders seine ausführliche theologische Begründung der Kollekte für die verarmte Jerusalemer Gemeinde durch die Christen in Korinth zeigt einen gabenökonomischen Ansatz.[22] „Denn ihr kennt die Gnade unseres Herrn Jesus Christus: obwohl er reich war, wurde er doch arm um euretwillen, damit ihr durch seine Armut reich würdet. (...) Euer Überfluss soll jetzt ihren (der Jerusalemer Gemeinde) Mangel abhelfen, damit auch ihr Überfluss später eurem Mangel abhelfen kann und es zum Ausgleich kommt, wie geschrieben steht: ‚Wer viel sammelte, der hatte keinen Überfluss und

---

[22] Siehe zum Folgenden Jürgen Ebach / Hans-Martin Gutmann u.a. (Hg.), Leget Anmut in das
Geben. Zum Verhältnis von Ökonomie und Theologie, Gütersloh 2001, darin besonders den
Aufsatz von Magdalene L. Frettlöh, Der Charme der gerechten Gabe, 105ff sowie Gutmann, Der
gute und der schlechte Tausch, 162ff.

wer wenig sammelte, hatte keinen Mangel'" (2Kor 8,9.13–15; sowie 2Kor 9,7–9.15).

charis meint hier zunächst die Vorgabe der göttlichen Gnade in der Menschwerdung Gottes in Jesus Christus, sodann das Weitergeben dieser göttlichen Vorgabe zwischen den Gemeinden in Gestalt der Kollekte. Und schließlich das, was Gott von den Menschen zurückempfängt, nämlich den Dank. Die göttliche Vorgabe wird zum menschlichen Teilen der Gabe und zur Gegengabe an Gott. Im Begriff der *charis* gehören für Paulus Gott und Geld, göttliche Großzügigkeit und menschliche Freigebigkeit zusammen. Was der Inbegriff der Gabe des Lebens ist: Gnade, wächst unter den Menschen durch Partizipation, durch gerechte Güterverteilung und ist charmant-attraktiv. Auch ohne den christologischen Bezug von 2Kor 8 und 9 gibt es unter Menschen eine starke Verpflichtung, einander zu unterstützen, sich des anderen zu erbarmen (wie die nichtchristologische Beispielerzählung vom barmherzigen Samariter zeigt), sozialen Ausgleich zu organisieren und in eine Bewegung gegenseitigen Gebens und Nehmens hineinzukommen. (Wichern hatte diese „neue Ökonomie der Gnade"[23] vor allem in der durch Christus wiederhergestellten Gottesliebe der christlichen Hausgemeinde und ihrer im Abendmahl und Mittagsmahl sichtbaren *koinonia* wirksam gesehen, aktiv wurde sie aber vor allem in den Vereinen und Bruderschaften, die er *neben* den Gemeinden gründete – der Glaube wird in der sozialkulturellen Liebe aktiv und realisiert so das Priestertum aller Gläubigen auch praktisch.)

Am Gabenaustausch sind auch unter kapitalistischen Bedingungen die Menschen in verschiedener Weise beteiligt – dort, wo es um die intimen Beziehungen zwischen Liebespartnern, zwischen Eltern und Kindern, zwischen Freunden und Nachbarn, zwischen Hilfebedürftigen und Helfern, zwischen in Schwierigkeiten Geratenen und ihren Unterstützern geht. Auch hier hat die Gabe attraktiven Charme. Gabenökonomisches Handeln zeigt sich, neben der Professionalisierung der Gabe in helfenden Berufen, vor allem 1. in neuen diakonischen Dienst- und Lebensgemeinschaften sowie 2. in ehrenamtlich gestützten Projekten in den Kirchengemeinden.

Dienst- und Widerstandsgemeinschaften – Vorbild ist Catholic Worker, die in den USA an die 100 Häuser unterhält – sind eine erstaunliche Kombination von christlicher Lebensgemeinschaft, Gastfreundschaft, politischer Aktion und Pazifismus[24]. Sie nehmen in der Regel keine staatlichen Gelder für ihr Projekt, weil sie dann mit dem System zusammenarbeiten würden, das sie ablehnen. Sie bieten Flüchtlingen und anderen ausgegrenzten Menschen Zuflucht an. Auch in der Bundesrepublik kommt es vermehrt zur

---

[23] Johann Hinrich Wichern, Gutachten die Diakonie und den Diakonat betreffend, in: ders., Ausgewählte Schriften Bd. 1, Gütersloh 1979, 143. Zur Liebe als Handlungsform s. Jürgen Albert, Glaube und Handlungsform bei J.H. Wichern, Heidelberg 1995, 99f.

[24] Siehe dazu Jens Schild, Prophetische Diakonie in den USA. Christliche Dienst- und Widerstandsgemeinschaften als Modell auch für die BRD, in: Benedict, Wenn die Posaune, 74ff.

Gründung solcher Formen alternativer Diakonie (Brot & Rosen in Hamburg). Indem sie mit Ausgegrenzten zusammen leben und ständig für sie da sind, achten sie nach ihrem eigenen Verständnis deren Würde entschiedener, als die öffentlich finanzierte Sozialarbeit es tun kann, die auf professionelle Distanz gehen muss. „Qualität des Lebens am Rande des sozialen Daseins" hängt aber nach A.Baarts Verständnis einer präsentischen Pastoralpraxis entscheidend von Beziehungsaufnahme und Anerkennung ab. Hilfs- und Unterstützungsprogramme gibt es hierzulande genug, nicht aber die Anerkennung durch Beziehung, die Menschen am Rande so sehr brauchen.[25]

Wichtig für die gemeindliche Diakonie ist die neue Kultur des Sozialen. Es gibt eine neue Solidarität, einen kooperativen Individualismus, der den Menschen nicht als Selbstaufopferung abgerungen werden muss. Tätigwerden im sozialen Bereich wird als sinnhafte Lebenserweiterung erfahren. Es entstehen neue Netzwerke von Freiwilligen, oft unter Angehörigen der gleichen Schicht. Sie sind durch strukturelle Offenheit, lockere Verknüpfung und Wahlfreiheit gekennzeichnet, die sich an der Ähnlichkeit von Interessen orientiert. Kirchengemeindliche Netzwerke können Schichten übergreifend tätig werden. Auch in Zeiten geringerer finanzieller Ausstattung kann Gemeindediakonie mit diesem Gaben-ökonomischen Ansatz kreativ tätig werden, wie die vielen kleinen Projekte zeigen, die mit einfachen Mitteln ein Netz der Unterstützung vor Ort aufbauen. Stärker als bisher muss sie sich in den großen Städten aber als Stadtteildiakonie verstehen. In Kooperation mit Kirchenkreisen, anderen Trägern sozialer Arbeit und sozialer Stadtentwicklung (s. Bundesprogramm soziale Stadt)[26] geht es darum, der Armut und Ausgrenzung wachsender Bevölkerungsgruppen zu wehren, soziokulturelle Teilhabe herzustellen, den sozialen Raum durch Ressourcenaktivierung zu verbessern.[27] In der Gegenwehr gegen eine symbolische Ordnungs- und Exklusionspolitik schließt sich der Kreis des anfangs zitierten antiselektiven Handelns, sofern in solcher Tätigkeit soziale Rechtsverwirklichung geschieht, wie sie im alten Israel begann. Dazu bedarf es professioneller Beratung durch gemeinwesenorientiert ausgebildete Diakone/Sozialarbeiter. Ob Kirche diakonische Kirche bleiben wird, entscheidet sich auch an der Personalpolitik auf Gemeindeebene. Es ist schon eine ironische Entwicklung, dass Kirche einerseits den Diakonat als Amt der Liebestätigkeit aufwerten will[28], anderer-

---

25   Vgl. Andries Baart, Qualität des Lebens am Rande des Daseins, unveröff. Ms 2002, 15.

26   Siehe die Dokumentation einer vom DW der EKD zusammen mit dem BMVBW veranstalteten Tagung: Soziale Stadt. Entwicklung und Chancen für Kinder, Jugendliche und Erwachsene in benachteiligten Stadtteilen. Informationen aus dem DW der EKD 08/02, darin meinen Beitrag: Strategischer Handlungsbedarf für die Diakonie, 80ff.

27   Siehe die Dokumentation Workshop Stadtteildiakonie DW Hamburg 2000, darin meinen Beitrag: Die Kirche und das soziale Handeln in der Stadt, 13ff.

28   Auf der Basis des Gutachtens der Kammer für Theologie aus dem Jahr 1996 hat jetzt das Diakonische Werk der EKD in Zusammenarbeit mit den diakonischen Gemeinschaften eine „Richt-

seits Diakonenstellen rapide abbaut und die kirchliche Fachhochschulausbildung zunehmend unter Spar- und Fusionsdruck setzt.[29]

---

linie für den Diakonat als geordnetes Amt der Kirche" (2002) vorgelegt, die 2003 von der Synode der EKD verabschiedet werden soll.

[29] Der gemeinwesenorientierte Ansatz in der integrierten Sozialarbeiter- und Diakonenausbildung wird besonders von der Ev. Fachhochschule für Sozialpädagogik des Rauhen Hauses betrieben, stößt allerdings in der eigenen Kirche nicht auf Gegenliebe, wie die Androhung einer Schließung im November 2002 zeigte. Die hannoversche Landeskirche hat ihre Fachhochschule inzwischen in die staatliche Hochschule eingegliedert.

Jesu Hilfehandeln im Kontext seiner Reich Gottes-Verkündigung

1. Eine kurze Schilderung des Lebens Jesu

In Abwandlung eines berühmten Apercus könnte man sagen: Jesus verkündigte das Reich Gottes – und was kam, war die Liebestätigkeit der Kirche, in heutiger Terminologie: die Diakonie.

Um das Jahr 30 unserer Zeitrechnung (später nach Christus genannt) tritt in Kapernaum und anderen kleinen Orten im Nordwesten Galiläa um den See Genezareth ein charismatischer junger Mann auf, der die Nähe der Herrschaft Gottes verkündigt. Er hatte zu dem Kreis des Gerichtspropheten Johannes gehört und sich von ihm zur Sündenvergebung taufen lassen. Im Zentrum seines Wirkens steht die Verkündigung des Reiches bzw. der Herrschaft Gottes. Im Unterschied zu seinem Lehrer sieht er in der nahen Herrschaft Gottes vor allem heilsame Züge. Für ihn ist Gott ein fürsorgender Vater – ihn so anzureden lehrt er seine Nachfolger – und eine unbedingte Macht der Güte. Sein Wille wird sich bald in der Welt durchsetzen. Er wird das Los der Armen ändern, die Hungrigen sättigen, den Sündern die Umkehr ermöglichen und Israel wiederherstellen. Im Unterschied zu der pharisäischen Reformbewegung finden in seinem Verständnis der Königsherrschaft Gottes auch die Randgruppen einen Platz – Zöllner, Prostituierte und Sünder.

Aus dem einfachen Volk, den Bauern und Fischern, beruft er 12 Jünger als Repräsentanten des wiederherzustellenden Volkes Israel und sendet sie als Boten der Gottesherrschaft mit asketischen Reiseregeln aus. Zu dem einfachen Lebensstil der Wanderprediger (das dem der antiken Kyniker ähnelt) gehört die Kritik an Familie und Besitz. Unter seinen Nachfolgern, die mit ihm durch das Land ziehen, befinden sich auch auffallend viele Frauen.

In charismatischen Handlungen wie den Heilungen und den Exorzismen sieht Jesus die heilsame Macht der Gottesherrschaft bereits gegenwärtig; sie sind für ihn aber auch Ausdruck der Macht menschlichen Glaubens. Sein Ruf als Wundertäter weckt Erwartungen, die er nicht erfüllen wollte und konnte, die sich aber bald in der Erzählung von Rettungswundern weiter steigerten. Seine Normenwunder und Tabubrüche – er berührt Aussätzige (dahinter steht die Unterscheidung zwischen Krankheit und Leiden), heilt am Sabbat – führen zu Streitgesprächen mit den Pharisäern.

In Gleichnissen, kleinen poetischen Erzählungen, bringt er den Menschen in Galiläa das Reich Gottes nahe und ermutigt sie, sich ihm zu öffnen. Als gesetzestreuer Jude bleibt er auf dem Boden der Tora. Er radikalisiert jedoch ihre universalen Aspekte (Liebe zum Feind und zum Fremden), während er ihre rituellen Vorschriften liberalisiert: so dehnt er beim Sabbat die anerkannten Ausnahmeregelungen auf Fälle von Lebensförderung (Heilungen am Sabbat) aus und zeigt sich skeptisch gegenüber der Unterscheidung von reinen und unreinen Dingen. In die Mitte seiner Lehre rückt er das Gebot der Gottes- und Nächstenliebe und zeigt im Gleichnis vom barmherzigen Samariter, wie Nächstenliebe im Alltag „funktioniert" – als Rettung bedrohten Lebens.

Bereits in Galiäa lebt er in der Tischgemeinschaft mit den Nichtintegrierten. Das Reich Gottes bezeichnet er einmal visionär als großes gemeinsames Mahl aller am Tisch Gottes.

Als er zum Passahfest nach Jerusalem zieht, kommt es zum Konflikt mit der dortigen Aristokratie. Durch eine symbolische Handlung, die sog. Tempelreinigung, stört er den Tempelkult. In Vorahnung seines Todes setzt er für seine Jünger beim letzten Mahl eine kultstiftende Symbolhandlung ein, ein einfaches Essen, das das Essen und Trinken im nahen Gottesreich vorwegnehmen soll. Nach dem Evangelisten Lukas bezeichnet er sich bei diesem Mahl als „Dienender" (Lk 22,27). Verhaftet wegen der Tempelkritik wird er als Messiasprätendent angeklagt und als politischer Anführer von Pilatus verurteilt und hingerichtet.

Nach seinem Tode erschien er Petrus und/oder Maria Magdalena und mehreren Jüngern. Die Urgemeinde deutet sein Geschick neu: der Mensch(ensohn), von dem Jesus gesprochen hatte und der ein menschliches Reich errichten wird, ist Jesus selbst, und hier fällt der zentrale Satz, der bis heute das Vorbild für diakonisches Handeln abgibt: „Der Menschensohn ist nicht gekommen, dass er sich dienen lasse, sondern dass er sein Leben hingebe als Lösegeld für viele" (Mk 10,45 par). Ein leidender Messias, zu dem sich Gott in der „Auferstehung" bekannt hat. „Der christliche Glaube war als eine Variante des Judentums geboren. Ein messianisches Judentum, das sich erst im Laufe des 1.Jahrhunderts nach und nach von seiner Mutterreligion trennte."[1]

Dieser Jesus, wie ihn die historisch-kritische Forschung zeichnet – Theißens Leben Jesu in Kurzfassung steht hinter meiner Skizze – hat wenig zu tun mit dem Jesus, wie ihn Diakonie in den letzten 150 Jahren zur Begründung ihrer Tätigkeit bemüht hat.

Da wird Jesus vor allem zum „Urbild der Diakonie". So nennt Wichern 1854 Jesu dienendes Handeln bis hin zu seiner Opferung. „Christi Erscheinung ist die volle Offenbarung der Diakonie."[2] Diakonie der Gemeinde setzt fort, was der Heiland in Galiläa begonnen hat.

---

[1] G. T. Theißen/A. M. Merz, Der historische Jesus, Göttingen 1996, 495.
[2] J. H. Wichern, Gutachten die Diakonie und das Diakonat betreffend, in: Wichern, Ausgewählte Schriften Bd. 1, 141.

2. Kann Jesus das Urbild der christlichen Liebestätigkeit/Diakonie genannt werden? Von Wichern bis zur Dialektischen Theologie

„Die Erscheinung der Liebe in Christo Jesu" überschreibt G. Uhlhorn 1882 das Neue, das mit Jesus in die Welt gekommen ist. Die Hingabe des Gottessohnes als Vorbild der Diakonie. Zum andern wird seit ca. 30 Jahren mit der „neuen Frage" nach dem historischen Jesus und der sozialgeschichtlichen Wende in der Leben-Jesu-Forschung vermehrt danach gefragt, ob aus Jesu charismatischem Handeln Leitlinien für heutiges diakonisches Handeln zu gewinnen sind. Klassisches Beispiel dafür ist Seiberts Versuch von 1983, Jesu Hilfehandeln von dem seiner Umwelt zu unterscheiden und für die heutige Praxis des Diakonischen Werks fruchtbar zu machen. Zu dieser Begründungsgeschichte ein kurzer Überblick.

Wichern bezeichnet die Diakonie als Produkt der göttlichen Offenbarungsliebe (gewissermaßen als Innenseite der Reichsgeschichte). Sie zeigt sich (in der Vorgeschichte der christlichen Offenbarung) darin, wie Gott als Diakonus das Volk Israel als „ein Volk von Armen pflegt und erhält." Dann aber ist „Christi Erscheinung die volle Offenbarung der Diakonie"[3]. Denn nach seiner Selbstaussage ist er gekommen zu dienen, und das beweist er in seinem Dienst an den Kranken und Besessenen wie in der Speisung der Hungrigen, bis hin zu seiner Lebenshingabe am Kreuz. Doch er ist nicht nur Subjekt sondern auch Objekt der Diakonie, was sich besonders in der Geschichte von der Salbung Jesu in Betanien durch eine Frau zeigt. Dieser Hinweis auf die Reziprozität der Liebe („eine Liebe, die er gab, und eine Liebe, die er nahm"),[4] ist ein oft unterschlagener Aspekt. Seine Jünger, die er aussendet, sollen die Liebe seiner Barmherzigkeit heilend und tröstend den Leidenden und Verstoßenen spenden. Als „Diakonus der Völker" (Röm 15,8 – Wichern unterschlägt das Wort Juden) bewegt er die Gläubigen aus den Völkern, einander zu dienen. In der neuen Christengemeinde „ersteht als in einem neuen Schöpfungswunder die erstorbene Menschheit in der Liebe, und die Liebe wird zur Liebespflege".[5] Unter Brot und Wein ist Jesus in der Gemeinschaft der Gemeinde gegenwärtig und speist sie mit seinem Leib und Blut. Jedes christliche Haus wird zum Tempel, es entsteht eine neue „Ökonomie der Gnade". Diese Liebe wird sich bis ans Ende der Tage bauen. Jesus selbst verbindet in der Erzählung vom Weltgericht (Mt 25,31ff) die Diakonie mit der Vollendung des Gottesreichs. In den Armen und Hungrigen, den „realsten Verhältnissen des alltäglichsten Menschenlebens" will er gesucht sein, soll die Liebe der Seinen sich bewähren. Wichern betont zum Schluß seiner „Diakonie in der Offenbarungsgeschichte", dass in dem Haus und der Fami-

---

[3]   Wichern, Gutachten, 140.
[4]   Wichern, Gutachten, 141.
[5]   Wichern, Gutachten, 142.

lie Gottes, die die Gemeinde ist, dass in dieser Gottesfamilie und in dem sich ihr zugewandten *diakonein* des Herrn das tatsächliche Urbild der Familie gegeben ist. Es muss sich daher in der Erneuerung der Familie und ganzer Nationen das Reich Gottes zeigen, mit kräftiger Unterstützung der nun christlichen Obrigkeiten.[6]

Hier ist kein Platz für den historischen Jesus, sondern Wichern spricht von Anfang an von der „Liebe des Gottmenschen" auf Erden und dem „unversieglichen Gottesquell der Liebe" des Erhöhten, der unter den Seinen die Liebe erzeugt, die „das Abbild der urbildlichen Liebe" ist.[7]

Christus ist „Mündung und Hafen der Liebespflege" der Seinen, und nicht von ungefähr entwickelt sich der berühmt gewordene Satz: „Die Liebe gehört mir wie der Glaube" zum Gründungsmotto der Inneren Mission

Etwas weniger enthusiastisch, aber ähnlich im Ansatz verfährt G. Uhlhorn in seiner Entfaltung des Satzes „Die Erscheinung der Liebe in Jesu Christo". Jesus sei nicht bloß ein Lehrer oder Gesetzgeber der Liebe gewesen, sondern der „persönliche Anfänger des Liebeslebens."[8] Sein Leben war ein Dienst der Liebe bis zur Hingabe in den Tod, und so ist Mk 10,45 sozusagen das Grundwort der Geschichte der christlichen Liebestätigkeit. Er hebt die Schranken der Liebe nach allen Seiten hin auf, denn jeder Notleidende ist Nächster. Aber: alle Liebestätigkeit dient einzig dem Zweck der Förderung des Gottesreichs. Sie solle den Menschen das Gottesreich nahebringen. Deswegen ist die sozialistische Kritik an Jesus und dem Christentum, er habe sein Ziel nicht erreicht, völlig verfehlt. Jesus wollte kein sozialer Reformer sein. „Nicht die Armut aufzuheben, ist Christus erschienen, sondern den Armen das Gottesreich zu bringen."[9] Nicht soziale Reform, sondern „Erlösung, Gründung des Gottesreichs ist sein Lebenswerk." Auf der andern Seite sagt Uhlhorn ganz im Sinne Wicherns: „Das ganze irdische Leben mit all seinen natürlichen Verhältnissen in Familie, Staat und Gesellschaft ist der Stoff zur Bethätigung des Gottesreichs." Der Dienst der Christen strebt deswegen danach, „des Menschen Leben zu erhalten"[10]. Was die Formen der Diakonie betrifft, die Almosen, die kirchlichen Anstalten, die helfenden Berufe wie die Diakonissen, so war Jesus auch hier der „Anfänger der Liebesthätigkeit in seiner Gemeinde"[11].

Bei Wichern wie bei Uhlhorn ist das Handeln Jesu Christi von dem Gedanken der sich herabneigenden Liebe und der Barmherzigkeit des Gottessohnes bestimmt. Dies entsprach einer Diakonie, die in der Nachfolge Christi sich den Armen und Verlassenen karitativ zuwendet. Dieses Barmherzigkeitsge-

---

[6] Vgl. Wichern, Gutachten, 143f.
[7] Wichern, Gutachten, 142.
[8] Uhlhorn, Die christliche Liebesthätigkeit, 36.
[9] Uhlhorn, Liebestätigkeit, 39.
[10] Ebd., 40.
[11] Ebd., 43.

fälle wurde selten infrage gestellt. Uhlhorns Skizze der Erscheinung der Liebe in Christo Jesu hält erstaunlicherweise die Priorität der Verkündigung des Gottesreichs fest, grenzt Jesu Handeln von der Sozialreform ab, sieht aber in der Liebestätigkeit eine unaufgebbare Dimension der Arbeit für das Reich Gottes. „Der Tag der Pfingsten ist wie der Geburtstag der Kirche, so auch der Geburtstag der von der Kirche unzertrennlichen christlichen Liebesthätigkeit."[12] Um schließlich einen eher skeptischen Theologen zu zitieren, so sieht Troeltsch in Jesu Verkündigung vom Reich Gottes den religiösen Liebeskommunismus der Urgemeinde angelegt, aber ebenso sehr den Individualismus.[13]

Auch die eher pietistischen Diakoniker des 19. Jahrhunderts waren von dem Gedanken der innergeschichtlichen Entwicklung des Reiches Gottes bestimmt, wie A. Ritschl ihn entfaltet hatte – Reich Gottes als Liebesgemeinschaft der Menschen als höchstes Gut. Für die Vertreter der Inneren Mission realisierte es sich in der christlichen Liebestätigkeit. Trotz der offenbaren Massennöte des Industriezeitalters waren sie davon überzeugt, dass sich das Reich Gottes, das Reich der Liebe in Gesellschaft und Kirche, immer mehr ausbreiten würde, wenn nur die Liebe den Armen und Elenden gepredigt und praktisch nahe gebracht wird.

Am Ende des diakonischen 19. Jahrhunderts wurde von Albert Schweitzer der eschatologische Jesus wiederentdeckt, der eine nach kosmischen Katastrophen hereinbrechende neue Welt erwartete und nur eine Interimsethik entwarf. Damit waren dem Fortschrittskonzept der liberalen Theologie wie der diakonischen Expansion in Gestalt der Inneren Mission die theologischen Grundlagen entzogen. Im Ersten Weltkrieg zerbrach der Fortschrittsgedanke vollends. Der Heiland der Liebe für die Randgruppen wurde von den Predigern zur Legitimierung des Massenmordens bemüht. Und die Diakonissinnen, die Berufsarbeiterinnen des Reichs der Liebe, mussten zu Tausenden in den Lazaretts schrecklich verstümmelte Soldaten pflegen.

In der dialektischen Theologie war nur noch die Verkündigung Gottes als des ganz Anderen wichtig, in der existentialen Theologie das Dass des Gekommenseins Jesu und sein Entscheidungsruf. Kirche und Diakonie wurden kritischer gesehen. „Wir wollen doch nicht Christus zum wiederholten Male säkularisieren", sagte Karl Barth 1919 in der Tambacher Rede. Dieses Mal der Sozialdemokratie zu Liebe. Und in „Quosque tandem" führte er 1927 eine scharfe Kritik gegen die sich ihrer effizienten Verwaltung rühmende Kirche und Diakonie. Bis dann die Irrlehren der Deutschen Christen und der totalitäre Versuch der Vereinnahmung der Kirche wieder zu ihrer relativen Verteidigung führten. Die Barmer Theologische Erklärung von 1934 formulierte: „Jesus Christus ist Gottes kräftiger Anspruch auf unser ganzes Leben."

---

[12] Ebd., 45.
[13] Vgl. E. Troeltsch, Die Soziallehren der christlichen Kirchen und Gruppen, 39ff.

Und: „Die Kirche erinnert den Staat an Gottes Reich und seine Gerechtigkeit." Gegen die Gleichschaltung aller Wohlfahrtseinrichtungen war damals die Institution der Kirche ein letzter Rettungsplatz.

In der Nachkriegszeit wurde Diakonie einerseits gesellschaftstheologisch als Teil der Betätigung von Kirche in der verantwortlichen Gesellschaft begründet (Wendland), andererseits christologisch als Gestalt der Königsherrschaft Christi[14] und der in Christus geschehenen Versöhnung, so besonders in Paul Philippis Ansatz einer „christozentrischen Diakonie".[15] Soweit dieser ganz knappe Überblick.

3. Diakoniebegründung mit dem historischen Jesus – Seibert, Jesu Hilfehandeln

Der Rückgriff auf den historischen Jesus zur Begründung von Diakonie setzte erst mit der sozialgeschichtlichen Wende in der Jesus-Forschung ein. Einen groß angelegten Versuch, die soziale Arbeit des Diakonischen Werks mit dem Hilfehandeln Jesu zu begründen, legte 1983 Horst Seibert vor.[16] In Aufnahme der sozialgeschichtlichen Forschungsergebnisse von Gerd Theißen zu den Wundern Jesu (Urchristliche Wundergeschichten, 1974) entfaltet Seibert in 12 Punkten die Besonderheiten der Diakonie Jesu gegenüber dem Hilfehandeln seiner Zeit. Sie seien hier kurz zusammengefasst.

1. Jesu Diakonie, verstanden als eine Fähigkeit Menschen zu heilen, befähigt auch andere Menschen zur Hilfe und erwartet vom Hilfebedürftigen Mitwirkung.
2. Jesu Diakonie begründet ein eigenes Recht der Diakonie neben Kultus und Politik. Jesus distanziert sich von diesen beiden Herrschaftsformen und macht das für seine Jünger verbindlich (Mt 20,26).
3. Jesu Diakonie greift zurück auf die Solidaritätsethik der israelischen Frühzeit; sie ist zugleich ein Vorgriff auf die neue Wirklichkeit des Reiches Gottes.
4. Jesu Diakonie ist auf einer mittleren Ebene zwischen Individualisierung und Institutionalisierung angelegt; Leiden sind weder Privatsache noch kollektive Erscheinung.
5. Jesu Diakonie bedeutet Integration der Geheilten in Familie und Gesellschaft.
6. Jesu Diakonie richtet sich gegen ein Verständnis des Helfens als Technik.
7. Jesu Diakonie verbindet das Interesse am einzelnen Menschen mit der Verkündigung der Gottesherrschaft.
8. Jesu Diakonie heilt Kranke und ihre Umwelt von ihren Erklärungsversuchen von Krankheit, ist also zugleich subjektive und objektive Hilfe.
9. Jesu Diakonie ist in Exorzismen und Rettungswundern Gegenwirkung; in Heilungen und Geschenkwundern Behebung von Mangel; in den Normenwundern (Sabbatübertretungen) Erweiterung von Bewusstsein.

---

[14]   Vgl. K. Barth, Christengemeinde und Bürgergemeinde, Zürich 1948.
[15]   Vgl. A. Reitz-Dinse, Theologie in der Diakonie, 278f.
[16]   Vgl. Horst Seibert, Diakonie – Hilfehandeln Jesu und soziale Arbeit des Diakonischen Werks. Eine Überprüfung der gegenwärtigen Diakonie an ihrem theologischen und sozialen Anspruch, Gütersloh 1983.

10. Jesu Diakonie ist ganzheitlich, insofern sie in Heilungen und Zuwendungen zu Diskriminierten geschieht. Diese haben ein leiblich-materielles Substrat, eine soziale Funktion und eine spirituelle Dimension.
11. Jesu Diakonie erwartet, das zeigt das Gleichnis vom Weltgericht Mt 25,31ff, selbstständiges Handeln (Ich-Autonomie).
12. Jesu Diakonie erweitert die alte israelische Gemeinschaftsvorstellung zur Vision der Menschengemeinschaft.

Es ist zwar verdienstvoll, neue exegetische Ergebnisse zu den Wundergeschichten unter diakonischer Perspektive zu betrachten. Trotzdem kann man Jesu Heilungen und Exorzismen nicht als Diakonie bezeichnen. Damit wird die Vorstellung eines organisierten Hilfehandelns geweckt wird. Eben dies aber waren Jesu Heilungen nicht – er ließ sie auch nicht von seinen Jüngern diakonisch organisieren. Zum andern, weil damit die Erwartung geweckt wird, Diakonie und Kirche könnten und müssten in diesem Sinne in die Fußstapfen Jesu treten.[17] Theißen, der Kronzeuge von Seibert hat ja gerade das Einzigartige der Wunder Jesu darin gesehen, dass den gegenwärtig geschehenden Heilungen und Exorzismen eine eschatologische Bedeutung zugesprochen wird: „Als apokalyptischer Wundercharismatiker steht Jesu singulär in der Religionsgeschichte. Er verbindet zwei geistige Welten, die vorher nie in dieser Weise verbunden waren: die apokalyptische Erwartung universaler Heilszukunft und die episodale Verwirklichung gegenwärtigen Wunderheils."[18] In den Wundern beginnt eine neue Welt. Heute sind es eher Medizin- und Gentechnik, Organmedizin sowie Gesundheitsverheißungen, die diese „schöne neue Welt" gesunden Lebens für den begüterten Teil der Menschheit verwirklichen wollen.[19]

Gleichwohl sind Jesu Heilungen für die Diakonie auf zwei Ebenen relevant – einmal auf der *Beziehungsebene*. Die Mitwirkung des Hilfebedürftigen, sein Glaube ist vonnöten (s. Mk 6, 5f). Der Glaube ist oft der eigentliche Wundertäter und Jesus weckt diese Fähigkeit. Hier geschieht ein Stück Empowerment, das in der Sozialarbeit zunehmend eine Rolle spielt.

Und weiter: Jesu Wunder sind als *Integrationsgeschichten* für die Diakonie wichtig. Jesu Wunder ermöglichen neue Gemeinschaft, bringen die Geheilten zurück ins normale Leben. Sie sind Geschichten, die sich gegen Ausgrenzungen wenden und als solche ein biblisches Korrektiv für eine Diakonie, die sich im 19. und 20. Jahrhundert in bester christlicher Absicht an Ausgrenzungen beteiligte (vor allem von Behinderten und sog. schwererziehbaren Jugendlichen). Heute ist die Auflösung der Anstalten angesagt. Behinderte wollen und sollen im Gemeinwesen leben können (s. vor allem Hephata in Mönchengladbach).[20]

---

[17] Gegen diese Erwartung bzw. Anmutung hat sich besonders und zu Recht U. Bach gewandt, s. U. Bach, Heilende Gemeinde?, Neukirchen-Vluyn 1988; ders., Boden unter den Füßen hat keiner, Göttingen 1986, darin besonders: Das Problem der Auslegung der christlichen Botschaft für Behinderte, 157ff.

[18] G. Theißen, Wundergeschichten, 274.

[19] Vgl. Paul Virilio, Die Eroberung des Körpers. Vom Übermenschen zum überreizten Menschen, Frankfurt 1996.

[20] Siehe dazu Evangelische Stiftung Hephata, Freiheit wagen. Leben in Nachbarschaft, o.J. (2002). Seit Ende 2002 ist auch die Ev. Stiftung Alsterdorf in Hamburg keine Anstalt mehr, wie ihr Vorsteher Baumbach öffentlich bekannt gab.

Neben ihrer Bedeutung als Glaubens- und Integrationsgeschichten sind Jesu Heilungen Ausdruck eines *Protests gegen menschliche Not*, gegen heillose Verhältnisse, die endlich verändert werden müssen, und sei es durch die besonderen Fähigkeiten eines Wundertäters, die dann auch noch ständig gesteigert werden. Es sind Geschichten, in denen die „Kultur des Schweigens" aufgebrochen wird. Menschen finden sich mit den elenden Verhältnissen nicht ab, lärmen und schreien so wie der blinde Bartimäus (Mk 10,46–52). Darin entsprechen sie der alttestamentlichen Klage, nur dass der Hilfeschrei sich jetzt an ein konkretes Gegenüber wendet, das helfen kann, wenn auch nicht immer und jedem, der um Hilfe nachsucht.[21]

Ob auch die Exorzismen in diesem Sinne diakonisch fruchtbar zu machen sind, ist mehr als zweifelhaft. Dämonenglaube ist ein soziales Konstrukt. Die Gesellschaft zurzeit Jesu bot für Krankheiten, die wir als Identitätsstörungen und Psychosen deuten würden, dämonologische Erklärungsmuster an. In Krisensituationen werden solche Störungen vermehrt auftreten, und das war in Galiläa der Fall. Menschen brachten ihre ausweglose Lage in einer öffentlich akzeptierten Symptom-Sprache zum Ausdruck und verlangten dementsprechend exorzistische Hilfe, die Jesus hin und wieder auch gab. Auch dass jemand in solcher Lage helfen kann, ist ein soziales Konstrukt, d. h., eine Gesellschaft und ihre Mitglieder müssen daran glauben. Schließlich müssen wir gestehen: Wenn Jesus glaubte, wie Lk 18,10 suggeriert, mit den Exorzismen an der Schwelle einer neuen Welt zu stehen, dann hat er sich geirrt. Schon der Evangelist Markus reagiert darauf, indem er die Wunder ambivalent schildert. Aus all dem kann nur gefolgert werden, dass zu den Exorzismen zwar parallele Erscheinungen gesucht werden können, z. B. schwierige, unbändige Jugendliche, die ein Heer von Sozialarbeitern und die Öffentlichkeit beschäftigen, dass aber gerade die antike Interventionsform, der einmalige Exorzismus, keine heutige Entsprechung hat.[22] Die tiefenpsychologische Deutung Drewermanns etwa von Mk 5 steht auf einem andern Blatt und wäre, so interessant sie ist, diakonisch allenfalls als Plädoyer für Psychologische Beratungsstellen in kirchlicher Trägerschaft zu verwenden. Andererseits ist das Leiden nicht in jedem Fall aufzuheben oder zu beseitigen. Die Evangelien verschweigen nicht, dass Jesus nicht alle heilen konnte und wollte, und dass die Wunder zwiespältige Zeichen sind. Jesus ist gekommen, die Gottesherrschaft zu verkünden und nicht das Leiden aufzuheben. Er hat auch seine Fähigkeiten nicht benutzt, um eine Heilstätte einzurichten und so zu vermarkten.
Bach weist darauf hin, dass Jesus in der Antwort an den Täufer zwar die Wunder als messianische Zeichen erwähnt, dann aber sagt: „Und selig ist, wer nicht an mir irre wird." Will sagen: werde nicht an irre an mir, wenn ich dir trotzdem nicht helfen kann (Mt 11,2–6). Paulus, der Begründer des Christentums, konnte keine Wunder tun, nicht einmal sich selbst heilen, aber er formulierte die tiefe Einsicht: „Meine Kraft ist in den Schwachen mächtig" (2Kor 8,9). Daran sollte die „Stark für andere – Diakonie" von heute sich erinnern.

---

[21]   Meine Auslegung in: H.J. Benedict, Zwischen Befremdung und Wahrnehmung des anderen, in: M. Langhanky (Hg.), Verständigungsprobleme der Sozialen Arbeit, Hamburg 1995, 82f.

[22]   Vgl. meine Interpretation von Mk 5 in: Benedict, Zwischen Befremdung, 84f.

Die Liebestätigkeit der Alten Kirche

Eine Erfolgsgeschichte und ein wichtiger Grund für die Ausbreitung des Christentums – Uhlhorn, Troeltsch und Harnack wiedergelesen

„Die Gründe für die erstaunliche Verbreitung des Christentums liegen in dem Kern der neuen Religion(dem Monotheismus und dem Evangelium) einerseits, in ihrer Vielseitigkeit und wunderbaren Anpassungsfähigkeit andererseits. Aber welches Maß den einzelnen Hauptmomenten als Motiven zukommt – wieviel dem geistigen Monotheismus gebührt, wieviel der Verkündigung von Jesus Christus, wieviel der Unsterblichkeitshoffnung, der Liebestätigkeit und Hülfeleistung, der Disziplin und Organisation, der synkretistischen Anlage und Ausgestaltung, der im 3. Jahrhundert ausgebildeten, jeden reizvollen Aberglauben noch zu übertrumpfen – das entzieht sich unserer Feststellung."[1]

So Adolf v. Harnack im Schlusskapitel seiner großartigen Darstellung *Mission und Ausbreitung des Christentums in den ersten drei Jahrhunderten*. Auch wenn sich Harnack vor einer Rangordnung der Hauptmomente hütet, sowohl in der zeitgenössischen christlichen Apologetik wie in Darstellungen der christlichen Liebestätigkeit war man weniger vorsichtig; ein Urteil wie das von Uhlhorn ist nicht selten: „Neben dem Glaubensmute und der Sterbefreudigkeit ist es vor allem die Liebe gewesen, die dem kleinen Häuflein zuletzt den Sieg verschaffte über die ungeheure Macht der heidnischen Welt."[2] Übrigens: der aus dem frommen Wuppertal stammende Friedrich Engels hat in seiner Einleitung zu Marx' *Geschichte der Klassenkämpfe in Frankreich* 1884 den Siegeszug des praktischen Christentums in der Antike als Beispiel dafür zitiert, wie eine neue gesellschaftliche Bewegung sich unwiderstehlich durchsetzen kann; ähnlich unaufhaltsam sei heute, so Engels, der parlamentarische Sieg der Arbeiterbewegung in Gestalt der Sozialdemokratie.[3]

---

[1]   A. von Harnack, Mission und Ausbreitung des Christentums in den ersten drei Jahrhunderten, 4. erw. Aufl. Leipzig 1924, 54.

[2]   Uhlhorn, Liebestätigkeit, 120.

[3]   Vgl. F. Engels, Einleitung zu K. Marx, Geschichte der Klassenkämpfe in Frankreich, in: K. Marx / F. Engels, Studienausgabe Bd. III, Geschichte und Politik 1, Frankfurt/M 1966, 239.

1. Der praktische Erfolg der Alten Kirche

„Sehet, wie sie einander lieben" – dies, so Tertullian in seiner Apologie zu Beginn des 3. Jahrhunderts, habe er öfter aus heidnischem Munde gehört. Tertullian wertet das heidnische Urteil sozusagen als Beweis für den Satz Jesu aus dem Johannesevangelium: „Ein neues Gebot gebe ich euch, daß ihr einander lieben sollt" (Joh 13,34).

„Die Sorge für die Hilflosen, die wir üben, unsere Liebestätigkeit, ist bei unseren Gegnern zu einem Merkmal für uns geworden: Siehe nur, sagen sie, wie sie sich untereinander lieben" (Tertullian, Apol. 39). Das Fremdurteil, das Tertullian hier nicht ohne Stolz zitiert, wendet er anderer Stelle polemisch gegen die heidnische Religion: „Unsere Barmherzigkeit gibt auf den Gassen mehr Geld aus als eure Religion in den Tempeln" (Apol. 42).

150 Jahre später wird er darin von Kaiser Julian (von den Christen schmähend Apostata genannt) unterstützt, der in seinem berühmten Brief aus dem Jahre 363, den er als Pontifex Maximus an die Oberpriester schickte, folgende Zustandsbeschreibung der Liebestätigkeiten der verschiedenen Religionen gibt: „Kein Jude braucht jemals zu betteln und die gottlosen Galiläer [d. h. die Christen] ernähren außer ihren Armen auch die unsrigen."[4] Und weiter: „Sooft die Armen den Eindruck haben, von den Priester nicht beachtet zu werden, sehen das die gottlosen Galiläer sofort und nutzen die Gelegenheit zur Wohltätigkeit. Die gottlosen Galiläer unterstützen nicht nur ihre eigenen Armen, sondern nicht minder unsere."[5] In einer Art „Kontrastimitation der christlichen Kirchen" (Thraede) und besonders ihrer Liebestätigkeit will der Kaiser neben den Bettlern und Fremden auch die Gefangenen in die offizielle Wohltätigkeit eingeschlossen wissen: „Alle Menschen sind gleichen Bluts, und unsere Fürsorge muß sich auch auf die in den Gefängnissen befindlichen erstrecken." Und er fordert auch zur privaten Hilfe auf: „Wir sollten unser Geld mit allen Menschen teilen, besonders mit den guten, aber auch allgemein mit den hilflosen und armen, so daß sie keine Not leiden."

Diese Vorschläge lassen erkennen: Die enge und beeindruckende Verknüpfung von Liebestätigkeit und Religion war für den antiken Staatskult offensichtlich etwas Neues, zumindest nichts Selbstverständliches. Julian war ein überzeugter Vertreter der griechischen *Philanthropia*, die er auch im staatlichen Kult verankern wollte. Sein Versuch, den Einfluss des Christentums zurückzudrängen und eine bewusste, neuplatonisch orientierte Heiden-„Kirche" zu errichten, überlebte seinen Tod auf dem Persien-Feldzug im Jahr 363 nicht. Seine Nachfolger hoben seine Edikte auf; der Sieg des Christentums war endgültig.

---

4 Zit. K. Thraede, Diakonie und Kirchenfinanzen im Frühchristentum, in: W. Lienemann (Hg.), Die Finanzen der Kirche. Studien zu Struktur, Geschichte und Legitimität kirchlicher Ökonomie, Heidelberg 1989, 555–573, hier 554f.

5 Thraede, Diakonie und Kirchenfinanzen, 557.

Schon früh wurde die Liebestätigkeit der Christen zum Unterscheidungsmerkmal gegenüber der heidnischen Umwelt und, wie erwähnt, von den christlichen Apologeten besonders herausgestrichen.

Was bedeutet es aber, wenn die Linderung von Not und Leid ab dem 2. Jahrhundert zum Beweis für die Überlegenheit der christlichen Religion wird, wenn also diesem Moment praktisch die Priorität zuerkannt wird (siehe Julians „sie nutzen die Gelegenheit zur Wohltätigkeit")? Der Sieg des Christentums wäre dann letztendlich der seiner Liebestätigkeit im zerfallenden römischen Reich und nicht seiner Glaubenswahrheit gewesen. Könnte das denn auch erklären, warum im 19. Jahrhundert mit seiner Säkularisierung auf einmal die Diakonie so ungeheuer wichtig wird – als Kompensation für den Bedeutungsverlust der Kirchen und als praktischer Beweis für die Glaubenswahrheit, von der sich die Massen längst abgewendet hatten?

Die Liebestätigkeit wäre dann anders als im Gleichnis vom Weltgericht nicht absichtslos geschehen, sondern vor allem auch zum Zweck der Missionierung. Die Heiden hätten sich auch um der damit verbundenen Unterstützung willen dem Christentum zugewandt. Man übte die Liebe sozusagen an den potentiellen Glaubensgenossen, nicht primär an den der Hilfe bedürftigen Menschen. Nun, beide Motive werden ineinander gelegen haben, und es ist nicht eindeutig zu entscheiden, welches denn die Priorität hatte. In einer Situation religiöser Konkurrenz um die Seele der Menschen durfte der Leib jedenfalls nicht als *quantité negligeable* betrachtet werden.

Dem trägt auch Harnack in seiner Darstellung der Mission des Christentums Rechnung, indem er von dem Evangelium der Liebe und Hilfeleistung das „vom Heiland und von der Heilung" unterscheidet. In der ebenso kosmopolitischen wie individualisierten Welt des 2. und 3. Jahrhunderts n. Chr und ihrer verfeinerten Kultur zeigte man sich empfindlicher für „das Leid des Lebens". Stärker als in der älteren Antike erwartete man von der Religion „Trost, Entsühnung und Heilung". Wie bedeutungsvoll die heilende Wirksamkeit eines Gottes werden kann, zeigt besonders die Ausbreitung des Äskulap-Kultes. Von Griechenland nach Rom noch in vorchristlicher Zeit gekommen, breitete sich der Kult dieses *deus clinicus* nun über den ganzen Westen aus. „Die Sphäre dieses heilenden Gottes erweiterte sich immer mehr; er wurde zum *Soter* schlechthin, der in allen Nöten hilft, zu dem Menschenfreunde."[6] Man reise in die Heilstätten des berühmten Gottes wie heute in die Bäder und brachte ihm reiche Geschenke dar. Die vielen Votivtafeln an den Heilstätten legen davon ein beredtes Zeugnis ab. Äskulap gehört zu den alten Göttern, welche dem Christentum am längsten Widerstand geleistet haben. Schade, dass H. Heine ihm in seinen „Göttern im Exil" keine Erzählung seines Verbleibs gewidmet hat, wie etwa dem Hermes, der in Ostfriesland zum Seelenspediteur geworden ist. Heine beschreibt, was aus den

---

[6]   Harnack, Mission, 77.

griechisch-römischen Gottheiten geworden ist, als das Christentum zur Weltherrschaft gelangte. Vom Christentum dämonisiert, spürt der Dichter sie in ihren verfemten Tätigkeiten auf.[7] Ließe sich nicht denken, dass der Äskulap zu einem geschäftigen priesterlichen Manager eines Wallfahrtsortes á la Lourdes wurde, an dem Heilungen ja gang und gäbe sind? So war der Hauptstreitpunkt zwischen dem heidnischen Philosophen Celsus und dem gelehrten Kirchenvater Origenes die Frage, ob Jesus der rechte Heiland sei oder Äskulap, wobei auch Origenes sozusagen lange quantitativ (wer hat von wem bezeugt mehr Wunder vollbracht?) argumentiert, bis er plötzlich einen Schwenk vollzieht und sagt, „in der Macht Kranke zu heilen, offenbart sich nicht etwas Göttliches". In diese heilungssüchtige Welt trat nun das Christentum als „Religion der Heilung", als „Medizin für Leib und Seele". „Sie sah in der tatkräftigen Sorge für die leiblich Kranken eine ihrer wichtigsten Pflichten."[8] „Als Arzt ist Jesus in die Mitte seines Volkes getreten." Harnack schildert Jesus als Heiland, der sich der Kranken erbarmt, so weit er kam, und der sich mit einem Kreis von Geheilten umgibt – eine Darstellung, die unbewusst die vielfältigen Versuche der zeitgenössischen Diakonie, sich der Kranken anzunehmen, spiegelt. Indem er wie der Gottesknecht von Jes 53 unsere Schwachheit auf sich nimmt, ins Leiden und ans Kreuz geht, enthüllt der Weg Jesu die tiefe Wahrheit, dass „das Leiden des Gerechten das Heil in der Geschichte ist"[9].

In der Taufe gesunden die Christen und bekommen „neues Leben" geschenkt. Das Abendmahl wird zur „Medizin der Unsterblichkeit". Das Leben bekommt hier eine neue vertiefte Bedeutung. Wer sich der Seelenheilung unterwirft, zieht in diesem Leben bereits die Unsterblichkeit an. „Jene elenden Leute haben sich in den Kopf gesetzt, daß sie ganz und gar unsterblich seien", spottete Lukian im *Peregrinus Proteus*. Seelenheilung ist das Ziel, unter das die Alte Kirche ihren dogmatischen und kultischen Apparat stellt: „Sie gab sich fort und fort als die große Heilsanstalt, als das Lazarett der Menschheit; die Heiden, Häretiker und Sünder sind die Kranken; die Bischöfe und Seelsorger sind die Ärzte, aber nur als Diener Christi, des Arztes der Seelen."[10] Jesus ist der „verwundete Heiler", der selbst „um der Heilung der Kranken willen Abschreckendes untersucht und Ekelhaftes berührt hat" (Eusebius). Besonders das Bußverfahren wird mit dem Heilverfahren verglichen; vor drastischen Vergleichen und Maßnahmen schrickt man nicht zurück, um die Seelengesundung zu illustrieren. Origenes hat dagegen festzuhalten versucht, dass die Religion als Heilmittel für die nach weiterer Erkenntnis Strebenden nur ein Durchgangsstadium sein kann. „Gott das Wort

---

[7] Vgl. H. Heine, Die Götter im Exil, in: ders., Sämtliche Schriften Bd. 6/1, hg. v. K. Briegleb, 2. Aufl. München 1985, 397ff.

[8] Harnack, Mission, 79.

[9] Harnack, Mission, 74.

[10] Harnack, Mission, 81.

ist demnach als Arzt gesendet worden für die Sünder, als Lehrer der Geheimnisse aber für die, welche bereits rein sind und nicht mehr sündigen."[11] Doch das schlichte Volk hielt sich weiter an Jesus, den Heiland des Körpers und der Seele. (So wurde in Paneas eine Äskulapstatue, erkennbar an der an dem Gott rankenden Heilpflanze, auf Jesus umgedeutet.)

Kurz: in der Konkurrenz mit anderen Heilkulten musste das Christentum sich als Religion der Heilung profilieren und konnte nur als solches siegreich sein. Insofern stellt Harnack vor die Darstellung der Liebestätigkeit die des Evangeliums der Heilung. Dazu gehörte natürlich eine geregelte Ordnung zur Pflege der Kranken. Wie wichtig das fünfte Werk der Barmherzigkeit aus Mt 25,36 (Kranke besuchen) war, lassen bereits 1Thess 5,14 und Jak 5,14 erkennen (Gebet für die Kranken). Es wird dann bei den Apostolischen Vätern genauer geregelt. „Die Kirche hat ein festes Institut der Kranken- und Armenpflege in frühester Zeit ausgebildet. Es ruhte auf der breiten Grundlage der Gemeinde; es empfing seine Weihe aus dem Gemeindegottesdienst, aber es war streng zentralisiert. Der Bischof war der Oberleiter (…) seine ausführenden Organe waren die Diakone und die angestellten Witwen. Die letzteren sollten zugleich vor Mangel geschützt werden, indem sie in den Gemeindedienst aufgenommen wurden."[12] Die Hauptlast der Krankenpflege trugen nach Harnack die Diakone. Ihr Amt war besonders in Zeiten der Verfolgung sehr exponiert. Den Laien wurde aber eingeschärft, die Kranken nicht zu vernachlässigen. Krankenpflege blieb von nun an bis in die Gegenwart des kirchlichen Krankenhauswesens, das sich gerade rationalisiert und modernisiert, Zeichen des Christentums der Heilung.

Ernst Troeltsch hat in seinen *Soziallehren* auf die Kehrseite dieser Erfolgsgeschichte hingewiesen und sie zu deuten versucht. Anders als der apologetische Uhlhorn, der eine christliche Weltdurchdringung durch die Liebe aufweisen will und auch anders als Harnack, der zwar die Bedingungen für die Ausbreitung des Christentums klar erfasst, aber als von der Botschaft des Evangeliums begeisterter Wissenschaftler zuweilen dann doch die notwendige Distanz zum dargestellten Gegenstand vermissen lässt, geht Troeltsch soziologisch-skeptisch an seine Aufgabe heran. Troeltsch fragt stets, was das Grundverhältnis des Evangeliums zur Welt, d. h. zu den sozialen Verhältnissen ist. So kann er den Schritt zu dem, was er Frühkatholizismus nennt, genauer erfassen.

Der Übergang zum Frühkatholizismus in der Darstellung Troeltschs

Was geschieht im Übergang zum Frühkatholizismus und seiner Liebestätigkeit? Der Glaube an den erhöhten gegenwärtigen Pneuma-Christus als eines einigermaßen unanschaulichen Beziehungsmomentes wandelt sich zu der gegenständlicheren Anschauung

---

[11]   Origenes, Gegen Celsius iii, 61f.
[12]   Harnack, Mission, 90.

des christlichen Priestertums, das die Sakramente in der rechtmäßigen Gemeinde verwaltet. Der Episkopat ist gewissermaßen die Ersetzung und Materialisierung des erhöhten Christus. „Dabei ist auch hier an dieser ganzen Entwicklung deutlich, wie die treibende Kraft der Organisation und der ganzen Entwicklung der religiöse Gedanke und nicht etwa ein Gedanke sozialer Hilfstätigkeit ist. Das der Liebestätigkeit gewidmete Amt, das Diakonenamt, steht unter dem Bischofsamt zum deutlichen Zeichen dafür, daß auch alle Liebestätigkeit nur ein Ausfluß des religiösen Gedankens ist und in seinem Dienst steht."[13] Die Kirche liefert sich mit der Schaffung von Amt und Sakrament an die Bedingungen weltlicher Organisationskunst aus, kann dann sogar eine juristische Fassung ihrer selbst hervorbringen und ein eigenes Recht ausbilden. Zum anderen aber schließt sich für die Kirche als dem Bereich des Heils das übrige Leben zusammen im Begriff der Welt. „Mit dem Gedanken der klerikal-sakramentalen Kirche als der civitas dei, um die die Engel spielen und in der der Christus-Gott thront, verstärkt sich dann auch der Gegensatz der Welt als des Satansreiches, in dem es nur Verlorenheit und sittliche Unkraft gibt."[14] In dem Gegensatz von Kirche und Welt wurzelt die Askese in der besonderen christlich-kirchlichen Form.

An die Stelle der Bruderliebe mit dem Ziel der universalen Liebesgemeinschaft treten das kirchliche Gemeingefühl, die Liberitas der Heilsanstalt und die Carität als Hingebung an die Kirche. Ein christlicher Patriarchalismus gestaltet das Leben in Haus und Gemeinde. Die Kirche regelt die sozialen Probleme nur in ihrem eigenen Machtbereich. Die sozialen Wirkungen der Kirche gehen zuerst auf die Familie und von da allenfalls indirekt auf Wirtschaft, Staat und Gesellschaft. An eine Aufhebung des Privateigentums wird nicht mehr gedacht, aber es wird der Liebespflicht unterstellt und über seinen tolerierbaren Umfang wird nachgedacht. So empfiehlt Clemens von Alexandrien, Überflüssiges wegzuschenken. Die Sklaverei wird nicht angetastet; es reicht, den Sklaven religiöse Gleichheit zu gewähren und den Herren zu gebieten, sie anständig zu behandeln. Die Freilassung wird als gutes Werk des Eigentumsverzichts gefördert, gelegentlich werden christliche Sklaven, die Nichtchristen gehören, freigekauft.

Liebestätigkeit als Ersatz für Sozialreform

Was die Kirche gegen die Schäden und Leiden des sozialen Systems aufzubieten hat, „ist keinerlei Art von Sozialreform sondern einzig und allein die Liebestätigkeit. Das ist ihre Form der Heilung sozialer Gebrechen und sie bildet in ihrer Geschichte ein glänzendes Kapitel, in den ersten Jahrhunderten nach innen gewendet und eine Insel lebhaftester gegenseitiger Fürsorge schaffend."[15] Troeltsch nennt drei Charakteristika: Erstens geht es der Kirche dabei primär um die „Offenbarung und Weckung der von Christus mitgeteilten Gottesgesinnung der Liebe". Sie will Liebe zeigen und Gegenliebe wecken. Was sie sozial tut, sichert nur das Existenzminimum, die Armut soll nicht etwa abgeschafft werden.

Zweitens: Die Beseitigung von Not ist beschränkt auf die freie Beitragsleistung zur Gemeindepflege und auf den freien Willen zur Privatwohltätigkeit. „Nur eine neue Gesinnung, keine neue Gesellschaftsordnung sollte kommen."[16] Die Kirche drängt daher den Geist sozialer Fürsorge nach der Konstantinischen Wende auch nicht der Gesetzgebung

---

[13]   E. Troeltsch, Die Soziallehren der christlichen Kirchen und Gruppen, (1912) Tübingen 1923, 85.
[14]   Troeltsch, Soziallehren, 94.
[15]   Troeltsch, Soziallehren, 134f.
[16]   Troeltsch, Soziallehren, 136.

auf, denn Weltverbesserung in einer als Reich der Sünde verstandenen Welt hat wenig Sinn.

Drittens: Eine Sozialreform durch Liebe, sofern überhaupt gewollt, war nur möglich in kleinen Gemeinden. Als die Kirche sich mit der Gesellschaft deckt, wird die Liebesarbeit entpersönlicht, nimmt sie wieder den Charakter alter römischer Liberalität an. Liebestätigkeit verwandelt sich in asketische Selbstentäußerung und das Tun guter Werke. Das Ziel der Überwindung sozialer Not geht völlig verloren. Im Mittelalter tritt dann die Fügung ins Leiden der Welt in den Vordergrund.

Troeltsch sieht also in der kirchlichen Liebestätigkeit nur einen unzureichenden Ersatz für die eigentlich notwendige umfassende soziale Reform der spätantiken Gesellschaft. Diese skeptische Sicht ist wichtig für eine realistische Einschätzung der kirchlichen Diakonie.

Sie kann davor bewahren, die Aktivitäten der Kirche überzubewerten, so sehr sie sich auch von dem nichtchristlichen Verhalten wohltuend unterschieden.

Wie sah die Liebestätigkeit der Frühen Kirche praktisch aus? Zunächst ist eine zeitliche Einteilung vorzunehmen. Uhlhorn spricht von der „Zeit des Kampfes" (2. Buch), meint also die Zeit bis zur Anerkennung des Christentums als *cultus publicus* durch Konstantin. Folgerichtig nennt er das nächste Kapitel „Nach dem Sieg". Harnack terminiert seinen Untersuchungszeitraum „in den ersten drei Jahrhunderten". Troeltsch spricht hingegen von der Alten Kirche und unterscheidet zur Darstellung ihrer Soziallehren nicht zwischen einer Zeit vor und nach dem Sieg. Das, was er Frühkatholizismus nennt, übergreift beide Zeitabschnitte. In der Tat haben sich aber durch den Sieg der christlichen Religion einschneidende organisatorische Veränderungen gerade in der Armenpflege ergeben, wie Troeltsch selbst deutlich macht. „Der Bischof wurde vom Staat anerkannt als der Patron der Armen und Elenden, und bei dem Mangel einer staatlich organisierten Armenpflege, bei der Härte und Grausamkeit der Gesetzgebung, insbesondere des Strafrechts, bei dem Massenelend der damaligen Zeit, bei den unaufhörlichen Kriegen und den seit dem 5. Jahrhundert immer häufiger und schrecklicher werdenden Barbareneinfällen konnten die Kirche und die Bischöfe von den schönen Vorrechten, die ihnen vom Staat verliehen wurden, in segensreicher Weise Gebrauch machen."[17] Insofern ist die Unterscheidung der beiden Epochen sinnvoll. An diese Einteilung werde daher auch ich mich halten.

2. Mittel der Armenpflege

Wie wurde die Liebestätigkeit finanziert? Vor allem durch Almosen und freiwillige Abgaben. Uhlhorn schildert die Frühzeit, die er die Zeit der ersten Liebe nennt, sehr idealistisch. Sie gerät ihm zu einer Eloge auf die Freigiebigkeit. Das schöne Bild der Opferwilligkeit, das Aristides in seiner Apologie zeichnet, macht er sich zueigen: „Wenn sie einen Fremden sehen, so führen sie ihn. Wenn ein Armer aus der Welt geht, so trägt ein jeder nach seinem Vermögen Sorge für sein Begräbnis. Der Gefangenen nehmen sie sich an, und wenn jemand arm oder bedürftig ist, so fasten sie zwei oder drei Tage, damit sie den Bedürftigen mit der nötigen Speise versehen."[18]

Danach gab es also eine funktionierende Gemeindearmenpflege in Ge-

---

[17]   Troeltsch, Soziallehren, 141.
[18]   Uhlhorn, Liebestätigkeit, 72.

meinden, in denen die Mitglieder einander kannten und ein einfaches Leben führten, das die Arbeit schätzte und das Eigentum in den Dienst der Liebe stellte. Eindringliche Ermahnungen zum Spenden waren noch nicht notwendig. Auch private Wohltätigkeit wurde selbstverständlich geübt, so schildert es Tertullian am Beispiel der christlichen Frau, wie sie von Straße zu Straße geht, auch in die ärmsten Hütten, und dem Bedürftigen bereitwillig Haus und Küche öffnet, um ihn zu verpflegen. Erst gegen Ende dieser Periode wird die Liebestätigkeit direkt unter kirchliche Leitung gestellt – so wird in den Apostolischen Konstitutionen den Gemeindegliedern geraten, sich an die Diakone zu wenden, wenn sie einem Armen etwas Gutes tun wollen – diese sollen dann vermitteln. Die direkte nichtanstaltliche Gemeindepflege sei das Kennzeichen dieser Zeit gewesen. „Einem sonnigen Morgen möchte ich diese Zeit vergleichen, aber freilich die Wolken, die diese Zeit verdunkeln, steigen auch schon am Horizonte auf."[19]

Weniger idealistisch schildert Harnack diesen Aspekt. „Zur Freigebigkeit ist fort und fort ermahnt worden. Von den apostolischen Mahnungen bis zur großen Schrift Cyprians ‚De opere et eleemonysis' läuft eine lange Kette von Einschärfungen. Die Bedeutung des Almosens für die religiöse Haltung des Spendenden und die Aussicht auf Lohn im Jenseits ist dabei immer mehr gesteigert worden."[20]

Uhlhorn unterscheidet zweierlei Gaben für die Armenpflege, – zum einen gab es die *stips*, Geldbeträge, die den Beiträgen der römischen Kollegienvereine ähnlich einmal im Monat in eine Gemeindekasse eingezahlt wurden. Als „Depositum der Frömmigkeit (…) wird es nicht zu Gastmählern und Saufgelagen (wie bei den Kollegien üblich) verwendet, sondern um die Armen zu ernähren, für alte Leute, Schiffbrüchige und solche, die in den Bergwerken, in der Verbannung oder im Gefängnis sind" (Tertullian). Bei Cyprian wird die Gemeindekasse nicht wie bei Tertullian *arca* genannt, sondern *corbona*, in welcher Bezeichnung der Einfluss des jüdischen Gottesdienstes zu erkennen ist (s. Mk 7,11). Daraus entwickelte sich der spätere Armenstock. Nach Uhlhorn wurden die *stips* im Morgengottesdienst eingesammelt.

Auf der andern Seite gab es die *oblationes*, die Naturalgaben, die bei der Abendmahlsfeier dargebracht und Gott geweiht wurden, ein Brauch, der mit der Agape, dem ursprünglichen Sättigungsmahl, zusammenhing, zu dem jeder seinen Anteil mitgebracht hatte – Gemeinde als Gemeinschaft des Teilens. Der Christ tritt nicht ohne Opfergabe an den Altar, aber er gibt ungezwungen. Über die Gaben wurde das Dankgebet gesprochen, der Empfänger erhielt sie nun aus Gottes Hand (bzw. der des Vorstehers). „Die Gnade und die Menschenfreundlichkeit Gottes ernährt sie", kann Bischof Cornelius sagen. Auf diese Weise, so Uhlhorn, „wirkt die Gabe nicht trennend zwi-

---

[19]   Uhlhorn, Liebestätigkeit, 82.
[20]   Harnack, Mission, 112.

schen Arm und Reich, indem sie die zwischen beiden bestehende Kluft nur noch mehr hervortreten läßt, sondern sie ist ein Band, das sie in Gott verbindet."[21] Die Armen werden so zum „Opferaltar der Gemeinde" (so Polykarp über die Witwen), was allerdings die Frage aufwirft, was denn die Armen als Opfer darbringen können. Die Kirche löst dieses Problem so, indem sie auch die, die ein Opfer bringen wollen, es aber materiell nicht können, im Gebet erwähnt. Bereits bei Tertullian findet sich der Brauch, für Verstorbene Oblationen darzubringen. Der Mann opfert für seine verstorbene Frau an dem Jahrestage ihres Heimgangs, „um ihr die ewige Erquickung zuzuwenden und die Teilnahme an der ersten Auferstehung."[22] Die ursprüngliche Bedeutung der Oblation als Dankopfer tritt parallel zum Opfer-Verständnis der Eucharistie zurück und wird zur verdienstlichen Leistung.

Erforderten besondere Nöte besondere Mittel, so wurde zu Kollekten aufgerufen; so organisierte der kathargische Bischof Cyprian eine Sonderkollekte für den Freikauf numidischer Christen aus der Kriegsgefangenschaft in beträchtlicher Höhe. Eine weitere Quelle bildeten außerordentliche Geschenke von Begüterten. Wer wenig hatte, sollte zumindest durch Fasten seinen Teil zur Liebestätigkeit leisten. „Wenn aber einer nichts zu geben hat, der faste und wende das dem Tage Zufallende den Heiligen zu" (Apostol. Konstitutionen). So konnte auch der Bischof ein Fasten für mildtätige Zwecke anordnen. „In dieser Verbindung von Almosen und Fasten (ist) bereits eine Korruption des Almosensgebens durch asketische Nebengedanken zu erkennen."[23]

Erste Versuche, das alttestamentliche Gebot des Zehnten für Christen verbindlich zu machen, finden sich im Orient in der Zwölfapostellehre, allerdings noch ohne Bezug auf das AT. Das geschieht erst bei Origenes. Im Westen ist Cyprian der erste, der im Zusammenhang mit den abnehmenden freiwilligen Gaben auf den Zehnten hinweist. Durchgeführt wurde die Zehntpflicht aber zu dieser Zeit weder im Osten noch im Westen.

„Auf der privaten Wohltätigkeit lag in höherem Maß der Glanz der religiösen Weihe, also, wie man überzeugt war, des göttlichen Wohlgefallens."[24] Das zeigt die Höhe der erwähnten Kollekte von 100 000 Sesterzien bei ca. 3–4000 Gemeindemitgliedern in Kartago, eine Summe von 18 000 RM, also fast 50 000 DM.

Die Mittel für die Armenpflege waren also erheblich. „Nach einer Notiz von Eusebius wurden in Rom 15 000 Witwen und Notleidende von der Gemeinde versorgt. Man rechnete damals auf einen Erwachsenen eine Monatsration von 5 römischen Scheffeln, die nach dem Durchschnittspreis der Kaiserzeit 4,37 M, also die Jahresration 52,44 M. Rechnen wir nur überhaupt 50

---

[21]   Uhlhorn, Liebestätigkeit, 86.
[22]   Zit. Uhlhorn, Liebestätigkeit, 89.
[23]   Uhlhorn, Liebestätigkeit, 91.
[24]   Harnack, Mission, 114.

M für jeden, so ergibt dies das für 15 000 Unterstützte schon 75 000 M. Also auch hier stoßen wir auf eine selbst für die römische Gemeinde sehr erhebliche Summe."[25]

3. Der Diakon als kultisch-sozialer Assistent des Bischofs

Welche Rolle spielten die Diakone?

Die Stadt der römisch-hellenistischen Antike ist das bevorzugte Tätigkeitsfeld für das Diakonenamt. Die städtische Lebensform bot einen günstigen Rahmen für die schnelle Ausbreitung des Christentums. Die antike Gesellschaft war sozial zerklüftet. Das Christentum trat von seinem jesuanischen Erbe her als eine Religion der verachteten Armen auf. Zu den neugegründeten Christengemeinden gehörten vor allem Mitglieder der Unter- und der Mittelschicht, aber auch wegen ihrer Einbindung in das Heidentum verachtete Berufe wie Schauspieler, Gladiatoren, Zauberer. Die Christen traten mit dem Anspruch auf, eine Gemeinschaft zu sein, in der es „weder Männer noch Frauen, weder Sklaven noch Freie" geben sollte (Gal 3,28). Zwar wurden auch in heidnischen Bruderschaften Gastmahle abgehalten, doch eher unter Gleichen. Die Gastfreundschaft der Christengemeinden bezog jedoch alle Mitglieder ein. Im Abendmahl wurden auf symbolische Weise die in der Gesellschaft bestehenden Trennungen aufgehoben. Natürlich kam es dabei auch zu Konflikten, wie der von Paulus geschilderte Konflikt um das vorzeitige Mahl der Reichen in Korinth zeigt. Diese bunte Mischung sozialer Zugehörigkeiten bedurfte also mit zunehmender Zahl der Gemeindeglieder der Anleitung und Begleitung. Neben den Wortverkündigern, den Theologen, bildete sich daher das Amt des Diakons heraus, der für die Begleitung in den zwangsläufig entstehenden sozialen Konflikten zuständig war und für die angemessene Versorgung aller Gruppen in der Gemeinde, besonders für die, die nicht zur Mahlgemeinschaft kommen konnten. Also: „Die Stadt macht den Diakon" (Hammann). Und das erklärt auch die Verkümmerung des Amtes im Mittelalter.

Einerseits lebten die Christen in den Städten gewissermaßen im Untergrund, wollten nicht auffallen, andererseits gab es immer wieder Situationen, in denen sie ihren Glauben öffentlich bekennen mussten (neuartige schichtenübergreifende Mahlfeier, Ablehnung des Kaiserkults) und so in Gefahr gerieten, als Sündenböcke herzuhalten und verfolgt zu werden. „Die Diakone schufen einen neuen Lebensstil, der von einem mit den religiösen Traditionen des Kaiserreiches nicht konformen Glauben bestimmt war. Daher wurden sie mit ihren Angehörigen beschuldigt, den Zorn der hintergangenen

---

[25] Uhlhorn, Liebestätigkeit, 93.

Götter herbeizuschwören, und sie erlitten so in erster Linie die Unterdrückung und Verfolgung in der antiken Stadt."[26] Das Tagebuch der Perpetua, einer der berühmtesten Gestalten der Verfolgung in Nordafrika Anfang des 3. Jahrhunderts, erwähnt den Diakon Pomponius, der sie bis in die Arena begleitet und bereit ist, mit ihr zu sterben. Christ zu sein bedeutet den Ausstieg aus einer Gesellschaft, die auf Verschwendung und Luxus für die Reichen, *panem et circenses* für die Mehrheit basierte. Die Christen versuchten eine andere, an der Fürsorge für den Nächsten orientierte diakonische Lebenspraxis; nach Tertullian setzen sie sich damit dem Gespött der Leute aus. Tacitus bezeichnete sie in seinem berühmten Diktum aus den Annalen als „haßerfüllt gegenüber dem Menschengeschlecht".

Die Diakone als Organisatoren dieser neuen Praxis waren dabei besonders exponiert. Ihre Aufgabe bestand darin, gegenüber eingelebten Verhaltensweisen besonders der Reichen die neue Gemeinschaft des Teilens zur Geltung zu bringen. Schon Paulus begründete die Geldsammlung für die arme Gemeinde in Jerusalem mit Christi Gnaden-Haltung: „Obwohl er reich war, wurde er doch arm um euretwillen, damit ihr durch seine Armut reich würdet" (2Kor 8,9). Hier changiert die Gnade noch zwischen spiritueller und materieller Bedeutung. Die mystische Bedeutung wurde aber im Zuge der Ausbreitung von Christengemeinden zunehmend durch die materielle abgelöst. Das materielle Teilen wurde zum Beweis der christlichen Überlegenheit über die konkurrierenden antiken Kulte. Ohne die Klassenunterschiede abzuschaffen, wurde doch durch die *agape*, die Nächstenliebe eine neue Wertvorstellung begründet und eine soziale Veränderung bewirkt. Die Häuser und Hausgemeinschaften der Begüterten waren die bevorzugten Orte der entstehenden Gemeinden. Aber es brauchte ein Amt für die genaue Beobachtung des Teilens, und das war der Diakon, der „viel zu tun hatte, um die Hand Gottes sichtbar zu machen und die Brüder und Schwestern an dieses Teilen heranzuführen"[27]. Das zeigt auch die Einsetzung des Diakonenamts in den lukanischen Gemeinden in Act 6. Die Versuchung in den alten Lebensstil zurückzufallen, war groß. Die Diakone waren mit dieser Aufgabe teilweise selbst überfordert; das ist der Hintergrund der Ermahnungen, dass sie rechtschaffen und ehrlich sein sollen.

Ein inzwischen vertrautes Bild vom sozial orientierten Gottesdienst hat Justin um 150 n. Chr. in seiner Apologie gezeichnet. Die gläubigen Teilnehmer brachten ihre Gaben in den Gottesdienst und übergaben sie dem Vorsteher (*episkopus*). Dieser bestimmte, wer die Gaben und wie viel ein jeder erhalten sollte. Beraten wurde der Vorsteher dabei von seinen Agenten bzw.

---

[26]   Gottfried Hammann, Die Geschichte der christlichen Diakonie. Praktizierte Nächstenliebe von der Antike bis zur Reformationszeit, Göttingen 2003, 50.
[27]   Hammann, Geschichte, 59.

Assistenten, den Diakonen. Sie verteilten auch die Gaben, zum Teil direkt am Schluss des Gottesdienstes, zum Teil brachten sie diese den Hilfsbedürftigen ins Haus.

Die Träger beider Ämter waren also mit Verwaltung und Geld befasst, von daher versteht sich die wiederholte Mahnung, Bischöfe und Diakone sollten nicht geldgierig sein.

Eine Erklärung geht nun dahin zu sagen, dass in den „Gemeinden, in welchen die barmherzige Hilfeleistung so sehr im Vordergrund stand, die Verwaltungs- und Finanzbeamten eine hervorragende Stellung" einnehmen mussten. Daraus ist die Vermutung entstanden, dass die Bezeichnungen auf hellenistisches Vereinsleben zurückgehen. Es sei bezeichnend, dass die Gemeinden profane Ausdrücke benutzten.[28] Nun hat Collins jedoch gezeigt, dass zum einen das Wort *diakonos* gewählt wurde, weil der Begriff in der religiösen Sprache geläufig war, dass zum anderen der Titel nicht direkt den heidnischen religiösen Gilden entnommen wurde, sondern eine originale christliche Bezeichnung für einen „Agenten in sakralen Angelegenheiten"[29] ist. Sein Entstehungsort ist der Kult, das Abendmahl. Die soziale Funktion, so ist daraus zu schließen, ist also eine bloß abgeleitete. Das widerspricht aber der Tatsache, dass Kultisches und Soziales in der frühen Christenheit noch nicht so getrennt waren wie im Frühkatholizismus bzw. der Reichskirche. Kultische Gemeinschaft (*koinonia*) war zugleich soziale Gemeinschaft. Wo das wie in Korinth umgangen wurde, kam es einer Leugnung der neuen Gemeinschaft in Christus gleich.

Im ersten Jahrhundert brauchte man für die soziale Umverteilung bzw. den Ausgleich noch keine Ämter. Dann aber, mit Beginn des 2. Jahrhunderts wird die bischöfliche Diakoniegemeinde mit dem bischöflich-diakonischen Doppelamt zur Regel.

Schon Uhlhorn (als gegenüber der Inneren Mission skeptischer Lutheraner) urteilte, dass es ein selbstständiges Amt der Armenpflege neben dem der Kirchenleitung nie gegeben habe. Vielmehr habe dem Bischof die Verwaltung der Armengelder allein oblegen, er habe dafür aber tüchtige Assistenten gebraucht, und das waren die Diakone.

Bei den Apostolischen Vätern ist das Amt des Diakons fest ausgebildet.[30] So schreibt Ignatius von Antiochien um 120 n.Chr an die Magnesier (6,1): „Die mir besonders lieben Diakone (sind) mit dem Dienst Jesu Christi betraut." Und weiter an die Trallianer (2,3–3,1): „Denn nicht für Speisen und Getränke sind die Diakone, sondern der Kirche Gottes Diener. Ganz ebenso sollen alle den Diakonen Ehrfurcht erzeigen wie Jesu Christo, wie auch dem Bischof als einem Abbild des Vaters und den Presbytern als einer Ratsver-

---

[28] Vgl. Paul Philippi, Art Diakonie. Geschichte, in: TRE Bd. 8, Berlin / New York 1985, 623.
[29] Collins, Diakonia, 337.
[30] Vgl. Uhlhorn, Liebestätigkeit, 95.

sammlung Gottes." Diese Parallelisierung der Diakone mit Christus und ihre Zuordnung zum theozetrisch verstandenen Bischof ist bemerkenswert. Ignatius drückt immer wieder seine Hochschätzung der Diakone aus, bezeichnet sie als Mitknechte, spricht von reisenden Diakonen als „Gesandten Gottes" (Ign Phil 10,1–2) und erwähnt besonders den Diakon Burrus, der ihn, den gefangenen Ignatius, auf dem Weg zum Martyrium begleitete (Ign Smyr 12,1–2). Um 150 schreibt Polykarp von Smyrna in seiner Ermahnung, „ebenso sollen die Diakone untadelig vor seiner Gerechtigkeit (wandeln), als Gottes und Christi, nicht aber der Menschen Diener (…) gemäß der Wahrheit des Herrn, der aller Diener geworden ist" (Polyk 5,2). Diese direkte Anknüpfung an Mk 10,45 verrät die hohe Erwartung, die den Diakonen damals entgegengebracht wurde.

Das Amt wird dann aber häufiger nachrangig gegenüber den Presbytern als den priesterlichen Vertretern des Bischofs eingeschätzt. Weil aber die Diakone bischofsunmittelbar sind, in Vertretung des Bischofs die wichtige sozialcaritative Gemeindeleitung übernehmen können (so regelte das Cyprian in Zeiten der Verfolgung), entsteht eine Rivalität zu den Presbytern. So konnte ein Diakon direkt zum Bischof gewählt werden, ohne vorher Presbyter geworden zu sein. Trotzdem hat sich letztendlich das Amt des Presbyters (= Priesters) gegenüber dem des Diakons durchgesetzt.

Um 150 beschreibt Justin in seiner Apologie die Verbindung von Herren- bzw. Liebesmahl (es gab offensichtlich noch keine klare Trennung) und Liebestätigkeit und erwähnt dabei die Versorgung der abwesenden Gemeindeglieder mit den eingesammelten Liebesgaben durch die Diakone.

Etwas deutlicher wird das Bild zu Beginn des 3. Jahrhunderts. Hier legt Hippolyts Kirchenordnung fest, dass der Diakon vor allem für den Dienst des Bischofs da ist und deswegen allein von ihm geweiht wird. „Ein Diakon erfährt, wenn er eingesetzt wird, die Handauflegung allein durch den Bischof, zu dessen Diener er – nicht zum Priestertum – eingesetzt wird, um Fürsorge – für die Kranken – zu treffen und dem Bischof darüber Bericht zu erstatten" (33,1–2).

Die rituellen Pflichten des Diakons werden genau festgelegt: „Wenn nicht genügend Presbyter da sind, mögen auch Diakone die Kelche halten und in guter Ordnung dastehen: der erste, der das Wasser, der zweite, der die Milch, der dritte, der den Wein hält" (46,11). Weitere Aufgaben sind: mit dem Täufling ins Wasser gehen, Lichtträger bei Privatagapen, Türhüter und Ordner der Mahlversammlung, Einsammlung der Opfergaben und ihre Verteilung im Namen des Bischofs, Betreuung der alten und kranken Gemeindeglieder einschließlich Krankensalbung. In den um 380 verfassten Apostolischen Konstitutionen wird klar die Unterordnung und Abhängigkeit des Diakons vom Bischof festgelegt. Er soll „Ohr und Auge, Mund, Herz und Seele des Bischofs sein, damit dieser mit wichtigeren Dingen sich beschäftigen kann". Er soll den Bischof über die sozialen Verhältnisse in der Gemeinde genau informieren, damit dieser als Vater der Witwen und Waisen angemessen handeln kann. Er soll aber niemand etwas ohne das Wissen des Bischofs geben, weil die Handlung einer falsch ausgeteilten Gabe (z.B. an einen scheinbar Armen) auf den Bischof zurückfallen würde.

Dieser kurze Einblick in die Amtsgeschichte des Diakons in der frühen Kirche zeigt, dass der Ursprung des Diakonenamts zwar nicht recht deutlich wird, dass es aber als Amt der sozialen Regulierung der neuartigen christlichen Gemeinschaft in den Städten am besten verständlich gemacht werden kann.

Der Diakon war Assistent bei der eucharistischen Gemeindeversammlung; er reichte Brot und Kelch, und er war Organisator der Verteilung der eingesammelten Liebesgaben, indem er sie im Namen des Bischofs an die Bedürftigen austeilte. Aus dieser letzteren Funktion entwickelte sich das Amt einer primär sozialen Tätigkeit besonders im Zusammenhang der wachsenden Kirche. Hilfehandeln war aber ebenso sehr Sache der Laien, besonders der Frauen, außerdem gab es noch die Witwen und die Jungfrauen-Diakonissen, die den männlichen Diakonat ergänzten.[31]

Die Entwicklung des Diakonats ist also Ausdruck der funktionalen Differenzierung der Ämter und Tätigkeiten in der frühen Kirche – die soziale Arbeit in den Gemeinden des zerfallenden römischen Reichs bedurfte der Organisation, diese leistet der Bischof zusammen mit dem Diakon. Insofern hat Philippi Recht, wenn er sagt, „der recht verstandene Episkopat impliziert den Diakonat"[32]. Noch wichtiger aber war: „Der Bekenntnischarakter (des Diakonenamts) wurde im 3. Jahrhundert von einem allgemeinen Christentum abgelöst, das grundlegende Veränderungen in der kirchlichen Wirklichkeit mit sich brachte. Die Vorzugsstellung der Diakone machte vorwiegend einer Vielzahl von liturgischen Diensten Platz. Die amtsbezogenen Diakonie war nicht mehr ein Synonym für karitative Hilfe, der ordinierte Diakon war nicht mehr für die caritas verantwortlich."[33]

4. Wem wurde geholfen? Die Adressaten der Hilfe

Diakonie ist in der Alten Kirche innergemeindliche Solidarität für Gemeindeglieder in, wie man heute sagen würde, schwierigen Lebenslagen. Gottesdienst und Mahlfeier als Gemeinschaft (koinonia) verpflichten zum Teilen der Liebesgaben. Über die Adressaten der Hilfe geben Zeugnisse des 2. Jahrhunderts beredt Ausdruck. Immer wieder zitiert werden vor allem Tertullian, Cyprian und die Apostolischen Konstitutionen. „Seid den Waisen ein Vater,

---

[31] Vgl. Philippi, Diakonie, 626f.
[32] Philippi, Diakonie, 622.
[33] Hammann, Geschichte, 86.

den Witwen ein Gatte! Führt zur Ehe, die nach Liebe verlangen, gebt den Gesunden Arbeit, mit den Kranken habet Erbarmen. [Es folgen die 6 Werke der Barmherzigkeit von Mt 25,31ff.] Vor allem aber sorgt, daß den Waisen nichts fehle. Sorgt für die Jungfrau, wenn sie erwachsen ist, daß sie einen Bruder eheliche. Dem Knaben gebt die Ausrüstung, daß er einen Beruf erlerne und sich vom Beruf nähre" (Ap. Konst. d 1,2). An erster Stelle stehen traditionsgemäß die Witwen und Waisen, sie sind die klassische Randgruppe schlechthin, seit dem Alten Testament stehen sie unter dem Schutz Gottes (Ex 22,21). Polykarp bezeichnet die Witwen entsprechend als „Altar Gottes" (Polyk 4). Daran zeigt sich: der Kultus soll nicht vom Sozialen getrennt werden. Zur Versorgung gehören auch die Verheiratung der elternlosen Jungfrau und die Berufsausbildung für den Waisenknaben (so etwas wie Hilfe zur Selbsthilfe).

Zweitens galt das Augenmerk der Liebestätigkeit den Kranken und Schwachen. Für die Kranken zu beten und sie zu besuchen, wird schon im Neuen Testament angemahnt. Es gab einen gut organisierten Besuchsdienst durch Diakone, Witwen und Diakonissen, aber auch die vorbildliche Laiin des Tertullian ist dabei, „Straße für Straße in die ärmsten Hütten einzutreten, um die Brüder zu besuchen" (Tert. ad uxor ii,4).

Vorbildlich war die *Gastfreundschaft für reisende Brüder und Schwestern*. Christentum in seiner missionierenden Gestalt war darauf angewiesen: Reisende Brüder hielten die Kontakte zwischen den Gemeinden; gefangene Christen, die durch das Reich geschleppt wurden, mussten versorgt werden. In dem ältesten Bericht, den wir über einen Gemeindegottesdienst besitzen, werden unter den aus der Gemeindekasse Unterstützten auch die zugereisten Fremden genannt (Justin, Apol. 1,67). Gastfreundschaft wird von Paulus an (Röm 12,13) immer wieder eingeschärft, „manche haben ohne ihr Wissen schon Engel beherbergt", heißt es im Hebräerbrief. Besonders die römische Kirche trat in den ersten Jahrhunderten durch die weitherzigste Übung dieser Gastfreundschaft hervor, wie aus einem Brief des korinthischen Bischofs Dionysius erhellt. Harnack meint, dass die römische Gemeinde auch deswegen so schnell an die Spitze der abendländischen Christenheit rückte, „weil sie die besonderen Verpflichtungen anerkannt hat, welche ihr in der Reichshauptstadt auferlegt waren".[34]

Ähnlich wichtig wie die Fürsorge für die reisenden Geschwister war den frühen Gemeinden die Teilnahme an dem Schicksal entfernter armer Gemeinden. Das Paradebeispiel ist die Kollekte für die verarmte Jerusalemer Urgemeinde. Paulus hatte sich dazu auf dem Apostelkonzil verpflichtet und trotz aller Schwierigkeiten besonders in Korinth, wo er sehr angefeindet wurde, auch eingehalten. Die in Mazedonien, schreibt er den Korinthern, haben trotz ihrer Armut „freiwillig gegeben" (2Kor 8,3). Nicht als Befehl aber

---

[34]   Harnack, Mission, 130.

doch mit einem eindrücklichen Stück christologischer Begründung (Christus, der doch reich war, wurde arm um euretwillen), wünscht er sich diese Spendenbereitschaft auch von den Korinthern (2Kor 8,7ff). Im Brief an die Römer kann er dann den Erfolg der Kollekte vermelden, die er nach Jerusalem zu bringen sich anschickt: „Die Christen in Mazedonien und Achaja haben willig eine gemeinsame Gabe zusammengelegt für die Armen unter den Heiligen zu Jerusalem" (Röm 15,26). Bis in unsere Tage ist die Kollekte für Jerusalem das Beispiel für zwischenkirchliche Hilfe und Unterstützung geblieben, obwohl ihm viele andere Beispiele folgten. Als vierzig Jahre nach der Katastrophe für die palästinische Christenheit (70 n. Chr.) die erste allgemeine Verfolgung für die heidenchristlichen Gemeinden begann, entstand für die, die nicht unter der Verfolgung zu leiden hatten, die Pflicht, den bedrängten, oft in ihrem Bestand gefährdeten Gemeinden zu helfen. Dionysius von Korinth schreibt um 170 an die römische Gemeinde, daß „ihr allen Brüdern mannigfachste Wohltaten erwiesen und vielen Gemeinden in den verschiedenen Städten Unterstützungen schicket und auf diese Weise bald die Armut der Dürftigen erleichtert, bald den in den Bergwerken befindlichen Brüdern den nötigen Unterhalt verschaffet"[35]. Hundert Jahre später wird von Unterstützungen Roms für die Kirchen in Syrien und Arabien und in Kappadocien berichtet. Ähnlich selbstlose Hilfsbereitschaft wird von der karthagiensischen Gemeinde und ihrem Bischof Cyprian berichtet, erinnert sei an die bereits erwähnte Kollekte zum Freikauf gefangener numibischer Christen. Cyprian übersendet sie zusammen mit einem ausführlichen Schreiben. Darin bekennt er: „Wir müssen in unseren gefangenen Brüdern Christus erblicken und ihn aus der Gefahr der Gefangenschaft erlösen, der uns aus der Gefahr des Todes erlöst hat." Indem er sich auf Paulus bezieht („so ein Glied leidet, leiden die anderen mit") und auf das Gleichnis vom Weltgericht („ich bin gefangen gewesen und ihr habt mich besucht"), begründet er die Freikauf-Kollekte. Dabei lässt er die Namen der Spender nicht unerwähnt, für die die numibischen Gemeinden beten möchten.

Einen aufschlussreichen Einblick in die gegenseitige Anteilnahme der Gemeinden an ihrem jeweiligen Schicksal vermitteln die Briefe und Aktionen, die im Zusammenhang mit dem Martyrium des Ignatius von Antiochien stehen. Die dortige Gemeinde wurde verfolgt, ihr Bischof im Jahre 107 zum Kampf mit den Tieren in Rom verurteilt. Auf der Reise dorthin besucht er kleinasiatische Gemeinden, an die er dann Briefe schreibt. Als er hört, dass die Gemeinde von Rom in seiner Sache intervenieren will, schreibt er einen dringlichen Brief an die Römer, doch davon abzulassen. Als er in Troas die Nachricht vom Ende der Verfolgung in seiner Gemeinde hört, fordert er die kleinasiatischen Gemeinden auf, Gesandte nach Antiochien zu schicken, um gemeinsam Gott für seine Hilfe zu danken. „Welch eine Fülle der Beziehungen untereinander, welch Gemeinsinn und brüderliche Sorge."[36] Die gegenseitige Anteilnahme während der Verfolgungen war inten-

---

[35]   Harnack, Mission, 135.
[36]   Harnack, Mission, 141.

siv, die römische Gemeinde hat sich dabei besonders hervorgetan, zuweilen auch in kontrollierender Absicht (war es richtig, dass sich Cyprian von Karthago versteckte, um aus dem Versteck heraus seine Gemeinde zuleiten?). Gemeinden waren oft führerlos, wenn der Bischof oder die Presbyter und Diakone den Tod fanden. Neu gewählte Bischöfe wurden von anderen Gemeinden beglückwünscht. Der Klemensbrief zeigt, wie die römische Gemeinde in einen Lehrstreit einer anderen Gemeinde interveniert. Also kurz gesagt: ein reger Brief- und Delegationsaustauch fand statt als Zeichen der gegenseitigen Anteilnahme und Hilfsbereitschaft. „Seht, wie sie einander lieben." Dieser zwanglose Austausch wurde weniger, als sich Ende des 2. Jahrhunderts das Institut der Synoden einbürgerte.

Innerhalb der Gemeinden gab es verschiedene Formen sozialer Unterstützung. Ältere Arbeitsunfähige (*senes domestici*) wurden nach Tertullian von den Gemeinden versorgt. Den Menschen ohne Arbeit versuchten die Gemeinden, Arbeit zu verschaffen, denn es gab die Regel, gerichtet gegen „Arbeitsscheue und Schwindler", arbeitsfähige Brüder nur übergangsweise für drei Tage zu versorgen. Schon im 2Thess 3,10 heißt es klar und deutlich: „Wer nicht arbeitet, soll auch nicht essen." Das klingt in einer Zeit mit gesetzlicher Arbeitslosenhilfe unbarmherzig. Allerdings hat dieser Verdacht, gegenwärtig in der Presse gegenüber Sozialhilfeempfängern geäußert (‚Schmarotzer'), Konjunktur. Er hat mit den Hartz IV-Regelungen jetzt auch seinen Niederschlag in den zwangsverordneten 1 Euro-Jobs für Arbeitslose gefunden und in der Kürzung der Bezugsdauer des Arbeitslosengeldes.

Um diesen Satz im damaligen Kontext zu verstehen, ist zu beachten, dass das Christentum sich zuerst in der hart arbeitenden, am Rande des Existenzminimums lebenden Bevölkerung ausbreitete. Wie bekannt, arbeitete auch der Apostel Paulus und verdiente sich seinen Lebensunterhalt. Trotz aller Distanz zur Welt wurden Arbeitsscheu und Faulheit nicht gerne gesehen. Im Gegenteil, Tertullian betonte, dass die Christen mitten in der Welt wie die anderen an Arbeit und Kunstfertigkeit, an Handel und Wandel beteiligt seien. „Wir sind doch keine Brahmanen oder indische Gymnosophisten, Waldmenschen und aus dem Leben ausgeschiedene?" (Apol 42) Denn den Vorwurf, Christen ließen sich in ihrer Bruderliebe von abgefeimten Schwindlern gerne betrügen (so der Spötter Lukian), wollte man nicht auf sich sitzen lassen. Also traf man Vorkehrungen gegen diesen Betrug. Einerseits sollte ein arbeitsfähiger Bruder nicht länger als zwei oder drei Tage unterstützt werden, heißt es in der Apostellehre. Die Gemeinde hat also das Recht, solche Brüder nach dieser Frist abzuschieben. Andererseits hat sie aber auch die Pflicht, solchen Brüdern eine Arbeit nachzuweisen. Konkret: „Ist der Bruder ein Handwerker, so möge er sein Handwerk ausüben und essen. Kann er aber kein Handwerk, so tragt dafür Sorge, dass kein Christ als müßiger mit euch lebe. Wenn er aber das nicht tun will, so ist er einer, der mit Christus Handel treibt. Haltet euch fern von solchen." Die Gemeinden waren so gesehen auch wirtschaftliche Kollektive, betont Harnack. Sie waren daher für arbeitswillige Menschen ohne Arbeit attraktiv. Gemeinde war also so etwas wie eine

Arbeitsbeschaffungsmaßnahme für Arbeitswillige; denn wer aus biologischen oder moralischen Gründen (z. B. zu Christen gewordene Schauspieler) nicht arbeiten konnte, erhielt Unterstützung.

Zu den Werken der Barmherzigkeit zählte das Begräbnis der Armen. Aristides bemerkt in seiner Apologie: „So oft aber einer von ihren Armen aus der Welt geht und ihn irgendeiner von ihnen sieht, so nimmt er sich nach Kräften seines Begräbnisses an."[37] Ein anständiges Begräbnis galt als Akt der Pietät, und da ging man sogar über die Grenzen der eigenen Gemeinschaft hinaus: „Wir werden es nicht dulden, dass das Bild und Geschöpf Gottes den wilden Tieren und Vögeln als Beute hingeworfen wird, sondern werden es der Erde zurückgeben, von der es genommen ist und auch an einem unbekannten Menschen das Amt seiner Verwandten erfüllen"[38], schreibt Laktanz. Das steht ganz im Gegensatz zu jenem die familiäre Pietät verachtenden Satz Jesu „Laß die Toten ihre Toten begraben", aber in einer über Jahrhunderte hinweg reichenden Übereinstimmung mit der Antigone des Sophokles, die ihren Bruder gegen die Staatsräson beerdigt.

Weiter galt die Sorge den Gefangenen und den in den Bergwerken Leidenden. „Ihr habt mit den Gefangenen gelitten", schreibt schon der Hebr 10,34. Aristides in seiner Apologie um 140: „Und hören sie, daß einer von ihnen wegen des Namens ihres Christus gefangen oder bedrängt ist, so sorgen alle für seinen Bedarf und befreien ihn, wo möglich."[39] Gefangene waren vor allem die um des Glaubens willen Verfolgten, aber auch in Schuldhaft befindliche Christen. Sie wurden sowohl von den Diakonen wie von den Laien besucht, getröstet und mit Nahrung versorgt.

Als besondere Ehre galt es, Märtyrer auf ihrem letzten Gang zu begleiten. Dies erzählt Euseb z. B. von dem jungen Origenes. Mit dem anwachsenden Verdienstgedanken guter Werke setzten viele Christen alles daran, zu den Gefangenen zugelassen zu werden, denn der Umgang mit dem Bekenner galt als Heiligung. „Man scheute sogar nicht Bestechungen der Gefängniswärter, um Einlaß zu erhalten, gute Mahlzeiten einzuschmuggeln und den Segen des Heiligen zu erhalten."[40] Das blieb den Kritikern des Christentums (wie Lukian) nicht verborgen. Und in der montanistischen Kontroverse spielte es eine Rolle, ob nicht der eine oder andere angesehene Bekenner in Wahrheit ein Schwindler gewesen sei. Tertullian spottete, die Kirche „mäste ihre Märtyrer in den Gefängnissen, damit sie kein Verlangen nach dem Tode bekommen."[41] Immerhin war die christliche Leib- und Seelsorge an Gefangenen so bekannt, dass Licinius, der letzte Christenverfolger vor Konstantin, ein Gesetz erließ, das die Menschenfreundlichkeit gegenüber Gefangenen unter Strafe stellte und Zuwiderhandelnden das gleiche Schicksal wie den Gefangenen androhte.

---

[37]   Herbert Krimm (Hg.), Quellen zur Geschichte der Diakonie I, Stuttgart 1960, 45.
[38]   Harnack, Mission, 191.
[39]   Krimm, Quellen I, 45.
[40]   Harnack, Mission, 118.
[41]   Harnack, Mission, 119.

Waren christliche Brüder zur Arbeit in den Bergwerken verurteilt, ging die
christliche Nächstenliebe ihnen bis dorthin nach. Man versuchte ihre Lage zu
erleichtern, sie loszubekommen (was unter Kaiser Commodus auch einmal
gelang) oder sie freizukaufen – das blieb aber das Werk von Einzelnen, bemerkt Harnack.

Die Sorge für die Sklaven zielte, wie bereits erwähnt, nicht auf die Aufhebung der Sklaverei. „Die Christen haben nicht daran gedacht, an der Aufhebung des Staats zu arbeiten,
und es kam ihnen nicht in den Sinn, aus humanen oder verwandten Motiven die Sklaverei
aufzuheben."[42] Aber auf ihre Gleichstellung als christliche Geschwister haben sie geachtet.
Sklaven konnten Kleriker werden, auch Bischöfe. Sklavinnen wurden in ihrer Ge-
schlechtsehre geschützt. Freilassung der Sklaven galt als verdienstvolles Werk, es gab aber
keinen Anspruch auf Freikauf aus der Gemeindekasse. Das Herbergs- und Hospitalwesen
breitete sich über weite Teile der Ökumene aus, befördert durch das Massenelend der
ausgehenden Kaiserzeit und durch den Zustrom von Massen, die eben aus sozialen Gründen sich der siegreichen Religion zuwandten.

Im letzten Viertel des 4. Jahrhunderts wandte eine Anzahl von Männern und
Frauen der höchsten römischen Aristokratie sich einem ernsten Christentum
zu, das sich in der Liebestätigkeit äußert. Bekannt geworden ist die Caritas
der Fabiola in Rom. Fabiola, eine Christin aus reichem Hause, „ließ unver-
züglich ein Hospiz für Kranke bauen, in dem sie all diejenigen aufnahm, die
in den Straßen herumirrten, und pflegte ihre von Erschöpfung und Hunger
gemarterten Körper. Wieviel Nackte und Kranke hat sie nicht gekleidet. (…)
Selbst Rom war für ihre Barmherzigkeit zu klein" (Hieronymus). An diesen
Beispielen zeigt sich auch, wie das Diakonenamt an Bedeutung verlor und die
Diakonie von Laien übernommen wurde.

5.   Die neue Stadt der Nächstenliebe oder:
        Die Liebe gehört mir wie die (Gottes-)Erkenntnis

„Als klassischer Vorläufer übergemeindlicher Anstaltsdiakonie gilt die neue
Stadt, ‚die Vorratskammer der Frömmigkeit', in der Bischof Basilius von
Cäsarea nach 370 eine ganze Kolonie für Fremde, Arme, Leprakranke auf-
baute."[43] So oder ähnlich wird die erste anstaltliche Unternehmung in der
Diakoniegeschichte beschrieben. Was aber ist der lebens- und theologie-
geschichtliche Hintergrund dieser ersten Stadt der Nächstenliebe?

In Kappadokien und Pontus, also im östlichen Anatolien und an der
Schwarzmeerküste der Osttürkei, entstand im 4. Jahrhundert n. Chr. unter
jungen Männern aus vornehmen christlichen Familien eine asketische Bewegung. Einer von ihnen war Basilius, der spätere Bischof von Cäsarea, auch

---

[42]   Harnack, Mission, 22.
[43]   Philippi, Diakonie, 628.

„Basilius der Große" genannt. Sich den Einsiedlern in den bewaldeten Bergen beim Schwarzen Meer anzuschließen oder in Höhlen in der Nähe der Städte Kappadokiens zu verschwinden, war damals genauso schockierend, wie wenn heute Jugendliche aus ihren Familien und der Volkskirche zu den Jugendsekten oder anderen religiösen Vereinigungen überlaufen. Was heute von Eltern als Versagen der eigenen Erziehung empfunden wird, verstörte damals vor allem als Unterbrechung der Generationslinie. Denn wenn junge Männer, die potentiellen Väter vornehmer Familien, sich der sexuellen Entsagung zuwandten, so hieß das für die Familien, dass sie damit den gesellschaftlichen Untergang dieser Familien vorbereiteten.[44] Einer der Brüder Basilius' war 352 beim Netzeflicken in einem reißenden Strom ertrunken, Netze, die er brauchte, um mit den gefangenen Fischen eine Gruppe kranker alter Männer zu ernähren.

Als Basilius 356 vom Rhetorikstudium aus Athen in die Heimat zurückkehrte, entschloss er sich, auf den Ländereien seiner Familie in Annesi ein Einsiedlerleben zu führen. Die Beschreibung seiner Einsiedelei in einem Brief an seinen Studienfreund Gregor von Nazianz, die Einsiedelei war hoch an einem Talhang neben einem Wasserfall gelegen, mit einem herrlichen Fernblick in die umgebende Landschaft, „ist die erste tief empfundene Landschaftsschilderung, die die abendländische Welt kennt."[45] Er studierte die biblischen Schriften und machte Auszüge aus den Werken des Origenes. Aber Basilius hatte dort zugleich Kontakt mit dem radikalen Asketen Eusthatius und seinen Jüngern, die die Institution der Sklaverei und des privaten Reichtums in Frage stellten und die Unterordnung der Frauen leugneten. In diesen Kreisen erwarben die Frauen Gleichheit, indem sie sich das Haupthaar, den natürlichen Schleier, schoren. Einer von Eusthatius Anhängern brach mit der Kirche von Sebaste, weil er forderte, die Kirche sollte keinen Reichtum anhäufen, auch nicht für die Armenfürsorge, sondern allen Reichtum den Armen direkt übergeben. Aufgrund seiner Anschauung, dass zur Gotteserkenntnis die Liebe hinzukomme, aber nicht nur als Liebe zu Gott sondern auch zum Nächsten, gründete Basilius Bruderschaften, die nicht nur selbstgenügsame freiwillige Armut lebten, sondern sich um die Armen in den Städten kümmerten. 364 ließ sich Basilius zum Priester weihen, er leitete die Organisation der Armenfürsorge im Hungerjahr 368. 370 wurde er Bischof von Cäsarea. In seiner Doppelfunktion als Oberhaupt der Mönche und als Stadtbischof wirkte er in einem arbeitsreichen aufreibenden Leben bis zu seinem relativ frühen Tod im Jahre 379.

Das Neue an Basilius' Mönchtum war die enge wirtschaftliche Zusammenarbeit aller ihrer Mitglieder. Als idealer christlicher Haushalt sollte jede Bru-

---

[44] Peter Brown, Die Keuschheit der Engel. Sexuelle Entsagung, Askese und Körperlichkeit im frühen Christentum, München 1994, 297.
[45] Hans von Campenhausen, Griechische Kirchenväter, Stuttgart 1956, 90.

derschaft eine ökonomische Einheit sein, deren überschüssiger Besitz den Armen zugute kommen sollte. Diese Maßnahme zielte darauf ab, die Bruderschaften zu den Armen und so unmittelbar an die Tore der Stadt zurückzuführen. Hier haben wir den Ursprung der Stadt der Nächstenliebe außerhalb der Stadt. Um Kirche und Kloster gruppiert schuf Basilius am Rande von Cäsarea ein Mönchshospital, eine Fremdenherberge und eine Leprakolonie (bzw. Seuchenbaracke), eine Stadt der sozialen Fürsorge also, in der er selbst wohnte und die später nach ihm Basileias hieß. Diese Gründung wurde bewundert und nachgeahmt, allerdings als Eingriff in staatliche Belange auch kritisiert. Diakoniegeschichtlich bedeutsam bis hin zur Gründung von Bethel bei Bielefeld und dem Johannestift in Berlin ist die neue Stadt der Barmherzigkeit und das ihr zugrunde liegende Modell asketischen Lebens damals vor allem eine Infragestellung einer altmodischen christlichen Oberschicht gewesen.[46] „Basilius wollte der Stadt Cäsarea als ganzer eine Atmosphäre der Enthaltsamkeit und der Offenheit für die Bedürfnisse der Armen verschreiben, ähnlich derjenigen, die in seinen mönchischen Bruderschaften herrschte."[47] Zu der Befolgung aller Gebote zählte Basilius die freiwillige Armut, denn hätte der reiche Jüngling das getan, wäre er kein reicher Jüngling mehr gewesen, als er dem Meister begegnete.

In seiner Auslegung des Gleichnisses vom reichen Kornbauern geht Basilius noch weiter: „Die Reichen, weil sie die Erstbesitzenden sind, erklären sich als die Herren der gemeinsamen Güter, die sie an sich gebracht haben. Würde jeder aber nur so viel nehmen, wie er zur Befriedigung seiner Lebensbedürfnisse braucht, das übrige aber den Bedürftigen überlassen, dann gäbe es weder Arme noch Reiche" (PG 31,276B). Wer die Güter, die er von Gott erhalten hat, für sich behält und damit Gott gewissermaßen Ungerechtigkeit in der Verteilung unterstellt, ist gottlos und tut Unrecht an den Armen. Das heißt: „Privateigentum ist für Basilius im strengen Sinne ein Unding, ein Greuel, der dem Willen des Schöpfers widerspricht."[48]

Ihm schwebte eine Art kommunistische Eigentumsordnung als Ideal vor, das er nicht nur verkündigte sondern auch lebte. Es ist allerdings auch deutlich, dass das Eigentumsproblem für ihn eher ein ethisch-religiöses als ein ökonomisches Problem war. Basilius sah die Polarisierung von reich und arm als Folge der Eigentumsordnung, kritisierte sie, wollte aber den freiwilligen Verzicht und keine strukturelle Umverteilung von oben nach unten. So verharrt er im Appell, wie das die Kirche heute noch tut.[49]

---

[46]   Vgl. Brown, Keuschheit, 301.
[47]   G. A. Ritter, Basilius der Große als „Diakoniker", in: A. Götzelmann u. a. (Hg.), Diakonie der Versöhnung. Ethische Reflexion und soziale Arbeit in ökumenischer Verantwortung. Festschrift für Theodor Strohm, Stuttgart 1998, 79–93, hier 85.
[48]   Ritter, Basilius, 88.
[49]   Vgl. die Kritik an der EKD-Denkschrift Gerechte Teilhabe von 2006 in diesem Bd. auf S. 185f, 232f.

Ein interessanter Vorschlag des Basilius zum Erbrecht gewinnt allerdings in einer Zeit, in der es gewaltige Erbschaften gibt, an Bedeutung: der von ihm so genannte „Seelteil" des Erbes. Wenn der Besitzende um der eigenen Kinder willen meint, nicht seinen ganzen Besitz, wie es das Evangelium verlangt, den Armen geben zu können, soll er wenigstens den Seelteil geben. Die Seele, d. h. Gott bzw. die Armen, sollen zwar nicht alles erhalten; wohl aber sollen sie vor den Kindern aus dem Nachlaß zufriedengestellt werden. In der 8. Homilie gibt Basilius das Maß für den Seelteil an. „Denke, du habest zwei Töchter, das Wohlleben in dieser Welt und das Leben im Himmel, so teile wenigstens gleichmäßig zwischen der unzüchtigen und der keuschen Tochter ..." (PG 31,325C.D). Mindestens die Hälfte müsse der Besitzende den Armen geben, um sein Seelenheil zu sichern. Dieser Anteil der Armen an den Gütern der Erde wäre ein guter Maßstab für ein sozial verantwortliches Erbrecht.

Als einer der ersten unternahm Basilius so eine organisierte Bekämpfung der Armut durch eine dem Evangelium der Armen verpflichtete Nächstenliebe. An die strukturellen Ursachen der Armut reichte dies Konzept sozial orientierter Askese nicht heran. So wurden die Bauern systematisch von Großgrundbesitzern enteignet, um Platz für Profit versprechende große Viehfarmen zu schaffen; die Enteigneten tauchten dann als Arme vor den Toren der Städte auf, wo sie von den Mönchen versorgt wurden.

In seiner berühmten Trauerrede auf Basilius sagte Gregor von Nazianz: „Gehe ein klein wenig hinaus vor die Stadt (Cäsarea)und schaue die Vorratskammern der Frömmigkeit, den gemeinsamen Schatz der Besitzenden, wo der Überfluss des Reichtums, ja sogar die notdürftige Habe auf seine Anforderungen hin aufgehäuft wird, die die Motten vertreibt und die Diebe nicht anlockt, wo die Krankheit geduldig ertragen, das Unglück glücklich gepriesen und das Mitleid erprobt wird."[50]

Für Gregor ist Basilius' Stadt der Nächstenliebe ein Monument, vergleichbar den berühmtesten antiken Bauwerken. In einer interessanten Parallele zu Brechts berühmten Fragen eines lesenden Arbeiters (kannte Brecht diesen Text?) fragt er nach den transindividuellen Konsequenzen für die Erbauer großer Monumente: „Wie sollte ich mit diesem Werke vergleichen das siebenthorige Theben, die babylonischen Mauern, das Grabmal des Kaisers Mausolus, die Pyramiden, die ungeheure Erzmasse des Kolosses von Rhodos, die Größe und Schönheit von Tempeln, die nicht mehr sind und alle die andern Bauwerke, die die Menschen bewundern und in den Geschichtsbüchern überliefern, von denen keines seinen Erbauern – abgesehen von einem eitlen und geringen Ruhm – einen Vorteil gebracht?"[51] Und die Konsequenzen dieser neuen Barmherzigkeit für die Leprakranken ansprechend fährt Gregor fort: „Nicht mehr bietet sich uns dar der schreckliche und erbärmliche Anblick von Menschen, tot vor dem Hingange, mit den meisten Gliedern des Leibes schon gestorben, ausgeschlossen aus den Städten, Häusern, von öffentlichen Plätzen, Brunnen, selbst von ihren besten Freunden ferngehalten, mehr durch ihren

---

[50] Zit. in: H. Grimm (Hg.), Quellen zur Geschichte der Diakonie Bd. 1, Stuttgart 1960, 80.
[51] Krimm, Quellen Bd. 1, 80.

Namen kenntlich als durch ihren Leib."[52] Der soziale Tod der Ausgrenzung, „nicht mehr dürfen sie bei Zusammenkünften und Versammlungen erscheinen in Genossenschaft und Gemeinschaft", wird durch die Anstalt des Basilius aufgehoben. Hier erweist er sich als ein wahrer Nachfolger Christi und Bruder des Menschensohns, indem er die geringsten Brüder annimmt und so „Christo nicht Schmach antut". Ja, darüberhinausgehend „(verschmähte) es der Sprößling eines edlen Geschlechts darum nicht, selbst mit den Lippen die Kranken zu ehren, sondern er umarmte sie wie seine Brüder", so wie es 700 Jahre später Franziskus tat und 1500 Jahre später Bodelschwingh und am Ende des 2. Jahrtausends Mutter Teresa. „Nicht aus Sucht nach eitlem Ruhm, sondern um durch sein frommes Verhalten zu lehren, daß man sich den Kranken nähern müsse, um sie zu heilen", überwand Basilius die Körper- und Ekelgrenze, die die Aussätzigen von den Normalen in fast allen Gesellschaften trennte. Heilung durch symbolische Handlung wie bei Jesus, Verringerung der sozialen Konsequenzen des Aussatzes durch Kontakt. Gegen den Luxus der Oberschicht, aus der er stammte, „glänzende Tische, ausgesuchte Delikatessen, weiche und wallende Kleidung" nennt Gregor als ihr Anliegen, setzte Basilius die Fürsorge für die Kranken, „die Heilung der Wunden" und „die Reinigung des Aussatzes durch die Tat". Eine Lobrede auf die christliche Liebestätigkeit von oben, deren Grundmuster, der einzelne, der aus seiner Herkunft ausbrechend sich vorbildlich den Armen und Aussätzigen zuwendet und eine neue Institution der Caritas schafft, sich durchhält bis in unsere unmittelbare Gegenwart – sie findet sich wieder in den Lobreden auf die Barmherzigkeitsprojekte der Diakonie, die von vorbildlichen Einzelnen wie zum Beispiel dem damaligen Landespastor Reimers in Hamburg in Gang gebracht wurden (s. die Denkschrift der EKD *Herz und Mund und Tat und Leben* 1998). Am Ende dieses von Basilius begonnenen Experiments der Stadt der Nächstenliebe steht aber die Auflösung eben dieser Stadt und Anstalten in den Dezentralisierungsprojekten der evangelischen Jugendhilfe (vom Rauhen Haus schon Anfang der 70er Jahre begonnen) und vor allem der Behindertenarbeit, ganz konsequent in der Stiftung Hephata in Mönchengladbach unter der Federführung seines damaligen Direktors Johannes Degen betrieben[53] und in Hamburg die Stiftung Alsterdorf.

---

[52]   Krimm, Quellen Bd. 1, 81.
[53]   Vgl. publik forum Nr. 2 2000.

Was ist das Neue an Wicherns Liebesbegriff?

Bei Augustin und Luther wird die Nächstenliebe exklusiv aus der Gottesliebe begründet, um den Preis, dass der Nächste als konkretes Gegenüber aus dem Blick gerät, nicht um seiner selbst willen gewürdigt und geliebt werden kann, sondern nur als der Bedürftige, den zu lieben die Gottesliebe den Christen verpflichtet. Auf der anderen Seite betont Luther in der Schrift „Von der Freiheit eines Christenmenschen" das freie willige fröhliche Leben, dem Nächsten zu dienen und legt die Liebe vor allem als Dienst am Nächsten in Beruf und weltlichem Regiment aus.[1]

Wicherns besonderer Beitrag zur Liebestheologie der Neuzeit besteht darin, wie er das Verhältnis von Liebe und Sozialität gestaltet, im Unterschied zu einem individualistischen und ästhetischen Liebesbegriff, wie er in der Romantik üblich war. Wichtig ist also, wie er den überkommenen Liebesbegriff mit den diakonischen Handlungsformen verbindet. Dabei ist zwischen einem sozialkulturellen und einem ekklesialen Liebesbegriff Wicherns zu unterscheiden. Durch die praktische Liebestätigkeit qualifiziert sich das Christentum als Träger einer neuen, bisher nicht erreichten Stufe der sozialen Kultur, die ihren Ausgangspunkt in der Bewußtwerdung des menschlichen Geistes zur helfenden Sozialität durch Christus hat. Christus erscheint in der zugrunde gehenden Welt als der Gottmensch, der „eine neue aus Gott geschaffene Welt in die Menschenwelt hineinbaut."[2]

„Die Liebe gehört mir wie der Glaube" – was Wichern in der Wittenberger Rede sagt, ist nichts anderes, als dass der Mensch durch die Liebe Akteur im Prozess der fortlaufenden Entwicklung der Welt- und Heilsgeschichte sein soll.[3] Nach Wichern soll die Innere Mission „die aus der Sünde und ihren Folgen hervorgehenden einzelnen Notstände des Volkes durch das Wort Christi und die Handreichung brüderlicher Liebe beheben."[4] Die Innere Mission ist das Instrument dieses heilsgeschichtlichen Handelns Gottes; im

---

[1] Luther denkt bereits in der Heidelberger Disputation von 1518 die creatorische, personale und soziale Dimension der Liebe zusammen. Er sagt in der Schlussthese 28: „Die Liebe Gottes findet ihren Gegenstand nicht vor, sondern schafft ihn sich." Und dann gut augustinisch: „Menschliche Liebe bezieht sich auf das Liebenswerte." Die für das Handeln wichtige Frage, die darin steckt, ist die, ob die reagierende Liebe des Menschen in die Qualität der Liebe Gottes als einer schöpferischen Liebe überführt werden kann. Diese Transaktion geschieht nach Luther durch die Identifikation mit dem Kreuz, d. h. in dem Verständnis der Kreuzestheologie, die die Freiheit zur Schöpfung im Kreuz verwirklichen will. „Die Kreuzestheologie ist zu einem entscheidenden Motiv der Säkularisierung geworden, weil sich in ihr die Schöpfungstheologie ausformt und weil die praxis crucis in der offenen säkularen Sozialität gelebt werden sollte" (Albert, Glaube und Handlungsform, 93). Also ein schöpferisches Verhältnis zur Welt ist nur durch die Anerkennung der Differenzerfahrung (des Leidens) zu gewinnen.

[2] J.H. Wichern, SW 1, 122.

[3] Vgl. Albert, Glaube, 97.

[4] Wichern, SW 1, 180.

Liebesbegriff macht Wichern das Gefälle zwischen Gottesreich und Reich der Welt, zwischen christlicher Liebestätigkeit und bürgerlicher Sozialreform deutlich. Vor allem aber füllt Wichern mit dem Liebesbegriff die Leere aus, die durch die hölzerne Dogmatik der lutherischen Glaubenslehre hervorgerufen wurde. Durch die Liebe wird die christliche Existenz in Gesellschaft und Kultur neu begründet. „Unsere Tage fordern Opfer, große heilige Lebensopfer."[5] Treffend bemerkt Albert: „In dieser Ereignung der Liebe als Kulturprinzip war für Wichern zugleich das maßvolle, zumutbare Opfer möglich: das sacrificium amoris auf den Altären der sozialprotestantischen Kulturwelt."[6] So wie sich die Liebe durch den Gottmenschen Christus in der universalen Heilsgeschichte ereignet, so wiederholt sie sich im Liebeshandeln des im Glauben Gerechtfertigten. Wichern führt also den Protestantismus von der steril gewordenen Verkündigung der Liebe zum Tätigwerden der Liebe, zur eigentlichen Liebestätigkeit. Liebe ist das vorgegebene Sein Gottes und zugleich die Aktualisierung Gottes in der Liebe als dem Medium der Versöhnung. Mehr noch als durch den Glauben wird der Mensch gerechtfertigt durch die Liebe, ohne dass damit ein Problem der Werkgerechtigkeit auftritt. Denn wie der Mensch im 19. Jh. allgemein in der Sittlichkeit zur Verwirklichung seiner selbst kommt, so der Christenmensch in der tätigen Liebe. Diese Liebe wird das entscheidende Element im Prozess der neben der Kirche laufenden Ethisierung des Protestantismus im 19. Jahrhundert.

Rastlose Liebestätigkeit tritt neben die lutherisch-maßvolle Berufsarbeit (im Unterschied zu der rastlosen Berufsarbeit der Calvinisten). So wie der Calvinist sich nicht sicher sein kann, ob er genug getan hat, um erwählt zu sein, so der protestantische Liebeschrist nicht, ob seine Liebestätigkeit ausreicht, um dem Reich der Liebe auf die Sprünge zu helfen und den Kampf mit den Mächten der Finsternis, dem Materialismus und dem Kommunismus, zu bestehen. Das diakonische Klein-, Mittel- und Großunternehmertum, das sich in diesen Jahrzehnten breit macht, ist von diesem Liebesbazillus angesteckt, ständig in Bewegung, um das Elend aufzuspüren und zu bekämpfen. Während dem christlichen Bürger politisch erhebliche Grenzen der Partizipation gesetzt sind, kann er sich hier in dem ebenso andrängenden wie unbegriffenen Feld der Liebesarbeit produktiv entfalten. Einmal begonnen zieht die Liebes- und Rettungsarbeit ständig Kreise der Erweiterungen. Da das Elend infolge der Industrialisierung und Migration wächst, ergeben sich neue Aufgaben. So erklärt sich das Staunen machende Wachstum der Gründungen Fliedners, Löhes, Wicherns und Bodelschwinghs.

Es wird zunehmend eine machtgeschützte Liebestätigkeit im Verein mit dem christlichen Staat (parallel zur machtgeschützten Innerlichkeit des deutschen Bürgertums) aufgebaut.

---

[5]   Wichern, SW 1, 94.
[6]   Albert, Glaube, 98.

Tätige Nächstenliebe verschmilzt hier in gewisser Weise mit dem Glauben. Das hat zur Folge, um mit Niklas Luhmann zu reden, dass sozialstrukturelle Probleme primär in personalisierter Form wahrgenommen werden. Die mit dem Glauben identische Liebe blickt zuerst auf die Personen, nicht auf die Strukturen (auf die Strukturen allenfalls unter dem Begriff der Ordnungen von Familie, Kirche und Staat). Auch die sozialkulturelle Liebe ist in erster Linie Liebe zu den Armen und Verlorenen, „freie Liebesarbeit des heilserfüllten Volkes zur Verwirklichung der christlichen und sozialen Wiedergeburt des heillosen Volkes."[7] Sie ist also asymmetrische Liebe par excellence. Als rettende Liebe, die den Armen, Gefährdeten und Verdorbenen helfen will, aus ihrem Elend (und zugleich zum Glauben) zu kommen, ist sie Liebe zu Mängelwesen, Ausdruck der sich herabneigenden Barmherzigkeit zu den Armen. Gedanken von der „christlichen Assoziation der Hilfsbedürftigen"[8], wie Wichern sie auch hatte, werden in der Regel nicht weiter entfaltet. Die sozialkulturelle Liebe bleibt Liebespatriarchalismus. Zwar werden die Objekte der Liebe, die irregeleiteten Handwerker und Arbeiter, die verlorenen und verlassenen Kinder, die schwierigen Jugendlichen, die „gefallenen Frauen", die Nichtseßhaften, Kranken, Behinderten und Gefangenen als Subjekte aufgewertet, insofern sie der rettenden Liebe wert geachtet werden. Wichern spricht von den ihm anvertrauten Kindern als „Heiligtum", Bodelschwingh rühmt seine „lieben Kranken als Lehrmeister". Es geht Wichern um die Rettung der Elenden und Verlorenen als Geschöpfe Gottes aus wirklich brennender Liebe, die darin ihren Lebenssinn und ihre Glaubenserfüllung findet. Aber sie bleiben Objekte ohne Rechte.

Schließlich geht es auch um Mission an den Getauften. Denn, so Wichern, seit der oberflächlichen Christianisierung der germanischen Völker datierte eine nie ganz aufgehobene Verwilderung. Die Evangelisierung des Volkes sei daher durch providentielle Fügung dem 19. Jahrhundert vorbehalten geblieben.[9]

Das ist eine tiefe religionspsychologische Einsicht, die Wichern hier fast nebenbei äußert. 90 Jahre später schrieb Freud in der „Der Mann Moses und die monotheistische Religion", die Germanen seien „schlecht getauft."[10] Der Hass auf das Christentum habe sich aber auf die Religion verschoben, aus der das Christentum entstanden sei, auf die Juden. Dass sie den neuen Glauben nicht angenommen hätten, habe man sie schwer büßen lassen. Ob eine gelungene Innere Mission den exterminatorischen Antisemitismus des Nationalsozialismus hätte verhindern können, ist fraglich – dazu hätte gehört, dass die jüdischen Wurzeln der christlichen Liebe mehr bewusst gemacht worden wären. 1895 eröffnete Uhlhorn sein großes Werk über die christliche

---

7 Wichern, Die preußischen Reichsstände und die Innere Mission, 1847, in: AS 1, 86.
8 Wichern, Denkschrift 1849, in: AS 3, 248.
9 Vgl. Wichern, Der Kommunismus und die Hülfe gegen ihn, in: AS 1, 102.
10 Sigmund Freud, Der Mann Moses und die monotheistische Religion, 1939, Frankfurt 1987, 96.

Liebestätigkeit mit dem Satz: „Die Welt vor Christo war eine Welt ohne Liebe." Wichern betonte immerhin, dass das Alte Testament in die Geschichte der Nächstenliebe gehöre. Aber dass der Antisemitismus zuerst um 1890 in sozial und diakonisch orientierten Kreisen, eben bei Stoecker und seiner Partei, verstärkt ausbrach, spricht eher nicht dafür.

Die besondere Leistung Wicherns bestand also darin, den christlichen Liebesbegriff gesellschaftstheoretisch erweitert und zugleich den humanistischen Liebesbegriff in seine Theorie des Christentums integriert zu haben. Das hatte Bedeutung für eine Sozialreform, die die Schäden der Gesellschaft letztlich im bestehenden Rahmen lösen wollte. Wichern hat außerdem mit dem sozialkulturellen Liebesbegriff dem Gedanken eines christlich orientierten Staates der Fürsorge und Daseinsvorsorge zugearbeitet, auch wenn dieser sich dann ganz anders, eben weltanschaulich neutral, orientierte.

„Der Kommunismus und die Hilfe gegen ihn"

Das antikommunistische Manifest Wicherns als Grundlage der berühmten Wittenberger Stegreifrede Wicherns und als verhängnisvolles Erbe der Inneren Mission[1]

„Meine Freunde, es tut eines not, daß die evangelische Kirche in ihrer Gesamtheit anerkenne: die Arbeit der inneren Mission ist mein! daß sie ein großes Siegel auf die Summe dieser Arbeit setze: Die Liebe gehört mir wie der Glaube."[2] Zum Gründungsmythos der Inneren Mission gehört der Verweis auf die berühmte „Stegreifrede" Wicherns, die dieser auf dem Wittenberger Kirchentag, einer freien Zusammenkunft evangelischer Persönlichkeiten geistlichen und nichtgeistlichen Standes zur Vorbereitung eines Evangelischen Kirchenbundes, am Nachmittag des 22. September 1848 gehalten hat. Im Jubiläumsjahr der Inneren Mission ist dieser Satz tausendmal zitiert worden, ohne seinen gesellschaftspolitischen Kontext und seine reaktionäre Stoßrichtung auszuleuchten, die darin bestand, „die Innere Mission als militante Tochter der Kirche zur Verteidigung des gesellschaftlichen Status quo"[3] (Wehler) zu etablieren. Im Folgenden soll versucht werden, dies aus den Quellen zu belegen und die gefährliche Auswirkung dieser antirevolutionären Haltung auf den sozialen Protestantismus aufzuzeigen.[4]

Das treibende Motiv der in Wittenberg versammelten Kirchenleute war es, angesichts der Forderungen des am 31. März in Frankfurt zusammengetretenen Vorparlaments nach Trennung von Staat und Kirche als Ersatz einen „Glaubens- und Liebesbund" (so Friedrich Haupt auf der erweckungstheolo-

---

[1] Zuerst veröffentlicht in: EvTh 61, 2001, 455–475.
[2] Die Rede ist abgedruckt in J. H. Wichern, Ausgewählte Schriften Bd. 1: Schriften zur sozialen Frage, hg von Karl Janssen, Gütersloh 1979,111ff, im Folgenden im Text zitierte als „Rede". Wichern schreibt stets „innere Mission"; dabei bleibe ich in den Zitaten, schreibe aber sonst „Innere Mission".
[3] H.U. Wehler, Deutsche Gesellschaftsgeschichte, Bd. 2 1815–1848/49, München 1989, 730, s. auch 469. Wichern sagt in der Denkschrift „die gewaffnete Tochter der Kirche" (Ausgewählte Schriften Bd. 3, 293).
[4] Treibendes Motiv der Beschäftigung mit diesem Thema war für mich die häufig unkritische Lobhudelei im Jubiläumsjahr der Inneren Mission, die sich zu der Behauptung verstieg, Wicherns reaktionäre politische Einstellung sei unerheblich für den weiteren Weg der Inneren Mission und für die Entwicklung der Sozialpolitik in Deutschland gewesen, damit G. Brakelmanns Kritik an Wichern (Kirche und Sozialismus im 19. Jahrhundert, Witten 1966, 92ff) überspielend. Oder die ihn damit entschuldigte, er sei eben politisch „ein Kind seiner Epoche" gewesen, so auch D. Sattler in seiner ansonsten vorzüglichen Wichern-Skizze: Viel gerühmt und kaum gescholten. 5 Skizzen zu Wichern, in: J. Gohde / St. Haas (Hg.), Wichern erinnern – Diakonie provozieren, Hannover 1998, 42.58.

gisch geprägten Sandhofkonferenz im Mai 1848)[5] ins Leben zu rufen, also einen engeren Zusammenschluss aller Evangelischen zu betreiben. Ein Ausschuss unter dem Vorsitz des Gymnasialprofessors Philip Wackernagel wurde mit der Vorbereitung eines Kirchentages beauftragt. Das Einladungsschreiben, das Ende August erging, war auch von Wichern unterzeichnet und in den *Fliegenden Blättern des Rauhen Hauses* veröffentlicht worden. Politisch betrachtet gehört der Wittenberger Kirchentag in die Bemühungen der eher konservativen gesellschaftlichen Kräfte, nach der März-Revolution sich zu stabilisieren und mit Hilfe von Vereins- und Versammlungsfreiheit ihre Interessen öffentlich zu vertreten.[6] So wurde am 3. Juli 1848 in Preußen der „Verein für König und Vaterland" ins Leben gerufen, im August formierte sich in Berlin der „Verein zum Schutze des Eigentums". Nach dem Novemberumsturz entstand der „Treubund mit Gott für König und Vaterland", oft unter führender Beteiligung von protestantischen Geistlichen. Der politische Katholizismus betrieb mit der Gründung von „Pius-Vereinen für die religiöse Freiheit" eine erhebliche Massenmobilisierung, die in den ersten deutschen Katholikentag vom 3.–6. Oktober in Mainz mündete. Er erreichte politisch die Aufhebung des Verbots des Jesuitenordens und die Beibehaltung der kirchlichen Aufsicht über den Religionsunterricht.

Die evangelische Parallelbewegung hatte keine vergleichbare Massenbasis (es sei denn, man sieht sie in den Vereinen für Innere Mission, in deren Namen Wichern auf dem Wittenberger Kirchentag sprach). Wichern hatte schon vor seinem Beginn kritisiert, daß die Erörterung der „großen praktischen Fragen unserer Zeit" fehle.

Am 21. September sprach er sich bei seiner ersten Wortmeldung auf dem Kirchentag dafür aus, die Innere Mission „nach Maßgabe der Zeit" zu behandeln. Antirevolutionäre Töne herrschten am Vormittag des 22. September in Wittenberger Schloßkirche vor. Der konservative Theologieprofessor Hengstenberg forderte einen allgemeinen Bußtag, ein anderer Redner wünschte, die Versammlung möge ein Zeugnis gegen die Revolution ablegen, ein Antrag, der allerdings keine Mehrheit fand[7]. Der Versammlung war klar, dass sie nicht das Mandat zur Gründung eines Kirchenbundes besaß. Was sollte dann aber praktisch geschehen? Am Nachmittag des 22. September schlug der Vorsitzende von Bethmann-Hollweg vor, „die Förderung christlich-sozialer Zwecke, Vereine und Anstalten, insbesondere der inneren Mission" in den Aufgabenkatalog des geplanten Kirchenbundes zu übernehmen. Jetzt meldete sich Wichern zu Wort, wehrte sich gegen das Missverständnis, die Innere Mission untergrabe die Kirche und trat dafür ein, dass „die innere Mission in das Programm (des evangelischen Kirchenbundes) mit aufge-

---

[5] H. Talazko, Märzrevolution und Wittenberger Kirchentag, in: Die Macht der Nächstenliebe. 150 Jahre Innere Mission und Diakonie, hg v. U. Röper und C. Jüllig, Berlin 1998, 60.

[6] Zum Folgenden s. Wehler, Gesellschaftsgeschichte, 727ff.

[7] Vgl. Talazko, Märzrevolution, 63.

nommen werde", er wolle dazu dann später sprechen. Die Versammlung jedoch wünschte, dass er „dies sofort tun möge". Dies tat Wichern in einer fünfviertelstündigen Stegreifrede. Das Protokoll fährt fort: „Der ganze Vortrag des Redners war improvisiert. Die Lebendigkeit der Rede, die viele einzelne Tatsachen, Zahlen und Namen enthielt, machte es umso schwieriger, sie im Protokoll in ihrer Gestalt wiederzugeben" (111).

Dem Protokollanten wäre zu helfen gewesen. Denn der Schwerpunkt des ersten Teils von Wicherns so genannter Stegreifrede lässt unschwer erkennen, dass Wichern im Wesentlichen das wiedergibt, was er kurz zuvor (April, Mai, August, September 1848) in den *Fliegenden Blättern des Rauhen Hauses* in den Artikeln „Die Revolution und die innere Mission", „Der Kommunismus und die Hilfe gegen ihn" und „Die Proletarier und die Kirche" bereits in beredten Worten niedergelegt hatte. Um ein erstes Ergebnis vorwegzunehmen: Wichern hat 1848 die Aufgabenstellung der Inneren Mission vorrangig vom Faktum einer einseitig sozial-revolutionär verstandenen März-Revolution her begründet. So heißt es in seiner ersten Reaktion auf die Märzrevolution vom April 1848: „Das seit jenem Ereignis (der Pariser Revolution am 24. Februar 1848) enthüllte Europa, Tausende von Tatsachen, die sich täglich überstürzen ... diktieren die Notwendigkeit der inneren Mission ... Der Tag der großartigsten Entfaltung der inneren Mission ist jetzt angebrochen." Die Revolution ist vor allem sozialer Natur, die innere Mission hat vorher auf die sozialen Missstände hingewiesen, als „christlicher Sozialismus" wird sie jetzt die „Rettung der bürgerlichen Welt" betreiben und „das Schwert" führen „gegen die, welche sich gegen die Kirche erheben."[8]

Von den verschiedenen Handlungsebenen der Revolution von 1848 – Wehler unterscheidet allein sechs Ebenen – war für Wichern vor allem das Aufbegehren der städtischen Unterschichten und deren angeblich sozial-revolutionär-kommunistische Organisierung relevant – eine Wahrnehmung, mit der er nicht allein stand. Auch die im März durch die revolutionären Proteste siegreichen Liberalen wurden in diesen Abwehrkampf gegen die perhorreszierte Proletarierherrschaft hineingezogen. So prophezeite Moltke: „Die Proletarier sind der Zauberbesen, den der Liberalismus heraufbeschworen und nicht mehr bannen kann. Bald wird der liberalste Deputierte ein Stockaristokrat sein."[9]

Die erste Handlungsebene kann mit dem verkürzenden Stichwort „Bauernrevolution" gekennzeichnet werden. Aufstände der ländlichen Bevölkerung haben in weiten Teilen Deutschlands das Revolutionsgeschehen bestimmt und schnell zur Auflösung noch bestehender feudalistischer Privilegien ge-

---

[8]   J.H. Wichern, Die Revolution und die innere Mission, in: Fliegende Blätter des Rauhen Hauses, April 1848, 97–101.
[9]   Wehler, Gesellschaftsgeschichte, 748.

führt; danach bildete sich aber eine Interessenskoalition von freien Bauern
und adligen Grundbesitzern gegen die weiter protestierenden armen Bauern
und ländlichen Unterschichten heraus. Der bäuerliche Revolutionär verwandelte sich in den Parteigänger des Konservativismus.

Die zweite Handlungsebene war die Revolution in den Städten. Hier ging
der revolutionäre Druck von Volksversammlungen mit gleichartigen Forderungen aus, steigerte sich über spontane Massenaufläufe bis hin zu den Wiener und Berliner Straßen- und Barrikadenkämpfen. Unter den Protestierenden waren die städtischen Unterschichten dominierend – Gesellen und, noch
relativ diffus, „Arbeiter", zwischen ihnen Angehörige der verschiedenen
Mittelschichten; wenige Bildungsbürger, Honoratioren und prominente
Politiker der Nationalversammlungen nahmen teil. Die Erfolge der revolutionären Ereignisse im März waren die schnelle Abschaffung des Metternichschen Systems, die Erringung der Presse- und Versammlungsfreiheit und die
Wahl zu einer gesamtdeutschen Volksvertretung. Doch die revolutionäre
Dynamik verlor sich und die konservativen Kräfte wurden wieder stärker.
Der Sieg der Gegenrevolution im Juli in Paris, im August in Prag, in Wien im
Oktober und in Berlin im November war die konsequente Folge.

Die dritte gewaltfreie Handlungsebene waren die Volksversammlungen
und Politikertreffen einerseits, die Aktivitäten der liberalen, konservativen
und demokratischen Vereine, die Kongresse von Wirtschaftsverbänden, von
Handwerkern, Arbeitern, der Studenten und schließlich auch der Kirchen
andererseits. Zum ersten Mal wurde hier mit Hilfe unterschiedlicher Medien
auf die Öffentlichkeit Einfluss genommen und die politische Entscheidungsfindung von verschiedenen gesellschaftlichen Gruppen unter Druck gesetzt.

Der Organisationsgrad der Arbeitervereinsbewegung wurde dabei im Allgemeinen überschätzt. Es dauerte ein halbes Jahr, bis kurz vor dem Wittenberger Kirchentag auf dem Berliner Arbeiterkongress Ende August / Anfang
September 1848 die „Arbeiterverbrüderung" (auf die Wichern in der Denkschrift von 1849 eingeht) gegründet werden konnte. Die Verbrüderung hatte
15 000 Mitglieder, etwas weniger als 2% der Handwerker und Fabrikarbeiter
im Gebiet des deutschen Zollvereins. Sie betrieb eine Art sozialer Parallelpolitik der Arbeiter zu der parlamentarisch-demokratischen Politik des Bürgertums. Nach dem Sieg der Gegenrevolution wurde sie wie andere Gewerkvereine aufgelöst.

Die vierte Handlungsebene ist die der politischen Eliten. „Bekannte Schauplätze sind die einzelnen staatlichen Hauptstädte, wo die so genannten
Märzforderungen und Märzministerien, in welchen die liberale Prominenz
einrückte, durchgesetzt wurden, vor allem dann die politische Arena in der
Paulskirche und die Tagungsstätten der preußischen und österreichischen
Nationalversammlungen."[10] Die Debatten in dem Paulskirchenparlament

---

[10]   Wehler, Gesellschaftsgeschichte, 705.

führten zur Schaffung einer provisorischen Zentralgewalt. Dann trat die Beratung eines Grundrechtskatalogs in der Reichsverfassung in den Vordergrund und schließlich die Diskussion über die Herrschaftsform – konstitutionelle Monarchie oder Republik – all das spielte für Wicherns Wahrnehmung der Revolution von 1848 nur eine untergeordnete Rolle. Wichtiger war für seine Absichten die fünfte Handlungsebene – der Bereich der wieder erstarkenden konservativen Regierungen. Die konservativen Großstaaten gewannen ihre Handlungsfähigkeit schneller als erwartet zurück. Wesentliche Säulen des Staats wie die Armee, die Verwaltung, der Landadel und die Kontrollbehörden blieben intakt. Die Furcht vor dem Pöbel und die Angst vor einer Republik der Radikalen, nicht nur bei den Konservativen, sondern auch bei den Liberalen, taten ein Übriges, um die Systemerhaltung der spätabsolutistischen Staaten zu befördern. Schließlich ist auch die internationale Mächtekonstellation als Handlungsebene der Revolution von 1848 zu berücksichtigen. Der Rückzug Preußens in der Schleswig-Holsteinfrage auf Druck Englands und Rußlands (Frieden von Malmö am 26. August) wurde als schwerer Rückschlag für den zu schaffenden deutschen Nationalstaat empfunden und führte in Frankfurt kurz vor dem Wittenberger Kirchentag zu schweren Unruhen mit 80 Toten; zwei konservative Abgeordnete wurden ermordet.

Überblickt man das Revolutionsgeschehen vom März bis zum November 1848, so ist dem Urteil Wehlers zuzustimmen: „Die Revolution besaß nur wenige Wochen im März und April realistische Erfolgschancen. Als dann ihre Basis zerfiel, keine machtvolle revolutionäre Allianz entstand, die nationale Frage als Sprengsatz wirkte, überhaupt die Modernisierungsaufgaben eine menschenunmögliche Leistungsfähigkeit in kürzester Zeit verlangten, während die Gegenrevolution das Machtkartell rasch stabilisierte – da war der Mißerfolg nur eine Frage der Zeit."[11] Der Wittenberger Kirchentag fand kurz vor dem schließlichen Sieg der konservativen Mächte statt. Es ist Wichern durchaus positiv anzurechnen, dass er bei seinem ersten Votum in Wittenberg die Revolution zunächst als Gericht über die soziale Sünde der Kirche deutete, die eine „große Schuld" jahrhundertelanger Versäumnisse ans Licht bringt, auch wenn er dann darin den „Anbruch eines Tages der Verheißung für die Verjüngung des gläubig rettenden Wirkens der Kirche" sah (Rede 112). Der nach Wicherns Meinung unselige „Wendepunkt der Weltgeschichte muß zu einem Wendepunkt der christlichen und speziell der deutsch-evangelischen Kirche" (ebd.) in ihrer Stellung zum Volke werden – „unsere Kirche muß Volkskirche werden", indem sie das Volk durch das Evangelium erneuert.

Am nächsten Tag erhielt er nun die Gelegenheit, diese These am Beispiel

---

[11] Ebd., 774.

der Frage, was Innere Mission sei und könne, auszuführen. Es lässt sich zeigen, dass große Partien dieser berühmten Stegreifrede fast wörtlich mit Passagen des Artikels in den *Fliegenden Blättern* übereinstimmen.[12] Das, was sich bei Wichern in den Jahren zuvor an theologischer und sozialer Erkenntnis gebildet hatte und nun angesichts der „verhängnisvollen Ereignisse (der Revolution) in unserem Vaterlande" (ebd.) noch einmal in antikommunistischer Zuspitzung verdichtete, brach in der Gründungsrede aus ihm heraus. Als Wichern nach Wittenberg kam, trug er gewissermaßen diese Artikel in seinem Reisegepäck. Im Mai bzw. August und September in den *Fliegenden Blättern* veröffentlicht, waren ihm diese Ausführungen ganz gegenwärtig. Um es mit einer biblischen Formulierung zu sagen: Er bewegte und trug sie in seinem Herzen. Sie waren ihm derart zur innersten Überzeugung geworden, dass er gar nicht anders reden konnte, als er gebeten wurde, die Notwendigkeit der Inneren Mission zu begründen.

Ich fasse den ersten Teil seiner Rede zusammen. In prophetischem Gestus verweist Wichern auf die von ihm bereits früher vertretene These von der Zunahme heidnischer Gesinnung und Lebensgestaltung im Christentum. „Den Beweis für die Berechtigung und Notwendigkeit der inneren Mission hat inzwischen die ausgebrochene Revolution geführt, unsere deutsche mehr als die französische" (Rede 114). Und dann kommt Wichern auf die reisenden Handwerksburschen zu sprechen, deren Herbergen zum Ursprung der modernen revolutionären Klubs geworden sind und die im Ausland der radikal atheistischen und kommunistischen Propaganda ausgesetzt waren. Besonders in Frankreich wurden sie „systematisch zu solchem Treiben der Barbarei", wie es sich jetzt im „Ungewitter der kommunistischen Revolution" (Rede 115) entladen hat, ausgebildet. Wichern verweist auf W. Marr, der in seinem Buch *Das junge Deutschland in der Schweiz* sich rühmt, die Handwerksburschen zu persönlichen Feinden Gottes gemacht zu haben. „Als Zeichen des Geistes, der vielfach unter den Arbeitern herrscht, möge eine Strophe eines Liedes gelten, das noch vor kurzem in einer Versammlung von kleinen Handwerkern in Hamburg gesungen worden ist" (Rede 115f). Und dann zitiert er mit allen Anzeichen des Entsetzens den dritten Vers des Weberliedes von Heinrich Heine mit dem Fluch auf Gott: „Ein Fluch dem Gotte, dem blinden, dem tauben, zu dem wir vergebens gebetet im Glauben."[13]

---

[12]   Das ist m. E. bislang in den Darstellungen der Wittenberger Rede nicht hinreichend bemerkt worden, sonst hätte die Formel von der Stegreifrede längst relativiert werden müssen. Das ist jedoch nirgends geschehen, auch nicht bei G. Brakelmann und E. Beyreuther, Geschichte der Diakonie und Inneren Mission, 3. Aufl., Berlin 1983, 108, die ansonsten den antikommunistischen Ton der Rede deutlich herausarbeiten und wie ich für fragwürdig halten.

[13]   Allerdings in einer von Heines Original abweichenden Fassung und ohne den Autor zu nennen. Heine hat das Lied unter dem unmittelbaren Eindruck der schlesischen Weberaufstände 1844 verfasst und veröffentlichte es im Pariser „Vorwärts" Das Original der Strophe lautet: „Ein Fluch dem Gotte, zu dem wir gebeten/ In Winterskälte und Hungersnöten;/ Wir haben vergebens gehofft und geharrt/ Er hat uns geäfft, gefoppt und genarrt." Die beiden anderen Flüche gelten dem

Diese Handwerksburschen ebenso wie die Agitatoren seien aber getaufte Christen, insofern Objekte der inneren Mission. Man müsse „das Satanswerk mit Gottes allmächtigem Worte angreifen." Es gebe aber „Reviere in den Städten, wo es physisch unmöglich ist, daß die Geistlichen ihre Aufgabe lösen" (Rede 116). Noch einmal attackiert Wichern „die kommunistischen, allen gesunden politischen und sittlichen, geschweige denn christlichen Grundsätzen zuwiderlaufenden Ansichten" der „Afterphilosophie" Feuerbachs, die im untersten Pöbel Anhängerschaft fand und aus denen sich die Revolution erklärt (Rede 117). Propaganda, geschickte Organisation und die Entchristlichung des Volkes in allen seine Ständen seien der Boden, aus denen die revolutionären Ereignisse rasch hervorwuchsen.

Soweit der erste Teil von Wicherns Rede, an den sich mit der Frage, was zu tun sei, ein Blick auf die volksmissionarischen Lösungen in England anschließt, bevor er dann drittens mit dem berühmten insinuierten Bekenntnis der evangelischen Kirche „die Arbeit der inneren Mission ist mein, (…) die Liebe gehört mir wie der Glaube" (Rede 123) das Signal zur Gründung eines „großen Bundes der rettenden Liebe über Europa hin" (Rede 125) gibt.

Es ist deutlich, wie emotional hochbesetzt Wichern argumentiert, wie seine Wortwahl äußersten Abscheu ausdrückt und vor schlimmsten Etikettierungen des politischen Gegners, des Kommunismus nicht zurückschreckt. Damit spiegelt er, was Marx und Engels in ihrer ebenso berühmten wie überzogenen Einleitung des *Kommunistischen Manifests* so formuliert haben: „Ein Gespenst geht um in Europa – das Gespenst des Kommunismus. Alle Mächte des alten Europa haben sich zu einer heiligen Hetzjagd gegen dieses Gespenst verbündet, der Papst und der Zar, Metternich und Guizot, französische Radikale und deutsche Polizisten."[14] Sie hätten mit Blick auf Wichern auch sagen können: „deutsche Kirchenmänner". Marx und Engels fahren fort: „der Kommunismus wird bereits von allen europäischen Mächten als eine Macht anerkannt. Es ist hohe Zeit, dem Märchen vom Gespenst des Kommunismus ein Manifest der Partei selbst entgegenzusetzen." Und dann der gewaltig lapidare Thesensatz: „Die Geschichte aller bisherigen Gesellschaft ist die Geschichte von Klassenkämpfen."[15]

Wahrscheinlich hat Wichern das im Februar 1848 veröffentlichte *Kommunistische Manifest* nicht gekannt. Doch in seinem ersten Artikel „Der Kommunismus und die Hilfe gegen ihn" vom Mai 1848 formuliert er, als hätte er es gekannt: „Kommunismus – der Name wirkt jetzt wie ein Medusenhaupt. Die Furcht geht vor ihm her und läßt das Blut in den Adern der bürgerlichen

---

König und dem Vaterland – während Heine diese Trias wegen ihres Nichtstuns kritisiert, wird Wichern sie weiter als Rettung preisen, unter der Voraussetzung einer erfolgreichen Inneren Mission allerdings.

[14] K. Marx, Frühschriften, hg v. S. Landshut, Stuttgart 1969, 525.
[15] Ebd.

Gesellschaft erstarren. Und mit Recht. So unbekannt den meisten, die von dieser Furcht erfaßt sind, diese Macht auch sein mag, so erkennbar ist sie doch an ihren Wirkungen.“[16]

Wichern ist von dieser Kommunistenfurcht angeblich nicht erfasst. Er stellt sich als der unerschrockene christliche Ritter dar, der dem Kommunismus die Maske vom Gesicht reißt und ihn in seinen eigentlichen satanischen Bestrebungen erhüllt. Wie er das jedoch tut, mit allerstärksten Verurteilungen und Diffamierungen in einer emotional hochbesetzten Sprache, das lässt erkennen, dass er auf diesen Gegner in einer lustvoll feindseligen Weise fixiert ist.

Die Ursache dieser Fixierung, die dazu führt, dass er die Aufgabe und das Wesen der Inneren Mission in Antithese zum Kommunismus entworfen hat, liegt in seiner christlich konservativen Grundhaltung, nach der die Revolution das satanische Prinzip schlechthin verkörpert, eine Auffassung, die F. J. Stahl in seiner berühmten Schrift *Was ist Revolution?* zuerst formulierte: „Revolution ist die Gründung des ganzen öffentlichen Zustandes auf den Willen des Menschen statt auf Gottes Ordnung und Fügung.“[17] Der Mensch macht sich zum Schöpfer seiner eigenen Welt, er setzt sich an die Stelle Gottes. Hier im Naturrecht der Aufklärung ist die eigentliche Sünde anzusiedeln. Wichern steht eindeutig in dieser Tradition; seine Einschätzung der Revolution von 1848 in den *Fliegenden Blättern* lässt das deutlich erkennen. Wichern sieht zwar wie kaum ein anderer die sozialen Notstände des Volkes; er hat die frühindustriellen Verhältnisse in ihren Auswirkungen auf die Menschen schonungslos aufgedeckt. Er sieht jedoch die Ursache für Armut, neues Heidentum und Sittenlosigkeit letztlich in der Leugnung Gottes. Das bringt ihn zu der Kausalreihe: Gottlosigkeit führt zur Sittenlosigkeit und diese zur Armut.

Vor allem in der Gesellschafts- und Kirchenkritik der Linkshegelianer entdeckt er dieses menschliche Autonomiestreben. Doch am stärksten ist der Anspruch, die Geschichte durch menschliche Eingriffe ans Ziel zu bringen, bei den Kommunisten zu erkennen und deswegen werden sie von Wichern am schärfsten attackiert. Der Kommunismus und das Christentum in Gestalt der Inneren Mission sind wie feindliche Brüder, denn beiden geht es um eine Wiedergeburt der Gesellschaft. „Zwei Prinzipien schlechthin, das christliche und das antichristliche, haben sich im christlichen Sozialismus und im Kommunismus als sich ausschließende Gegensätze verkörpert. Der Ausgang dieses Kampfes entscheidet über das Gesicht der Gegenwart und der Zukunft.“[18] Gerade wegen seiner Wahrheitsmomente, als jene „Karikatur der

---

[16]   J.H. Wichern, Der Kommunismus und die Hilfe gegen ihn in: ders. Ausgewählte Schriften Bd. 1 1979, 89, im Text im Folgenden zit. als „Hilfe“.
[17]   Zit. in G. Brakelmann, Kirche und Sozialismus, 12.
[18]   Ebd., 35.

Wahrheit"[19], die die berechtigten Ansprüche der Massen zu erfüllen scheint, ist der Kommunismus der gefährliche Gegner, der daher auch nur in Zusammenarbeit mit dem christlichen Staat zu überwinden sei.

Doch zurück zu dem Artikel aus den *Fliegenden Blättern* vom Mai 1848, den ich Wicherns „antikommunistisches Manifest" genannt habe und der in die Wittenberger Gründungsrede eingegangen ist. Wichern sagt hier, der Kommunismus sei „seiner eigentlichen Natur nach nicht eine politische, sondern eine soziale Erscheinung". Kommunismus sei im Kern Negierung des Eigentums. „Der verwirklichte Kommunismus ist der zum Ausbruch gekommene Grimm der Armut oder der Ärmeren gegen den Reichtum, die Gewalttat der Nichtgenughabenden und mehr oder weniger Darbenden gegen jede Art von Überfluß des einzelnen" (Hilfe 89). Und dann folgt jenes Argument, das bis heute die Verwirklichung einer gerechteren Gesellschaft desavouieren soll: Seine Forderung nach Gleichheit an Besitz sei unlogisch, da die Ungleichheit immer wiederkehre und deshalb eine permanente Revolution zur Folge hätte. Zum anderen sei sie unsittlich, da sie die von Gott gesetzte Ordnung mit ihren Ständen auflöse (Hilfe 89f). Aufschlussreich ist Wicherns psychologisierende Deutung des Kommunismus. Er erklärt ihn nicht mehr aus schlechten gesellschaftlichen Zuständen, sondern aus der verdorbenen menschlichen Psyche. Denn der Kommunismus habe „die inneren Neigungen und Gelüste der Empörung in eine Art System gebracht" (Hilfe 90). Indem der Kommunismus die sündhaften Anlagen des Menschen in ein System bringt, verkehrt er die göttliche Ordnung, „er ist die umgekehrte Lehre des Rechts, des Glaubens, der göttlichen Ordnung, die bis dahin in der menschlichen Gesellschaft auf dem Gebiet der Ehe, der Familie, der Erziehung, des Erwerbes, des Besitzes Geltung gehabt haben" (ebd.). Dieser Kommunismus sei von Frankreich über die geheimen Handwerkerclubs nach Deutschland gekommen. Er würde hier von einzelnen Intellektuellen in ihrem Machtgelüste zur Verführung des Volkes benutzt. „Hier wirken Geister und Talente, von denen die Gabe, Massen zu inspirieren, Chaotisches wenigstens vorübergehend zu organisieren, durch Worte zu herrschen und Gewalt am innern Menschen zu üben, in schmählichster Weise mißbraucht worden ist" (Hilfe 92).

Es gibt bei Wichern keine ernsthafte Auseinandersetzung mehr mit den Argumenten der Kommunisten, sondern nur üble Verdächtigungen, Unterstellungen und Diffamierungen. Im Vergleich mit dem *Kommunistischen Manifest* mit seiner bis heute gültigen, ja angesichts der Globalisierung geradezu bedrängend aktuellen Analyse der bürgerlich-kapitalistischen „Revolution" ist Wicherns analytische Leistung hier dürftig. Das, was Wichern den Kommunisten unterstellt, die hergebrachten Ordnungen umkehren zu wol-

---

[19]   J.H. Wichern, Die preußischen Reichsstände und die Innere Mission, in: Ausgewählte Schriften Bd. 1, 86.

len, das analysieren Marx und Engels als Werk der alle Produktionsverhält-
nisse revolutionierenden Bougeoisie, die zwischen Mensch und Mensch
nichts übriggelassen hat als die „nackte bare Zahlung", die dem Familienverhältnis seinen „rührend-sentimentalen Schleier abgerissen und es auf ein
reines Geldverhältnis zurückgeführt"[20], die bisherigen Eigentumsverhältnisse
zerstört, die Verstädterung bewirkt und die Welt zu einem großen Markt
gemacht hat, ein System, das die Gewalten, die es heraufbeschworen hat,
nicht mehr beherrscht. Mit dieser Entwicklung, die Wichern auch beobachtete, zumindest in ihren negativen Auswirkungen beschrieben, aber nicht in
ihrem bewegenden Kern verstanden hat, setzt er sich nicht mehr auseinan-
der.[21] Stattdessen der zur Schau gestellte Anspruch alles zu tun, „um die untersten Proletarier, die die unglücklichsten Verführten des Kommunismus
sind" (Hilfe 93), vor diesem zu retten. Deswegen will Wichern „auch jetzt
wieder in die Tiefen hinabsteigen, um die finstern Reiche des Jammers, des
Elends, der ohne alle Tünche der Zivilisation sich darstellenden Sünde zu
durchwandeln" (Hilfe 94). Noch einmal schildert er dramatisch die Verwahrlosung des Christentums, um dann im nächsten Artikel die Rettung
anzubieten.

In diesem im August erschienenen Artikel ist zunächst seine Einschätzung
des europäischen Republikanismus interessant, der, so behauptet er, „die
Disposition zum Kommunismus als wesentlichen Bestandteil in sich trägt
und notwendig jene kommunistischen Missgeburten aus sich gebiert" (Hilfe
95). Das habe die Entwicklung der Revolution in Frankreich gezeigt, die sich
auf ungute Weise radikalisierte. Diese Gefahr einer kommunistischen Entwicklung der bürgerlichen Revolution bestand aber trotz der Prognosen des
Kommunistischen Manifests und Wicherns überhaupt nicht. Es gab weder
eine proletarische Volksmehrheit noch eine proletarische Massenorganisa-
tion. Nichts war zu diesem Zeitpunkt, als die bürgerlichen Revolutionäre und
die Handwerksgesellen z.T. mit der Waffe in der Hand gegen die Diktatur
der Monarchen für Pressefreiheit, das allgemeine Wahlrecht und für eine
deutsche Republik, aber auch für mehr soziale Gerechtigkeit kämpften, un-
zeitgemäßer als eine kommunistische Revolution. Das hätte Wichern auch in

---

[20] Marx/Engels, Kommunistisches Manifest, 527ff.
[21] K. Janssen vergleicht in seiner Einleitung zur Denkschrift von 1849 diese mit dem Kommunistischen Manifest und sieht den Unterschied im jeweiligen Menschenbild. Während für Marx und
Engels der Mensch nur das Spiegelbild der wirtschaftlichen Verhältnisse sei und die Revolution
als Eingriff in die Eigentumsverhältnisse den neuen Menschen hervorbringe, frage Wichern
umgekehrt, welche wirtschaftlichen Folgen hat das christliche Menschenbild, wenn dieses durch
die innere Mission wieder an Geltung gewinnt (in: Wichern, Ausgewählte Schriften Bd. 3,
Gütersloh 1979, 143f). Er übersieht dabei wie Wichern, dass die Priorität für die Neuwerdung des
Menschen die alten Verhältnisse trotz der geäußerten Reformabsichten letztlich unangetastet
lässt.

Hamburg beobachten können. Deswegen ist es an dieser Stelle sinnvoll, einen Blick auf die 48er-Revolution in Hamburg zu werfen.

Wichern hat an der Hamburger Revolution wenig Anteil genommen. Als sie ausbrach, befand er sich auf seiner Reise in die schlesischen Hungergebiete. Mit 8 Hausbrüdern wollte er sich vor allem um die vielen Waisenkinder kümmern. In Berlin nimmt er von der nahenden Revolution zwar Notiz. „Oben täuscht man sich, unten gärt alles und ist unzufrieden", schreibt er nach Hause, reist aber weiter nach Breslau. Am 19. März kehrt er nach Hamburg zurück. Sein Biograph schreibt: „Wichern fand Hamburg verhältnismäßig ruhiger vor, als er unter dem frischen Eindruck der Berliner Ereignisse erwarten konnte. Anfang März war es in Hamburg zu schweren Unruhen gekommen. Eine seit Jahrzehnten bestehende Unzufriedenheit mit der heimischen Verfassung und Verwaltung, dazu die schlechten Geschäftsjahre 1845 und 1846, die Volkstumulte des Teurungsjahres 1847 und endlich die Kunde von der Berliner Februarrevolution hatten auch hier zu Unruhen geführt, die zu einem Umsturz drängten. Aber nach längeren Kämpfen gelang es dem Senat schließlich doch, die geforderte Verfassungsänderung hinauszuschieben und vorläufig alles beim alten zu belassen."[22] Das ist allerdings eine beschönigende Darstellung der tatsächlichen Ereignisse im Wichernschen Geiste, der keines der Ziele der Revolution anerkannte, sondern sie nur als kommunistische Bedrohung, wie gezeigt, für sein Vorhaben einer Organisierung der inneren Mission funktionalisieren wollte. Übrigens findet sich weder bei Wichern noch bei Gerhardt ein Wort zu den Opfern der Revolution in Berlin und der beeindruckenden Aufbahrung der 200 Märzgefallenen im Berliner Schloßhof – der König musste barhäuptig die Opfer seiner eigenen Truppen ehren, es wurde der Choral „Jesus, meine Zuversicht" gesungen. Ein eindrucksvolles Gemälde von Menzel (es hängt in der Hamburger Kunsthalle) hat diesen Moment festgehalten.

7. Wie sah es tatsächlich in Hamburg aus?[23] Im März war es wie an vielen Orten auch in Hamburg zu Unruhen gekommen: Vor dem Haus von Bürgermeister Kellinghusen lärmte der „Pöbel", zerstörte die Straßenlaternen und warf ein paar Scheiben ein. Am 9. März hebt der Senat als erstes Zugeständnis die Pressezensur auf; innerhalb kurzer Zeit erscheinen sieben neue Zeitungen, darunter *Der Patriot* und *Der Grobian*, von Wichern nur beiläufig abschätzig erwähnt. Um die Vor-Revolution in einigermaßen geordnete Bahnen zu lenken, gründen liberale Juristen, Kaufleute und Grundeigentümer ein 24-köpfiges Gremium aus Vertrauensmännern. Ihre ersten Forderungen sind die Wahlrechtsreform, die Trennung von Staat und Kirche und

---

[22]   M. Gerhardt, Johann Hinrich Wichern. Ein Lebensbild, Bd II, Hamburg 1928, 71
[23]   Ich folge in meiner Darstellung der von dem Hamburger Amt für Schule herausgegebenen Schrift von J. Berlin, Die Revolution von 1848/49 in Hamburg.

die Aufhebung der Lebenslänglichkeit und Selbstergänzung des Senats. Der
Senat geht darauf ein, indem er eine Deputation zur Beratung politischer
Reformen einsetzen will und die liberalen Forderungen zu berücksichtigen
empfiehlt. Doch die erbgesessene Bürgerschaft wählt keine Unterbürgerli-
chen in diese Deputation, und so sind die alten Eliten wieder unter sich. Übrigens: auch Wichern wurde gefragt, lehnte aber ab.

Diese Forderungen bleiben den unteren Bevölkerungsschichten weithin
unverständlich. Da die komplizierten politischen Strukturen in Hamburg für
die meisten ohnehin kaum zu durchschauen sind, richtet sich der Zorn auf
den Straßen weiter „gegen die da oben". Das heißt vor allem gegen einige
bekannte Senatoren und Bürgermeister, vor deren Häusern sich wieder Pro-
testierende versammelten, zum anderen aber gegen die verhassten Torsperren.
Die Brennpunkte der Unruhen sind die Vorstädte St. Georg und St. Pauli.
Hier müssen die Bewohner die gleichen Abgaben zahlen wie diejenigen, die
innerhalb des Wallrings leben, aber das Geld wird nur für Investitionen in
der Alt- und Neustadt ausgegeben. Außerdem müssen die Handwerker Abgaben zahlen, wenn sie ihre Waren in die Stadt bringen. Eine zusätzliche
Belastung entsteht aus den Torsperren, eine Gebühr, die beim Passieren der
Stadttore beim Einbruch der Dunkelheit fällig wird. Am 13. März kommt es
daher am Millerntor zu zunehmend aggressiven Protesten. Ca. 1000 Leute
versammeln sich vor dem Tor, werfen Steine, fordern die Abschaffung der
Torsperre. Schließlich schreitet das Militär brutal ein, macht auch Frauen
und Kinder nieder und tötet einen unbeteiligten Maurermeister.

Die Empörung ist groß, doch die berechtigten Forderungen der unteren
Schichten werden weiter blockiert. Die Torsperre besteht weiter, die Vorstädte werden nicht an Hamburg angeschlossen, die Bettelei nimmt ständig
zu. Die Reformdeputation arbeitet langsam und bringt nur ein enttäuschen-
des Gesetz über die „Presseverbrechen" zustande. Als im Gefolge des deutsch-
dänischen Krieges die Elbe blockiert wird, verschlechtert sich die Versor-
gungslage vor allem für die Unterklasse. Am 9. Juli kommt es erneut zu Unruhen – diesmal vor dem Steintor. Auf eine Provokation der Wache hin geht
die Menge gegen das Wachhaus vor und steckt es in Brand. Nun werden
auch die liberalen Reformer mutiger und fordern eine auf demokratischer
Basis gewählte verfassungsgebende Versammlung. Anfang August gibt
schließlich der Senat seine Zustimmung zu dieser „Konstituante". Doch am
17. August besetzt ein aus 8000 Mann bestehendes preußisches Corps die
Stadt, nachdem zwei Tage zuvor ein wegen der Schleswig-Holstein-Krise
durchziehendes preußisches Bataillon Proteste empörter Hamburger Bürger
und Krawalle ausgelöst hatte. Es kam zu Tätlichkeiten gegen die Soldaten.
Obwohl der Senat die Truppen nicht gerufen hatte, kommt ihm die preußi-
sche Rückendeckung gelegen, um gegen die treibenden Kräfte der bürgerlichen Revolution, die Presse und die Vereine vorzugehen. Die Herausgeber
der Zeitungen *Die Reform* und *Der Grobian* werden verhaftet, die Vereine

durch ein Vereins- und Pressegesetz mundtot gemacht. Die Besetzung Hamburgs dauert bis zum November 1850. Am 13. Juni dieses Jahres wird die Konstituante aufgelöst. Es dauert noch zehn Jahre, bis Hamburg eine neue Verfassung bekommt, die einen Großteil der Forderungen von 1848 endlich einlöst.

Vergleicht man Wicherns Darstellung der kommunistischen Gefahr mit den revolutionären Ereignissen in Hamburg, so wird schnell deutlich, wie ungeheuerlich er diese übertrieben hat. Es gab soziale Proteste, die einen berechtigten und für einen so profunden Kenner Hamburgs wie Wichern eigentlich nachvollziehbaren Anlass hatten. Wichern greift sich einzelne revolutionäre Umtriebe und atheistische Attitüden heraus, um sein kommunistisches Schreckgespenst so recht angsteinflößend seiner Leserschaft vor Augen führen zu können.

Wichern geht auf die sozialen Ursachen dieser Proteste überhaupt nicht ein. Er sieht nur allgemeine Ratlosigkeit politisch-sozialer Verirrung und plädiert für eine Weckung des Sittlichen durch die Kirche, um dem wachsenden Radikalismus und Atheismus einen Riegel vorzuschieben. Besorgt weist er auf die atheistische Propaganda und zitiert, wie er es dann später in der Wittenberger Rede tun wird, Heines Weberlied. Da aber alle Proletarier getauft sind – „wir haben bis jetzt noch keine Proletarier, die nicht zur Kirche gehören" (99) – muss die Kirche sich ihnen zuwenden. Wie soll sie das tun?

In dem September-Artikel führt er aus, was die Kirche zur Rettung des Proletariats aus dem Kommunismus tun kann. Dabei streift er die revolutionären Forderungen, indem er sie unter der Rubrik „kirchliche Lösung der Proletarierfragen" (Hilfe 103) erörtert. Fragen wie direkte oder indirekte Wahlen, Zensus oder kein Zensus, Eigentumsrechte, Lohn- und Arbeitsverhältnisse können erst richtig und christlich gelöst werden, wenn das Proletariat „erst mit der Kraft und dem Leben, wie selbe aus dem Glauben des Sohnes Gottes fließen, erfüllt ist" (103f). Wichern scheut sich nicht zu schreiben: „Das Kind muß zur Vernunft des Mannes, der vierte Stand muß … erst zum Gebrauch dieser ihm und allen gefährlichen Gaben herangebildet werden (…) durch den Sieg der christlichen Wahrheit in den Gemütern. Urwahlen, Demokratie, Verhandlungen über Lohn- und Arbeitsverhältnisse können erst gelingen, wenn das Proletariat durch das in „ihm mächtige Evangelium allzeit Maß und Ziel der Gerechtigkeit erkennte" (104).

Hier wird deutlich, in welch extrem christlichen Paternalismus Wichern dachte. Er sieht die Proletarier als unreife Menschen und unmündige Kinder, die an die führende christliche Hand genommen werden müssen, um ihre politische Freiheiten recht zu gebrauchen. Zweifellos gab es solche unreifen Handlungen während der Revolution von 1848. Doch grundfalsch ist die Verallgemeinerung. Wie ausgerechnet durch Evangelisierung des Volkes seitens einer obrigkeitlichen Kirche die politische Erziehung vorangetrieben werden sollte, diesen Beweis bleibt Wichern schuldig. Der Gedanke, dass politische und Menschenrechte eine Vermittlungsgestalt des Evangeliums sein könnten, so wie es die christlichen Frühsozialisten sahen, die von den Gottesrechten des Menschen sprachen und die „durch die Segnungen freier politischer Institutionen" (Heine)[24] die himmlische Seligkeit schon hier auf Erden etablieren wollten, blieb ihm völlig fremd. Aus den von ihm beschworenen Prinzipien christlicher Gerechtigkeit und Liebe mochte er kein soziales Programm ableiten, das die berechtigten Forderungen der entstehenden Arbeiterbewegung nach gerechtem Lohn und besseren Arbeitsbedingungen unterstützte.[25]

Wichern will also keine Rechte für das Volk, sondern: „den Armen muß das Evangelium gepredigt werden" (Hilfe 100), das wird das größte Zeichen der kirchlichen Erneuerung sein. Eine Evangelisierung des Volkes sei notwendig; nach der ersten Christianisierung der germanischen Völker sei eine „Mission an den Getauften" (Hilfe 102) nötig, um jene Kräfte zu überwinden, „welche heute aus den Pforten der Hölle hervorgetreten sind und ein neues Heidentum neben der Kirche heraufbeschwören" (Hilfe 100).

„Suchen die Proletarier nicht mehr die Kirche, so muß die Kirche anfangen, die Proletarier zu suchen und nicht rasten, bis sie sie mit dem heilbringenden Wort gefunden hat" (Hilfe 107). Diese Forderung war für weite kirchliche Kreise etwas unerhört Neues und stieß besonders bei den hochkirchlich eingestellten Lutheranern auf Ablehnung. Wichern trat dafür ein, die Fragen des Proletariats auf die Kanzeln zu bringen, um die Zuhörer aus ihrer bisherigen Untätigkeit gegen die Proletarier und die Armen zu wecken und so das „allgemeine Priestertum aller Gläubigen" zu beleben. Die Predigt muss so beschaffen sein, dass sie „den Kirchkindern den Mund und die Hand zum Wort und zur rettenden Tat der Liebe öffnet" (Hilfe 106).

Diese soziale Auslegung des allgemeinen Priestertums ist Wicherns originäre Leistung. Er entwickelt damit einen „sozialkulturellen Liebesbegriff",

---

[24] H. Heine, Zur Geschichte der Religion und Philosophie in Deutschland, in: H. Heine, Sämtliche Werke Bd. IX, hg. v. H. Kaufmann, München 1964, 167f.

[25] Übrigens ist dieses Misstrauen gegenüber dem Pöbel, dem ungebildeten Volk auch bei dem völlig konträr denkenden H. Heine anzutreffen. In einer Polemik, die sich auf Marx und Engels bezieht, führt er aus, dass sie das Volk zu sehr hofierten: „O das Volk, dieser arme König in Lumpen, hat Schmeichler gefunden, die beständig rufen: wie schön ist das Volk! Wie gut ist das Volk! wie intelligent ist das Volk! Nein, ihr lügt. Nein, das Volk ist nicht schön. Im Gegenteil, es ist sehr häßlich" (in: Geständnisse, in: Sämtliche Werke Bd. XIII, 113f). Aus Heine spricht die geheime Angst des Künstlers, der die ganze moderne Zivilisation und ihre ästhetischen Errungenschaften durch den Sieg des Kommunismus bedroht sieht, die Angst vor einer Verrohung durch die große rohe Masse. Wicherns Angst ist die vor Entsittlichung, Heidentum und Gottlosigkeit. Verschiedene Ängste, die aber zu einer ähnlichen Verurteilung des Kommunismus führten. Und noch eine seltsame Übereinstimmung: „... als ich daß Schmierlappen von Schuster- und Schneidergesellen in ihrer plumpen Herbergssprache die Existenz Gottes zu leugnen sich unterfingen, als der Atheismus anfing sehr stark nach Käse, Branntwein und Tabak zu stinken, da gingen mir plötzlich die Augen auf" (ebd. 112) und Heine mochte nicht mehr Atheist sein.

führt den Protestantismus „von der Interpretation zur Interaktion der Liebe"[26] (Albert). Darüber hinaus aber, und das ist die zweite neue Idee, „müssen [wir] Straßenprediger haben. Die Kirche muß Männer aus sich hervorgehen lassen, für die sich jede Stelle im Volksgetriebe in eine Kanzel verwandelt, Männer voll Glaubens, voll Mut, geschickt, beredt, brennend in Liebe zum Volk, mit Zeugnissen des Geistes und der Kraft gerüstet" (Hilfe 107). Aus dem „Handwerkerstand, aus welchem der Atheismus und Kommunismus seine stärkste Propaganda bildet" (Hilfe 108), seien diese neuen Proletarierprediger zu gewinnen. Vertrauenserweckend aufgrund ihrer Herkunft, ihrer Stellung und ihres Auftretens sollten Armenprediger ihre Standesgenossen zu Hause und an den Arbeitsstätten, bei Eisenbahnen, Erd- und Wasserarbeiten besuchen. So schaffe die „göttliche Ökonomie" mit der Krankheit auch das Heilmittel, zeige Wege auf (in England und Frankreich zuerst), die mitten in das Proletariat hineinführen und es möglich machen, im Proletariat durch das Proletariat für die rettende Einwirkung der Kirche Bahn zu schaffen. Ein geschickter Gedanke, der die Ziele der späteren Stadtmissionsarbeit skizziert und 1849 mit der Entsendung des ersten im Rauhen Hause ausgebildeten Sozialarbeiters Daniel Timm eine erste Umsetzung fand: Der erste geschulte Armenbesucher sollte in seiner Position zwischen Bürger und Bettler „Geld und gute Worte"[27] (H. Dießenbacher) den Armen in St. Georg bringen, wo er im Auftrag des Vereins für Innere Mission, der ihn bezahlte, tätig war. Denn, so Wichern am Schluss seines Artikels, das freie Vereinswesen, wahrlich kein Ergebnis kirchlichen Bestrebens, schafft die Chance zu „heilvollen Taten an den Schwellen des Elends". Jetzt noch bestimmt von „planlos sich durchkreuzenden Liebesarten" (Hilfe 109), und damit ist der Tenor der Wittenberger Rede angeschlagen, sollten diese vielfältigen Vereine und Tätigkeiten organisatorisch zusammengefasst werden und „in weitherziger und großsinniger, echt germanisch-volkstümlicher Weise der rettende Arm und Schutz über die wild aufgescheuchte und bis dahin nur dumpf dahinbrütende, aber jetzt wie in einem Fiebertraum sich ängstigende Masse des Proletariats ausgebreitet werden" (ebd.). Wichern steht mit seiner Begeisterung für die christliche Liebestätigkeit in Vereinen durchaus noch in der Tradition des romantischen Liebeskonzepts.[28] Doch Wichern bindet diese religiös motivierte Aktivität an eine neue Sozialkultur, eben die der christlichen Liebestätigkeit in freien Vereinigungen neben Kirche und Staat. „Im Vereinsbegriff konnte Wichern die naive Programmatik der Liebesreli-

---

[26]   J. Albert, Glaube und Handlungsform bei J.H. Wichern, Heidelberg 1995, 99.
[27]   H. Dießenbacher, Nehmen – Verteilen – Geben. Die Geburt des modernen Sozialarbeiters aus dem Geist der Heuchelei, in: neue praxis 14, 1984, 274ff.
[28]   Diese Liebesreligion entwickelte sich in Dichtung und Philosophie zu einer Gegenreligion, s. dazu Peter von Matts erhellende Ausführungen zur Liebe als Gegenreligion zum patriarchalischen Gottesbegriff und zur autoritären Vaterreligion, in: P. von Matt, Liebesverrat. Die Treulosen in der deutschen Literatur, München 1991, 210ff.

giosität überführen in gesellschafts- und christentumspolitische Konzepte."[29]
Während die Liebesreligion an den politischen und sozialen Verhältnissen
scheitert bzw. als geistliche Dichtung eine erneute Wendung zum Vatergott
vollzieht, bietet Wichern mit der Liebestätigkeit eine Chance der sozialen
Betätigung der von Christus angestifteten rettenden Liebe; das christliche
Bürgertum, das an dem Versuch der Durchsetzung politischer Rechte in der
Revolution von 1848 ohnehin nur gering beteiligt war, hatte hier ein Betätigungsfeld weitester Art gefunden. Hier wäre von einer fatalen machtgeschützten Liebestätigkeit zu sprechen, analog zur „machtgeschützten Innerlichkeit".[30]

Mit der Forderung nach organisatorischer Zusammenfassung ist die Haupt-
forderung der angeblichen Wittenberger Stegreifrede, auf die ich jetzt
zurückkomme, angeschlagen – der Vorschlag einer Konstituierung eines
„rettenden Liebesbundes". Wichern schildert die englischen Versuche, das
Elend im Rahmen des bestehenden Systems zu lindern und zugleich „mit
dem Wort Gottes in die Schlupfwinkel des Verderbens einzudringen" (Rede
120). Er fordert, dass „die innere Mission die Macht in der Kirche wird, sie ist
ihr eingeboren, um jetzt von ihr ausgeboren zu werden" (Rede 121). Denn
die Liebe zu den Verlorenen ist ihr Prinzip.

Und dann nach der Schilderung, wie er sich die Innere Mission praktisch
vorstelle: „die Straßenecken müssen zu Kanzeln werden" (Rede 122), eine
ziemlich genaue Reproduktion des letzten Aufsatzes aus den *Fliegenden
Blättern*, folgen bald die schon zitierten berühmten Sätze: „Meine Freunde, es
tut eines not, daß die evangelische Kirche in ihrer Gesamtheit anerkenne: die
Arbeit der inneren Mission ist mein! daß sie ein großes Siegel auf die Summe
dieser Arbeit setze: die Liebe gehört mir wie der Glaube" (Rede 123). Eine
wirklich originale Formel, die ihren antikommunistischen Kontext vergessen lässt. Christus muss in den Gottestaten gepredigt werden, „und die
höchste dieser Taten ist die rettende Liebe" (ebd.). Hier ist berechtigt, was
Wichern im spätern Alter äußerte, dass er das klare „Bewußtsein davon gehabt habe, dass Gott mir in außerordentlichem Maße die volle Kraft des
Wortes verlieh"[31]. Das Ergebnis ist bekannt: „die Förderung christlich-sozialer Zwecke, Vereine und Anstalten insbesondre der inneren Mission" (Rede,
124) wird in das Programm des Kirchenbundes und damit in die Tagesord-
nung der Versammlung aufgenommen. Wichern ist sich der Bedeutung dieses Vorganges durchaus bewusst. Am Abend schreibt er an seine Frau: „Es
kommt mir vor, als könnte ich hier den Beruf meines Lebens beschließen.
Die Widersacher mußten verstummen, und die schlechte Geistlichkeitskir-

---

[29]   Albert, Glaube, 166.
[30]   Später, in dem Gutachten den Diakonat und die Diakonie betreffend von 1856, hat Wichern
       einen ekklesialen Liebesbegriff entwickelt, s. Albert, Glaube, 101ff.
[31]   Zit. Gerhardt, Wichern II, 107.

che ist mit einem mächtigen Arm, sofern sie das Werk antasten will, ange-
griffen und gebrochen."[32] Hier wird, nebenbei bemerkt, noch einmal deutlich, dass Wittenberg für ihn nicht die Gründung der Inneren Mission war,
sondern der Beginn der Anteilnahme der offiziellen Kirche an deren Aktivitäten und der organisatorischen Verbindung unter diesen Aktivitäten.

Am nächsten Tag ergreift er noch zwei Mal das Wort. Jetzt stellt er die
Gründung der Inneren Mission in einen großen politischen Zusammenhang
und fragt, ob es möglich sei, dass „unser Vaterland, dieses Herz von Europa,
für das Reich Gottes aus sich erzeuge einen Glaubens- und Liebesbund, der
sich dem Staate und der Kirche zum Dienst und Opfer gebe, zur Rettung des
von Gott abgefallenen Geschlechts" (Rede 125). Wichern redet hier, zwei
Monate nach der Niederschlagung des Prager Aufstands und der Pariser
Revolution, in großer Naivität als Theologe einer gewaltfreien Konterrevolution. Dann wird er technisch-organisatorisch: Er schlägt vor, einen Ausschuss zu konstituieren für die Innere Mission, der auch die künftige Leitung
innehat. Dieser soll die verschiedenen von Wichern genannten Aufgaben
koordinieren und einen Bericht über die organisatorische Vernetzung der
vielen einzelnen Vereine und Rettungsanstalten vorlegen. Vereine mit
gleichartigen Aufgaben wüssten nicht voneinander, weil ein lebendiger orga-
nisierender Mittelpunkt fehlt. Auf der andern Seite gäbe es aber schon das
„Verlangen nach einer gegliederten Gemeinschaft der Arbeiten der inneren
Mission untereinander". Deswegen sei es an der Zeit, das „Stricken eines
heiligen Liebesnetzes, dessen Fäden bereits gesponnen seien, die aber auf
diese Verknüpfung warten" (Rede 129), durch einen solchen Ausschuss zu
beginnen.

Der Präsident des Kirchentages, Bethmann-Hollweg, schlug in der Diskus-
sion vor, einen Central-Ausschuß zu bilden. Am nächsten Tag beriet sich
Wichern mit der Kirchentagsleitung darüber. Am 12. November kam in
Berlin ein provisorischer Central-Ausschuß zusammen, in dem Wichern
Mitglied war. Zur gleichen Zeit siegte in Berlin die Konterrevolution. Nachdem die zweite Wiener Revolution vom 28.–31. Oktober von Windischgrätz'
Truppen brutal niedergeschlagen worden war – 4000 tote Verteidiger und
zahlreiche Exekutionen bezeugen es – rückten am 8. November 80 000 Soldaten in Berlin ein. Am folgenden Tag wurde der Belagerungszustand verhängt,
die Entwaffnung begann, ohne dass sich noch einmal Widerstand geregt
hätte. „Ich bin erstaunt und erschrocken", schrieb Varnhagen, „über all die
Unmenschlichkeit und Verruchtheit, die man in oberen Klassen ohne Scheu
gegen die unteren ausspricht; von Tieren möchte ich so nicht reden."[33] Trotz
seiner Liebesreligiosität findet sich bei Wichern kein ähnlicher Ton des
Empfindens für die Unterdrückten und des Abscheus vor den Siegern. Die

---

[32]   Zit. ebd., 111.
[33]   Zit. Wehler, Gesellschaftsgeschichte, 723.

Innere Mission wurde gegründet auf den noch rauchenden Trümmern eines politisch-sozialen Freiheitskampfes, eine Niederlage, die Deutschland erst einmal sozialpolitisch um 70 Jahre zurück warf. Dieser Rückschritt konnte durch noch so vorbildliche christliche Organisation von Liebestätigkeit nicht wettgemacht werden.

Wichern schrieb dann ein Programm, und am 9. Januar 1849 wurde der Central-Ausschuß für die Innere Mission der evangelischen Kirche konstituiert. In seinem Auftrage verfasste Wichern die Denkschrift „Die innere Mission der deutschen evangelischen Kirche".

Auch darin macht er noch einmal deutlich, wie sehr er die Innere Mission als Gegenbewegung zur antichristlichen Bewegung des widergöttlichen Kommunismus verortet. Die Innere Mission wird zum konterrevolutionären Instrument von Staat und Kirche, die die sittliche Wiedergeburt des Volkes, die Regeneration der drei Ordnungen Familie, Besitz und Arbeit in Angriff nimmt.

Triumphierend schreibt er: „Der Tag der Ausgeburt der Revolution sollte der Tag der eigentlichen Geburt der inneren Mission werden."[34] Sie ist der Gegenentwurf zum atheistischen Kommunismus. Der Kampf der Inneren Mission gegen Revolution und Kommunismus wird zum Kampf des Reiches Gottes gegen das Reich des Satans. Hatte Wichern im Vormärz im Kommunismus noch die berechtigte Sehnsucht des Menschen nach Gerechtigkeit sehen können, allerdings nur als „Verzerrung der Wahrheit", so wird für ihn der Kommunismus während des Revolutionsjahres zum schlechthin Widergöttlichen, zur „Systematisierung der sündlichen Gelüste."[35] Man kann daran sehen, wie Wichern und die konservativen Kreise seiner Zeit zu Gefangenen ihrer eigenen Revolutionspsychose werden, wie ihre apokalyptische Rhetorik sich verselbstständigt, wie aber auch die theologische Deutung des Menschen und der Welt vom Sünden- und Ordnungsbegriff her sie unfähig macht, geschichtliche Veränderungen angemessen wahrzunehmen. „Wicherns Aussagen über Rationalismus, Kommunismus und Revolution beruhen letztlich auf seiner Sündenlehre, die die kosmische Dimension der Sünde in ihrer ordnungsdestruierenden Macht in den Mittelpunkt stellt."[36]

Die Überwindung dieser Sünde liege in dem Heilswerk Christi. Deswegen könne nur die Evangelisation des heillosen Volkes das chaotische Prinzip überwinden oder aber, wie es in der oft zitierten Formulierung heißt, „die freie Liebesarbeit des heilserfüllten Volkes zur Verwirklichung der christlichen und sozialen Wiedergeburt des heillosen Volkes"[37]. Als Lösung für die

---

34 Die innere Mission der deutschen evangelischen Kirche. Eine Denkschrift an die deutsche Nation, 1849 in: J.H. Wichern, Ausgewählte Schriften Bd. 3, 292.
35 Ebd., 229.
36 Brakelmann, Kirche, 62.
37 Wichern, Die preußischen Reichsstände, 86.

Arbeiterschaft im Speziellen sieht Wichern eine Re-Corporation „der Arbeitergruppen und Innungen als Glieder am Körper der Christenheit"[38]; im Übrigen unterstützt und fordert er die „christliche Assoziation der Hilfsbedürftigen selbst für deren soziale Zwecke". Hier sieht er den „Grenzstein aufgerichtet zwischen der bisherigen und einer künftigen Epoche der christlich rettenden Liebesarbeit"[39]. Doch diese programmatische Einsicht setzte er in seiner praktischen Arbeit nicht um.

Hinzu kommt, dass Wichern die sozialen Zustände seiner Epoche noch nicht wie Marx und Engels als Folgen des Industrialisierungsprozesses, sondern als Folge der Massenarmut des sog. Pauperismus verstand, also jener schwer erklärbaren strukturellen Wirtschaftskrise, in der Massenarmut, Arbeitslosigkeit, wirtschaftliche Stagnation und agrarische Miseren (das Hungerjahr 1847) ineinandergriffen. Das Unbegriffene führte in einer folgenschweren Verwechslung dazu, die auf den Pauperismus reagierenden sozialrevolutionären Bewegungen für die Abwendung von Kirche und Christentum verantwortlich zu machen und in der Abwendung von Gott die eigentliche Not der gegenwärtigen Zeitläufe zu sehen.

Wichern hat seine negative Einschätzung der sozialrevolutionären Bewegungen seiner Zeit auch später nicht geändert. Seine letzte programmatische Äußerung dazu, das Referat „Die Mitarbeit der Kirche an den sozialen Aufgaben der Gegenwart", das er 1871 auf der kirchlichen Oktoberkonferenz hielt, wird eröffnet mit einer Attacke gegen die (kommunistische) Internationale und die Pariser Commune. Noch einmal identifiziert er den Sozialismus mit Atheismus und Kirchenfeindlichkeit. Nach wie vor geht es um den Kampf zwischen dem Reich Gottes und dem des Satans. Nach wie vor behauptet Wichern, allein das Christentum sei in der Lage, Sozialität und Individualität zu gestalten. Im Unterschied zu 1848 aber geht er noch darüber hinaus und behauptet, dass sich die Geschichte des Reiches Gottes, die sich durch die Weltgeschichte hindurchzieht, von selbst zum Sozialismus gestalte. Deswegen sei der organisierte Sozialismus, immerhin 1871 bereits eine Massenbewegung, nur eine Aftergestalt, ein „Pseudosozialismus".[40] Der Sozialist kennt keinen Gott, keine göttlichen Gebote, kein Vaterland, keine Familie, kein Erbrecht, keine Existenz nach dem Tode. Er ist „die Verzerrung der Menschheit, ein Widerspruch derselben mit sich selbst, der sich nur lösen läßt, indem der eine dem anderen, der Christ dem Sozialisten, der Sozialist dem Christen weicht."[41] Also noch eine Generation nach der 48er-Revolution die absolute Feinderklärung, wobei dem oppositionellen Sozialisten

---

[38] Wichern, Denkschrift, 251.
[39] Ebd., 248.
[40] J.H. Wichern, Die Mitarbeit der Kirche an den sozialen Aufgaben der Gegenwart, in: Ausgewählte Schriften Bd. 3, 253–289, hier 265.
[41] Ebd., 267.

Hass und Ausrottung des Christen unterstellt wird, während das Christentum Liebe und Erbarmen gegen die verirrten Brüder predige. Der Sozialist ist „der verlorene Sohn der gegenwärtigen Menschheit, der bereits zu den Trebern gelangt ist und durch das Evangelium und die aus ihm fließende Liebe dahin geführt werden muß, an seine Brust zu schlagen und zum Vater zurückzukehren"[42]. Es ist Wicherns geschichtstheologische Deutung, die ein tieferes Verstehen der politischen und sozialen Zeiterscheinungen nicht zulässt.[43] Die Lebensbedingungen der arbeitenden Menschen im ökonomischen System des Kapitalismus spielen in Wicherns Referat keine Rolle. Der Schritt ins Sozialpolitische wird nicht getan. Wie 1848 ruft Wichern zu Anerkennung der sozialen Schuld der Kirche an diesem Sozialismus ohne Gott auf, benennt einzelne soziale Probleme (kleine Handwerker, Sonntagsheiligung, Tagelöhner, Prostitution, Stadtproletarier, Unterlassungssünden der großen Kapitalbesitzer), die er durch freiwillige Assoziation und vermehrte Liebestätigkeit gelöst sehen möchte. Grundlegende Reformen und staatliche Eingriffe zur Lösung der sozialen Frage werden nicht angemahnt. Das geschieht erst 1884 und 1896 auf vorsichtige Weise in den Denkschriften des Centralausschusses.

Wie sehr Wicherns Antikommunismus die christlich-soziale Bewegung im Kaiserreich bestimmte, soll im Folgenden mit einigen Hinweisen belegt werden. Erstes Beispiel ist Adolf Stoeckers berühmter Eiskeller-Rede von 1878. Darin beschwört Stoecker die Sozialisten, doch von ihrem Hass gegen Vaterland und Christentum zu lassen. Seine Rede ist der Versuch, die Gemeinsamkeiten zwischen Christentum und Sozialismus herauszustellen, also eben das, was Wichern kategorisch ablehnte und selbst bei Weitling nicht entdeckte. „Ihr liebstes Losungswort (…) ist das Wort: Freiheit, Gleichheit, Brüderlichkeit. Aber wenn sie jene drei Worte in ihrem wahren Sinn nehmen, als die Freiheit des Gewissens, als die Gleichheit vor Gott und als die Brüderlichkeit in der Liebe: dann stammen sie alle aus dem Evangelium von Christo. O meine Herren, es ist einer großen Partei unwürdig, Vaterland und Christentum zu hassen."[44] Die unqualifizierte Verdammung des nichtchristlichen Sozialismus als widergöttlich und die Vermeidung aller radikalen Reformen hat die Ablehnung von Christentum und Vaterland bei den Sozialisten befestigt, gegen die Stoecker jetzt so verzweifelt anredet. Das sieht nach Verständigung aus. Stoecker geht mitten unter die Sozialdemokraten und will mit ihnen ringen. Aber er bleibt doch in den von Wichern vorgezeich-

---

[42]   Ebd., 268.
[43]   Im Unterschied zum späten Engels, der in der Einleitung zu K. Marx, Die Klassenkämpfe in Frankreich (Marx/Engels Studienausgabe Bd. 3, hg. v. I. Fetscher, Frankfurt 1966, 237) 1895 der Revolution abschwört und sich zum Weg der parlamentarischen Machteroberung bekennt.
[44]   Karl Kupisch (Hg.), Quellen zur Geschichte des deutschen Protestantismus 1871–1945, München/Hamburg 1960, 72.

neten Bahnen. Er erkennt zwar, dass „die Sozialdemokratie durch die innere Mission nicht überwunden werden kann. Es bedarf einer sozialpolitischen Partei." Doch die 1878 verabschiedeten Grundsätze der Christlich-Sozialen Arbeiterpartei verwerfen „die gegenwärtige Sozialdemokratie als unpraktisch, unchristlich und unpatriotisch"[45].

Stoecker will im Grunde eine sozial-konservative Revolution, mit dem eigentlichen Ziel, die Arbeiter wieder für Gott, König und Vaterland zu gewinnen. Trotzdem rät der Central-Ausschuß der Inneren Mission seinen Vereinen ab, Stoecker zu unterstützen, und der evangelische Oberkirchenrat verbietet es 1879 den Pfarrern, „volkswirtschaftliche und sozialpolitische Theorien aufzustellen und zu unterstützen"[46]. Stoecker scheitert mit seiner Partei bei den Reichstagwahlen im Sommer 1878. Er streicht fortan das Wort Arbeiter aus dem Namen seiner Partei, wendet sich stärker dem kleinbürgerlichen Mittelstand zu, der von der modernen Wirtschaftsentwicklung überrannt zu werden droht und attackiert den liberalen Geist, der sich angeblich in dem in Wirtschaft, im Finanzwesen und in der Presse geltend machenden Judentum zeige. Dieser christliche Antisemitismus ist wie der christliche Antikommunismus Wicherns, dem er in der Ersetzung von Analyse durch Agitation und Feinderklärung ähnelt, Ausdruck unbegriffener gesellschaftlicher Entwicklungen. Noch einmal zeigt sich hier, wie ein absoluter Anspruch des Christentums auf Liebestätigkeit und soziale Gestaltung zu prekären Folgen führen kann, wenn wie bei Wichern ein theologisch-apokalyptisches Gesellschaftsbild die politische Agitation bestimmt.[47]

In den programmatischen Äußerungen der Inneren Mission zur sozialen Frage in den 80er und 90er Jahren lässt sich ein gewisses Abrücken von der Wichernschen Position beobachten. Hier ist zunächst die Denkschrift „Die Aufgabe der Kirche und ihrer inneren Mission gegenüber den wirtschaftlichen und gesellschaftlichen Kämpfen der Gegenwart" von 1884 zu nennen. Sie wurde von Stoecker angeregt und im Wesentlichen von Wilhelm Lohmann ausgearbeitet. Lohmann, aus Hannover stammender Jurist und Ministerialbeamter, seit 1880 Mitglied im Central-Ausschuß, war bis 1883 wichtigster sozialpolitischer Mitarbeiter Bismarcks bei der Ausarbeitung der Sozialversicherungsgesetzgebung. In der Denkschrift wird die sozialpolitische Standortbestimmung der Inneren Mission bezogen auf die soziale Frage als „Arbeiterfrage", nicht in der Wohlfahrtspflege, für eine Generation festgelegt.[48] In der Kontinuität zu Wichern werden Kirche und Diakonie mit deutlicher Stoßrichtung gegen die Sozialdemokratie aufgefordert, das „gesell-

---

[45] Ebd.
[46] Kupisch, Quellen, 75.
[47] Ein bescheidener, sympathischer Stoecker ist der sozialdemokratisch eingestellte Pastor Lorenzen in Fontanes *Stechlin*.
[48] Zum Folgenden s. R. Zitt, Sozialpolitische Kursbestimmungen der Inneren Mission und Finanzierungsmodelle ihrer Arbeit, in: Die Macht der Nächstenliebe, 102ff.

schaftliche Leben mit dem Sauerteig des Evangeliums zu durchdringen", was
aber im Unterschied zu Wichern keine Evangelisierung des gesamten Volkes
beinhaltet. Der ökonomische Liberalismus und die Sozialdemokratie werden
abgelehnt, weil sie letztlich die gleichen Ursachen hätten: den Materialismus
als neuen Gott, der für die einen den Gewinn, für die anderen die „Arbeit als
Quelle allen Reichtums" [sic!] in den Mittelpunkt stelle. Nach Meinung der
Denkschrift ist das Ziel jeder Ökonomie „die Gestaltung eines Erwerbslebens,
das auch den unteren Klassen die Erreichung desjenigen Maßes des irdischen
Gutes ermöglicht, welches die Voraussetzung der Bewahrung vor wirtschaftlicher Not und der Erhaltung und Pflege der sittlichen Lebensordnung
bildet." Besonders die Arbeitgeber sollten in ihren Betrieben für menschenwürdige Verhältnisse sorgen.[49] Fortschrittliche Sozialstaatsgedanken und
konservative Vorstellungen von der nach dem Ideal der christlichen Familie
gestalteten Fabrik prägen also diese Denkschrift, die sich konstruktiv in die
Debatte um die soziale Frage einzumischen versuchte und trotz der Distan-
zierung von der Sozialdemokratie auf polemisch-apokalyptische Töne ver-
zichtete.[50]

Als drittes Beispiel sei die Haltung gegenüber Friedrich Naumann und dem
Evangelisch-Sozialen Kongress angeführt. Im Jahr 1888 warb Friedrich
Naumann, der ehemalige Oberhelfer im Rauhen Haus, in einem Brief an
Wicherns Sohn, Johannes Wichern, für seinen Arbeiterkatechismus: „Auch
nur einen Punkt des sozialistischen Programms schlicht und offen mit dem
Volk zu besprechen, ist auch Seelsorge."[51] Das sei kein Abfall von der Inneren
Mission, sondern offensive Auseinandersetzung mit der Kritik der Sozial-
demokratie an der Inneren Mission. Im 1890 gegründeten Evangelisch-
Sozialen Kongreß setzte sich Naumanns Position verstärkt durch. Als 1894
auf dem Frankfurter Kongreß die Forderung nach Aufhebung des Groß-
grundbesitzes laut wurde – Naumann gab die Parole aus „Das Land der
Masse" – führte das dazu, dass sich sein Gründungsmitglied Stoecker von
dem Kongress trennte und 1897 die Kirchlich-soziale Konferenz in Anleh-
nung an die Innere Mission und die evangelischen Arbeitervereine gründete.

---

[49]   Da jedoch die Konkurrenz den Handlungsspielraum des Einzelnen einschränkt, habe der Staat
       für gesetzliche Maßnahmen zum Schutz der Arbeiterinnen und Arbeiter zu sorgen. D. h., die Be-
       schäftigung von Frauen und Jugendlichen müssten beschränkt, die Arbeitsschutzvorschriften
       verbessert und die tägliche Arbeitszeit verbindlich geregelt werden. Die Sonntagsarbeit gehöre
       verboten. Der Schutz vor den Folgen der Erwerbsunfähigkeit solle in den Arbeitsversicherungs-
       gesetzen zum festen Lohnbestandteil gemacht werden.

[50]   Die Verbreitung wurde generalstabsmäßig geplant. Sie sollte durch den Buchhandel, die Agenten
       des Central-Ausschusses, die Veröffentlichung in den Fliegenden Blättern und die Verteilung an
       wichtige Multiplikatoren in Regierung, Reichstag, Verwaltung, Kirche und unter den Arbeitge-
       bern verbreitet werden. 10 000 Exemplare wurden zwischen 1884 und 1886 gedruckt – ein erster
       Versuch, auf die staatliche Gesetzgebung Einfluss zu nehmen unter Absehung von Wicherns
       apokalyptisch-antikommunistischer Voraussetzung.

[51]   Zit. H. Krimm (Hg.), Quellen zur Geschichte der Diakonie Bd. II, Stuttgart o.J., 472.

Die Innere Mission konnte sich niemals zu einer offenen Haltung gegenüber der Sozialdemokratie durchringen. Es ist bezeichnend für die unvermindert antirevolutionäre Haltung des Rauhen Hauses und der Inneren Mission, wie die Revolution vom November 1918 nach vier Jahren Massenschlächterei für Gott, König und Vaterland in der Dezember-Nummer des *Rauhhäusler Boten* kommentiert wurde. Der Bote veröffentlicht nämlich Wicherns erste Reaktion auf die Märzrevolution von 1848 mit der Begründung, „seine Worte könnten ebensogut nach 70 Jahren im November 1918 gesprochen sein. Wir wußten an die Spitze der ersten Nummer unserer Monatsschrift", schreibt Vorsteher Martin Hennig, „nach den Weltstürmen dieses Herbstes nichts Besseres zu setzen als Wicherns Aufsatz." „Unerhörtes ist geschehen, und noch Unerhörteres wird vielleicht geschehen. Der Tag der großartigsten Entfaltung der inneren Mission ist jetzt angebrochen."[52] Als Wichern im April 1848 die Revolution als Gericht über das Versagen von Staat und Kirche deutete und im September den Wittenberger Kirchentag überzeugen konnte, die Innere Mission als antikommunistisches Rettungswerk zu gründen, war das, bei aller reaktionären Einkleidung, ein großer geschichtlicher Augenblick für die christliche Liebestätigkeit.

Die Wiederholung dieses Appells im November 1918 aber konnte nur noch eine Farce sein und wies schon auf das Versagen von Kirche und Diakonie angesichts der Machtergreifung des Nationalsozialismus voraus. So sehr sich die Innere Mission mit dem Wohlfahrtswesen der Weimarer Republik arrangieren konnte, politisch blieb sie nationalkonservativ. Und so begrüßte die anlässlich des 100-jährigen Jubiläums des Rauhen Hauses im September 1933 in Hamburg versammelte Deutsche Diakonenschaft begeistert den nationalen Aufbruch und sandte ein Ergebenheitstelegramm an Adolf Hitler, den „Führer unseres Volkes und Retter unseres Vaterlands vor dem Untergang im Bolschewismus"[53].

Bleibt zum Schluss die Frage: Ist es nun eine List der Geschichte, dass trotzdem aus diesem antikommunistischen Manifest Wicherns, als das ich die Gründungsrede entziffert habe, etwas Anderes und begrenzt Gutes entstanden ist, nämlich der verbandspolitisch organisierte Teil des späteren dualen Systems des Wohlfahrtsstaates? Niemand hat sich in seinen Prognosen über eine mögliche Evangelisierung des Volkes so gründlich geirrt wie Wichern. Die Hoffnung auf Kirchenerneuerung trog, und auch die Volksmission scheiterte. Seine Hoffnung einer Gesamtveränderung eines christlich sich verstehenden Gesellschaftsorganismus in Kirche, Gesellschaft und Staat ent-

---

[52] J.H. Wichern, Die Revolution und die Innere Mission, in: Der Rauhäusler Bote 5. Jg, H. 12, 1918, 353f. Auch der Direktor des Centralausschusses, Gerd Füllkrug, beginnt seinen Aufsatz über die männliche Diakonie im selben Heft mit den ersten Worten von Wicherns Artikel von 1848.

[53] M. Häusler, Dienst an Kirche und Volk. Die Deutsche Diakonenschaft zwischen beruflicher Emanzipation und kirchlicher Formierung, Stuttgart 1995, 240.

wickelte sich stattdessen weiter zum sozialen Protestantismus, der in freien Vereinen die Betreuung von Kranken, Behinderten und Menschen in sozial schwieriger Situation organisierte. Es entstand die Diakonie als kirchliche Zweitstruktur. Wichern predigte die christliche Gesellschaft als Reich Gottes mitten in Europa – und was kam, war ein einflußreicher und großer Wohlfahrtsverband, der nach der Auflösung der Verbindung von Thron und Altar 1918 bis in die Gegenwart seinen Platz in einem weltanschaulich neutralen Staat fand. Praktisch machte Wichern, indem er die Liebe als sozialkulturelle Handlungsform allen Christen eröffnete, den sozialen Protestantismus gesellschaftsfähig und gab ihm seine von der Kirche unabhängige Organisations- und Rechtsgestalt. Das ist und bleibt ein großes Verdienst. Die Mitarbeit der freien kirchlichen (und später anderen) Wohlfahrtsverbände, deren erster der Centralausschuß war, im Bereich der sozialen Hilfen gehört in Deutschland seitdem zum System des Wohlfahrtstaates und der heutigen Zivilgesellschaft.

Heute scheint die antikommunistische Vergangenheit der Inneren Mission weit weg zu liegen – die neuen Herausforderungen für die Diakonie finden sich im Bereich von Marktbehauptung, Sozialmanagement und neuer Steuerung. Trotzdem stellen sich Fragen: Hat in Gestalt der wohlfahrtstaatlichen Demokratie wirklich der christliche Sozialismus „gesiegt"? Hätte der Zusammenbruch des Kommunismus nicht zu entschiedener Gestaltung des Sozialen führen müssen, statt zur bloßen Ausdehnung von Sozialarbeit und Diakonie auf die neuen Bundesländer?[54] Wieso reagiert die Diakonie wie zu Wicherns Zeiten auf die neue Armut vor allem mit Barmherzigkeitsprojekten? Stellt der gescheiterte Versuch, soziale Gerechtigkeit umfassend als Wirtschafts- und Gesellschaftsprinzip herzustellen, noch eine Herausforderung für die Diakonie dar, mit anderen gesellschaftlichen Kräften nach dem weiteren Schicksal dieser (Reich Gottes-) Hoffnung zu fragen oder bleibt nur die Mitarbeit am recht und schlecht gelingenden „sozialen Ausgleich"?

---

[54] So gründete das Rauhe Haus 1991 in Dresden zusammen mit der Körberstiftung, dem Land Sachsen und der sächsischen Kirche eine Ev. Fachhochschule für Soziale Arbeit.

Wicherns Familienerziehung –
ein Mittel gegen die Zerstörung des Lebensweltlichen?[1]

Eine Erinnerung zum 125. Todestag Wicherns mit
aktuellen Ausblicken

1. Entchristlichung führt zur Entsittlichung

An der Fachhochschule des Rauhen Hauses wird Wicherns Pädagogik im
Gefolge der Kritik der Heimerziehung Ende der 60er Jahre des 20. Jahrhunderts eher kritisch gesehen.[2] Timm Kunstreich hat in seinem Lehrbuch
„Grundkurs Soziale Arbeit I" unter Rückgriff auf Norbert Anhorn[3] sehr entschieden darauf abgehoben, dass es nicht Wicherns Ziel war, „die Armut
abzuschaffen, sondern den Armen ein gottesfürchtiges Leben zu ermöglichen".[4] Normverstöße seien für ihn vor allem „Symptome für die dahinterliegende Unchristlichkeit und Gottesferne". Daraus ergeben sich die Zuweisungsmechanismen, die soziale Konstruktion der Probleme und die erstrebte
Familienordnung mit dem Ideal der Selbstdisziplinierung. In den Worten
Wicherns: „Die individuelle Entwicklung der einzelnen Zöglinge und deren
Pflege ist die Hauptsache, der Kern aller hiesigen Arbeiten; die innere Genesung und Rettung des einzelnen durch die Gnade Christi, kraft seines Wortes
Zweck der ganzen Anstalt."[5]

Im Familienprinzip des Rettungshauses geht es um den sozialen Raum
Familie, der durch Selbstregulation überhaupt erst Individualität ermöglicht.
In diesen Modus der Individualisierung und Selbstregulierung des Einzelnen
in der Familiengruppe war die Strafpraxis integriert. Dem diente das institutionelle Arrangement (keine Zäune, Garten, Festkultur, Vorbilder, Erzieher
als Brüder). Obwohl Kunstreich und Anhorn die Vorzüge dieses Konzepts
gegenüber der Hamburger Strafklasse und anderen totalen Institutionen
anerkennen, wird es von ihnen doch als Überführung von Fremd- in Selbstdisziplinierung sowie als subtil totalisierendes Arrangement kritisiert. Daran
ist richtig: „Die Sozialarbeit, die in der Wirklichkeit der proletarischen Vor-

---

[1]   Zuerst veröffentlicht in: V. Hermann / J. Gohde / H. Schmidt (Hg.), Johann Hinrich Wichern –
      Erbe und Auftrag, Heidelberg 2007, 254–266.
[2]   Das Rauhe Haus hat übrigens seine Heimerziehung früher als andere Institutionen selbst reformiert und dezentralisiert. Insofern ist die Kritik an Wicherns Strafpädagogik von Peter Wensierski, Schläge im Namen des Herrn, Hamburg 2006 zwar berechtigt, er verschweigt aber die
      relativ frühen Reformansätze des Rauhen Hauses.
[3]   Vgl. Norbert Anhorn, Sozialstruktur und Disziplinarindividuum. Zu J.H. Wicherns Fürsorge-
      und Erziehungskonzeption, 1992.
[4]   Timm Kunstreich, Grundkurs Soziale Arbeit I, Hamburg 1991, 39.
[5]   Zit. Anhorn, 120.

städte nichts ausrichtet, weicht auf das Modell zurück: im Rauhen Haus werden artifizielle Familien, familienartige Kleingruppen aufgebaut, Familien
aus der Retorte gleichsam".[6] Wicherns Familienerziehung setzt den strukturellen Eingriff in die Herkunftsfamilien der Kinder voraus; er gründet das
Rauhe Haus als Rettungsanstalt für „sittlich verwahrloste Kinder", gewissermaßen als ein Art Labor für Sozialpädagogik. Das zielt auf (Selbst-)Diszipli-
nierung und ist doch noch etwas anderes. Diese Sicht unterbewertet einen
Faktor – dass die Herstellung von Personalität in der Ersatz-Familie etwas
Konstitutives für Erziehung überhaupt ist, selbst wenn sie mit disziplinieren-
den christlichen Normvorstellungen einhergeht. Oder anders gesagt: dass der
soziale Raum Familie in der Kälte der kapitalistischen Gesellschaft auch in
seiner christlich-ständischen Rückwärtsgewandtheit einen produktiven Aspekt für die Erziehung und die Herausbildung von Identität hat.

Deswegen hier ein etwas differenzierterer Blick auf Wicherns Familien-
erziehung. Zunächst die Vorgeschichte: Wichern hat bekanntlich seit 1832
als Oberlehrer in der von Pastor Rautenberg gegründeten Sonntagsschule im
Hamburger Vorort St. Georg gearbeitet. In dieser nach englischem Vorbild
errichteten Schule wurden neben dem Religionsunterricht auch Unterricht in
Lesen, Schreiben und Rechnen erteilt, und zwar für die Kinder, die unter der
Woche arbeiten mussten. Zu den Aufgaben der Lehrer gehörte es auch,
Hausbesuche bei den Familien zu machen. Von diesen Besuchen hat
Wichern Protokolle angefertigt und sie später unter dem Titel „Hamburgs
wahres und geheimes Volksleben" (1832/33) veröffentlicht. Einerseits ist
Wichern der genaue Ethnologe der sozialen Welt der Hamburger Armuts-
kultur. Hier ein Auszug aus dem Bericht über die Familie Gerhard: „Den 10.
Oktober ging ich zu der Familie. Die Bude enthielt ein Stübchen und eine
Diele. Im Zimmer eine hölzerne Kommode, ein Stuhl, ein Ding, das wie ein
Tisch sein sollte, ein zerlumpter Lehnstuhl. In der Ecke ein Haufe Stroh,
darüber ein Strohsack und Lumpen, unter den Lumpen ein 73jähriger Mann,
an der Brustkrankheit entsetzlich krank, daß er kaum sprechen konnte, ohne
Wäsche, ohne Kopfkissen – ein Bild des Entsetzens und des herzschneiden-
den Jammers. Die Frau (39 Jahre alt) nur mit einem Kattun-Leibchen beklei-
det (…) und schier weiter nichts auf ihrem Leibe, so daß das bloße Fleisch
heraussah. Ebenso ein großgewachsenes Mädchen Marie (13 Jahre) und ein
großer Bengel (Louis 23 Jahre) und zwei Knaben Heinrich 8 Jahre und
August 10 Jahre, und Naucke 5 Jahre. Alle ohne Wäsche, klappernd vor
Hunger und Frost. Die Lippen strömten über von Klagen über ihren Jammer,
alle sprachen zugleich …"[7] Auf der andern Seite konstatiert Wichern laufend
Defizite und äußert moralische Verurteilungen: Ehebrecherin, uneheliches
Kind, nicht konfirmiert usw. In seiner Argumentation entsteht jenes Be-

---

6   W. Köhler, Arme und Irre. Die liberale Fürsorgepolitik des Bürgertums, Berlin 1977, 119.
7   Wichern, Hamburgs wahres und geheimes Volksleben, in: SW IV/1, 42.

gründungsgefälle, das dem heutigen Betrachter sofort auffällt: Elend und Not sind für Wichern Folgen einer Glaubens- und Sittenlosigkeit, die sich vor allem in der Zerstörung der Familien zeigt: „Die Hauptursache der Armut in unserer Stadt ist das immer zunehmende Sittenverderben des Volkes, das einzig und allein aus der herrschenden Irreligiosität, der Verachtung des wahren Christentums und dem gottlosen Unglauben entsteht."[8] Wichern neigte stets dazu, die Unsittlichkeit als Ursache der Armut anzusehen; fehlende Arbeit deutete er so nur als Vorwand der von ihm besuchten Familien, die in Wahrheit der Trunksucht ergeben seien. „Als Ursache der Armut wird Arbeitslosigkeit angegeben, infolgedessen die Miete nicht habe bezahlt werden (...) daß Branntwein getrunken wurde und sich hieraus alles übrige erklären lasse, wurde geleugnet."[9] Dieser Kausalzusammenhang Unglaube, Sittenlosigkeit, Familienzerstörung dominiert. Brakelmann hat darauf hingewiesen, dass es bei Wichern gelegentlich auch eine andere Kausalkette gibt – Armut, Entsittlichung, Gottlosigkeit.[10]

2. Wicherns Familienerziehung kurz gefasst

Familie ist für Wichern zusammen mit Staat und Kirche göttliche Schöpfungsordnung. Sie ist nur in rechtlicher Form zulässig. Sie ist die Grundstruktur des nach Ständen gegliederten Volkskörpers und dient zu dessen Reproduktion.

Wicherns Familienverständnis ist einerseits geprägt von der Vorstellung des ganzen Hauses (die zur Zeit Wicherns bereits weitgehend zerfallen ist) mit dem Hausvater als Herrn der großen Haushaltsfamilie über Frau, Kinder und mitarbeitende Menschen und der Hausmutter als Leiterin des Hausstandes, andererseits von der zunächst im Beamten- und Bildungsbürgertum sich herausbildenden bürgerlich-intimen Kleinfamilie, die er als Wahrnehmungsraster und Beurteilungsnorm für die Lebensformen der Unterschichtfamilien verwendet.

Wicherns großer Fehler ist, dass er die von Armut heimgesuchten proletarischen Familien nicht im Kontext ihrer Lebensmöglichkeiten beurteilt. Er ist entrüstet über das wilde Zusammenleben der Paare, berücksichtigt aber nicht, dass die meisten Paare aus der Unterschicht in Hamburg keine Möglichkeiten zur Eheschließung haben, weil sie nicht das (für sie kostspielige) Bürgerrecht besitzen. Er beklagt die fehlende Konfirmation der Kinder und die Unkirchlichkeit der Familien, sieht aber nicht, dass die Kinder arbeiten

---

[8] Wichern, Die Armenanstalt in Hamburg,1832, in: SW IV, 17.
[9] Wichern, Der Verein für Innere Mission, 1849, in: SW II, 59.
[10] Vgl. G. Brakelmann, Kirche und Sozialismus im 19. Jahrhundert, Witten 1966, 31 und besonders Anm. 44.

müssen, einmal abgesehen davon, dass in dieser Zeit überhaupt erst mit einem systematischen Konfirmandenunterricht begonnen wird.

Die eigentlichen Ursachen für die wachsende Armut, nämlich Landreform, Zunahme industrieller Produktionsweise und Gewerbefreiheit in Preußen, nahm Wichern nur am Rande wahr. Aufgrund dieser gesellschaftlichen Veränderungen entstanden neue verarmte Unterschichten, die den Stamm der Fabrikarbeiterschaft und des Subproletariats im Übergang von der Stände- zur Klassengesellschaft bildeten. Angesichts der Nichtwahrnehmung struktureller Armutsursachen einerseits und der hohen Einschätzung des Familienlebens aus theologischen Gründen andererseits wird deutlich, warum Wichern auf die Idee kam, die Familienerziehung in den Mittelpunkt seiner Rettungsarbeit zu stellen. Durch die Familien als „Inseln des Gottesreiches in der sündigen Welt" (Gutmann) sollen die Kinder gerettet werden. Der Eingriff in die Familien wird mit der sittlichen Verwahrlosung begründet. Merkmale der Verwahrlosung sind für Wichern wilde Ehe, Schmutz, Trunksucht, unregelmäßige Arbeit, schlechte Wohnbedingungen, Kinderreichtum. Weiter nennt er „Clicquenwesen der übrigen Geschwister", verderblicher Einfluss des „leichtfertigen Gesindes", „heillose Kameradschaften", schließlich individuelle Mängel der Zöglinge: „Wir denken an einen Onanisten, der zugleich gestohlen, betrogen und alle sonstigen Laster getrieben hat."[11] In Inhalt, Aufgabe und Methode sollen die Rettungshäuser wie Familien strukturiert sein. Formal gesehen sind sie als Anstalt strukturiert. Aber in ihr steht die „persönliche Liebespflege" an erster Stelle, das heißt die Brüder sollen die Zöglinge nicht nach allgemeinen gesetzlichen Kriterien beurteilen, sondern sollen ihren Wert als Persönlichkeit achten und fördern. In seiner öffentlichen Begründung des Rauhen Hauses gibt Wichern an, welche Fehlentwicklungen bearbeitet werden müssen. „1. Das unzüchtige Wesen der wilden Ehen und das durch dieselben wie begonnene schon zerstörte Familienleben 2. Der Druck der schamlosen und verschuldeten Armut; die äußere Not der Familien 3. Die Gewährung der sinnlichen Lust und Begier außerhalb der Familie als Ersatz für die Leiden und Entbehrungen in der und für die Familie 4. Das bloß von den irdischen und bürgerlichen Verhältnissen unterdrückte höhere religiöse Bewußtsein 5. Der Zwiespalt zwischen Schule und Haus 6. Die mit allem diesen erzeugte (…) Vereinzelungssucht, Eigensucht und Eigenliebe, mit einem Wort, das Aufhören der Gemeinschaft in Liebe."[12] Deswegen steht an erster Stelle die Familienerziehung.

Die Konzeption des Rauhen Hauses vereint das familiale Zusammenleben der Zöglinge und Brüder mit den Bereichen der schulischen Ausbildung und der Arbeit der HeimbewohnerInnen in einem Haus. Die Kleingruppen werden auf 12 Teilnehmer beschränkt. In einer solchen kleinen Familie kann

---

[11]   Wichern, 1833, in: SW IV/1, 50.
[12]   Wichern, Die öffentliche Begründung des Rauhen Hauses, in: SW IV/1, 102.

„herzliches Vertrauen, gegenseitige Bekanntschaft, Lebens- und Liebesgemeinschaft entstehen"[13]. Bereits das Aufnahmeritual macht den Unterschied zur Straferziehung deutlich. Als Antwort auf seine bisherige Geschichte bekommt das Kind zu hören. *Mein Kind, dir ist alles vergeben.* Sieh um dich her, in was für ein Haus du aufgenommen bist. Hier ist keine Mauer, kein Graben noch Riegel; nur mit einer schweren Kette binden wir dich hier. Diese heißt *Liebe* und ihr Maß ist die Geduld. – Das bieten wir dir, und was wir fordern, ist zugleich das, wozu wir dir verhelfen wollen, nämlich daß du seinen Sinn änderst und fortan dankbare Liebe übst gegen Gott und Menschen!"[14] Mit der Bezugsperson des Bruders bzw. Gehilfen soll in diesen kleinen familienähnlichen Gruppen soziales Verhalten eingeübt werden. Die Förderung individueller Fähigkeiten, der Verantwortung und des Gemeinschaftsgefühls stand vorne an. Die Gehilfen wurden in ihrer Wahrnehmung der Kinder geschult, mussten regelmäßig Berichte über die Entwicklung jedes einzelnen Kindes abliefern. Natürlich gibt es zwischen Zöglingen und Brüdern ein Gefälle. Ihre Beziehung ist insofern herrschaftlich, als die Brüder christliche Zucht und Ordnung durchsetzen sollen. Die „Beaufsichtigung des zufälligen, äußeren, absichtslosen Verkehrs der Zöglinge"[15] steht an erster Stelle. Hier geschieht Überführung von Fremd- in Selbstdisziplinierung, die durch ein geschicktes, alle Lebensäußerungen umgreifendes Arrangement unterstützt wird. Auf der anderen Seite ist der Erzieher ein Auferbauer, der das Gute in den Kindern fördern will. Er „verbindet das Leben seiner Zöglinge mit seinem Leben."[16] Er hat seine Autorität als Handwerker in der Arbeitserziehung, ist tatsächliches Vorbild und lebendige Hausordnung, Familienvater und brüderlicher Freund. Er soll das Kind für die in Christus deutlich gewordene Liebe „so gewinnen, daß es selbstständig, also wiedergeboren, in derselbigen verharrt und selbst das Geschäft in Bezug auf die eigene Person übernehmen kann"[17]. Es ist die neue Einsicht Wicherns, dass die pädagogische Beziehung trotz aller autoritären Struktur auf eine christliche beziehungsweise in Christus gegründete Selbstständigkeit hinauslaufen soll. Katechismus-Glaube soll „Ingredienz des Lebens" werden.

Ziel der Arbeitserziehung im Rauhen Haus ist die Wertschätzung der Arbeit und des Eigentums. „Die liebe Arbeit erzieht uns alle" ist ein berühmtes Wichern-Zitat. Ziel ist es, den Zöglingen das Eigentum wieder „wert und heilig" zu machen. So werden sie bereits am Bau der Familienhäuser beteiligt, müssen die Hausversorgung leisten und schließlich Arbeiten für die Anstalt als ganze leisten. Das geschieht geschlechtsspezifisch – Feldarbeit und Werkstatt

---

[13] Wichern, Nachschrift 1841/42, in: SW VII, 42.
[14] Wichern, in: SW IV/1, 108.
[15] Wichern, Notstände der protestantischen Kirche, 1844, in: SW IV/1, 238.
[16] Wichern, in: SW VII, 78.
[17] Wichern, Nachschrift, 1841/42, in: SW VII, 80.

für die Jungen, Küche und Wäscherei bei den Mädchen. Bei nicht unmittelbar auf die Reproduktion bezogenen Arbeiten werden die Familiengruppen
aufgelöst. Jeder kann für ein halbes Jahr nach seiner Lust auch etwas anderes
sein – Bäcker, Schreiner, Schuster. Faul sein ist nicht erlaubt, gut biblisch
heißt es: „Wer faul gewesen ist, bekommt nichts essen."[18] Hinzu kommt die
Schulerziehung als dritte Säule. Hier steht bei den Zöglingen als bisherigen
„Widersachern der Schule" die Vermittlung einer Haltung im Vordergrund,
die sich gegenüber allen Anforderungen bewähren kann. Einen „Geistes-
schatz" gegen das überwältigende Getriebe der Arbeit, Wichern will „Her-
zensbildung"[19], religiöse Bildung inklusive Singen. Auch die Einübung vater-
ländischer Gesinnung (einschließlich Exerzierübungen) ist vorgesehen. Zentrum des Anstaltslebens sind die religiösen Rituale. In den zweimal täglich
stattfindenden Andachten sollen die jeweiligen Lebenssituationen der Zöglinge (Neueintritt, Geburtstag) angesprochen werden. „Im gemeinsamen
Gebet geschieht Vergewisserung des gemeinsamen Grunds ihres Lebens."[20]
(Ein auch belastendes Erbe: Ich habe als Schulpastor der ursprünglich für die
Zöglinge gegründeten Wichernschule von 1988–1991 noch täglich morgens
um 8 Uhr Andachten halten müssen. Allerdings war der Besuch freiwillig,
manchmal saß ich mit fünf Schülern und drei Lehrern in der Pausenhalle.
Unter meinem Nachfolger wurden die täglichen Andachten abgeschafft.)
Vom durch Schule und Arbeit geregelten Alltag waren die Sonn- und Feier-
tage abgesetzt. Wichern ritualisierte das Leben in kindgerechter Weise durch
viele Feste, wie das Festbüchlein des Rauhen Hauses und die Rauhhäusler
Liederbücher erkennen lassen. „Das Bild eines Jahres im Rauhen Haus"[21]
zeigt sich in Wicherns schöner und geschönter Darstellung als ein Vorhaben,
die christlich-bürgerliche Festgestaltung für die Unterschicht zugänglich zu
machen und zugleich als Ausfluss göttlicher Segensökonomie zu erweisen.
(An diese ehemals lebendige Festkultur wird heute im Rauhen Haus durch
das Ritual der Entzündung des großen Adventskranzes wieder angeknüpft.)
Seine romantische Neigung zeigt sich in der Namensgebung der Häuser
(Haus Weinberg, Tanne, Bienenkorb) und der Erfindung neuer Feste wie
Kirsch- und Apfelfest in den Jahreszeiten, wo der christliche Festkalender
wenig hergibt. Die Rückkehr vom Ausflug in den Reinbeker Buchenwald
klingt wie bei Eichendorff: „Nun sammelt das Signalhorn die Weitzerstreu-
ten glücklich wieder, und die schon eingebrochene Nacht lässt die liebe Heimat wieder finden."[22] Kurz zusammengefasst: Die Zöglinge sollen Schritt für
Schritt das Geschäft des Erziehers in Bezug auf die eigene Person übernehmen. Sie sollen die Anstalt als christliche Handwerker, Dienstbotinnen und

---

[18] Wichern, Rettungsanstalten, 1868, in: SW IV/2, 176.
[19] Wichern, Rettungsanstalten, in: SW VII, 476f.
[20] Wichern, Nachschrift, 1841/42, in: SW IV/1, 56.
[21] Wichern 1853, in: AW 2, 1958, 107–122.
[22] Ebd., 113.

Gesinde verlassen. Sie sollen sich von ihrer Hände Arbeit ernähren, nicht mehr mit dem Gesetz in Konflikt geraten und selbst einmal christliche Familien gründen. Familienerziehung ist für Wichern auch Auseinandersetzung mit dem Kommunismus. Denn Wichern interpretiert den Kommunismus vor allem als Angriff auf die Familie als den Grundorganismus des Volkskörpers. Erstes Ziel in der Bekämpfung des Kommunismus muss daher die Wiedergeburt eines christlichen und somit sittlichen Familienlebens sein – „die christliche Wiederherstellung der Familien und Hausstände und damit aller unmittelbar zu verknüpfenden Verhältnisse der Erziehung, des Eigentums, der Arbeit und durch sie bedingten Stände"[23]. Wichern will einen christlichen Sozialismus in Gestalt der Selbstorganisation der Hilfsbedürftigen, der Armen, Arbeiter und Handwerker; er denkt an ein Zusammenwirken von Besitzlosen und Besitzenden. Er will eine Verbrüderung der Arbeiter zur Selbsthilfe und eine „christliche Assoziation der verschiedenen Arbeits- und Besitzstände". Angestoßen von V. Ä. Hubers Schrift „Die Wohnungsnot der kleinen Leute" (1857) thematisierte Wichern diese Frage im Centralausschuß, ebenso auf dem Barmer Kirchentag 1860 („Die Erziehung und Bewahrung der weiblichen Jugend mit besonderer Berücksichtigung der Fabrikbevölkerung") und dem Brandenburger Kirchentag 1862 („Die genossenschaftliche Selbsthülfe der Arbeitenden Klassen"), doch ohne große Wirkungen. Die Tätigkeit der rettenden Liebe soll die von freien Assoziationen sein, das, was er dann „freie Liebespflege" nennt. Selbstorganisation, die nicht vom christlichen Glauben ihren Ausgang nimmt, ist hingegen verpönt. Bekanntlich ist dieser Ansatz gescheitert. Die Arbeiterparteien und Gewerkschaften hingegen schufen mit ihren Selbsthilfestrukturen und Vereinen[24] eine erfolgreiche eigenständige nichtchristliche Teilkultur von der Wiege bis zur Bahre, die zum einen im städtischen Sozialismus der Sozialdemokratie sich nach 1918 politisch verallgemeinerte, andererseits auch mit wachsender sozialer Absicherung die gesellschaftliche Integration beförderte.[25]

3. Was man von Wichern heute lernen kann – die Ressource ‚Familie' als Ansatzpunkt

Weder Kunstreich noch Anhorn versuchen Wicherns Ansatz bei dem Zerfall von Ehe und Familie für heute produktiv zu machen. Das liegt aber nahe, da Sozialarbeit und Diakonie sich in vielfältiger Weise mit den prekären Familienverhältnissen in heutigen Armutsquartieren beschäftigen müssen. Jugend- und Familienhilfe ist nach wie vor ein Zentrum von Sozialarbeit. Familien

---

[23] Wichern, Denkschrift 1849, in: SW 1, 182.
[24] Hübsch beschrieben in Willi Bredels Roman „Sparverein Maienblüte".
[25] Siehe meinen Aufsatz: Von Bebel zu Beckenbauer. Zur kulturellen Integration der Arbeiterschaft in den Kapitalismus, in: Internationale Dialog Zeitschrift 7, 1974, 31ff.

unterstützende Maßnahmen bilden sozusagen das klassische Repertoire der Sozialarbeit. In den heutigen Jugendwohnungen wird die Tradition der Familienerziehung auf andere Weise fortgesetzt. Kinder- und Familienhilfe- zentren sollen aus den Verlegenheiten aufgespaltener Maßnahmen heraus helfen.[26] Ist aus Wicherns Idealvorstellung einer christlichen Familie, die nur als bürgerlicher Normierungsversuch für proletarische Jugendliche verurteilt wurde, nicht etwas für heute zu lernen?, fragt H.M. Gutmann.[27]

Im Kontext der neueren Diskussion über die Bedingungen der „Armut im Wohlstand" erweisen sich einige Überlegungen Wicherns zur Armutsprob- lematik als durchaus aktuell. Denn Wicherns Ansatz, Armut als Ausdruck einer sittlichen Verwahrlosung zu interpretieren, nimmt, die spezifische lebensweltliche Verkürzung beiseite gesetzt, die Gesamtheit der materiellen und immateriellen Lebensbedingungen und Handlungsspielräume der Ar- men in den Blick. In dem Lebenslagenkonzept, das Margarete Zander[28] ihrer Untersuchung kindlicher Handlungsspielräume zugrunde gelegt hat, sind es neben dem Einkommens- und Versorgungsspielraum folgende andere Räume, die vernachlässigt werden: Kontakt und Kooperation, Lernen und Erfahrung, Muße und Regeneration, Disposition und Partizipation. Defizite in diesen Bereichen haben natürlich auch mit der Einkommensarmut zu tun, aber eben nicht allein. Das Lebenslagenkonzept ist multidimensional und beinhaltet ökonomische und nichtökonomische Dimensionen. Die Hand- lungsspielräume zwei bis fünf haben eher mit immateriellen und sozio- kulturellen Faktoren zu tun. Bildung, Muße, Regeneration, Partizipation sind zwar in der Armutsbevölkerung eingeschränkt, aber es bedeutet nicht, dass einer, der verarmt, sie automatisch verliert.

Die AWO-ISS-Studie versucht mit ihrer Typisierung von Lebenslagen in Wohlergehen, Benachteiligung und multiple Deprivation das Bild von Kinderarmut zu differenzieren. Immerhin lebt ein Viertel aller armen Kinder im Wohlergehen (aber auch nur die Hälfte der nichtarmen). Mehr als jedes dritte arme Kind, aber auch jedes siebte nichtarme Kind, gehört zu den multipel deprivierten Kindern,[29] wenn man die Einschränkungen in den vier zentralen Lebenslagendimensionen zugrunde legt: Grundversorgung, Gesundheitszu- stand, sozialer und kultureller Bereich. Konkrete Erscheinungsformen und Auswirkungen der Kinderarmut sind gerade in gesundheitlicher Hinsicht alarmierend. Vernachlässigte Kinder stammen fast ausschließlich aus armen Familien. Der Anstieg von Jugendlichen ohne Schulabschluss als Folge von Kinderarmut ist beträchtlich. So konstatiert die Pisa- Studie für die BRD einen Zusammenhang von sozialer Herkunft und Bildungsabschluss.

---

[26] Siehe dazu das Forschungsprojekt des Rauhen Hauses über die sozialräumlich orientierten Kinder- und Familienhilfezentren, veröffentlicht unter dem Titel: M. Langhanky / C. Frieß / M. Hußmann / T. Kunstreich, Erfolgreich sozialräumlich handeln, Bielefeld 2004.

[27] Vgl. Hans Martin Gutmann, Im Schatten der Liebe. Armut und Familie als Aufgaben der Diakonie. Erinnerungen an Johann Hinrich Wichern, unveröff. Ms. 1992, 4.

[28] Vgl. Margarete Zander, Welche Spielräume haben Kinder?, in: sozial extra April 2002, 33–35.

[29] Vgl. AWO-ISS-Studie, Kinderarmut in Deutschland, Frankfurt/M. 2005, 22.

Armut von Kindern kann zwar zu Entwicklungseinschränkungen führen, muss aber nicht unmittelbar in die Deprivation führen. Die Familienstruktur, das Ausmaß gemeinsamer Aktivitäten und die Zuwendung, die das Kind bekommt, bilden neben wirtschaftlichen und sozialräumlichen Rahmenbedingungen ausschlaggebende Einflussfaktoren. Aufgrund dieser Einsicht ist die kompensatorische Funktion der Kindertagesstätte besonders zu beachten. Ganztagsbetreuung (in konfessionellen Kindergärten seltener) ist ein Weg aus den nachteiligen Folgen von Armut für die Kindesentwicklung. Die Kita kann ein „Kontaktfundament" im Gemeinwesen sein, sie kann die aktive Mitwirkung der Eltern und ihre Kompetenzen stärken.[30] Die Qualifizierung von Erzieherinnen, frühzeitig Signale von Armut zu erkennen und unterstützend (nicht kontrollierend) einzugreifen, ist besonders wichtig. Die Erkenntnisse der Resilienzforschung sind hier zu berücksichtigen; psychische Widerstandsfähigkeit von Kindern kann sich auch in armen Verhältnissen entwickeln, denn schließlich war die Menschheitsgeschichte bis in die jüngste Neuzeit eher eine des Mangels und der Armut. Wieso gehen denn heute in der Überflussgesellschaft diese Ressourcen in verarmten Familien schneller verloren? Ist es Kultur- und Bildungsverlust aufgrund der Medien-Trash-Kultur?[31] Hängt es vielleicht auch mit geringerer religiöser Gesellung zusammen? Hier wären konfessionelle Unterschiede zu erforschen; vermutlich ist es so, dass arme katholische Familien stärker als evangelische immer noch die Unterstützung ihrer Gemeinden haben, weil diese familienzentriert mit einem dichten Kontaktnetz sind.

Fähigkeiten zu gelingender Familienführung nehmen in armen Familien allerdings ab. Passives Verhalten breitet sich aus (übrigens nicht nur bei den Armen). Gerade die vielfältigen Massenmedienangebote tragen dazu bei.

Noch einmal zurück zu Wicherns Familienvorstellung. Sie ist in einen Prozess der Zivilisation eingebunden, der einerseits durch die Trennung von Privatheit und Öffentlichkeit gekennzeichnet ist, andererseits die nicht waren- und marktförmigen Lebensformen zurückdrängt. Wichern geht noch stark von einer göttlichen Ökonomie der Gabe bzw. Gnade aus, die heilsgeschichtlich das Weltgeschehen durchzieht und letztlich auf die Vollendung des Reiches Gottes in der Welt zuläuft. Man könnte sagen, dass sein Festhalten an der Familie so etwas wie ein Protest gegen diese Überwucherung der Gabenökonomie durch die Marktökonomie ist, allerdings in unbegriffener reaktionärer Form. Man mag staatliche Familienpolitik kritisieren: dass Menschenkinder zu erwachsenen, liebes- und arbeitsfähigen Subjekten heranwachsen können, ist und bleibt nur dadurch möglich, dass innerhalb der bürgerlichen Gesellschaft soziale Räume und Kommunikationsformen existieren, die selbst nicht warenförmig und marktorientiert sind. Solche Orte und Räume sind Familien und familienähnliche Gesellungsformen, Freundschaftsbeziehungen, Wohngemeinschaften, aber auch solidarische Gemeinschaftsformen auf Zeit wie Vereine und soziale Bewegungen. Mangelnde Fähigkeiten zur Erziehung in Armutsfamilien sind dem mangeln-

---

[30]   So K. Czerny, Kinderarmut in Deutschland, unveröffentlichte Diplomarbeit der Ev. Hochschule für Soziale Arbeit und Diakonie, Hamburg 2005.

[31]   Zu dieser populistischen These Paul Noltes, s. weiter unten S. 110f.

den Zutrauen zu sich selbst geschuldet. Das hat sicher mit dem Gefühl zu tun, in dieser Gesellschaft nicht unbedingt gebraucht zu werden. Trotzdem ist so etwas wie die alte „Verwahrlosung" in Gestalt von Resignation am Werke, die durch einen neuen Impetus, etwas Gemeinschaftliches aufgefangen werden könnte. Um mit Alice Salomon zu sprechen: es müssen sowohl die Verhältnisse als auch die Personen geändert werden.

Wichern wusste um die Notwendigkeit ökonomischer Verbesserungen; er zielte aber mit seinem pädagogischen Konzept auf eine Veränderung des Habitus, also der Gesamtheit der Einstellungen ab. Die Personalität des Zöglings sollte christlich gebildet und aktiviert werden. Diese innere Veränderung ist angesichts des heutigen Zustands von prekären Lebenslagen und neuer Armut wieder aktuell. Für Jugendliche sind daher feste Regeln, Respekt, Rituale und eine Art Familienersatz in Jugendhäusern ganz wichtig.[32]

4. Bildungsverfall als monokausale Erklärung?

Trotz der vielen Maßnahmen an ambulanter Begleitung und Beratung senkt sich das soziokulturelle Niveau der Armutsfamilien im Gesundheits-, Bildungs- und Erziehungsbereich. Dicke und ungesunde Kinder sind die Kinder aus den Familien mit relativer Armut. Die Kenntnis einfacher Kulturtechniken geht verloren (übrigens auch bei den Bessergestellten). Es wäre jedoch falsch, die Unterschicht, wie es gegenwärtig in einer pauschalisierend geführten Debatte, angestoßen durch den Artikel „Das große Fressen" von Paul Nolte,[33] geschieht, nicht als materiell unterversorgt, sondern als kulturell verarmt zu bezeichnen. Nach Nolte hat sich die Unterschicht die Massenkultur von Privatsendern wie RTL II über Bohlen- und Effenberg-Biographien bis hin zum Einkauf bei ALDI zu eigen gemacht. Was für das Fernsehen Trash ist, ist Fast Food für die Ernährung. Fehlernährung und Bewegungsmangel seien fast nur ein Problem der Unterschicht. Armut mache dick. Es sei primär eine kulturelle Armut. Kultur und Lebensstil der Unterschicht, so Nolte, hätten sich in weiten Bereichen von der ökonomischen Basis, von materiellen Notlagen längst entkoppelt. Die Unterschicht bekam in den letzten Jahrzehnten eine gute materielle Ausstattung vom Staat in Form von Sozialhilfe, Sonderleistungen, Arbeitslosengeld, wurde aber auf fürsorgliche Weise vernachlässigt. Fernseh-, Lese-, Ess- und Bildungsverhalten sind degeneriert. Nötig sind Standards bürgerlicher Kultur, in welchen die Unter-

---

[32] Die finanziellen Mittel sind in der Regel dafür ausreichend da, auch wenn Kürzungen und Auflagen im aktivierenden Sozialstaat in der Jugendhilfe zugenommen haben und in letzter Zeit eine Kontroll- und Wegschließpolitik wieder Zulauf hat (s. die Wiedereinführung der geschlossenen Unterbringung in Hamburg).

[33] Veröffentlicht in der ZEIT, Nr. 51, Dezember 2003.

schicht wieder ein Vorbild sehen kann.[34] Eine empirische Untersuchung in Hamburg-Billstedt von Jochen Schindlbeck ergab jedoch, dass in den Bereichen Fernsehen, Essen und Ernährungsverhalten, Lesen und Bildung die so genannte Unterschicht keineswegs so „ungebildet" ist, wie Nolte behauptet. Sicher gehören die Befragten zum Unterhaltungs- und Harmoniemilieu. Darin aber bewegen sie sich durchaus kritisch und auswählend. Dabei ist ihre Auswahl vom Habitus der Notwendigkeit bestimmt. Der Aspekt der materiellen Armut muss entscheidend mit berücksichtigt werden.[35]

Unzureichende Bildung führt zu Verwahrlosung und Armut? Ähnlich hatte Wichern vor 160 Jahren gesagt, dass Armut und Entsittlichung vor allem eine Folge der Entchristlichung seien. Diese monokausale Erklärung greift jedoch zu kurz. Die materiellen Aspekte der Armut, die zum Ausschluss von religiöser und kultureller Teilhabe führen, werden so vernachlässigt. Mehr Bildung ist sicher gut, aber nicht die Lösung, wie es damals auch nicht die Rechristianierung war.[36]

5. Die „innere Armut" bei der Erziehung – mehr emotionale, auch religiöse Gesellung!

Seit einigen Jahren gibt es eine Diskussion darüber, wieso es in der Sozialarbeit mit Familien so selten gelingt, die Haltung, den Habitus der unterstützten Menschen zu ändern. In einem ZEIT-Artikel wird den Sozialarbeiterinnen vorgeworfen, dass sie kein Furor im Interesse der ihnen anvertrauten Klientinnen entwickeln.[37] Sie bemühten sich viel zu sehr, die vernachlässigende Mutter zu verstehen. Eindeutige Grenzsetzungen werden vermieden, um ja nicht unter den Verdacht des Kontrollierens zu geraten. Sie haben ihre Lektion so gründlich gelernt, dass sie hier etwas versäumen.

Bundesweit machte Schlagzeilen das Schicksal der kleinen Jessica, die die Eltern 2005 in Hamburg-Jenfeld verhungern ließen. Die Sozialarbeiter des ASD gaben auf, als die Eltern die Tür nicht mehr öffneten. Die Hamburger Behörde hat eine Kampagne in Gang gesetzt: „Hamburg schützt seine Kinder". Außerdem wurden jetzt die Personalstellen im ASD

---

34 So auch Walter Wüllenweber in seinem mit dem Deutschen Sozialpreis gekrönten STERN-Artikel Nr 52/2004 „Das wahre Elend" über eine Essener Arbeiter-Siedlung.

35 So Jochen Schindlbeck, Burger, Soaps und Schundromane – Die Rückkehr der Unterschicht? Eine kritisch-theoretisch-empirische Untersuchung des Freizeitverhaltens in Bezug auf Schichtdeterminanten, unveröffentlichte Diplomarbeit der Ev. Hochschule für Soziale Arbeit und Diakonie, Hamburg 2005.

36 Für bessere Bildung als ein zentrales Mittel der Armutsbekämpfung plädiert auch die neue Denkschrift der Kammer für soziale Ordnung der EKD „Gerechte Teilhabe" Hannover, Juli 2006.

37 Vgl. Susane Gaschke, Die innere Armut, DIE ZEIT Nr. 41, 2000, 6.

aufgestockt. Scheint das Schicksal Jessicas extrem, so gibt es andere Fälle mit Tendenz zur Normalität.

Vor dem Hamburger Landgericht läuft gegenwärtig der Prozess gegen Nicole G. und ihren Mann wegen fahrlässiger Tötung. Die zweijährige Michelle, das letzte von 6 Kindern, starb 2004 an einem Hirnödem. Trotz einer schweren Mandelentzündung ließen die Eltern sie 24 Stunden unbeaufsichtigt. Wie konnte das passieren? Nicole G. bekam innerhalb von sechs Jahren sechs Kinder. Irgendwann war sie überfordert (der Vater war ganztags außer Haus), weigerte sich aber Hilfe anzunehmen, weil das ein Eingeständnis des eigenen Scheiterns schien. Die Kinder verwahrlosten innerhalb der Wohnung. Nicole G., gelernte Altenpflegerin, räumte aber auf und wusch die Kinder, wenn die Familienhelferin ihren Besuch ansagte. Als die Polizei nach dem Tod von Michelle in die völlig verdreckte Wohnung kam, hielt der Vater dem Vorwurf der Misshandlung entgegen: Aber wir schlagen unsere Kinder doch nicht.

„Die innere Härte, gepaart mit dem Verlangen am Wunschbild der glücklichen Familie festzuhalten, führte zu einer Inszenierung bürgerlichen Familienlebens, auf die selbst die in der Familie tätigen Sozialarbeiter hereingefallen sind."[38] Mitte März erwartet Nicole G. ihr siebtes Kind.

Die Staatsanwaltschaft ermittelt inzwischen gegen die Familienhelferin und zwei Mitarbeiter der Jugendhilfe, die von den Zuständen in der Familie gewusst und nicht gehandelt haben sollen. Durch diese Vermeidung ihrer Kontrollfunktion gelingt es ihnen nicht, die innere Armut und Verwahrlosung ihrer Klienten, zum Beispiel bei der Fürsorge und der Grenzsetzung gegenüber den Kindern, zu verändern. Dabei zeigen die oben genannten Fällt: Diese Eltern haben kein wirkliches Interesse an ihren Kindern mehr. Eine „innere Armut" ist eingetreten, so die ZEIT-Reporterin Susanne Gaschke. Dabei handelt es sich nicht um bloße Ausnahmen. Die von Wichern so genannte sittliche Verwahrlosung zeigt sich nicht mehr im Äußeren, nicht unbedingt in der Kleidung, im Hunger oder elenden Wohnverhältnissen, sondern in der Unfähigkeit, die eigenen Kinder zu erziehen.

Wichern versuchte den zerstörerischen Tendenzen der sich ausbildenden industriekapitalistischen Gesellschaft durch eine Wiederherstellung der Familie, der Familie Gottes wie der menschlichen Familie etwas entgegenzusetzen. „Insbesondere die Bedrohten werden in einen fürsorglichen vertrauten Interaktionszusammenhang einbezogen."[39] Wichern wollte also der Kälte der bürgerlichen Gesellschaft durch einen Interaktionszusammenhang begegnen, der als Gemeinschaft aus Liebe bezeichnet werden kann. Was Marx und Engels im Kommunistischen Manifest als unwiederbringlich zerstört ansahen, das wollte er retten. Die alle natürlichen Bande zerstörende bürgerliche Ökonomie hat gesiegt – wir haben eine alles beherrschende Warenförmigkeit einerseits, einen apolitischen Familienrückzug in der Mittelschicht andererseits. Der „Kopf (des Kapitalismus) ist gierig, brutal, unbarmherzig berech-

---

[38]   TAZ 15.2.2006.
[39]   Gutmann, 72.

nend. Aber sein Leib sehnt sich nach engen Bindungen, nach Intimität, Authentizität."[40]

Solange der Kapitalismus das nicht versöhnt, solange er weiter sozial exkludiert, werden die Familienverhältnisse in der Unterschicht sich nicht verbessern. Dennoch kann im Wohn-Quartier dieser Entwicklung etwas entgegengesetzt werden – eine neue Ökonomie des Gemeinwesens, durch die auch die benachteiligten Menschen wieder Mut fassen. Soziale Stadtentwicklung und Quartiersmanagement haben sich deswegen die Aktivierung der Benachteiligten zum Ziel gesetzt. Ihre bloße Alimentierung wurde abgelöst durch Beteiligung der Bewohnerinnen an der Verbesserung ihrer eigenen Lebensverhältnisse. Diese Aktivierung wendet sich an Menschen, die demotiviert sind und doch bei entsprechender Unterstützung neuen Mut fassen können.

Besonders begehrt sind Treffpunkte für alleinerziehende Eltern (Elternschulen), die auf freiwilliger Basis die Defizite des Alleinerziehens durch gemeinsame Kurse und Unternehmungen kompensieren wollen. Durch Kolpingfamilien in katholischen Gemeinden, evangelische Familienfreizeiten und andere emotional getönte Gesellungen mit starker Familienorientierung können die Merkmale jener neuen „inneren Armut" vermieden werden. So gesehen gewinnt Wicherns Plädoyer für die christliche Familie, als allgemeines Heilmittel zum Scheitern verurteilt, doch heute eine unerwartete Aktualität.

Von diakonischen Trägern angebotene Familienhilfe sollte stärker aus eigenen Quellen schöpfen, statt sich vorbehaltlos an nichtdiakonische sozialpädagogische Konzepte anzuschließen (selbst wenn es die fortschrittlichen Jugendhilfeberichte der 80er und 90er Jahre sind). Zu einer „Kultur des Aufwachsens" gehört offensichtlich etwas mehr als die institutionelle Absicherung der Individualisierung durch die Sozialpädagogik. Hier den richtigen Weg zwischen konservativer Familienbeschwörung und wirtschaftsliberaler Forcierung individueller Autonomie zu finden, ist nicht einfach.[41]

---

[40] So Eva Illouz, Konsum der Romantik, in: DIE ZEIT, Nr. 23, 2005.
[41] Das auf Werte pochende und als geschlossener Christenclub gestaltete „Bündnis für Erziehung" der Familienministerin ist m.E. nicht der richtige Weg. Erstens sind die neuzeitlichen Werte der Humanität und der Menschenrechte nicht allein Ausfluss des Christentums. Auch sollten Religionen nicht für Werteerziehung funktionalisiert werden. Erstaunlich, dass sich Margot Käßmann dafür hergab.

II. Vom demütigen Dienst an den Armen zur Beauftragung.
Zum neuen Diakoniebegriff

Beruht der Anspruch der evangelischen Diakonie
auf einer Missinterpretation der antiken Quellen?
John N. Collins Untersuchung „Diakonia"[1]

In einem modernen Sozialstaat, der wie der deutsche dual organisiert ist, in
dem also die soziale, pädagogische und pflegerische Arbeit von den Wohlfahrtsverbänden und freien Trägern in Zusammenarbeit mit dem Staat betrieben wird, ist die Begründung der sozial-pflegerischen Arbeit der jeweiligen Wohlfahrtsverbände unterschiedlich stark weltanschaulich und ethisch
ausgeprägt. Es fällt dabei natürlich sofort auf, dass die beiden großen kirchlichen Wohlfahrtsverbände, das Diakonische Werk und die Caritas, diese Begründung argumentativ aufwendiger betreiben als die anderen Verbände
oder die kleineren freien Träger (ganz zu schweigen von den kommerziellen
Anbietern, die sich vor allem mit dem Hinweis auf Dienstleistung und Effek-
tivität begnügen). Das hängt damit zusammen, dass die neben der Kirche
organisierten kirchlichen Wohlfahrtsverbände theologisch besonders ausführlich begründen müssen, wieso ihre sozialstaatlich abgesicherte Tätigkeit
aus dem Glauben entsteht und insofern legitimes christliches Handeln ist.

Das bringt die evangelische Diakonie in eine Zwickmühle. Zum einen muss
das, was als an ein Hilfesystem delegiertes Handeln der Nächstenliebe bzw.
der Mitmenschlichkeit und Solidarität relativ einfach zu begründen wäre (so
wie es auch die Beispielerzählung vom Barmherzigen Samariter tut) nun
theologisch aufwendig begründet werden. Zum anderen muss diese spezifische Begründung einer weithin säkularisierten Mitarbeiterschaft vermittelt
werden, die in der Diakonie vor allem die Berufsausübung auf der Basis einer
eher diffusen Hilfemotivation sucht. Schließlich bringen sich die theologischen Leiter der Diakonie in Schwierigkeiten, weil sie sich unter das Joch
eines anspruchsvollen Leitbildes begeben, das auf der persönlichen Ebene zu
Überforderungen oder zu Heucheleien führen kann.[2]

---

[1]   Zuerst veröffentlicht in: PTh 89, 2000, 343–364.
[2]   Darauf hat bereits Michael Klessmann, Von der Annahme der Schatten. Diakonie zwischen
      Anspruch und Wirklichkeit, in: Michael Schibilsky (Hg.), Kursbuch Diakonie, Neukirchen-
      Vluyn 1991, 114ff, hingewiesen.

1. Diakonie als Jesu Hingabe begründendes Handeln an den Armen

Diakonie wird in Absetzung von normaler Nächstenliebe und Mitmenschlichkeit zu einem ganz besonderen Hilfeverhalten von Christen-Menschen
gemacht – seit der Mitte des 19. Jahrhunderts meint Diakonie das demütige
und aufopferungsvolle Handeln an den Schwachen und Kranken aus der
Liebe zu Christus. Diese Begründung des Hilfeverhaltens der Christen und
damit der Diakonie wird auch im 20. Jahrhundert ungebremst fortgesetzt.
Davon legen die neueren theoretischen Grundlegungen und biblischen Begründungen der Diakonie Zeugnis ab.

So begründete Jürgen Moltmann 1977 den Dienst der Diakone bei einem Vortrag vor der
Brüderschaft in Nazareth vor allem aus dem Leidens- und Hingabegedanken als „Diakonie unter dem Kreuz" und forderte eine Diakonie als „Vorwegnahme neuen Lebens", in
Gestalt von Lebensgemeinschaften mit Armen und Kranken als „Alternative zur industriellen Gesellschaft und zum Sozialstaat"[3]. Auf katholischer Seite hat Hermann Steinkamp mit seinem Buch „Diakonie – Kennzeichen der Gemeinde" eine hohe Meßlatte
angelegt – Diakonie als *koinonia* ist die Grundfunktion der Gemeinde und zeigt sich in
der Option für die Armen: Teilen ersetzt das Helfen.[4] Auch weniger programmatisch als
wissenschaftlich angelegte theoretische Grundlegungen und biblische Begründungen der
Diakonie stehen noch in dieser Tradition christologischer Dienst- und Opferethik.

Herausgegriffen sei nur das im Übrigen sehr verdienstvolle Buch: „Diakonie –
biblische Grundlagen und Orientierungen"[5], 1990 erschienen. Während auf
der einen Seite vor allem in Frank Crüsemanns Aufsatz „Das Alte Testament
als Grundlage der Diakonie" und in Gerd Theißens Auslegung des Samariter-
gleichnisses „Die Bibel diakonisch lesen. Die Legitimationskrise des Helfens
und der barmherzige Samariter" der absolute Neuheitsanspruch relativiert
wird, gehen die Beiträge der Neutestamentler zur Diakonie Jesu und der
frühchristlichen Gemeinde nach wie vor diesen Weg. Gerade bei Diakonie als
einem Lehnwort aus dem Griechischen wird hier der christliche (Absolut-
heits-) Anspruch in der Weise behauptet, dass Dienen, das vor allem Tischdienst meint, im griechisch-hellenistischen Denken negativ gesehen wurde.

---

[3]   Jürgen Moltmann, Diakonie im Horizont des Reiches Gottes, Stuttgart 1984, 28f u. 20f. Wieweit
       solche Konzepte im normalen Gemeindealltag umsetzbar sind, darauf verschwendet Moltmann
       keinen Gedanken.
[4]   Vgl. Hermann Steinkamp, Diakonie – Kennzeichen der Gemeinde, Freiburg i.Br. 1985, 90 u. 98f.
       Ich habe in meinem Aufsatz „Zur Situation der Gemeindediakonie Mitte der 90er Jahre", in:
       Hans-Jürgen Benedict (Hg.), Wenn die Posaune einen undeutlichen Ton gibt … Stichworte für
       eine streitbare Diakonie, Hamburg 1995, 120ff eine bescheidenere „kleine Ethik der Gemeinde-
       diakonie" skizziert.
[5]   Gerhard K. Schäfer / Theodor Strohm (Hg.), Diakonie – biblische Grundlagen und Orientierun-
       gen, Heidelberg 1990. Ausführlich rezensiert durch Horst Seibert, Ein Standardwerk für die Dia-
       konie, in: PTh 85/1996/9, 391–401.

„Dem griechischen Denken ist die dienende, weil unterwürfige Haltung suspekt"[6] – während durch das Dienen Jesu und seiner Jünger dieses *diakonein* eine neue positive Bewertung erfahren habe. Diakonie wurzelt im Heilsgeschehen[7], in der Selbsterniedrigung und Hingabe Jesu (Lk 22,27; Mk 10,45, so passim alle Autoren). „Die sinngebende Mitte des Dienens ist Jesu Selbsthingabe."[8] Dienen mit seiner in der antiken Welt einmaligen Umkehrung der Wertmaßstäbe[9] ist Kennzeichen der Sendung Jesu und damit christlicher Existenz. Jesu „Selbsthingabe in den Tod ist die letzte Zuspitzung jener seine gesamte Sendung bestimmenden Lebenshaltung der Selbstpreisgabe für andere"[10]. Ja, die frühen Gemeinden hätten sogar die geschlechtspezifische Arbeitsteilung beim Dienen als der Versorgungsarbeit der Frauen und Sklavinnen aufgehoben.[11] Oder es wird unterstellt, dass dort, wo Paulus *diakonos/diakonia* zur Beschreibung kirchlicher Ämter und Funktionen benutzt, er andeuten will, dass „sie in ihrer Arbeit den dienenden Jesus vertreten, im Anschluß an ihn auf Macht und Geltung verzichten"[12]. Ja, es kann im Umkehrschluss gesagt werden: Wenn „Diakonie eine Grundstruktur des Lebens der Kirche" ist, „… dann dürfte solche Struktur bereits im neuen Testament gründen, dann ist sie christologisch fundamentiert"[13]. Anders gesagt, dann werden wir sie schon exegetisch freilegen. Und in dieser Weise verfahren die sich vielfach überschneidenden und die eine These wiederholenden neutestamentlichen Aufsätze des Sammelbandes: *diakonein* meint niedrigen Tischdienst, wird von Jesus positiv aufgenommen und in seiner Lebenshingabe zum Kennzeichen christlicher Existenz gemacht. Zwar fällt dem einen oder anderen Autor schon mal auf, dass in der zentralen Erzählung von der Diakonie Jesu, der Fußwaschung Joh 13, *diakonein* überhaupt nicht auftaucht,[14] was dann aber ausgerechnet mit semantischer Einengung auf den engeren karitativen Bereich erklärt wird.

Bei soviel hochgemutem Anspruch ist es zu begrüßen, dass durch eine Untersuchung gerade der nichtchristlichen Quellen zu *diakonein* und verwandten Wörtern von John N. Collins ein wenig Wasser in den Wein des diakonischen Selbstlobs gegossen wird. Collins Arbeit, die sich auch als eine kritische Auseinanderssetzung mit dem neuen Dienstbegriff, dem allgemeinen Liebesdienst des Volkes Gottes, der das ordinierte Amt zunehmend zu ersetzen scheint, versteht, ist bislang in der deutschen Diakoniediskussion überhaupt nicht wahrgenommen bzw. verdrängt worden (anders in Skandinavien; dort in Lahti auf der weltweiten Diakonietagung 1998 hörte ich zuerst von Collins in dem Beitrag eines norwegischen Kollegen[15]). Um so wichtiger ist es end-

---

6   Otto Merk, Aspekte zur diakonischen Relevanz von Gerechtigkeit, Barmherzigkeit und Liebe, in: Schäfer/Strohm, Diakonie, 146.
7   Ebd., 150.
8   Ebd., 145.
9   Vgl. Friedrich Wilhelm Horn, Diakonische Leitlinien Jesu, in: Schäfer/Strohm, Diakonie, (109ff) 122.
10   Jürgen Roloff, Zur diakonischen Dimension und Bedeutung von Gottesdienst und Herrenmahl, in: Schäfer/Strohm, Diakonie, (186ff) 190.
11   Vgl. Luise Schottroff, DienerInnen der Heiligen. Das Diakonat der Frauen im Neuen Testament, in: Schäfer/Strohm, Diakonie, (222ff) 225.
12   J. Roloff in: Schäfer/Strohm, Diakonie, 200.
13   Traugott Holtz, Christus Diakonos. Zur christologischen Begründung der Diakonie in der nachösterlichen Gemeinde, in: Schäfer/Strohm, Diakonie, (127ff) 127.
14   Vgl. F. W. Horn, Diakonische Leitlinien Jesu, in: Schäfer/Strohm, Diakonie, 143.
15   Vgl. Kjell Nordstjokke, Theoretical Framework of the Deacony Science, in: Spiritus, Lux, Caritas. International congress in Deacony, Lahti, Finland, 23.–27.9.1998, Lahti 1999, 33ff.

lich zur Kenntnis zu nehmen, was Collins bereits 1976 in seiner Dissertation zutage gefördert und in dem Buch noch einmal in einen größerem Zusammenhang gestellt hat, wobei er die bewusste Auseinandersetzung mit der spezifischen Diakonie-Tradition und Interpretation sucht[16] – bislang allerdings vergeblich.

2. Woher stammt die herrschende Auslegung von *diakonein*?

Collins geht von folgenden Beobachtungen aus: Das Verb *diakonein* und das abstrakte Nomen *diakonia*, die bislang mit Wörtern um den Begriff ‚Amt' übersetzt wurden, werden zunehmend mit ‚Dienst' übersetzt. Darüber hinaus werden ‚Diakonia' bzw. ‚Diakonie' als Lehnwörter in die europäischen Sprachen übernommen und alternierend mit dem Wort ‚Dienst' benutzt. Schließlich wird das Diakonat als neues Amt/Dienst in einigen Kirchen eingeführt. Inwieweit können wir bei dieser inflationären Entwicklung überhaupt noch genau beschreiben, fragt Collins, wie die Diakonia eines ordinierten Pastors sich von der Diakonia unterscheidet, die die Gemeinde an den Armen übt?

Eine entscheidende Quelle dieses neuen Dienst- bzw. Diakonia-Verständnisses ist die berühmte Stelle Mk 10,45 mit dem Wort vom dienenden Menschensohn. Was aber meint Jesus bzw. ist gemeint, wenn er sagt, der Menschensohn ist nicht gekommen, dass er sich dienen lasse, sondern dass er diene? Und wieso verbindet er das mit dem Satz, dass er sein Leben als Lösegeld für viele geben wird? Die Auslegungen dazu sind so vielfältig und widersprüchlich, dass erst eine breitere Untersuchung der griechischen Wörter Aufschluss geben kann über die Bedeutung von *diakonein* und seinen verwandten Wörtern in den christlichen Quellen.

Collins kann m. E. überzeugend zeigen, dass die gängige Deutung von *diakonein* als „Vollsinn christlicher Liebestätigkeit gegenüber dem Nächsten und zugleich rechter Jüngerschaft Jesu" in Abgrenzung von dem negativen griechischen Dienstverständnis auf Hermann W. Beyers Artikel *diakoneo* aus dem Jahre 1935 im Theologischen Wörterbuch zum Neuen Testament[17] fußt und dieser wiederum von Wilhelm Brandts Untersuchung zum „Dienst und Dienen im Neuen Testament" von 1931 beeinflusst wurde.[18] Brandt bezeichnete Dienen als Dienst der Liebe an den Armen, wie Jesus ihn gelebt hat und zwar in der Niedrigkeit, wie Jesus sie gelebt hat. Sie durchbricht den religiösen Individualismus und verwirklicht sich in der Gemeinde. Diese „persönliche Hingabe an den Nächsten"[19]

---

[16] Vgl. John N. Collins, Diakonia. Re-Interpreting the Ancient Sources, Oxford 1990. Collins ist Dozent für religiöse Erziehung am John Paul College in Melbourne. Verweise auf Collins zitiere ich im Folgenden in Klammern im Text.

[17] Vgl. Hermann W. Beyer, Diakoneo, Diakonia, diakonos, ThWNT 2, Stuttgart 1935, (81ff) 85.

[18] Vgl. Wilhelm Brandt, Dienst und Dienen im Neuen Testament, Gütersloh 1931. „Dem Verfasser wurde das Leben der Bethelgemeinde mit ihrem unermüdlichen Dienen die Auslegung des neuen Testamens, die ihn am stärksten beeindruckt hat", heißt es im Vorwort.

[19] Ebd., 85.

sah Brandt besonders in dem aufopferungsvollen Dienst der Kaiserswerther Diakonissen und der Fürsorge für die Kranken in Bethel. Die hochangesetzte und hochtheologische Interpretation von *diakonein* durch Brandt und Beyer („neue Gestaltung der Beziehungen zwischen den Menschen", „Hingabe des Lebens ..., die der Inbegriff des Dienens, des Für-die Anderen-Daseins im Leben und Sterben ist"[20]) wurde also durch die protestantische Liebestätigkeit der Inneren Mission im 19. Jahrhundert beeinflußt. Was bei Beyer als lexikographische Analyse gedacht war, wandelte sich so unter der Hand zu einer extrem wertenden Beurteilung des griechischen Wortgebrauchs. Die implizit von Jesu Lebenshingabe her postulierte „wirkliche Selbstentäußerung um des anderen willen"[21] kann in den eher nüchternen Erörterungen Platos zum Dienen natürlich nicht entdeckt werden (und auch nicht im jüdischen Dienstbegriff, der schnell antijudaistisch abgewertet wird). Jesu angebliche totale Neubewertung des Dienens gegenüber dem Griechentum in Lk 22,27 und Mk 10,45 wird hingegen zur Basis aller weiteren Erörterungen, ohne noch einmal genauer hinzuschauen, wie denn in der griechischen Umwelt *diakonein* verstanden wurde.

Diakonein meint minderwertig eingeschätztes ‚bei Tische Dienen/Aufwarten' – das wird in der Folge kanonisches Resümee des lexikographischen Befunds von Beyer und zieht sich so ungeprüft durch alle Lexikonartikel bis in die unmittelbare Gegenwart. *Diakonia* ist Dienst der Liebe, der aus der Liebe zu Gott und Christus stammt – das ist das theologische Credo, das ebenfalls ungeprüft übernommen wird. Collins Vermutung geht dahin, dass über den Begriff *diakonia*, der zusammenfasst, was Jesus war und tat, sich die Christen eng mit ihm verbinden können (13). Jesus war in diesem Sinn ‚Diakon' („Ich bin unter euch wie ein Diener", Lk 22,27) und wir sind es mit und in unseren verschiedenen Diensten auch.

Collins exemplifiziert diese voreingenommene Sicht von *diakonein* noch einmal in seiner kritischen Revision der Auslegungen von Lk 22,27 und besonders Mk 10,45. Vom Dienst an den Mitmenschen oder gegenüber Gott, von der Deutung auf den leidenden Gottesknecht in Jes 53 bis zum Tischdienst reichen die Auslegungen. Offen bleibt die Frage: Gehören V. 45a und 45b zusammen oder ist es, wie Julius Wellhausen sagte, ein Sprung von einer Kategorie in eine andere? Es wird nicht versucht herauszufinden, was Dienen hier tatsächlich meinen könnte, sondern angefangen bei Brandt und Beyer wandelt sich das Wort, das angebliche ‚bei Tische Aufwarten', zum Gipfel christlicher Existenzaussage, zum Dienen als Lebenshingabe.

---

[20]   Beyer, diakoneo, 85f. Bei Brandt ist allerdings der theologisch-philosophische Hintergrund dieses Liebeskonzepts beachtenswert, die Ichwerdung am Du (mit Buber zu sprechen). W. Brandt, Dienst und Dienen, 15 fragt: „Wie wirkt es sich aus in dem Verhältnis des Einzelnen zu Gott, dass das Dasein des Einzelnen ein Mitsein ist?" Zentral ist für ihn die Erkenntnis, dass *diakonein* „eins jener Worte ist, die ein Du voraussetzen, nun nicht ein Du, zu dem ich mein Verhältnis beliebig bestimmen könnte, sondern ein Du, unter das ich mich gestellt habe als ein diakonoun" (7). Diesen wichtigen Aspekt hat Collins zwar gesehen (50f), aber nicht richtig gewürdigt. Von dieser Position aus lässt sich eine Linie zu Levinas und der absoluten Verantwortlichkeit für den schutzlosen Anderen ziehen.

[21]   Brandt, Dienst und Dienen, 82.

Bis hierhin hat Collins auf Ungereimtheiten, unbefragte Voraussetzungen und geheime Einflussnahmen bei der Auslegung von *diakonein* hingewiesen. Was erbringt nun seine Beschäftigung mit dem nichtchristlichen griechischen Wortgebrauch von *diakonein*?

3.   Diakonia revisited: Kommunikation statt Dienst – ein überraschendes Ergebnis

Nach Collins kommen *diakonein* und seine verwandten Begriffe im Griechischen in drei verschiedenen Kontexten vor – in dem der Botschaft, der Tätigkeit und des Aufwartens für eine Person bzw. im Haushalt. Die zugrunde liegende Bedeutung in allen drei Bereichen ist die des Dazwischengehens, der Vermittlung. Im Bereich der Botschaft meint das Nomen den ‚Vermittler', ‚Sprecher' oder ‚Kurier', im Bereich der Tätigkeit den ‚Agenten' und das ‚Medium', im Bereich des Aufwartens den ‚Diener' und ‚Aufwärter'.

Die Bedeutung ‚bei Tische dienen' ist nicht die Grundbedeutung, wie Beyer in seinem Artikel behauptet, sondern ist bloß eine mögliche Bedeutung von ‚dazwischen gehen', will sagen: der Aufwärter bei Tisch geht zwischen Küche und Speiseraum hin und her. Auch wird *diakonein* für Kellner eher selten gebraucht. Die von den heutigen Exegeten behauptete Niedrigkeit steht nicht im Vordergrund, denn die Wörter meinen eher die Art und Weise einer Aktivität als den Status der handelnden Person. Sie sind daher auch anwendbar auf Position der Autorität und Würde. Wenn die Wörter eine Handlung oder Position von niederem Wert bezeichnen, dann mit der Konnotation von etwas Speziellem, ja, Würdigung. Die Worte drücken niemals die Idee aus, im Dienst von einem Mitmenschen zu sein, um ihm eine Wohltat zu erweisen. Die Handlung wird nicht für einen anderen, sondern im Namen eines anderen getan. Diese Wörter bezeichnen also Unternehmungen für andere, sei es ein Gott oder Mensch, Herr oder Freund. Wenn der Agent eine solche Aufgabe angenommen hat oder sie ihm auferlegt wurde, dann hat er das Mandat wie die persönliche Verpflichtung, sie auch auszufüllen (Collins, Appendix I, 335f).

Weiter sagt Collins: Die griechischen Wörter gehören nicht der Alltagssprache an. Sie kommen in Gedenkinschriften und in Passagen tief religiöser Natur vor. Nicht um sich abzusetzen von dem griechischen Gebrauch dieser Wörter benutzen die Christen die Begriffe um *diakonein*, sondern weil sie in religiösen, ethischen und philosophischen Debatten geläufig waren.

Dies ist die knappe Zusammenfassung einer höchst differenzierten Wortuntersuchung, die Collins auf 120 Seiten unternimmt. Nun könnte man sagen: also schön und gut und hoch interessant und ehrenwert, was den genauen Umgang mit den griechischen Schriften betrifft, die in ihrem Kontext gelesen werden und nicht mit den Augen eines diakonisch voreingenommenen Exegeten. Aber im christlichen Kontext erfahren *diakonein* und die ihm verwandten Begriffe eine Umwertung, wie Lk 22,27 und Mk 10,45 zeigen, eben die berühmte Aufwertung der niedrigen Tätigkeiten, die Nietzsche so ärgerte und die die Diakonie im 19. Jahrhundert motivierte, sich so angelegentlich um die Armen und Verlorenen zu kümmern. So einfach kommen wir aber nicht davon, denn nun geht Collins daran, seine Ergebnisse im Folgenden auf die nochmalige Untersuchung der ersten christlichen Schriften anzuwenden. Er fragt, wo denn die von *Eduard Schweizer* behauptete „Neuheit der Kirche im Kontrast zur alten religiösen und säkularen Ordnung"[22] liegt.

4. Diakonia als Beauftragung durch Gott bzw. durch die Gemeinden

Collins unterscheidet drei Bereiche, in denen die Wörter in den christlichen Quellen benutzt werden: a) Botschaften vom Himmel, b) Botschaften zwischen den Kirchen und c) Beauftragungen in der Kirche (195ff).

Die auf den ersten Blick für die Diakonie weniger interessante Erörterung von *diakonein* bei Paulus stellt klar, dass der Dienst des Wortes (Apg 6,4) Vorrecht des Apostels ist und derjenigen, die er damit beauftragt. Wenn er von sich als *diakonos* Gottes (2Kor 6,4) und Christi (2Kor 11,23) spricht, als dem Diener des neuen Bundes und dem Botschafter der Versöhnung (2Kor 5,18), dann ist für seine hellenistischen Leser klar, dass er das autorisierte Sprachrohr Gottes ist, dann hat er für sie die Bedeutung einer Person, versehen mit Gottes voller Botschaft, beauftragt mit der Pflicht sie auszurichten und dem Recht, Gehör und Glauben zu finden (allein D. Georgi hatte vorher auf die Selbstcharakterisierung der kynischen Wanderprediger als *diakonoi* hingewiesen und als Versuch einer Berufsbezeichnung der Gegner des Paulus in Korinth gedeutet – eine Folgerung, die Collins aber ablehnt (206)). Diese Einsicht mag für einen in der Diakonie Tätigen schmerzlich sein, aber diese Diakonia ist die wichtigste und älteste im frühen Christentum und nicht der Liebesdienst oder der Dienst an den Armen, trotz der Gleichberechtigung der Charismen und Dienste in 2 Kor 12.
Es ist des Apostels Überzeugung, dass die Ausrichtung des Wortes die Hörer mit der Unmittelbarkeit von Gottes Offenbarung und versöhnendem Handeln konfrontiert und in diesem Zusammenhang sind die Wörter *diakonos* und *diakonia* essentiell für sein Selbstverständnis. Er ist so etwas wie ein himmlisches Medium (2Kor 2,14). Seine Selbstbezeichnung als ‚Diener der Offenbarung' scheint wie ein Spiegelbild des ‚dienenden Leibs', von dem ein griechischer Philosoph spricht, um die sinnliche Vermittlung der Botschaft zu erklären (207).

Die Wörter bezeichnen also eine Beauftragung unter Gott. Dazu gehört auch die Jerusalemer Kollekte. Für ganz wichtig halte ich die Korrektur, die Col-

---

[22] Eduard Schweizer, Die diakonische Struktur der neutestamentlichen Gemeinde, in: Schäfer/ Strohm, Diakonie, 159ff.

lins im Verständnis der Kollekte für die Armen der Jerusalemer Gemeinde vornimmt (217f).

„Um den Heiligen zu dienen" (Röm 15,25) meint, den Gemeinden zu dienen, die ihn mit dem Botengang der Kollekte nach Jerusalem beauftragt haben, denn der Dativ nach einem Verb im Zusammenhang mit einem Botengang bezeichnet die Person, die beauftragt (so ist auch Apg 11,29 zu verstehen). So soll auch Onesimus nicht dem Paulus karitativ zur Hand gehen, sondern Botengänge übernehmen (Philemon 13). Schließlich meint das zum Dienst bereitgestellte Haus des Stephanas in 1Kor 16,15, dass die Korinther Gemeinde so gut organisiert ist, dass sie eine Delegation zu ihrem Gründer senden kann, um mit ihm Fragen der Gemeinde zu verhandeln.

Hier eröffnet Collins wichtige Einsichten über diakonische Dienste, sozusagen die Diakonien der Kommunikation, die angesichts der Dominanz der Diakonie der Liebe (an den Armen) weitgehend im modernen diakonischen Bewusstsein verloren gegangen sind. Sie könnten vielleicht ein neues Verständnis von sozialer Diakonie eröffnen, das wegkommt von dem besonderen Anspruch des demütigen niederen Dienstes hin zu der autoritativen Kommunikation und Beauftragung durch Gott, als Konsequenz des Evangeliums sozial zu handeln.

Collins resümiert, dass die Stellen, die von der Kollekte für Jerusalem und vom Apostel als Diener handeln, gute Belege dafür seien, dass Christen und Nichtchristen die gleiche Sprache gesprochen, die Christen also keine eigene Terminologie geschaffen hätten. So kann Ignatius von der *diakonia* eines Bischofs ohne Seitenblick auf den Diakon sprechen, dessen Titel doch sprachlich damit verwandt ist.

5. Der Diakon – ein frühchristlicher Sakralbeamter?

Wie aber steht es mit dem Titel des Diakons? Collins Ergebnis ist für die heute versuchte Begründung eines Diakons unter Berufung auf das frühchristliche Diakonenamt enttäuschend, um nicht zu sagen, niederschmetternd.

Bekannt ist, dass der Titel Diakon im Neuen Testament nur zweimal vorkommt. In Phil 1,1 meint er in Verbindung mit ‚Aufseher' wohl einen Agenten, der dem Aufseher untergeordnet war. Es war ein respektheischender, möglicherweise sogar technischer Titel. Vielleicht, vermutet Collins, war der Aufseher eine lokale Eigenart paulinischer Gemeinden, und vielleicht hat Paulus selber seine Assistenten mit diesem Titel versehen, um ihnen eine besondere Würde zuzusprechen (236).

In der Kirche des Timotheus sind die Stellen, in denen von dem Assistenten des Aufsehers (Bischof) gesprochen wird (1Tim 3,8f), von denjenigen zu unterscheiden, mit denen der apostolische Missionsdienst gemeint ist. Es ist auch hier nicht klar zu erkennen, was die Diakone eigentlich tun. Nimmt man die apostolischen Väter hinzu, dann wird deutlich, dass der Diakonat sich in der Arena des Sakralen abspielte. Man vergleiche dazu auch Justins Formulierung: „die Eucharistie wird verteilt von denen, die Diakone genannt werden". So wurden in heidnischen Gemeinschaften die religiösen Aufwärter/Kellner Diakone genannt. Sie bleiben aber persönliche Assistenten des Bischofs. Vgl. *Ignatius*: „Wie Jesus den Willen des Vaters erfüllte, so der Diakon den des Bischofs".

Die Deutung der Austeilung der Eucharistie als soziale Handlung (das Bringen der Gaben zu den Kranken) ist natürlich eine schwache Begründung für ein soziales Diakonenamt, sieht man auf den Anspruch, den heute der Diakonat als das Amt der Liebestätigkeit erhebt. Soziales Handeln ist zwar die Konsequenz der Eucharistie, kann von ihr abgeleitet werden, aber war nicht ihr ursprünglicher Inhalt. Der Diakon hatte ursprünglich sakrale (Hilfs-)Funktion. Im Zuge der Ausweitung der kirchlichen Hilfeleistung wuchsen ihm soziale Aufgaben zu, deren Ausführung aber keinesfalls ausschließlich an das Diakonenamt gebunden war.[23] Kurz: Es ist weder deutlich bzw. beweisbar, dass der Diakonat ein Amt des sozialen Liebesdienstes war, noch, dass es in der Frühzeit der Kirche ein eigenständiges Amt war, gleich wichtig wie das des Aufsehers.[24]

Noch einmal in Collins knapper Diktion: Die Beziehung Diakon stammt nicht von der Aufwartung bei Tisch, sondern von der Assistenz einer Person (allerdings lassen Mk 1,31, Lk 12,37, Joh 12,2 beide Deutungen zu). Diese Person ist weder eine bedürftige Person noch die Gemeinde, sondern der Aufseher, dessen Agent der Diakon ist. Das Wort wurde gewählt als Titel für einen christlichen Beamten, weil es in der religiösen Sprache geläufig war. Der Titel ist aber nicht direkt von nichtchristlichen religiösen Gilden genommen worden, bei denen das Nomen einen religiösen Kellner bezeichnet, sondern ist eine originale christliche Bezeichnung für einen Agenten in heiligen Angelegenheiten. Der Titel ist wahrscheinlich im Gottesdienst entstanden (337). Die Antwort auf die Frage, ob man mit diesem Ergebnis das Diakonat als Amt des sozialen Dienstes neben dem Amt der Wortverkündigung begründen kann, erübrigt sich.[25] Auch Roloff führt aus, dass „die diakonoi in

---

[23]   Vgl. Gerhard Uhlhorn, Die christliche Liebestätigkeit, (1895) Neukirchen 1959, 94f.

[24]   Insofern muss ich meinen witzigen Ausspruch auf dem Brüder- und Schwesterntag 1995 im Rauhen Haus, Bischof und Diakon gehören zusammen wie Pat und Patachon, korrigieren. Sie gehören eher zusammen wie Professor und Assistent, und das ist etwas anderes, wie ich als ehemaliger Assistent weiß.

[25]   Der Beitrag der Kammer für Theologie der EKD „Der Diakonat als geordnetes Amt der Kirche" (1996) setzt schlicht voraus, dass es ein frühchristliches Diakonenamt sozialer Art gab, das heute zu repristinieren sei. Meine Frage, abgesehen von der historischen Korrektur, an diese Position ist u. a.: Widerspricht die Einrichtung eines zweiten kirchlichen Amtes nicht jener Entwicklung, an die Stelle des einen, und sei es auch gegliederten Amtes, an dem die anderen Mitarbeiter je nach Beauftragung mitwirken, die Gemeinschaft der gleichberechtigt in Kirche und Diakonie Tätigen zu setzen, in Aufnahme des Gedankens von 1Petr 4,10? Ist nicht in den Tätigkeiten vieler

den paulinischen Gemeinden Träger einer streng auf das eucharistische Mahl bezogenen Funktion gewesen sein müssen"[26]. Da er aber von der Bedeutung des Tischdienstes ausgeht, ist für ihn sofort klar, dass „die diakonoi die erforderlichen Tischdienste leisteten" und „daß sich im Dienst der Diakone die von Jesus gesetzte Norm des Dienens in besonders sinnfälliger Weise spiegelte". Eben das ist aber nicht zu beweisen. Also: Was Diakone damals taten und was sie heute tun, sind zwei verschiedene Dinge. Das heißt natürlich nicht, dass ihre heutige Tätigkeit nicht sinnvoll wäre. Da aber die Diakone und Diakoninnen in Deutschland eine pflegerische, pädagogische oder soziale Ausbildung haben müssen, verschärft es noch einmal die Frage, was ist ihre besondere *diakonia* in der heutigen Situation von Kirche und Gesellschaft? In einer pluralistischen Welt zeigen, daß die Kirche die Liebespflicht am Nächsten als vornehmste Lebensäußerung institutionell (d. h. als geordnetes Amt) sichtbar macht (so die EKD in ihrem Beitrag zum evangelischen Diakonat als geordnetes Amt)? Oder geht es auch darum, dazwischenzugehen mit Wort und Tat, um dem Evangelium als einer anderen Lebensweise gesellschaftlich Geltung zu verschaffen?

6.   Noch einmal: Jesus als quasi-göttlich Dienender und die Lebenshingabe als göttlicher Auftrag

Schließlich kommt Collins auf die Evangelien und die beiden wichtigen Stellen Lk 22,27 und Mk 10,45 zu sprechen. Er bestreitet nicht, dass *diakonein* in den Gleichnissen in der Bedeutung geringe Tätigkeit und Aufwartung für einen Herrn, so in Mt 25,44, vorkommt, dass auch Jesus selbst in dieser Weise gedient wurde, von den Engeln, der Schwiegermutter des Petrus und von Marta. Er macht aber darauf aufmerksam, dass Lukas den Eindruck vermeidet, dass die Bedienung bei Tisch exklusiv auf Jesus gerichtet war. Er bringt aber das Gleichnis von den Knechten, die wach sind, wenn der Herr kommt und die von ihm bedient werden (Lk 12,37) und er porträtiert Jesus in der Abendmahlserzählung als den Herrn, der sich wie ein Dienender verhält (22,27). Das heißt nach Collins, der hellenistische Autor unter den Evangelisten hat eine Geschichte integriert, die an den hellenistischen Festbrauch erinnert, nach dem Herren ihre Knechte bedienen (siehe Lukian, Saturnalia). Also: Das benutzte Wort und der Kontext schildern Jesus hier in dem Bild eines Kellners/Aufwärters, eine Deutung, die unterstützt wird durch die Pa-

---

Christen in neuen Diakonieprojekten das allgemeine Diakonentum aller Gläubigen präsent? War nicht eigentlich das die große Errungenschaft Wicherns, den bürgerlichen Christen in der diakonischen Vereinstätigkeit eine Handlungsperspektive diesseits von Kirche und Amt zu eröffnen? Kommt die Öffnung der Kirche für diese Tätigkeit in der Form eines Amtes nicht 150 Jahre zu spät, sosehr die damit verbundene Anerkennung der Diakonenschaften auch zu begrüßen ist?

[26]   J. Roloff in: Schäfer/Strohm, Diakonie, 201.

rallelisierung Jüngster und Dienender in V. 26, denn seit Homer sei es das griechische Ideal, dass die Jüngsten die Großen bedienen (246). Aber die Stelle ist nicht ganz wörtlich zu verstehen. Jesus dreht zwar die Konvention um und verhält sich als Großer wie ein Jüngster. Aber er tut es nur „wie ein Dienender", denn er reicht zwar Brot und Wein weiter, aber er holt die Speisen nicht, wie ein Kellner das tut (Collins betont, daß der Vergleich nur auf die Ereignisse am Tisch abhebt und nicht auf Jesu Sorge für die Jünger und die Kranken zu übertragen ist. Auch sollen die Jünger Jesus nicht praktisch nachahmen, Versorgungsarbeit leisten wie Schottroff feministisch unterstellt, sondern seine Handlung übernehmen). Diese Stelle ist aus dem hellenistischen Kontext gut erklärbar; die hochinteressante Deutung von P. Ricca (das Wie sei das Wie der Offenbarung überhaupt[27]), die Thesen Roloffs („Jesu Selbsthingabe als Akt des Dienens"[28]) und Schweizers („Jesus konnte in dieser Situation nur erleiden"[29]) sind spekulativ und überzogene Theologisierung – eine Versuchung, die immer nahe liegt, denn Jesus muss doch als der sich für seine Jünger Hingebende etwas absolut Einmaliges gemeint haben und die diakonische Kirche bzw. die Diakonie muss doch mit ihrer Berufung auf solche Stellen in die Nachfolge der Einmaligkeit Jesu eintreten.

Bleibt die berühmte und wichtige Stelle über den Menschensohn, der nicht gekommen ist, dass er sich dienen lasse. Sie ist eine der meistzitierten Stellen in der Diakonie, sie wird als *die* Begründung für die christliche Zuwendung zu den Schwächsten gelesen.

Hier werde die Umkehrung der Wertmaßstäbe,[30] das christliche Gegenbild zur Herrschaft,[31] die Hingabe Jesu als der Maßstab des Dienens,[32] die Aufhebung der mit *diakonein* festgelegten gesellschaftlichen Grenze[33] formuliert.

Aber was ist mit dem Verb in seiner zweifachen Form, als aktiver Infinitiv und als Passiv, tatsächlich gemeint? Collins schließt aus, dass hier eine ausschließlich christliche Bedeutung vorliegt, sei sie nun die Sorge für andere, der niedere Dienst, der Tischdienst oder der liturgische Dienst. Andere Autoren bringen Mk 10,45 mit der Eucharistie in Verbindung, und zum Beweis wird Lk 22,27 angeführt. Collins hält es aber für ausgeschlossen, dass Mk ein traditionelles Tischwort in eine Aussage über Ethik und Erlösung verwandelt hat. Hingegen könnte, so vermutet Collins, Lukas Markus redigiert haben. Für die einfachen griechischen Leser hätte ein Festbankett mit dem Herrn die erlösende Qualität, von der Markus in 10,45 spricht (250). Für ausgeschlossen erachtet Collins auch die Deutung, die hier in dem Dienen eine Art christlicher Philanthropie sieht, absolut beglaubigt durch den Tod Jesu für andere, denn eine karitativ-philanthropische Bedeutung hat das Verb nicht. Auch der Dienst für Gott, vergleichbar dem Dienst des leidenden Gottesknecht von

---

27 Vgl. Paolo Ricca, Jesus als Diakon, unveröffentlichtes Manuskript.
28 Vgl. Roloff, in: Schäfer/Strohm, Diakonie, 190.
29 Vgl. E. Schweizer, in: Schäfer/Strohm, Diakonie, 160.
30 Vgl. F. W. Horn, in: Schäfer/Strohm, Diakonie, 122.
31 Vgl. Gerd Theißen, Die Bibel diakonisch lesen: Die Legitimationskrise des Helfens und der barmherzige Samariter, in: Schäfer/Strohm, Diakonie, (376ff) 399.
32 Vgl. O. Merk, in: Schäfer/Strohm, Diakonie, 152.
33 Vgl. L. Schottroff, in: Schäfer/Strohm, Diakonie 232f.

Jes 53,11 kann gemeint sein, da das benutzte Verb verschieden ist. Collins plädiert schließlich für ein Verständnis dahingehend, dass hier eine persönliche Beauftragung durch Gott gemeint ist, weniger ethisch als theologisch, wie er sagt. Indem im Unterschied zu Mk 8,31; 10,34 der Hinweis auf die Auferstehung weggelassen werde, mache der Tod als Teil des Auftrags den Maßstab für die Jünger deutlich und nicht der immer behauptete Aspekt der Erniedrigung im Verb selbst. Das Passiv aber meine *diakonein* als häusliche und persönliche Aufwartung und wolle sagen, dass der Menschensohn nicht Diener wie die Reichen und Mächtigen hat, denen er Aufträge erteilt, sondern er muss seinen eigenen Auftrag erledigen (252).

7. Was von Collins zu lernen ist und was nicht

Das sind Feinheiten der Interpretation, die zu verstehen nicht einfach ist, scheint hier doch die Lebenshingabe Jesu wieder im Mittelpunkt zu stehen, die ich zu Beginn meiner Ausführungen als zu einseitige Interpretation des Lebens Jesu kritisierte. Natürlich will Collins (und das will auch ich) weder die Erniedrigung und Hingabe Jesu weginterpretieren noch die Deutung des Lebens Jesu unter diesem Aspekt, das wäre auch nicht möglich. Die Korrektur richtet sich gegen die vorschnelle Ineinssetzung von Lebenshingabe Jesu mit der Bedeutung von *diakonein* als demütigem und hingebungsvollem Dienen. Jesus war eben kein Diakon, sondern ein Prophet und Lehrer, der das nahe Reich Gottes verkündigte. Die frohe Botschaft galt zuallererst den Armen. Er war auch ein Heiler; in seinen Heilungen sah er Zeichen für die anbrechende Gottesherrschaft, aber diese Heilungen waren kein Diakonisches Werk im palästinischen Kleinformat.[34] Um es noch einmal zu sagen: *Diakonein* meint in Mk 10,45 ‚einen Auftrag ausführen‘, in Lk 22,27 ‚eine Aufwartung vornehmen‘, bei Paulus häufiger ‚die Botschaft vermitteln‘, in Röm 15,25 ‚den Botengang im Auftrag der asiatischen Gemeinden zu den Armen in Jerusalem ausführen‘ und nicht die Funktion dieser *diakonia* als Hilfe für Notleidende.[35] Es ist diese Hineininterpretation der Folgen des Botengangs in den gebrauchten Terminus bzw. dann in der Ermahnung die Unterlegung des Terminus mit dem gewünschten Ergebnis, die eine Korrektur verlangt. Christen sind zunächst Beauftragte und dann in der Konsequenz der Ausführung dieses Auftrags auch hilfreich sozial Handelnde und Dienende. Das ist die Reihenfolge, die zu beachten ist, und die Reininterpretation der antiken Quellen hilft, diese Reihenfolge klarzustellen, Wurzel und Frucht nicht zu verwechseln. Um eine bestimmte, im 19. Jahrhundert neu gewonnene Form christlichen Hilfehandelns terminologisch, motivationell und institutionell abzusichern, ist diese Exegese auch von differenziert denkenden und klugen Wissenschaftlern in bester Absicht betrieben worden –

---

[34] Das unterstellt Horst Seibert, Diakonie – Hilfehandeln Jesu und soziale Arbeit des Diakonischen Werks, Gütersloh 1983.
[35] Gegen T. Holtz in: Schäfer/Strohm, Diakonie, 129 u. 138f.

um Diakonie als von Jesus vorgegebene christliche Existenzform als Wesensform der Kirche abzusichern, ihr den gleichen Rang wie die Verkündigung zu geben, den alten Streit um die Priorität von Wort oder Tat zu beenden.

Das Ergebnis dieser Bemühung ist, wie Collins gezeigt hat, durchaus ambivalent, weil jetzt auf einmal alles Mögliche Diakonia ist und die ursprüngliche Bedeutung verloren geht. Collins zeigt sich hier auch als Vertreter einer sozusagen korrekten Theologie des Predigtamtes. Das schmälert aber nicht den Wert seiner Anfragen.[36]

„Ist Diakonia eine passende Bezeichnung, um die Verantwortung der Kirche für die Errettung der Unterdrückten und Besitzlosen zu bezeichnen?", fragt Collins in seinem Nachwort (253). Hatte die Kommission des ÖRK für Zwischenkirchliche Hilfe, Flüchtlingsarbeit und Weltdienst (CICARWS) recht, als sie 1984 formulierte: „Diakonia als kirchliches Amt des Teilens, Heilens und Versöhnens ist das wahre Wesen der Kirche." Collins lässt keinen Zweifel: Diese Aufgabenbeschreibung stimmt nicht mit der frühchristlichen Verwendung dieses Worts überein, und die frühen Christen hätten die Begrenzung des Worts auf den Bereich der christlichen Fürsorge nicht verstanden. „Die vorgesehene Ausdehnung des Programms von CICARWS ins nächste Jahrhundert unter dem Namen *Diakonia 2000* ist ebenso wie die von der Deutschen Evangelischen Kirche benutzte Namensgebung für die soziale Arbeit: *Diakonisches Werk* eine falsche Bezeichnung" (254). Die soziale Arbeit ist nach dem Hirten des Hermas nur eine von vielen Verpflichtungen des Evangeliums. Für sich genommen hat das Wort keinen Bezug zu sozialer Fürsorge. Dieses Urteil Collins scheint weit entfernt von der Position heutiger Diakonietheorie, die z. B. Diakonie als Option für die Armen und als „Kennzeichen der Gemeinde" bezeichnet und Gemeinden ohne diese Option als bürgerliches Mäzenatentum diskreditiert[37]. Aber Collins Konzept des Dazwischengehens eröffnet einen neuen Zugang zu Diakonie als Denunzierung ungerechter Verhältnisse, und das ist wiederum nahe bei Steinkamp.

---

[36] Schließlich will ich nicht verschweigen, dass Collins Re-Interpretation von diakonia auch eine Korrektur des Amtsbegriffs und des allgemeinen Priestertums aller Gläubigen bedeutet. Diakonia/Amt, sagt er, ist im antiken Verständnis eine Pflicht, eine Auflage. Trotz des schönen Satzes von Paulus von den verschiedenen Gnadengaben, Diensten und Kräften in 1Kor 12,5 bleibt diese Differenz bestehen. Und so kann zwar mit dem Lima-Papier gesagt werden, dass es verschiedene Werke der Liebe und des Dienstes in großer Breite gibt, die für den heutigen Christen eine heilige Verpflichtung sind. Das heißt aber nach Collins nicht, daß alle an diesem Amt Anteil haben. Denn diakonia/Amt ist eine Verpflichtung, die einem Einzelnen direkt von Gott auferlegt wurde, und das gilt vor allem für das Amt der Verkündigung des Wortes Gottes. Indem er *diakonia* von seiner karitativen Überfrachtung befreit, will Collins auch die Priorität des Predigtamtes wiederherstellen. Er möchte es allerdings auch von dem großen Druck lebenslanger göttlicher Beauftragung befreien und fragt, warum seine Dauer nicht beschränkt werden, den Amtsträgern nicht die Möglichkeit gegeben werden könnte, in anderen Bereichen tätig zu werden.

[37] Vgl. Hermann Steinkamp, Alphabetisierung in der ersten Welt – Gemeindediakonie und Basisinitiativen, in: Ulfrid Kleinert (Hg.), Mit Passion und Profession: Zukunft der Gemeindediakonie, Neukirchen-Vluyn 1992, 45ff.

Was bedeutet das für den Diakon, dessen Aufgabe im 19. Jahrhundert als Dienst an den Bedürftigen verstanden wurde? Die Re-Institutionalisierung des Diakonenamtes in der Katholischen Kirche im Gefolge des 2. Vatikanischen Konzils ist hier weniger problematisch, weil die Sorge für die Bedürftigen nur eine Dimension des neuen Amtes ist (auch wenn in der Praxis sie bei der Mehrheit der Diakone den Vorrang hat). Aber was den evangelischen Diakonat betrifft, so sagt Collins, dass „die Titel Diakon und Diakonisse im 19. Jahrhundert unter der falschen Voraussetzung wiederaufgenommen wurden, daß der apostolische Diakonat essentiell Werke der Barmherzigkeit einschloß" (255). Die Konsequenz für die gegenwärtige Diskussion über den Diakonat läge darin, diese Fehldeutung zu korrigieren, was aber m. E. nicht geschieht. Die Vertreter der diakonischen Bruderschaften können diese Korrektur nicht vornehmen, weil sie damit einen wichtigen Teil ihrer Berufsgeschichte ebenso wie ihre Bestrebungen um kirchliche Anerkennung aufgeben würden. Die Korrektur muss von den Vertretern der diakonischen Theologie kommen und ins Gespräch um den Diakonat wie um die gegenwärtige Aufgabe von Diakonie eingebracht werden.

Dabei geht es nicht darum, das, was in 150 Jahren an diakonischer Arbeit und Berufstätigkeit aufgebaut wurde, jetzt mit dem Hinweis auf eine falsche bzw. zumindest nicht korrekte Bezeichnung zu diskreditieren. Es geht vielmehr darum, wie ich in der Einleitung sagte, die Diakonie von einem überhöhten Selbstanspruch zu befreien, der darin liegt, eine normale helfende Tätigkeit exklusiv in dem Dienst der Selbsthingabe Jesu und der totalen Umkehrung der Wertmaßstäbe zu begründen. Sie wäre vielmehr als eine allen Menschen mögliche „souveräne Daseinsäußerung" (*Loegstrup*) wiederzuentdecken. Wichtig ist also eine menschenrechtliche und zivilgesellschaftliche Perspektive der Diakonie, das, was Diakonie mit anderen Trägern sozialer Arbeit verbindet. Das soll nicht heißen, dass die christliche Motivation zum Hilfehandeln nicht bewusst zu machen und zu gestalten wäre, wie das in Aus-, Fort- und Weiterbildungen der Diakonie geschieht. Nur sollte man dabei ehrlicherweise die von Collins vorgenommene Korrektur am Diakoniebegriff nicht verschweigen.

Es geht weiter darum, diakonisches Handeln von dem immer noch virulenten demütigen Dienstcharakter an den Armen und Verlorenen zu befreien, wie er in Löhes Diakonissenspruch seine prägnante Ausformulierung gefunden hatte, was in einer Zeit sozialer Rechtlosigkeit seinen Sinn hatte, aber nicht mehr heute in einem Sozialstaat, in dem die Hilfsbedürftigen Rechte haben und die sozialen Dienstleister nach KAT bezahlt werden. Außerdem war mit dem Dienst an den Armen und Verlorenen auch immer ein fragwürdiges asymmetrisches Verhältnis gesetzt, das die Betreuten zu Objekten machte.

Es geht schließlich auch darum, die von Collins neu erschlossene Bedeutung von *diakonein* in die diakonische Praxis von heute einzubringen – Diakonie als Auftrag, Dazwischengehen als Konsequenz des Evangeliums, als soziale Kommunikation des Evangeliums, auch im Konflikt mit denen, die den Sozialstaat verwalten und in jüngster Zeit Ausgrenzungsprozesse zunehmend nicht verhindern. Die Liebe Jesu zu den Armen, sein Dienst an den JüngerInnen kann dafür ermutigend-motivierend wirken, ohne mit Joh 12,26 die Hingabe zum Grundgebot zu machen.

Collins Untersuchung stellt die herrschende diakonische Selbstlegitimierung produktiv in Frage, hebt die Gleichsetzung von christlicher Existenz und demütigem bzw. helfendem Dienst auf und läßt uns neu danach fragen, was denn das Besondere der christlichen Beauftragung, Botschaft und Vermittlung (alles gleich *diakonia*) ist, wenn es nicht die Caritas bzw. die Diakonie als Hilfehandeln ist. Wäre es nicht ihre Diakonia, sprich die von Gott übertragene Aufgabe, in einer kälter werdenden Gesellschaft die Frage zu stellen, wie wir denn zusammenleben und Gesellschaft menschenfreundlich gestalten wollen, anstatt sich über eine groß angelegte sozialdiakonische Tätigkeit eine relativ einfach zu habende Anerkennung zu verschaffen?[38] Dass dazu zeichenhaftes diakonisches Handeln im alten Sinne gehört (zur Integration der Ausgegrenzten z. B.)[39], versteht sich m. E. von selbst. Mit anderen Worten: die Re-Interpretation von *diakonia* ist eine hoffentlich produktive Verunsicherung für die Diakonie und die in Diakonie Tätigen, die z. B. fragen lässt: Wie bestärke ich die christliche Motivation zu sozialem Handeln, ohne sie absolut zu setzen? Oder was geschieht in der Begegnung zwischen Hilfesuchendem und Professionellem, wenn beider Glaubensgeschichte ins Spiel kommt? Ist die Ichwerdung am Du, die Begegnung mit dem hilfsbedürftigen Anderen, nicht eine Entdeckung der eigenen „komplementären Betroffenheit" (Steinkamp)? Was ist die vielbeschworene Dienstgemeinschaft in der Diakonie, wenn sie nicht wirklich partizipationsorientiert ist, was der von Collins erhobenen Deutung näher kommt als der demütige Dienst?[40] Schließlich: Wenn Gerechtigkeit Maßstab der Reich Gottes-Verkündigung Jesu ist, wie bringt die Diakonie Barmherzigkeit und Gerechtigkeit neu in Beziehung?[41]

---

[38]   So auch Matthias Kroeger, Die Notwendigkeit der unakzeptablen Kirche. Eine Ermutigung zu distanzierter Kirchlichkeit, München 1997, 93f: Gefährliche Verwechslung der notwendigen Diakonie.

[39]   Siehe dazu meinen Artikel „Randgruppen", in: M. Honecker u.a. (Hg.), Evangelisches Soziallexikon Neuausgabe, Stuttgart 2001, 283–86.

[40]   Nach Heinrich Beyer / Hans G. Nutzinger, Erwerbsarbeit und Dienstgemeinschaft. Arbeitsbeziehungen in kirchlichen Einrichtungen. Eine empirische Untersuchung, Bochum 1991, 273, ist mehr Partizipation das, was sich die Mitarbeiter in Diakonie und Kirche wünschen.

[41]   Siehe meine Ausführungen zu „Barmherzigkeit mit Gerechtigkeit verbinden", in diesem Bd. S. 9.

Diakonie als Dazwischengehen und Beauftragung.
Die Collins-Debatte aus der Sicht ihres Anstoßgebers[1]

Es gibt eine Karikatur des leider Anfang Oktober verstorbenen F. K. Wächter, der häufig in seinen kleinen Bildgeschichten mit Gott auf witzig-originelle Weise im Gespräch ist. Man sieht eine Hochhaussiedlung, dazu den Text: „‚Wo Gott Hochhäuser bauen lässt, versieht er sie auch mit Sprechanlagen‘, sagte Heinz und zog in seiner Freizeit durch die Trabantenstädte den Menschen Mut zuzusprechen." Und was sagt Heinz? Er spricht den schönen Satz in die Sprechanlage: „Jesus liebt dich." Eine hübsche Karikatur evangelistischer Mission, und doch ist damit ganz gut die Haltung präsenter diakonischer Arbeit getroffen.

Der Sozialarbeiter Horst Stig der Martin Luther King-Kirchengemeinde in Hamburg hat Jahrzehnte lang eine diakonische Tätigkeit wahrgenommen, ohne Diakon zu sein und ohne sich auf Christi Vorleistung zu berufen. Horst Stig war lange Zeit Jugendsozialarbeiter und später Straßensozialarbeiter im Auftrag der evangelischen Kirchengemeinde und dann auch der Behörde; er ging durch die Straßen dieser Hochhaussiedlung und war einfach da, präsent. Er sagte nicht wie Heinz, „Jesus liebt dich", sondern lebte diese Präsenz und Zugewandtheit. Er hatte Kontakt mit vielen Jugendlichen, die sonst nichts galten, verloren nannte man sie früher. Er hatte keine Brüder- und Schwesternschaft, seine Gemeinschaft waren eher seine Kumpels in Eimsbüttel, mit denen er in seiner Stammkneipe einen trinken ging. Oder mit uns Pastoren auf den Gemeindefesten. Seine Nachfolger sind am Rauhen Haus ausgebildete Sozialarbeiter, die nicht Diakone wurden. Aber was tust du da, Kirchengemeinde? Säkularisierst du dich nicht selbst, wenn du auf die diakonische Qualifikation verzichtest? Eine berechtigte Frage, die nicht so einfach zu beantworten ist. Jesus liebt dich, das kann man auf verschiedene Weise sagen, am Sonntag von der Kanzel, in der Gemeinschaft des Abendmahls und im Alltag der Welt, durch Präsenz und Mitgehen, wie Horst Stig das tat. Die Gemeinde beauftragte ihn, er ging dazwischen, als Mensch und als Christ, *diakonos* ohne diakonische Ausbildung. Mittlerweile ist er zu alt, um jetzt noch das Diakonikum zu machen.

Der von mir vor fünf Jahren publizierte Aufsatz über Collins Rekonstruktion des Diakoniebegriffs aus den antiken Quellen hat zu einer lebhaften Diskussion geführt. Was ist der Ertrag?

These 1. Die Bekanntmachung der Forschungsarbeit von Collins ist sinnvoll gewesen. Seine These lautet kurzgefasst: Entgegen der landläufigen Deutung meint *diakonein* nicht ‚Dienst an den Tischen‘, das von den frühen Christen konstruktiv uminterpretiert und als in der Hingabe Christi begründeter Dienst an Schwachen zum Kennzeichen des Christseins wird. Nach Collins hat *diakonein* vor allem die Bedeutung des Dazwischenge-

---

[1] Vortrag auf der Fachtagung „Professionalität und Identität. Beruf Diakon/in", 16.–18.10.2005 in Rummelsberg.

hens. Es meint, im Auftrag eines anderen eine Botschaft auszurichten, eine Tätigkeit zu unternehmen oder eine Aufwartung vorzunehmen. In diesem Sinn spricht Paulus von sich als Diener Gottes, Christi, des neuen Bundes. Um den Heiligen zu dienen, sprich, im Auftrag der asiatischen Gemeinden, bringt er die Kollekte nach Jerusalem. Der Diakon ist der liturgische Assistent des Bischofs.

Zunächst hat die Debatte eine persönliche Dimension. Da forscht jemand lange über den Begriff *diakonein* und kommt zu dem Ergebnis, dass die bisherige Auslegung eines zentralen christlichen Begriffs auf einer weitgehend falschen philologischen Basis des Profangriechischen beruht und auch den neutestamentlichen Befund missversteht. Wie jeder Wissenschaftler hofft er natürlich, dass seine Ergebnisse wahrgenommen werden und möglicherweise zu einer Korrektur des bisherigen Forschungstands führen. Dabei ist er zunächst angewiesen darauf, dass er überhaupt gelesen wird, auch und gerade in dem Land, dessen Theologen die bisherige Auslegung entscheidend zu verantworten haben. Das geschieht jedoch nicht, auch nicht als die Forschungsarbeit 1990 im renommierten Oxford University Press Verlag veröffentlicht wird. Die neutestamentliche Wissenschaft in Deutschland übergeht, übersieht seine Ergebnisse.[2] In der Diakoniewissenschaft verhielt sich die Sache ein wenig anders. Dass es da eine wissenschaftliche Arbeit gibt, die den Diakoniebegriff aus den antiken Quellen neu bestimmt, war irgendwie als Halbwissen, mehr als Gerücht bekannt. Auch in Heidelberg. Aber die Heidelberger wurden nicht aktiv (dann hätte der Band *Diakonie – biblische Grundlagen und Orientierungen* Mitte der 90er Jahre entscheidend überarbeitet werden müssen). Auf der internationalen Diakonie-Konferenz 1998 in Lahti war es dann K. Nordstokke aus Norwegen, der in einem Vortrag auf Collins einging. Das weckte mein Interesse. Als ich nach Hause kam, besorgte ich mir das Buch und fing an zu lesen. Das Ergebnis kennen sie. Durch meinen Aufsatz in der Pastoraltheologie 2000 wurden Collins Thesen bekannt und sie werden seitdem hierzulande diskutiert (unterschiedlich intensiv – in meiner eigenen Institution dauerte es vier Jahre, bis man geruhte, meinen Aufsatz zur Kenntnis zu nehmen).

Vor allem in dem Band *Diakonische Konturen* spielt Collins Rekonstruktion eine wichtige Rolle, aber auch hier übergeht ein längerer Aufsatz über *diakonein*-Worte in Mk und Lk Collins völlig.[3] Collins machte im Juli 2005 in Hamburg und Ludwigsburg darauf aufmerksam, dass in der Festschrift für Strohm *Diakonie der Versöhnung* (2003) in 30 Beiträgen nur 2 Mal auf ihn Bezug genommen wurde.

---

[2]   Sein Buch steht zwar in der Bibliothek des Theologischen Seminars in Hamburg, aber gelesen worden ist es noch nicht, und auch die Fachvertreter, die ich fragte, kannten es nicht. Als Collins im Juni 2005 in Hamburg war und ich bei den Neutestamentlern anfragte, ob Interesse an einem Vortrag bestünde, war das Interesse äußerst gering. Der Vortrag kam nicht zustande.

[3]   Vgl. D. Jonas, Diakonein – Diakonia – Diakonos, in: V. Hermann / R. Merz / H. Schmidt (Hg.), Diakonische Konturen, Heidelberg 2003, 63ff.

2. Es ist immer wieder sinnvoll, dass die westdeutsche Diakonie mit ihrem großen Anspruch auf Nachfolgeschaft Christi in den Kernberufen und der Leitung einerseits, ihrem Verweis auf imponierende Zahlen und Einrichtungen andererseits sich kritisch mit der eigenen Geschichte und diesem Anspruch auseinandersetzt. Das gilt auch für den ehrwürdigen Diakonenberuf. Diese Auseinandersetzung durch die Collinsdebatte zu befördern war ein Anliegen Benedicts.

Ich will auch etwas über meine persönliche Motivation sagen, Collins sehr genau zu lesen und hier ausführlich bekannt zu machen. Ich bin im Laufe meiner christlichen und theologischen Existenz sehr empfindlich gegenüber christlichen Absolutheitsansprüchen geworden. Das hing mit der Einsicht zusammen, dass das Christentum zwar mit großen Ansprüchen auf Verwandlung der Welt angetreten ist, sie aber nur sehr begrenzt eingelöst hat, oder noch deutlicher, daran gescheitert ist, ohne daraus selbstkritisch Konsequenzen zu ziehen. Hans Blumenberg hat das in einem Kommentar zum Begriff der Säkularisierung so gefasst: Das Christentum hat überzogene Anforderungen formuliert, und wenn sie dann scheiterten, die böse Welt dafür verantwortlich gemacht.[4] Dass Kirche und Diakonie während des Nationalsozialismus versagt haben, für die elementaren Rechte ihrer jüdischen Geschwister und oft auch ihrer Klienten einzutreten, gehört zu den beschämenden Erkenntnissen, die einen vorsichtig machen sollten. Gerade die Berufsgeschichte des Diakonenberufs, wie Häussler sie dankenswerterweise erarbeitet hat, lädt eher zu Bescheidenheit ein. Die kleinbürgerliche Herkunft der Diakone, ihre Aufstiegsorientierung, der Kampf um die kirchliche Anerkennung, die 1933 zu einer blamablen Anpassung an den Nazi-Zeitgeist führte, seien nur am Rande erwähnt.

Auch in der Nachkriegszeit sind wichtige Reformen eher durch Druck von außen entstanden, sowohl was die Loslösung der Ausbildung aus pastorenherrlich geführten Diakonenanstalten betraf, als auch die Reform der Heimerziehung oder jüngst die Veränderungen in der Arbeit mit Behinderten.

Die westdeutsche Diakonie hat durch Nutzung ihrer schnell wiederhergestellten Organisationskraft (s. etwa Gerstenmaiers Evangelisches Hilfswerk) die Chance genutzt, im sich neu bildenden dual organisierten Sozialstaat ihre Anteile zu vergrößern und von außerordentlichen Expandierung sozialer Arbeit in den 60er, 70er und 80er Jahren zu profitieren. Darin ein besonderes Glaubens- oder Nachfolgepotential zu entdecken, geht an der Wirklichkeit vorbei.

Die ostentativ zur Schau getragenen Ansprüche der Diakonie auf besondere Hingabe ihres helfenden und pflegerischen Dienstes im Vergleich zu anderen Hilfeträgern haben mich zunehmend geärgert. Einen Aufsatz wie den von Klessmann über die „Annahme des Schatten" fand ich hilfreich und entlastend. Der immer vor sich hergetragene Anspruch der Nachfolge führt

---

4   Hans Blumenberg, Die Legitimität der Neuzeit, Frankfurt/M. 1966, 73f.

zu Überforderung einerseits, zu Heuchelei andererseits. „Nicht der andere, ich selbst bedarf des Almosens meiner Güte" (C. G. Jung).

3. Collins hat anregend auf andere Forscher gewirkt, die den neutestamentlichen Befund nun neu in den Blick nahmen und wie besonders Starnitzke zu einer anderen Deutung der *diakonos*-Stellen bei Paulus und in den Deuteropaulinen kamen. Die *diakonoi* waren reisende Agenten und Kommunikatoren und hatten eine wichtige Bedeutung für die innere Einheit des Christentums.

Insofern fiel die philologische Relativierung des Diakoniebegriffs durch Collins bei mir auf fruchtbaren Boden. Sie erschien mir zudem in weiten Teilen plausibel und weiterführend. Ich habe sie dann auch in meinem zweiten Aufsatz konstruktiv weitergedacht, was Collins übrigens nicht besonders gefallen hat. Es gab durch Collins und meine Vermittlung angestoßen exegetische weiterführende Beiträge, so besonders durch Dierk Starnitzke. Er hat in einer genauen Analyse „Die Bedeutung von *diakonos* im frühen Christentum"[5] die von Collins erhobene und von mir bestärkte Tätigkeit des *diakonos* als Vermittler bestätigt. Er sieht in den Briefen des Paulus und in den Deuteropaulinen eine funktional-organisatorische Definition der Aufgabe führender Christen, die darin bestand, „sich zwischen verschiedenen Orten hin und herzubewegen, zwischen christlichen Gemeinden und Personen zu vermitteln und dadurch zweitens den Glauben zu stärken und das Evangelium zu vermitteln."[6] Meint der Begriff in den Evangelien noch eine existentielle Grundhaltung der Selbstzurücknahme und des Lebenseinsatzes, die in der paradoxen Existenz Christi begründet ist (Mk 10,45 par; Joh 12,26), so erhält *diakonos* in den Paulusbriefen die Grundbedeutung ‚Vermittler' mit verschiedenen Konnotationen. Folker Siegert hat in seinem Referat diesen Aspekt ebenfalls aufgenommen, wenn er Diakonie als Botendienst kennzeichnet und sagt, der Begriff Diakonie impliziere Freiwilligkeit, Ortsveränderung, Botschaft. Das sind erfreuliche Kurskorrekturen, die für ein neues diakonisches Selbstverständnis hilfreich sein können. Unser Bild vom diakonischen Handeln differenziert sich durch solche exegetischen Beiträge. Das ist nicht eins zu eins in unsere heutige diakonische Realität zu übertragen, aber es entstehen Impulse, die Verschiedenartigkeit des Handelns von Diakonen in Kirche und Diakonie neu zu verstehen.

4. Der Begriff Diakonie als Markenzeichen christlichen, organisierten Helfens neben der Kirche wird bleiben. Die Diakonie sollte in ihrer Öffentlichkeitsarbeit das Dazwischengehen profilieren. Es sollte aber auch der Gemeindebezug diakonischen Handelns neu in den Blick genommen werden.

---

[5]   Dierk Starnitzke, Die Bedeutung von diakonos im frühen Christentum, in: V. Hermann u.a. (Hg.), Diakonische Konturen, 184ff.

[6]   Starnitzke, Bedeutung, 200.

Diakonie ist ein Markenzeichen evangelischer sozialer und pflegerischer Arbeit, egal wie die Diskussion über die wahre Bedeutung von *diakonia* verlaufen wird. Denn die Rekonstruktion eines Diakoniebegriffs aus den antiken Quellen kann nur begrenzt die diakonische Realität in Deutschland verändern. Collins wäre schon zufrieden, wenn seine Forschung in den Lexika und Diakonie-Lehrbüchern erwähnt und der tendenziöse Beyer-Artikel irgendwann ersetzt wird. Der Begriff ‚Diakonie' als soziale Tätigkeit wird durch die Forschung nicht zum Verschwinden gebracht. Schon gar nicht wird das Diakonische Werk sagen, jetzt lösen wir uns auf, weil wir auf einer tendenziösen Deutung eines anders gemeinten griechischen Begriffs der frühen Christenheit beruhen. Aber dieser Begriff kann einen neuen Akzent erhalten. Es ist immerhin ein Zeichen, wenn der Präsident des Diakonischen Werks bereitwillig diese Bedeutungskorrektur übernimmt und auf Collins und mich verweist. Vielleicht taucht bald mal eine Diakonie-Plakatserie auf „Diakonie, das heißt dazwischengehen" – und dann die einzelnen Arbeitsbereiche Jugendarbeit, Altenhilfe usw. in sprechenden Bildern zeigt.

Nebenbei: Collins ist Katholik, dort ist der Diakonat anders organisiert; er sagt in seinem neuen Buch „The Deacons and the Church", Diakone seien Diener in einem echt pastoralen Amt. Die Gemeinde solle sie auswählen, die Kirche sie prüfen und beauftragen. Sie sollten immer in einer Zweierbeziehung zur Gemeinde bleiben. Gerade wenn man den kommunikativen Botendienst im Auftrag der Gemeinden (wie Paulus und seine Mitarbeiter ihn im Auftrag der asiatischen Gemeinden für die Gemeinde in Jerusalem ausübten) im Blick hat, dann ist dieser zweiseitige Prozess für das Diakonat wichtig. Diakonsein ist für ihn mehr ein Mandat als eine Berufsbeschreibung.

5. Versuche, dem rekonstruierten Diakoniebegriff eine für Diakonie neue einheitliche Deutung zu geben, wie etwa Benedict das tut, indem er die Diakonie der Versöhnung als größere Diakonie (2Kor 5,19) interpretiert, werden dem flottierenden Charakter des Diakoniebegriffs nicht gerecht, sind aber trotzdem sinnvoll.

In einem zweiten Aufsatz zu Collins habe ich eine für das Diakonieverständnis produktive Weiterführung seiner Ergebnisse versucht. Inhaltlich geht es, so meine These, in der *diakonia* der Kirche um die Wahrnehmung von Leidens- und Krisensituationen unter dem Aspekt der aktiven Liebe Gottes für seine Schöpfung, wie sie im Handeln an Israel und in Jesus deutlich geworden ist. Zeugnis (*martyria*), Gemeinschaft (*koinonia*) und Dienst (*diakonia*) sind nach Strohm jeweils selbstständige und wechselseitig aufeinander bezogene Äußerungen der „Diakonie der Versöhnung". Dies Verständnis von *diakonia tes katallages* (2Kor 5,18) habe ich die größere Diakonie Gottes genannt, sein Versöhnungshandeln, von der die kirchliche Verkündigung, die Gemeinden und diakonischen Werke wichtige Ausdrucksformen sind, nicht aber ihre einzige. Auch nichtinstitutionalisierte Gruppen im Christentum und nichtdiakonische Träger handeln in diesem Sinn. Gott ist nach diesem Verständnis eine kooperative Macht der Barmherzigkeit. Die Diakonischen Werke sind nicht als solche sakrosankt, sondern bleiben Kritikobjekt der größeren Diakonie der Versöhnung. Ihr Personal (Diakone, Sozialarbeiter, Erzieher, Krankenschwestern usw.) und ihre Programme (Hilfe, Pflege) sind fehlbarer Teil im Prozess der Gerechtigkeit Gottes mit der Welt durch uns Menschen.

Auch in der Diakonie muss eine menschenrechtliche, im Anthropologischen begründete Motivation des Helfens als gleichrangig anerkannt werden. Den vielen MitarbeiterInnen der Diakonie müsste geholfen werden, diese als eine im größeren Verständnis von Diakonie (Gott als umgreifende barmherzige Macht) verankerte Haltung abzuklären.

Collins nannte meine Anwendung des rekonstruierten Diakoniebegriffs als größere Diakonie Gottes nicht haltbar. Er hält mir, und ich muss zugeben mit einem gewissen Recht vor, dass ein flottierender Begriff wie *diakonia* etc., der seine Bedeutung oft durch den Kontext erhalte, nicht ein Begriff werden könne mit einer konstanten spezifischen Bedeutung in anderen Kontexten. Paulus will in 2Kor 5,19 seine missionarische Aktivität kennzeichnen, durch die er Versöhnung proklamiert hat. Auch Gohdes Festschreibung des Begriffs, die Diakonie in der Rolle eines Veränderungsagenten in der Zivilgesellschaft sieht, lehnt er ab; so beraube sie die Kirche der Freiheit, die ekklesiologische Resonanzen der *diakon*-Wörter voll auszuschöpfen. Das von Renate Zitt so genannte „spannungsvolle Miteinander unterschiedlicher Dimensionen in den diakon-Wörtern" verweise nicht auf ein theologisches Konzept von *diakonia*.[7] Wir hören diese Einwände und nehmen uns doch die Freiheit, es anders zu machen.

6. Der Christusbezug im Diakonenberuf – explizite Nachfolge Christi oder unbewusste barmherzige Tat?
Die Taten der Barmherzigkeit sind, das zeigt Mt 25,31ff, Menschenpflicht. Der Begriff ‚dienen' wird hier negativ in höfischer Redeweise von den Verdammten gebraucht, die primär dem König, nicht aber den bedürftigen Menschen dienen wollen. Der Christusbezug ist ein geschichtlich notwendiger Umweg, um die Fähigkeit zu den Werken der Barmherzigkeit in den Menschen zu stärken. Die Berufswerdung dieser Fähigkeit im Diakonenberuf ist angesichts der Wandlungen in der Bildungs- und Hilfelandschaft auch mit Blick auf die Collins Thesen neu zu bestimmen.

Damit komme ich zu der entscheidenden Frage, der christologischen Engführung der Diakonie und des Diakonenberufs. Das Proprium der christlichen Diakonie ist der Hinweis auf Christi Vorleistung, so hat Siegert in sei-

---

[7]   Noch einmal verweist Collins darauf, dass von den 100 Stellen, an denen *diakonein* vorkommt, keine gemeinsame Bedeutung, schon gar nicht die von Beyer behauptete ‚Dienst an den Tischen' zu erkennen sei, und er zitiert 20 höchst unterschiedliche von Mk 10,45 über Act 1,25; 6,1; 11,29; 12,25; 20,24; Röm 15,25; 2Kor 3,7–8; 2Kor 5,18; 8,19 bis Phil 12. Für ihn ist die Aktivität des Dazwischengehens entscheidend.

nem Vortrag gerade ausgeführt.[8] Das ist nicht mehr die christozentrische Diakonie von Philippi, aber es ist nach wie vor eine exklusive Christusbezogenheit der Diakonie und des Diakonseins. Gewiss ist der Christusbezug für die Entscheidung zum Diakonenberuf zumindest ein häufiges Motivationsmerkmal. Ob es Professionsmerkmal sein kann, scheint mir aber zweifelhaft. Wenn der explizite Christusbezug zum entscheidenden Kennzeichen der Diakonie wird, so hat das etwas Ausschließendes. Helfen ist eine jedem Menschen mögliche Form „souveräner Daseinsäußerung" (Lögstrup).

Dem unter die Räuber Gefallenen helfen die religiös Sozialisierten und Professionalisierten gerade nicht. Das ist jedem aufgefallen, nur kommt kaum jemand darauf, dass das vielleicht gerade auch für die christlichen Leser gilt.

Ich will dies zum Schluss an Mt 25,31ff, dem Gleichnis vom Weltgericht, verdeutlichen. In den tausenden von Auslegungen und Predigten über diesen zentralen Text ist auch die Frage diskutiert worden, warum die Verfluchten zur Linken des Menschensohn-Königs fragen: „Herr, wann haben wir dich hungrig oder durstig oder als Fremden oder nackt oder krank oder im Gefängnis gesehen und haben dir nicht gedient?" (V. 44) Warum nennen sie nicht wie die Gerechten und wie der König selbst die Notsituation und die dazu passende Tat (insgesamt in nicht ermüdender Wiederholung vier Mal)? Etwa: „Wann haben wir dich hungrig gesehen und dir nicht zu essen gegeben?" Manchmal wird gesagt, hier werde eben verkürzt. In der Regel wird diese Frage so beantwortet, dass hier doch eindeutig *diakonein* als zusammenfassender Begriff für die helfenden Werke der Barmherzigkeit vorliege.[9]

Gerade umgekehrt wird ein Schuh draus, wie Collins gezeigt hat. Dass die Verworfenen diesen Terminus benutzen, liegt daran, dass sie vor allem auf den König sehen und ihre Pflichten als Dienst ihm gegenüber verstehen. Die Nöte ihrer Mitmenschen sehen sie nicht. Weil die zur Linken den König bei seinem Gerichtshof anreden, erklären sie sich in einer höfischen Redeweise, nämlich als seine *diakonoi*. Diese höfische Redeweise findet sich in der profangriechischen Literatur häufig, wie Collins gezeigt hat, von Anaxandrides über Josephus bis zu Xenophon. Die Frage der Verfluchten enthüllt das krasseste Missverständnis des Königsreichs Jesu. Es geht nicht um den Dienst gegenüber dem König, sondern es geht darum, den Geringsten(unter meinen Brüdern) bzw. den Geringsten schlechthin nicht zu dienen, sondern an ihnen die Werke der Barmherzigkeit zu tun: was ihr den Geringsten meiner Brüder getan habt, das habt ihr mir getan, so der berühmte Vers 40.

---

[8] Vgl. Folkert Siegert, Referat auf der Fachtagung „Professionalität und Identität. Beruf Diakon/in" Rummelsberg 2005.

[9] So bei Beyer 1935 („es ist der Vollsinn christlicher Liebestätigkeit") und auch Theißen 1998 in der Festschrift für Strohm, Diakonie der Versöhnung: „die Zusammenfassung der vielfältigen Tätigkeiten durch den Begriff des Dienens" (69).

Nicht das Dienen entscheidet über die Stellung in der zukünftigen Welt, sondern das Tun des Gerechten. Die Gerechten tun es, ohne zu wissen, dass sie in den Hilfsbedürftigen auch dem anonymen Menschensohn-König zu essen und trinken geben, ihn kleiden usw. Die gute Tat geschieht, weil sie hilfsbedürftig sind, nicht weil der Menschensohn-König hinter ihnen steht. Wir, denen diese Geschichte erzählt wird, wissen natürlich, dass die Hilfsbedürftigen die Brüder des Menschensohn-Königs sind. Dieses Wissen soll uns helfen, an jedem Hilfsbedürftigen die seiner Notlage entsprechende Tat zu tun. Das Aufscheinen Christi in den geringsten Brüdern und Schwestern soll uns helfen, barmherzig zu sein. Die höchste Identifikation (mit dem anonymen Christus) wird aufgeboten, um das Natürliche zu tun, die natürliche Menschenpflicht zu erfüllen. Das ist wichtig, weil man dem Menschen, auch dem getauften Menschen, nicht trauen kann, weil wir oft in Konfliktsituationen nicht barmherzig genug sind. Wir brauchen diesen Umweg über die Liebe zu Gott und zu Christus, damit wir die einfache Menschenpflicht tun. Deswegen ist die Motivation der Nächstenliebe über die Nachfolge Christi wichtig in der Geschichte der christlichen Liebestätigkeit, die ja 1800 Jahre auch identisch mit der allgemeinen Geschichte des Helfens war. Wem will ich dienen? Dem Herrn Christus in seinen Armen und Elenden.

Aber selbst die höchste Identifikation ist keine Garantie für ihr Funktionieren, wie das Versagen der Diakonie während der Nazizeit zeigt[10]. Dienen als höfische Redeweise derjenigen, die ihre Menschenpflicht nicht tun. Wollen wir uns in der Diakonie in diese Tradition einordnen? Wir könnten es doch nur so, dass wir unserem König nicht auf diese Weise, also nicht höfisch, sondern in demütiger Hingabe dienen wollen. Und das führte zu dem Missverständnis, *diakonia* meine demütiger Dienst an den Armen.

Nochmals: bei jeder neutestamentlichen Stelle muss genau hingeschaut werden, was sie im Kontext bedeutet und das ist von Collins zu lernen. Dahinter gibt es für mich kein Zurück.

Aus der Hilfskonstruktion, dass die Christen mit barmherzigen Taten an den Hilfsbedürftigen Christus Barmherzigkeit erwiesen, sprich „dienten", haben wir im 19. Jahrhundert zwei wichtige Berufe gemacht und im 20. Jahrhundert eine große Wohlfahrtsorganisation entwickelt, die Diakonisches Werk heißt. Die Begriffsverengung des Diakonatsbegriffs war trotz allem produktiv, auch wenn der Begriff ‚Diakonia', so wie er heute ökumenisch benutzt wird, weit von seinen Ursprüngen entfernt ist – vom Dienst des Wortes, das doch bei Paulus dominiert, zum Dienst an den Nöten der Welt und der Menschen.

---

[10]   Der katholischen Bauersfrau sagt der 1943 dem Massaker entronnene blutüberströmte Jude Zwi Michalowski, zuvor an allen Türen abgewiesen: „Ich bin dein Herr Jesus Christus, der vom Kreuz herabgestiegen ist", und da erst nimmt sie ihn auf, kleidet und versteckt ihn. Diese Geschichte, die der britische Historiker M. Gilbert berichtet, ist zitiert in: H.E. Bahr, Hoffen. Geschichten vom gelingenden Leben, Stuttgart 1988, 30.

Aus den sechs Werken der Barmherzigkeit haben sich die helfenden Tätigkeiten entwickelt, die auch heute in der sozialen Arbeit und der Diakonie weitgehend die einzelnen Arbeitsfelder und Tätigkeiten ausmachen – Menschen unterstützen und erziehen, beraten und besuchen, pflegen und heilen. Das tun in Deutschland über 700 000 Menschen, manche mit, viele ohne christliche Motivation. Und dann gibt es einen Beruf, ca. 8000, die haben die Motivation und die Beauftragung zum Dienst am Nächsten zu einem kirchlichen Beruf gemacht. Wie ihre heutigen Qualifikationen aussehen, was Professionalität und Profil sind, werden wir in den nächsten zwei Tagen diskutieren.

Im Krakauer Museum hängt das berühmte Rembrandt-Bild „Der barmherzige Samariter". Als ich jetzt mit Studenten dort war, war es leider ausgeliehen. Auf einer Postkarte konnte ich erkennen: Es zeigt eine schöne Laubwaldlandschaft. Große herrliche Bäume, Wiesen, Freifläche mit einem Denkmal, darüber Himmel, es zeigt den verschatteten Waldweg, ganz rechts im letzten Fünftel des Bildes die entscheidende Szene, kaum erkennbar, Priester und Levit ganz im Hintergrund schon aus dem Bild sich begebend, der Esel mit dem Verletzten, der Samariter kaum zu erkennen. In einer großen schönen menschenleeren Naturwelt in einer Ecke das barmherzige Geschehen. Dazu höre man Martin Buber: „Denn wenn einer zu dir kommt und von dir Hilfe fordert, dann ist es nicht an dir, ihm mit frommen Munde zu empfehlen: Habe Vertrauen und wirf deine Not auf Gott, sondern dann sollst du so handeln als wäre da kein Gott, sondern auf der ganzen Welt nur einer, der ihm helfen kann, du allein."[11]

---

[11]   Martin Buber, Die Erzählungen der Chassidim, Zürich 1949, 538.

Klagen, Hoffen, Zagen, Danken –
die religiöse Dimension in der professionellen Begegnung[1]

„Zur diakonischen Kompetenz gehört die Fähigkeit, die religiöse Dimension existenzieller Lebensfragen wahrzunehmen, zu deuten und in das professionelle Handeln einzubeziehen."[2]

Der christlich orientierte Sozialarbeiter (der heute nicht in jedem Fall Diakon ist) kann den ihm Anbefohlenen in und mit den sozialarbeiterischen und pädagogischen Unterstützungsangeboten in einer Haltung begegnen, die auch Raum gibt für den religiösen Kontext des Problems. Die Thematisierung des religiösen Subtextes des Einzelfalls in der sozialen Arbeit berührt in säkularisierten Kontexten eher das Verdrängte, lange nicht mehr zur Sprache Gebrachte. Es ist nicht das, was obenauf liegt, sondern langsam wieder als bedeutsam gelernt wird. Wie lange ist das her, dass Büchners *Hessischer Landbote* die Propheten zitierte, die schlesischen Weber den Protest gegen ihr Elend religiös formulierten? Aufbrechen der Kultur des Schweigens hieß das in den 70er Jahren. Von der notwendigen Wiederentdeckung der Klage sprach Crüsemann unter Rekurs auf die Klagepsalmen.[3] Klagen, Hoffen, Zagen, Danken gegenüber dem verborgenen Gott, verborgen hinter dem Schicksal, dem „Das ist nun mal so", dem „Mit uns kann man ja so umgehen". Diese sozioreligiöse Unterstützungsarbeit wäre als Professionsmerkmal des in sozialen und pflegerischen Kontexten arbeitenden Sozialarbeiters/ Diakons genauer auszuarbeiten.

Welche hilfreiche Dimension bringt der christlich orientierte Sozialarbeiter beim Fallverstehen in der Begegnung ein? Das könnte z. B. bei der Frage von Schuld, Versagen, Angst, Resignation und Sinnleere geschehen. Was meine ich damit? Beratung mit einem Trostpotential ist nicht mehr das leicht zuhandene Repertoire früheren kirchlich-seelsorgerlichen Handelns, etwa der passende Bibelspruch, das auf den Fall eingehende Gebet für die menschlichen Notlagen. Es bedarf des genauen Hinhörens und ereignet sich in kleinen Momenten. Im Unterschied zur pastoralen Seelsorge geschieht in der sozial-diakonischen Seelsorge, hier stimme ich Annette Noller zu, mehr die lebenspraktische Beratung und Unterstützung, „die Integration des Einzelnen in die Gemeinschaft", während die Pfarrer dem Einzelnen im biografi-

---

[1]   Dieser Beitrag erscheint 2008 auch in dem von R. Merz, U. Schindler, H. Schmidt herausgegebenen Band: Dienst und Profession. Diakoninnen und Diakone zwischen Anspruch und Wirklichkeit, Heidelberg 2008.

[2]   VEDD, Kompetenzmatrix KAL, Großmodul 2, impuls 2004/2.

[3]   Vgl. Frank Crüsemann, Das Alte Testament als Grundlage der Diakonie, in: Schäfer/Strohm, Diakonie, 70.

schen Lebenszusammenhang begegnen.[4] Pastorale Seelsorge und sozialdiakonische Beratung wären so als zwei zusammengehörende Weisen der Begegnung mit Hilfesuchenden zu sehen. Aber auch die sozialdiakonische Beratung muss sensibel für biografisch-religiöse Zwischentöne sein. Warum
wünscht die alte Frau im Gespräch mit der Sozialarbeiterin, dass nicht der
Zivildienstleistende ihr die Kartoffeln aus dem Keller holt, sondern ihr Enkel? Biographische Familienerfahrungen spielen hier eine wichtige Rolle –
der Wunsch, der Enkel als Garant des Fortlebens (siehe die Nachwuchsfrage
im Alten Testament) möge mehr präsent sein.

Auch der christlich orientierte Sozialpädagoge geht von der theologischen
Prämisse aus: In den „Augen Gottes" ist der Mensch nicht festgeschrieben
auf seine bisherigen Erfahrungen. Nach Luther kann das „wirksame Wort"
Gottes (das außerhalb unserer selbst ist) den Menschen verändern, in dem es
durch Zusage Heilsames bewirkt. Dem Arbeitslosen in der Beratung zu sa-
gen, „in Gottes Augen bist du wert geachtet", ist dann kein billiger Trost,
sondern kann bestärkend wirken. Dem Depressiven, der fragt, „Warum lässt
Gott gerade mir das passieren?", zu antworten, „du bist nicht allein mit deinem Unglück", das ist keine falsche Auskunft, wenn seine Situation durch
Begleitung und Beratung auch praktisch erleichtert wird. In der sensiblen
Wahrnehmung dieser religiösen Sinn-Dimension liegt der professionelle
Unterschied des christlich orientierten Sozialarbeiters/Diakons zum Sozial-
pädagogen.

In einer Gesellschaft, in der Religion Privatsache ist und ihre Thematisierung immer noch als Mangel an Autonomie wahrgenommen wird bzw. unter
einem antikirchlichen Ressentiment, ist eine Sensibilität für religiöse Tiefen-
dimension sozialer Schwierigkeiten durchaus ungewöhnlich. Für eine religiös
orientierte Beratungsarbeit ist wohl eine Einsicht unvermeidlich: „Gott ist
nicht das Gute sondern das Ganze."[5] Gott ist gegenwärtig, auch in den zerstörerischen und negativen Erfahrungen des Lebens. Gott als Widerfahrnis des
Lebens nicht zu verschweigen, heißt heute die Fragen nach Lebenssinn aufzunehmen und für religiöse Zwischentöne und Deutungsversuche sensibel zu
sein. Mit dieser doppelten Wirklichkeit Gottes zu rechnen, ist natürlich kein
Patentrezept. Im professionellen Kontakt hat das Aushandeln der Problem-
definitionen, der Lösungsschritte und der Zieldefinitionen weitgehend den
Charakter des Geschichtenerzählens. Eigensinnig, oft originell wird Lebensgeschichte als Leidensgeschichte erzählt.[6] Für dies kleine, sich zum chroni-
schen Unglück akkumulierende Leiden hat kaum einer ein Ohr. Das Erzählen des Leidens ist aber ein erster Schritt zu seiner Überwindung. Zu unter-

---

[4] Annette Noller, Pfarrerinnen und Diakoninnen, Dt Pf 2004, 635.
[5] Das erkennt Abraham in seinem Nachdenken über den Allerhöchsten, dem er dienen will laut
    Thomas Mann, Joseph und seine Brüder, Bd. 1, 1962 (Stockholmer Ausgabe), 430.
[6] Solche Geschichten hat in Berliner Suppen- und Kirchenküchen dokumentiert Gabriele Goettle,
    Die Ärmsten, Frankfurt/M. 1999.

scheiden ist dabei auch zwischen routinisiertem Jammern und konstrukti-
vem Erzählen. Eine professionell vollzogene Fallanalyse ist in jedem Fall
Voraussetzung.

Ich habe bei der Kolloquiumsprüfung an unserer Fachhochschule den
Kolloquiumsteilnehmern nach der Fall-Erzählung jedes Mal die Frage gestellt, was sie von dem geschilderten Fall selbst kennen und woher ihre
Bewältigungskräfte in ähnlichen Situationen kommen.[7] Also einerseits die
Frage nach der „komplementären Betroffenheit" (Steinkamp), die aus der
bloßen Helferhaltung herausführt, andererseits die Frage nach den Ressourcen des eigenen Handelns, des privaten wie des beruflichen. Schließlich habe
ich drittens gefragt, ob für diese Ressourcen Glaubenshaltungen und Sinn-
einstellungen eine Rolle spielen, welche biblischen Geschichten ihnen dazu
einfallen oder unvermutet aufgetaucht sind, welche Symbole und Hoff-
nungsbilder ihre Gedanken gekreuzt haben. Erstaunlicherweise haben diese
Fragen keine Verlegenheit oder totales Schweigen ausgelöst, sondern Nachdenken und reflektierte Selbstauskünfte. Es stellte sich so heraus, dass der
Helfende selbst mit seinen lebensgeschichtlichen Erfahrungen in die Beratung involviert ist.

Daraus folgt: die Begegnung auf der Wissensebene (Fall von, für, mit; Nähe
und Distanz, stellvertretende Deutung; Transformation des Falls in Hand-
lungsoptionen und institutionelle Konsequenzen) muss nicht nur ergänzt,
sondern notwendig begleitet werden durch die lebensgeschichtliche Begeg-
nungsebene. Diese kann religiös und nichtreligiös reflektiert werden. Sinn-
ressourcen sind auch im letzteren Fall mit vermacht.

Was geschieht im Helfen, genauer, in der unterstützenden Beratung unter
theologischem Aspekt?

Der christlich orientierte Sozialarbeiter sollte gerade auch seine religiöse
Lebensgeschichte reflektiert haben, um nicht andere zu verunsichern oder
unfreiwillig missionarisch zu wirken. Er sollte ein Wissen davon haben, wie
religiös deutbare Themen (Schuld und Vergebung) in den frühkindlichen
Erfahrungen verankert sind. Das Religiöse ist keine den anthropologischen
Konstanten aufgesetzte fremde Welt, sondern trägt als eine Dimension des
Menschlichen auf seine Weise zur Bewältigung des Lebens bei. Diese Zwi-
schentöne zu erkennen und aufzunehmen bei der Bewältigung schwierigen
Lebens ist Aufgabe des christlich orientierten Sozialarbeiters. Das kann bis
zum Vorschlag gehen, doch einmal einen anderen Raum, eine Kirche aufzu-
suchen und dort Ruhe zu finden. Vertrauen in sakrale Räume wie in den
Segenszuspruch ist nur verständlich auf dem Hintergrund symbolischer Re-
präsentanzen, die sich aus einer heilsamen, Lebensvertrauen vermittelnden
Beziehungserfahrung in der frühen Kindheit entwickeln. Vielleicht kann so

---

[7]   Meines Wissens gibt es keine empirische Studie über die religiös-biographischen Anteile in der
      Fallbegegnung.

an Verlorengegangenes und nur in Resten Erhaltenes angeknüpft werden. Das ruft aber auch die Frage wach: Warum ist das Evangelium für die Armen bei uns so wenig attraktiv und hilfreich, ganz anders als bei den Menschen in Afrika und Lateinamerika, wo Pfingstgemeinden großen Zulauf haben? Hier hat die geistgewirkte Versammlung der Gläubigen mittelbar soziale Auswirkungen des Zusammenhalts und des Trostes.

Die Leidensgeschichte des Klienten und die christliche Leidenssensibilität

Genauere Wahrnehmung der Leidensgeschichten der Klienten sozialer Arbeit ist Gegenstand der sozialarbeiterischen Ausbildung. Helfende Empathie in der Nachfolge Christi bestimmte lange die diakonische Arbeit und führte zu Überforderungen. Der Schatten, die eigene Schwäche und Hilfsbedürftigkeit wurden verdrängt.[8]

Oft wird behauptet, die Leidenserzählung Christi in den Evangelien sensibilisiere die Christenmenschen besonders für Leidenserfahrungen anderer Menschen. Vor allem J. B. Metz hat darin nach Auschwitz die unaufgebbare Dimension des Christentums gesehen. Er spricht von der *memoria passionis*. Selbstkritisch muss man sagen, dass das Christentum diese Leidenssensibilität zu oft hat vermissen lassen, besonders zur Zeit der Judenverfolgung. Dieses Versagen ist es ja auch, was Metz und andere dazu motiviert hat, diesen Aspekt des Christentums so zu betonen. Aber die Beschwörung allein verändert noch nicht die Christen und prädestiniert sie nicht zu den geborenen Vertretern der Menschenrechte und des Schutzes der Fremden und Schwachen. Dennoch ist die zentrale Rolle des Leidens Christi im Glaubensverständnis (Gott selbst geht ins Leiden) die Besonderheit der christlichen Religion. „Gott lässt sich aus der Welt herausdrängen ans Kreuz. Der Gott, der mit uns ist, ist der Gott, der uns verläßt. Gott ist ohnmächtig und schwach in der Welt und gerade und nur so ist er bei uns und hilft uns" (Bonhoeffer).[9] Diese Differenzerfahrung im Gottesbegriff ist das, was das Christentum im Gespräch mit dem Islam unbedingt zur Geltung bringen muss wie in der Auseinandersetzung mit Wissenschaft und Technik.

Doch ist diese Sensibilität auch in professionellen Beziehungen wirksam? Professionalität heißt ja gerade, sich Schwierigkeiten und Nöte der anvertrauten Klienten aus professioneller Distanz und Nähe anzuschauen und sich nicht in sie hineinziehen zu lassen.

---

[8] Michael Klessmann, Von der Annahme der Schatten. Diakonie zwischen Anspruch und Wirklichkeit, in: Volker Hermann / Martin Horstmann (Hg.), Studienbuch Diakonik Bd. 2, Neukirchen-Vluyn 206, 185–198.

[9] D. Bonhoeffer, Widerstand und Ergebung, München 1964, 242.

Trotzdem: ein wichtiger Unterschied zum „weltlichen" Sozialarbeiter liegt in der Ergänzung der Diagnostik durch die Präsenzarbeit. Der Präsenz-Tätige versucht nach A. Baart vorsichtig, die leeren Plätze um die Betroffenen wieder zu besetzen (und auch wieder zu verlassen) – „der Platz etwa, an dem ein liebendes und korrigierendes Elternteil hätte sitzen müssen, ein vergebender Gott, eine unterstützende Lehrerin, ein dankbares Kind (...) der beschützende Nachbar". Wesentlich ist, dass der Klient nicht mit einem Programm als Fall abgearbeitet wird, sondern dass er in der Beziehung anerkannt ist. „Was immer dir auch fehlen mag und wie beschädigt oder unverbesserlich du auch sein magst, Du bist wert, dass ich mit dir umgehe. Für mich zählst du, nicht im Allgemeinen, nicht als Kategorie (als Armer, als ‚Migrant'), sondern so, wie du bist, in deiner Eigenheit und deinem Anderssein im Vergleich zu denen, von denen man sagt, bei ihnen sei alles in Ordnung."[10] Das meint nicht, die professionelle Haltung aufzugeben, ein Freund zu werden, den anderen retten zu wollen, sich vorbehaltlos zu verausgaben. Die Lektion professioneller Paradoxien, wie sie Schütze und Gildemeister skizzieren, muss auch der Präsenztätige gelernt haben. Aber Zuhören können wird in einer quantitativ fallorientierten diakonisch-sozialen Arbeit immer weniger möglich, rein aus Zeitgründen. Allzu effektiv orientiertes Case-Management ersetzt geduldige, ergebnisoffene Beratung. Das zeigt: die religiöse Dimension muss auch institutionell abgesichert werden, und das ist auf dem Sozialmarkt den diakonischen Trägern immer seltener möglich.

---

[10]   Andries Baart, Qualität des Lebens am Rande des Daseins, unveröff. Ms., Bielefeld 2002, 15.

III. Diakonie und Zivilgesellschaft

Diakonie und die neue Kultur des Sozialen[1]

Es gibt einen Satz von Pestalozzi „Wohltätigkeit ist das Ersäufen des Rechts im Mistloch der Gnade". Stimmt diese Kritik wieder, ist die Kritik an den guten und viel gelobten sozialen Projekten besonders im Bereich der Diakonie berechtigt? Reicht die soziale Berührung noch, das Mitleid, die Kooperation von Gott und Mensch in der Nächstenliebe und Barmherzigkeit, um die wachsende Not in einer reichen Gesellschaft zu beheben?

1. Diakonie als zivilgesellschaftliche Tätigkeit heute

1998 feierte die Diakonie das 150-jährige Jubiläum der Inneren Mission auf dem Wittenberger Kirchentag, auf dem Wichern seine berühmte „Stegreifrede" hielt.[2] Eine Denkschrift erscheint aus Anlass dieses Jubiläums mit dem Titel „Herz und Mund und Tat und Leben", einem Zitat aus dem Eingangschor der gleichnamigen Bach-Kantate.[3] Wicherns Leistung wird beschrieben, sein Blick für die gesellschaftlichen Nöte, seine Förderung des diakonischen Bewusstseins des Einzelnen, die Wahrnehmung der diakonischen Verantwortung der Gemeinde und die Verankerung der Inneren Mission in der Kirche, das Versagen vor der sozialen Frage. Aus der Inneren Mission als einer Reformierung der Gesellschaft auf christlicher Grundlage ist ein großer Wohlfahrtsverband entstanden, der im Sozialstaat gute Rahmenbedingungen hat.

Heutige Diakonie wird mit einem neuen Paradigma erklärt – sie sei mit zahllosen nichtstaatlichen Gruppen Teil eines neuen bürgerlichen Engagements in der Zivilgesellschaft. „Krankenbesuch, Hilfe für Flüchtlinge und Aussiedler, Spendensammlung in der Gemeinde, Förderung eines Kindergartens in der Gemeinde und Selbsthilfegruppen, dies alles ist Ausdruck eines gelebten Glaubens und zugleich ein Engagement im Rahmen der Zivilgesellschaft."[4]

Im zweiten Abschnitt wird in neun Punkten beschrieben, wo gegenwärtig

---

[1]   Unveröffentlicht (2002)
[2]   Dass es keine war, habe ich an anderer Stelle gezeigt, s. „Der Kommunismus und die Hilfe gegen ihn", in diesem Bd. S. 77ff.
[3]   „Herz und Mund und Tat und Leben, muss von Christo Zeugnis geben" lautet die erste Zeile des Eingangschors der Bach-Kantate BWV 147 vom Februar 1723. Der musikalische Akzent liegt auf dem Wort Leben.
[4]   EKD, Herz und Mund Tat und Leben. Grundlagen, Aufgaben und Zukunftsperspektiven der Diakonie. Eine evangelische Denkschrift, Gütersloh 1998, 19.

die Herausforderungen für das diakonische Engagement liegen. Exemplarisch seien zwei davon herausgegriffen. Erstens: „Arbeitslosen Hoffnung geben". Hier werden Beratungsstellen, Cafes, Treffpunkte, Begleitung von Selbsthilfegruppen u. a. genannt, die Teilnahme an öffentlich geförderter Arbeit nach dem Arbeitsförderungsgesetz. (Immerhin betreibt die Diakonie in der BRD ca. 600 Beschäftigungs- und Qualifizierungsprojekte, ebenso viele noch mal für Jugendliche.)

Zweitens: „Armen beistehen" als originäre diakonische Aufgabe – hier werden die Initiativen zur Befriedigung elementarer Lebensbedürfnisse genannt, Kirchenküchen, Vesperkirchen, Tafeln, Kleiderkammern. Die Hamburger Projekte Mitternachtsbus und Kirchenkaten werden erwähnt, die Obdachlosenzeitungen und die neuen Wohnprojekte für Obdachlose.

Weitere Herausforderungen sind die Arbeit mit Migrantinnen, Behinderten, alten Menschen und Sterbenden.

Im dritten Abschnitt der Denkschrift werden Weichenstellung und Entscheidungen benannt. An erster Stelle steht das Eintreten für das Recht des Nächsten. Hilfe bekommen und Hilfe geben sei nicht das Annehmen von Almosen, sondern der Hilfebedürftige habe ein Recht auf Hilfe. Die Rolle der Diakonie als kritische Mahnerin bei Entsolidarisierung und Fehlentwicklungen in der Politik wird angemahnt.

Wichtig ist der Punkt: „Innovationen wagen – neue Modelle erproben". Hier wird zwar eine auffallende Parallelität zur Zeit Wicherns konstatiert, aber nicht analysiert. Initiativen aus der diakonischen Arbeit an der Basis machen Defizite im System der Diakonie bewusst – Basisgemeinschaften für Flüchtlinge und Wohnungslose, Wohnraumprojekte, Seniorenhöfe, Selbsthilfe verwaister Eltern. Die Denkschrift verweist weiter auf den Kampf gegen Armut und Wohnungslosigkeit, erwähnt besonders das Hamburger Spendenparlament als ein Beispiel für ein breit gefächertes, selbstverwaltetes und viele Menschen einbeziehendes Hilfesystem.[5] Sie sieht darin Impulse, um die Distanz zwischen Kirchengemeinden und institutioneller Diakonie zu überwinden und „Teilhabe am Leben in der Gemeinschaft wieder zu ermöglichen"[6]. Als besonders wichtig wird das Entstehen neuer Kooperationsstrukturen im Gemeinwesen eingeschätzt, wie sie sich in „Runden Tischen sozialer Verantwortung" und „sozialpolitischen Offensiven"[7] zeigen. Was das für die Veränderung des Wohlfahrtsverbands Diakonie bedeutet, wird aber nicht weiter ausgeführt. Parallel dazu ist das Kapitel *Freiwillige mobilisieren – die Sozialkultur stärken* zu lesen Hier wird eine traditionelle Stärke der Diakonie, die ehrenamtliche Mitarbeit vor allem von Frauen, mit dem neuen Bürger-Engagement verknüpft.

---

[5]   Vgl. Denkschrift, 88.
[6]   Ebd., 85.
[7]   Ebd., 89.

Der Wandel in den Formen des Freiwilligen-Engagements wird nur kurz angedeutet, der frühere Missbrauch durch Kirche und Diakonie nicht erwähnt. Gelobt wird die hohe Bereitschaft der Bevölkerung zu freiwilligem Engagement und die damit gegebene Chance einer „Mobilisierung von Solidarität"[8]. Immerhin werden Selbsthilfe, Partizipation und Freiraum für eigenverantwortliches Handeln als treibende Motive der Freiwilligen erwähnt.

Eine Deutung dieser neuen Kultur des Sozialen leistet die Denkschrift nicht. Diese lieferte in gewisser Weise Theodor Strohm, der Vorsitzende der Kommission, nach, in einem Beitrag unter dem Titel: „Wichern 3. Eine neue Kultur des Sozialen"[9]. Unter Rückgriff auf Rauschenbach sieht er in der neuen Sozialkultur eine „neue sekundäre lebensweltliche Aneignung des Sozialen und der Solidarität unter den Bedingungen der Moderne, außerhalb und unterhalb der Expertenkulturen". Diese Rückbindung sozialer Verantwortung in alltagsweltliches Handeln bedeutet weder einen Rückfall in deregulierte private Zuständigkeiten noch einen Abbau sozialstaatlicher Leistungen. Sichtbar wird ein Perspektivwechsel in der vor allem reaktiven Sozialarbeit. Die einseitige Orientierung an professioneller Sozialarbeit muss zugunsten eines breiten Spektrums freiwilliger, von professionellen Kräften angeleiteter sozialer Arbeit überwunden werden. Hieraus ergibt sich eine Fülle neuer Aufgaben und Handlungsfelder für bürgerschaftliches Engagement und freiwillige soziale Dienste. Strohm konstatiert mit der sozialwissenschaftlichen Forschung neben dem Individualisierungsdruck zugleich eine Bereitschaft bei den Einzelnen, sich an tragenden Netzen, an der Entwicklung gemeinschaftlicher Solidarität zu beteiligen. Dies bedürfe aber der Förderung und Steuerung durch die öffentlichen Solidarsysteme. Gerade im Stadtstaat Hamburg bemerkte er „ein intelligentes Zusammenwirken von Kommune, Kirchengemeinde und Diakonie."[10] Strohm sieht mithin die Rolle der Diakonie in dieser neuen Sozialkultur positiv, versteht sie implizit als Erneuerung ihrer Quellen und damit auch ihrer institutionellen Absicherung. Ambivalente Faktoren dieser Entwicklung werden jedoch auch bei Strohm ausgeblendet.

2. Kreative Projekte als Transformation und Streit um die Hegemonie

Nun ist ein Plädoyer für eine Kultur der Barmherzigkeit, die auf Gerechtigkeit tendiert, durchaus verständlich. 1994 wurde in Hamburg auf eine Initiative des Landespastors für Diakonie, Stephan Reimers, nach englischem Vor-

---

[8] Ebd., 107.
[9] Theodor Strohm, Wichern 3. Eine neue Kultur des Sozialen, in: ZEE 1998, 171ff.
[10] Ebd.

bild mit dem Verkauf des Straßenmagazins *Hinz & Kunzt* durch Obdachlose
begonnen, die an jedem verkauften Exemplar mitverdienten. Sich ausweitend
durch Wohnungs- und Arbeitsbeschaffung konnte so ein kleiner Teil von
ihnen wieder in ein normales Leben integriert werden. Als ein Projekt der
Begegnung zwischen Ausgegrenzten und normalen Mitgliedern in einer
gespaltenen Gesellschaft ist Hinz & Kunzt ein gutes Beispiel für jenes sich
räumlich Näherkommen im Gleichnis vom Barmherzigen Samariter. Das
10jährige Jubiläum zeigt Hinz & Kunzt als ein stabiles Projekt der Unterstützung von Obdachlosen. Dieses monatlich erscheinende Magazin ist die
Stimme sozialpolitischer Opposition und zugleich authentische Stimme der
Obdachlosen, die hier sich äußern können und ein unverwechselbares Gesicht bekommen. Nachfolgende Projekte wie der Mitternachtsbus, die Rathauspassage und das Spendenparlament verstärkten diesen positiven Eindruck.[11]

An diesen Projekten lässt sich überzeugend zeigen, wie durch die Verbindung der kreativen Organisationskraft eines freien Trägers, der Kooperation
der zuständigen Behörden, der Hilfe privater Sponsoren, dem freiwilligen
Engagement sozial verantwortlicher Bürger und einer sympathisierenden
Öffentlichkeit dieses und andere Projekte auf den Weg gebracht werden
konnten.[12] Darin letztlich nur die Kaschierung des Versagens des Sozialstaats
gegenüber den Problemen wachsender Verarmung zu sehen, greift zu kurz.
Die neue Sozialkultur ist ein wichtiges Reformprojekt. Von solchen Projekten
kann eine gesellschaftlich transformierende Kraft ausgehen in Richtung auf
mehr soziale Gerechtigkeit. Jeder gesetzlich geregelte sozialpolitische Fortschritt bedarf der innovativen Vorwegrealisierung. Projekte für und mit Ausgegrenzten, wie sie die Diakonie initiierte, können eine transformierende
Schubkraft entfalten, wenn sie über die Nothilfe hinausgehen und gegebenenfalls dem Konflikt mit der Politik nicht ausweichen. Jedes Beschäftigungsprojekt für von Sozialhilfe lebende Frauen ist eine begrenzte Qualifizierung im gegenwärtigen System, denn es macht Frauen ein wenig mehr fit für
den Arbeitsmarkt. Es ist aber zugleich ein Vorgriff auf eine bessere Gesellschaft, insofern hier Tätigsein gewürdigt und entlohnt wird. Das heißt, dass
sich die Gesellschaft entscheidend auch durch kleine transformative
Aktivitäten ändert, eher selten durch Revolutionen an einem bestimmten
Punkt der Geschichte.[13] Also: *neue Sozialprojekte können ein Mittel der*

---

[11] Frühzeitig wurde allerdings als fragwürdiges Ergebnis des öffentlich sehr gelobten Projekts eine
       Aufspaltung in gute und weniger gute Obdachlose festgestellt, s. A. Müller, M. Orban, Hinzt &
       Kunzt. Obdachlosenhilfe zwischen Sinnstiftung und Vermarktung, Hamburg 1995
[12] Auf die verlassene Rathauspassage hatte ihn ein FDP-Bürgerschaftsabgeordneter aufmerksam
       gemacht – „da könne man doch was anderes draus machen". Die Finanzierung kam zustande,
       weil ein älterer Industrieller, der noch einmal einen wirtschaftlichen Erfolg hatte, etwas Gutes
       unterstützen wollte.
[13] Selbst solche Revolutionen bedürfen des zivilgesellschaftlichen Vorlaufs, wie die Wende in der
       DDR und anderen Ostblockländern gezeigt hat.

Transformation in einer sozial polarisierten Gesellschaft sein, indem sie Spaltungen mindern und Ausgrenzungen aufheben durch ein dichtes Netz von Unterstützungen. Deutlich wird das an den Aktivitäten der Wohngenossenschaft Beutelweg in Trier, die als Gemeinwesenprojekt begann, inzwischen ein ganzes Viertel revitalisiert hat und sogar mit ihrer Renovierungsabteilung auf dem ersten Arbeitsmarkt präsent ist. Solche Projekte sind Nothilfe und zugleich Vorgriff auf eine bessere Gesellschaft. Sie bilden Schnittstellen von bestehender und alternativer Gesellschaft. Sie verändern im besten Fall die erstere in ein Land mit mehr Gerechtigkeit, im schlechteren helfen sie zumindest Einzelnen.

Allerdings muss die neue Sozialkultur ein Gesellschaftsverständnis entwickeln, das die Akteure neben spontaner oder professioneller Barmherzigkeit auch instand setzt, Gefahren der Funktionalisierung zu erkennen, also die Systemfrage soweit zu stellen, dass man/frau weiß, woraufhin man arbeitet. *Die neue Sozialkultur in der Zivilgesellschaft ist also zu verstehen als Streit um die gesellschaftliche Hegemonie bei der Gestaltung des Sozialen.* Setzen sich die Kräfte durch, die den Abbau sozialer Rechte betreiben, am Existenzminimum orientiert oder diejenigen, die Gerechtigkeit für alle wollen und damit eine armutsfeste Grundsicherung, die nicht ohne Umverteilung von oben nach unten geht? Bereits die Einmischung in die Ordnungspolitik des Staates in der Asylfrage (durch die kirchlichen Asylgruppen), die Wohnungsfrage (mehr kleiner Wohnraum für Obdachlose statt der Massenquartiere, mehr Sozialwohnungen für Einkommensschwache) ist zivilgesellschaftlicher Streit. In diesem Streit sind die diakonisch-kirchlichen Initiativen gegen Armut und Ausgrenzung eine wichtige Größe.[14]

3. Für eine produktive Koexistenz von lebensweltlichen freiwilligen und professionellen Formen der Solidarität

Welche Bedeutung hat die neue Sozialkultur in der Zivilgesellschaft? Bürger engagieren sich in ganz verschiedenen Projekten. Dazu zählen der Zustand von Kinderspielplätzen, die Lage Asylsuchender und Wohnungsloser, die Integration psychisch Kranker im sozialen Umfeld, die Einrichtung einer neuen Jugendfreizeitstätte oder die Umgestaltung eines öffentlichen Platzes in der Stadt. In gewisser Weise umschreibt bürgerschaftliches Engagement den Tatbestand, den vor 25 Jahren die Mitarbeit in Bürgerinitiativen in den Bereichen Wohnung, Verkehr, Bildung, Gesundheit und Umwelt charakterisierte. Das bürgerschaftliche Engagement in der Zivilgesellschaft meint nicht

---

[14] Die Diakonie entdeckt endlich die soziale Stadtentwicklung als wichtiges Aufgabenfeld, s. die Dokumentation des Diakonischen Werks der EKD, Soziale Stadt. Entwicklungen und Chancen für Kinder, Jugendliche und Erwachsene in benachteiligten Stadtteilen, Stuttgart 2002.

primär für andere da zu sein und etwa zur Versorgung von Randgruppen wie den Wohnungslosen durch soziale Hilfe beizutragen. Das kann zwar der Fall sein, macht aber nicht den sozialen Gehalt des bürgerschaftlichen Engagements aus. Dieser liegt darin, auf diese Not aufmerksam zu machen und gemeinsam mit Anderen Wege zur Lösung des Problems anzugehen, ohne auf den Staat zu warten oder nur in der Anklagehaltung des allwissenden Analytikers, der postmodernen Version des früheren Salonmarxisten, zu verharren.[15]

Selbstverwirklichung auf der einen, Solidarität und Hilfsbereitschaft auf der anderen Seite scheinen sich auch in der Bundesrepublik nicht gegenseitig auszuschließen. Interessant sind die Forschungen über die neuen sozialen Netzwerke, die die von Familie und Nachbarschaft ergänzen.[16] Sie sind durch strukturelle Offenheit, lockere Verknüpfung und Wahlfreiheit, die sich an der Ähnlichkeit von Interessen orientiert, gekennzeichnet. (Allerdings bleiben diese posttraditionellen Ligaturen jeweils unter sich, hier könnten die Kirchengemeinden als Gemeinde der Verschiedenen anders wirken). So gibt es Netzwerke von Alleinerziehenden, Mütterzentren, die von Frauen mit kleinen Kindern besucht werden, Netzwerke von Senioren unterschiedlichster Art (von der Handwerkerkooperative über den Literaturclub bis zum Kaffeekränzchen). Wo es solche Beziehungsnetze etwa in Gestalt eines dezentralen Treffpunkts im Stadtteil gibt, zeigt sich: alle denkbaren Probleme, von der Schwangerschaft bis zum Verlust einer wichtigen Vertrauensperson, von der Arbeitslosigkeit bis zu schweren Krankheiten haben die Chance, durch Hilfe und Unterstützung aus diesem Beziehungsnetz gut gelöst zu werden. Sofern solche Treffpunkte Dienstleistungen und Selbsthilfe organisieren, verdienen sie natürlich auch öffentliche Förderung. (Diese bekommen sie auch in Bayern, wo das Bürgerschaftliche Engagement heißt: Wir für uns.) Hinzu kommen die vielen Freiwilligenagenturen, die überall aus dem Boden schießen. Kurz: eine Erosion alltäglicher informeller Hilfeleistungen lässt sich nicht feststellen. *Es gibt eine neue Solidarität, einen kooperativen Individualismus, der den Menschen nicht als Selbstaufopferung abgerungen werden muss. Freiwillig zu helfen, ist selbstbestimmt und hat mit Lust zu tun, ist eine Form kreativer Sinngebung des Lebens.* Wir für uns. Nicht mehr das Himmelreich ist das Ziel, sondern der Sinnzuwachs auf Erden, in dem begrenzten kleinen Leben, das jeder hat. Ein Handeln im Plural, um mit Hannah Arendt zu sprechen, im Nahbereich. Das geht bis ins Alter, denn „neu anfangen kannst du mit dem letzten Atemzug" (B. Brecht). Anders gesagt: gerade im Alter, weil die Zeit vorher doch sehr vom Berufsleben und Kindererziehung bestimmt war. (Mit dem leicht veränderten Witz, wann fängt das

---

[15]   Insofern ist immer noch die Lektüre von Tocqueville, Über die Demokratie in Amerika wichtig.
[16]   Siehe zum Folgenden: Wulf Rainer Wendt u. a., Zivilgesellschaft und soziales Handeln. Bürgerschaftliches Engagement in eigenen und gemeinschaftlichen Belangen, Freiburg 1996.

wahre Leben, sprich das Bürgerschaftliche Engagement, an? – Wenn die Kinder aus dem Haus sind und der Hund tot ist).

Im Bürger-Engagement wird über die Suche nach Helfern hinausgegangen. Gefragt ist eine soziale Produktivität, nicht die soziale Unterstützung. Es besteht geradezu die Gefahr einer Domestizierung des Bürger-Engagements, wenn es als personenbezogene Dienstleistung durch die Wohlfahrtspflege instrumentalisiert wird, was gerade im kirchlich-diakonischen Bereich nahe liegt. So bauen diakonische Großunternehmen eigene Freiwilligenagenturen auf, um das frei flottierende Potential dieses Engagements an sich zu binden. Auf der anderen Seite ist das eigene Engagement, das auch konkret hilft, als Anstoß sehr wichtig.

Die Ökonomisierung aller Lebensverhältnisse und die Privatisierung sozialer Risiken als neue staatliche Politiklinie fordert die Intervention von Kirche und Diakonie als Instanz einer Ethik des Anderen geradezu heraus. Nach jüdisch-christlicher Tradition stellt sich Gottebenbildlichkeit erst in der Begegnung mit dem Anderen, dem sozial Schwachen her, wird der Mensch in ihr zum Subjekt. In die Kirchenküche Wandsbek fährt mehrmals in der Woche eine ältere Frau, um bei der Essensausgabe zu helfen und mit den Menschen dort zu sprechen. Sie sagt freimütig, „ich brauche das zu meinem Menschsein". Die Bereitschaft vieler Menschen, etwa in den Wintermonaten den Wohnungslosen zu helfen, zeigt etwas von diesem wachsenden Bedürfnis, sich dem schutzlosen Anderen zuzuwenden. Es muss dabei keinesfalls ein religiöses oder gar christozentrisches Motiv sein. Religiöse und humane Hilfemotivationen treffen sich in der Unterstützung schwierigen oder bedrohten Lebens, wie in der Geschichte vom barmherzigen Samariter. Ähnlich spricht Rauschenbach von „der lebensweltlichen Aneignung des Sozialen". War Helfen früher Privatsache, Sache der Familie vor allem, vollzog es sich im 19. Jahrhundert in einer Mischung aus Ehrenamtlichkeit und staatlicher Sozialgesetzgebung, um sich im 20. Jahrhundert im Zuge der expandierenden Professionalisierung zu einer Expertenkultur zu entwickeln. So geschieht „eine neue lebensweltliche Aneignung des Sozialen unter den Bedingungen der Moderne, außerhalb und unterhalb der Expertenkulturen"[17]. Rauschenbach sieht darin sogar „eine demokratische Vermittlung des Sozialen und der Solidarität an alle Menschen, eine lebensweltliche Reintegration." Das ist sicher in dieser Allgemeinheit noch nicht der Fall. Wirkliche Solidarität zwischen unterschiedlich positionierten Gesellschaftsgruppen (etwa im Sinne christlicher oder sozialistischer Solidarität) steht noch aus. Es gibt keinen neuen Gesellschaftsvertrag zwischen den Armen und den Reichen.

Zu fragen wäre ja auch, ob die neue Sozialkultur zu einer sozialen Bewegung wird, die die Politik auf Trab bringt (etwa wie in Frankreich, wo relativ schnell Massendemos zustande kommen). Jedenfalls gibt es ein produktives

---

[17]   Thomas Rauschenbach, Eine neue Kultur des Sozialen, in: np 27, 1997, 477–486, hier 483.

Mit- und Nebeneinander von lebensweltlichen freiwilligen und professionellen institutionsgebundenen Formen der Solidarität. Gerade die mit großer Freiwilligenbeteiligung arbeitenden Hamburger Projekte zeigen diese Koexistenz. Rauschenbach sieht in dem Lernfeld und der Kulturtechnik des Sozialen auch eine wichtige Bildungsaufgabe und fragt, welche Lernfelder und Institutionen es hierfür gibt. Er nennt Kindergärten, Schule, Jugendbildung, erwägt sogar einen allgemeinen sozialen Dienst für alle. Natürlich sind hier auch Kirche und Diakonie als Lernfelder zu nennen.

Wenn es eine stärkere öffentliche Förderung von Tätigkeiten im 3. Sektor gäbe, könnte sich dieser zu einem Ort sozialer Teilhabe entwickeln. So würde das soziale Engagement sogar einen Ausweg aus der Krise der Arbeitsgesellschaft eröffnen, sofern hier in nennenswertem Umfang Arbeitsplätze geschaffen würden. Das Soziale, so Rauschenbach, könnte so von einem überflüssigen Kostenerzeuger zum sinnstiftenden Ausweg aus der Krise der globalisierten Moderne werden. Das ist gegenwärtig noch die Ausnahme, weil diese neue Tätigkeitsgesellschaft, in der massenhaft solche Arbeitsplätze gebraucht würden, nicht in Sicht ist.

4. Zu wenig armutsfeste Grundsicherung

Immer noch nicht entschieden genug ordnet sich Diakonie in das von der jüdischen Tradition begonnene Projekt sozialer Gerechtigkeit ein. Es ist wohl nicht zufällig, dass das Judentum für die Sozialarbeit wichtige Theoretiker und Praktiker gestellt hat, die der Idee der Herstellung gerechter Verhältnisse im Gemeinwesen verpflichtet waren wie Alice Salomon und Sidonie Wronsky, die aber keinen gewaltigen Wohlfahrtsverband aufbauen wollten. Das liegt an der zentralen Bedeutung des Begriffs *zedakah* in der rabbinischen Sozialethik und im praktischen Judentum.[18] Für die Diakonie scheint es mit der Sozialgesetzgebung der BRD gewissermaßen bereits abgeschlossen, als sei mit der materiellen Gewährleistung der Sozialhilfe von Seiten des Staates das oberste verfassungsrechtliche Prinzip, der Schutz der Menschenwürde, bereits inhaltlich erfüllt

Dabei ist seit zehn Jahren deutlich ist, dass das BSHG von einer Rahmenordnung der persönlichen Einzelfallhilfe im Ausnahmefall durch den starken Anstieg der Hilfen zum Lebensunterhalt ganz gegen seine Absicht zur Basissicherung für Millionen geworden ist. Massenarbeitslosigkeit und in ihrem Gefolge die neue Armut haben zur Erscheinung einer neuen Schicht der Ausgegrenzten geführt, deren sich die Diakonie vornehmlich annimmt. Schlimmste Missstände werden so erträglich gehalten, einem Teil der Ausgegrenzten wird wieder ein menschenwürdiges Überleben ermöglicht oder er

---

[18]   Siehe Susanne Zeller, Nicht Almosen sondern Gerechtigkeit, in: np 28, 1998, 540ff.

wird sogar in die Gesellschaft zurückgeholt (der andere Teil bleibt unrettet). Auf diese Weise wird aber auch der Druck auf die Politik abgeschwächt, endlich ein Konzept der bedarfsbezogenen Grundsicherung einzuführen, das das bisherige soziale Sicherungssystem von unten her pragmatisch sockelt. D. h., es würden die bisherigen reinen Versicherungsleistungen durch bedarfsbezogene Grundsicherungsleistungen ergänzt, die über dem bisherigen Sozialhilfeniveau liegen. Jeder, der bestimmte Tatbestände wie Alter, Invalidität und Erwerbslosigkeit erfüllt und kein ausreichendes Einkommen besitzt, hätte demnach in den jeweils zuständigen Sozialversicherungszweigen einen ausreichenden Leistungsanspruch und wäre nicht mehr in jedem Fall auf die Sozialhilfe angewiesen. Finanzierbar wäre eine solche Reform, sie scheint aber nicht politisch durchsetzbar, weil die gesamtgesellschaftliche Einlösung der Solidarität gegenüber den bislang Ausgegrenzten in einer individualisierten Gesellschaft immer schwieriger wird. Trotz Nationaler Armutskonferenz, trotz der Veröffentlichung von Armutsberichten, trotz des kirchlichen Sozialworts, trotz der neuen Sozialkultur – es gibt kein breites Bündnis gegen Armut. In den nächsten Jahren werden die Hartz-Gesetze mit ihrer Zusammenlegung von Sozialhilfe und Arbeitslosenhilfe massenhaft neue Sozialfälle schaffen. Barmherzigkeitsprojekte, statt sich überflüssig zu machen, werden auf Dauer gestellt. Kann Diakonie mehr tun zur solidarischen Bewältigung der Strukturprobleme, zusammen mit den anderen Wohlfahrtsverbänden, mit den Gewerkschaften, Parteien? Wäre eine schlagartige Beendigung aller kreativen Barmherzigkeitsprojekte nicht ein Signal, jene Versorgung und Betreuung der deutschen Parallelgesellschaft, die Gabriele Goettle in ihrem Buch *Die Ärmsten* so genau beschrieben hat, grundsätzlich in Frage zu stellen?

Auf einmal in jeder großen Stadt Tausende ohne Tafeln, Notunterkünfte, Kleiderkammern, ärztliche Versorgung, auf den Straßen massenhaft liegend wie in der Antike oder in Kalkutta? Das darf nicht sein, das verbietet die Nächstenliebe. Aber die Caritas verhindert auch die strukturelle Lösung. Denn eine Transformation der kreativen Projekte in neues besseres Recht ist (noch) nicht erkennbar.

Das Projekt soziale Gerechtigkeit scheint für die Diakonie mit dem BSHG bereits abgeschlossen. Abgeschlossen ist es für sie besonders deswegen, weil es das Subsidiaritätsprinzip in § 10 verankert, also den Vorrang der freien Träger der Wohlfahrtspflege. Die Hauptsorge der Wohlfahrtsverbände im europäischen Kontext ist die Anerkennung dieses deutschen Sonderwegs, der sich vor allem der Anschubkraft des sozialen Protestantismus im 19. Jahrhundert und der Stärke des sozialen Katholizismus in der Weimarer Republik verdankt, eine Koalition, die sich dann nach dem Zweiten Weltkrieg noch einmal bei der Sozialgesetzgebung in der Bonner Republik bewährte. Dass die EU die Sonderstellung der sozialen Arbeit in Deutschland nicht im

Blick hat und den § 87, das sog. Beihilfeverbot, auch für die Finanzierung
sozialer Dienste anwenden will, ist für die Diakonie ein großes Problem.
Sicher ist zu fragen, ob damit die EU nicht der Ökonomisierung der Sozialarbeit Vorschub leistet, wenn sie hier den freien Wettbewerb erlaubt.

Diese Verteidigung des Subsidiaritätsprinzips zeigt aber noch einmal, wie
sehr sich Diakonie und Caritas auf ihre institutionelle Selbstabsicherung
fixieren, immer mit dem Anspruch, dies sei der bessere Weg, so werde den
Menschen in Not besser geholfen. Das bedeutet natürlich implizit eine Ab-
wertung anderer Modelle der Regelung sozialer Hilfe in anderen europäischen Ländern. Einmal abgesehen von der Frage, ob denn das Subsidiaritätsprinzip in seinem ursprünglichen Sinn wirklich noch bei uns funktioniert.
Danach sollen nämlich jeweils die kleineren Gemeinschaften bis hin zur
Familie die Hilfe organisieren. Aber findet der aus einer diakonischen Einrichtung kommende Behinderte wirklich in der Kirchengemeinde eine Heimat oder in einer christlichen Nachbarschaft? Ist dieser Anspruch nicht
längst Ideologie? Ist nicht die Integration ins gemischte, nicht mehr volks-
kirchlich überformte Gemeinwesen der angemessene Weg? Wo liegt dann
noch der Vorrang? Subsidiarität wurde zur institutionellen Subsistenz. Es ist
durchaus anzuerkennen, dass die Diakonie mit diesem Privileg in den letzten
Jahrzehnten oft gut und auch reformerisch gearbeitet hat. Aber die Anstöße
zu *community care* kamen ganz woanders her, z. B. aus England, wo es die
privilegierte deutsche Subsidiarität nicht gibt.

5. Zum Verhältnis von Menschen- und Sozialrechten und Caritas

Durch den Vorrang der Subsidiarität, durch die Anerkennung der spezifischen
Motivation (soziales Handeln aus dem Glauben ist etwas konstitutiv Anderes
als andere Hilfemotive, so ein Urteil des BVG) und durch die Dominanz der
karitativen Einstellung ist es der Diakonie erschwert worden, die Menschenrechtsperspektive für ihre eigene Arbeit angemessen zur Geltung zu bringen.
Ob die Menschenrechte auch eine karitative Dimension haben, die von ihrer
sozialpolitischen zu unterscheiden ist, wie Gerd Theißen behauptet, wage ich
zu bezweifeln. Er sieht sie dann gegeben, wenn „die Menschenwürde empi-
risch nicht mehr erkennbar ist. D. h. wenn sich Menschen in Sucht und Abhängigkeit, Neurose und Psychose, Verwahrlosung und Kriminalität verloren
haben."[19] Nur wenn diesen Menschen im Zusammenhang des Gedankens der
Gottebenbildlichkeit eine unverletzliche Würde zugeschrieben wird, sei die
Annahme dieser Menschen gewährleistet. Auch hier wird trotz Anerkennung
der Menschenrechtsperspektive ein Vorrang ihrer christlichen Interpretation

---

[19] Die Bibel diakonisch lesen, in: Gert Schäfer / Theodor Strohm (Hg.), Diakonie. Biblische Grundlagen und Orientierungen, Heidelberg 1990, 376ff.

behauptet (und zudem den genannten Gruppen Defizite zugeschrieben). Dabei hat der Glaube an die Gottebenbildlichkeit jedes Menschen die Diakonie lange Zeit nicht dazu motiviert, volle Menschenrechte für ihre Klienten zu fordern – sie blieben abhängige Klienten mit minderen Rechten, waren nicht einmal in der Diakonie vor Eugenik und der Vernichtungseuthanasie geschützt.

Die karitative Haltung ist eine Weise der Wahrnehmung der Menschen- und Sozialrechte. Sie kann dazu beitragen, ihre Realisierung für alle Menschengruppen voranzutreiben, den Bereich des Lands der Güte zu erweitern, wie Levinas das einmal ausgedrückt hat. Christen können und sollen so motiviert und glaubend handeln, sie sollen aber wissen, dass die Menschen- und Sozialrechtsperspektive in einer säkularisierten Gesellschaft die übergreifende Perspektive ist Die Gottesrechte des glaubenden Menschen haben sich zu Menschenrechten entwickelt. Die Liebe ist des Gesetzes Erfüllung, sagte Paulus. Dagegen ist festzuhalten: Die Erfüllung der Menschen- und Sozialrechte ist das Kriterium der Liebestätigkeit. Die Menschenrechtsperspektive ist für viele Mitarbeiter in der Diakonie, die nicht aus einer explizit christlichen Motivation handeln, eine Verständigungsbasis, die zugänglicher und umfassender ist als die der Nächstenliebe, weil sie klare Kriterien angibt. Sie lässt auch institutionenkritisch fragen: Realisiert meine Institution die Menschen- und Sozialrechte gegenüber den Klienten, aber auch gegenüber den eigenen MitarbeiterInnen?

6. Protestantisch-innerliche Engführung von Gerechtigkeit

Die Distanz gegenüber dem Projekt soziale Gerechtigkeit hängt auch damit zusammen, dass der Begriff Gerechtigkeit im Protestantismus theologisch-spirituell monopolisiert wurde – durch die Rechtfertigung aus Gnade allein. Das Engagement für die soziale Gerechtigkeit trat zurück, dominant war die Mitteilung der von Gott erfahrenen Liebe an andere. Zwar hat Wichern dann mittels des Vereinswesens dem allgemeinen Priestertum aller Gläubigen eine diakonische Handlungsform gegeben und das Feld tätiger Liebe für das Handeln des Gerechtfertigten in der Welt erschlossen. Aber eben nicht unter dem Motto ‚Gerechtigkeit', dies war durch die „gottlose Sozialdemokratie" besetzt. Das Reich der rettenden Liebe, das er errichten wollte, führte zur Schaffung eines großen Wohlfahrtsverbands, der im Sozialstaat seine institutionelle Macht verteidigte und ausbaute. Er tat das unter ständigem Verweis auf die wachsenden Mitarbeiterzahlen und Einrichtungen, als wäre das wie bei den Calvinisten ein Beweis von Gottessegen, wo es sich doch der Ausdifferenzierung des Hilfesystems in der Dienstleistungsgesellschaft verdankte. Natürlich ist die unter günstigen geschichtlichen Bedingungen gewachsene institutionelle Macht der Diakonie eine soziale Verantwortung, sie professionell zu gestalten und ihre ursprüngliche Zielsetzung, die Rettung der Verlorenen bzw. die Unterstützung der in Not geratenen, auch ohne die Nebenabsicht einer Rechristianisierung der Gesellschaft einzulösen. Diakonie muss sich aber auch als eine solche Institution infrage stellen können.

7. Stark für andere. Ein Leitbild und seine Schattenseiten

Ist Diakonie wirklich so vorbildhaft, wie sie das immer nach außen darstellt? In Hamburg wird um die Finanzierung der kirchlichen Kindergärten gestritten. Sie müssen höhere Eigenbeiträge aufbringen als andere freie Träger. Das ist eine Benachteiligung, die von Seiten der Kirche immer laut beklagt wird, als handelte sie ohne jeden Eigennutz nur im Interesse der Kinder und Eltern. Das Eigeninteresse der Kirche, es geht ja auch um christliche Frühsozialisation („Mit Gott groß werden"), wird selten erwähnt. Interessant wird es, wenn Kirche sich einmal selbstkritisch fragt, ob sie mit ihrer Kindergarten-Arbeit ausreichend gegen die soziale Spaltung in der Stadt anarbeitet. Ein Beispiel aus Frankfurt. Dort hat die Caritas als Träger von Kindergärten in Frankfurt-Unterliedbach festgestellt, dass sie mit ihrer Aufnahmepraxis zur Verfestigung von Armut in diesem Stadtteil beigetragen hat. Kinder aus dem armen Unterliedbach-Ost wurden nahezu ausschließlich in den wenigen Einrichtungen des armen Ostens aufgenommen, nicht aber im bürgerlichen Unterliedbach-West. Damit waren diese Einrichtungen dann überbelegt. Jenseits der beide Viertel trennenden Straße im Westen nahmen die Kindergärten ausschließlich Westkinder auf – darunter nur ganz wenige ausländische Kinder. Statt Kinder aus dem Osten nahmen die Kindergärten im Westen lieber Kinder aus bürgerlichen Familien der Nachbarorte auf. Die Kindergärten tragen also selbst zur sozialen Spaltung in Unterliedbach bei. Eine andere Aufnahmepraxis könnte diese Spaltung mildern.

Daran zeigt sich: Die gängige Sozialarbeit, auch die der Diakonie und der Kirchen, ist nicht immer und überall Teil der Lösung, sondern häufig auch ein Teil des Problems.

„Selten", so Hejo Manderscheid, „thematisiert sie ernsthaft die Seiten, wo es um Scheitern und Vergeblichkeit, nicht um Erfolg, wo es um Disziplinierung und Bevormundung und nicht um Stärkung der Betroffenen geht, wo es um Unersetzlichkeit und Planungssicherheit und nicht um befristete Intervention, wo es um die Institution geht, aber nicht um Prozesse und Netzwerke."[20] Wenn man sich die Leitbilder und Selbstdarstellungen der Diakonie anschaut, geht es immer nur um positive lobenswerte Aspekte: „Wir achten die Würde jedes Menschen. Wir leisten Hilfe und schaffen Gehör. Wir sind dort, wo uns Menschen brauchen. Wir sind aus einer lebendigen

---

[20] Hejo Manderscheid, Sozialarbeit – das Ende einer heiligen Kuh, in: publik forum Nr. 24, 1997, 6–8.

Tradition innovativ", heißt es im Leitbild der Diakonie von 1996.[21] Sicher – man muss sich nach außen gut darstellen und auch die Zielrichtung der eigenen Arbeit angeben. Aber jeder weiß, dass dieses Idealbild mit der Wirklichkeit nicht immer übereinstimmt. „Im Mittelpunkt steht bei uns der Mensch. Wir leisten ganzheitliche Hilfe, wir treten anwaltlich für Arme ein." Diakonie suggeriert wie andere Wohlfahrtsverbände mit solchen Formulierungen eine Allwissenheit und Zuständigkeit, die auch immer wieder zu Fürsorge, angelernter Hilfsbedürftigkeit und Abhängigkeit führen kann. Wer ganzheitlich alles im Griff haben will, der ist selbstgenügsam in seiner Professionalität, der kümmert sich weniger um Ressourcen im Stadtteil, um ein Handeln in vernetzten Bezügen.

Dagegen wird in letzter Zeit vermehrt das Geflecht der Beziehungen, die Umwelt des Hilfesuchenden oder soziale Raum gesetzt. ‚Sozialraum-Orientierung' ist das Zauberwort in der Jugendhilfe, um das Gemeinwesen und seine Ressourcen doch stärker ins Zentrum des Interesses rücken.[22]

„Wenn es richtig ist, dass eine relevante Orientierung für die Soziale Arbeit dahin geht, die sozialen Schutzsysteme von einem bürgerrechtlichen Ansatz her neu zu denken und zu entwickeln, dann dürfen die großen im Sinne des Subsidiaritätsprinzips tätigen sozialen Organisationen ebenso wie die kleinen Verbände und Initiativen nicht im Gestrüpp der Erhaltung von Privilegien und der Verwaltung von Transferleistungen steckenbleiben."[23]

Diakonie muss neben dem ‚Stark für andere' mehr das ‚Stark mit anderen' betonen und in ihrer Arbeit umsetzen.

8. Solidaritätsstiftende Arrangements – Solidaritätsorganisation durch Verbände als Entäußerung?

Ein gelungenes Beispiel für ein solidaritätsstiftendes Arrangement erzählt Manderscheid aus Frankfurt: für eine an Verfolgungswahn leidende Frau, die eigentlich ins Heim müsste, aber voller Misstrauen gegenüber Hilfeinstitutionen ist, wird von der Caritas folgendes Arrangement getroffen: ihr Essen bekommt die Frau am Kiosk, dem sog. Wasserbüdchen, dessen Betreiber ihr wohlbekannt ist. Duschen und Körperpflege kann sie im Personalwaschraum eines nahe gelegenen Restaurants vornehmen, das ihr ebenfalls seit langem vertraut ist. So wird die Einweisung in ein Heim vermieden. Was hier gelun-

---

[21] Diakonischer Rat, Leitbild Diakonie (Diakonie – damit Leben gelingt), in: Diakonie Report 12/1997 DW Hamburg.

[22] Das ist sicher ein Fortschritt, aber die Praxis sieht oft anders aus. Studierende der Sozialpädagogik erzählen häufig kritisch aus ihren Praxisstellen, wie Anspruch und Wirklichkeit auseinanderklaffen, auch und gerade in fortschrittlich orientierten Projekten, die eine Sozialraum- und Stadtteilrhetorik pflegen.

[23] So Barbara Rose in: LeitBild Soziale Arbeit, VEDD-Symposion 2000.

gen ist, ist eine Verschränkung von bedingungslosen sozialen Rechten und neuem solidarischen Handeln. Das viel beschworene Setzen auf soziale Ressourcen im Stadtteil, im Umfeld des Klienten gelingt hier. Durch Veröffentlichung ihrer Lage wird die Isolation aufgebrochen, die übliche Abschiebung ins Heim ist nicht mehr nötig. Die Rolle der Wohlfahrtsorganisation besteht hier im Arrangement der Solidarität unter Einbeziehung anderer Menschen und Dienstleistungen, nicht in ihrem exklusiven Vollzug, sprich der Organisation von Fürsorge. ‚Stark für andere' meint hier ein anwaltliches Handeln, das nicht auf institutionelle Absicherung zielt, sondern sich kreativ verflüssigt, indem es Normalbürgern Chancen der Partizipation am Unterstützungsgeschehen für die verwirrte und misstrauische Frau eröffnet. Ein Platz im Caritas-Heim bleibt nun unbesetzt, aber das ist der Preis dieser Solidarität.

Das geschieht ganz im Sinne des Gedankens der Selbstentäußerung, wie sie von Christus in einem frühchristlichen Hymnus (Phil 2) berichtet wird – ohne die institutionelle Selbsterhöhung, auf die in der Geschichte des sozialen Protestantismus stets der Dienst an den Armen hinauslief – in der frommen Überzeugung, hier werde die christliche Gegenwelt als Stadt der Nächstenliebe mit biblischer Topographie, als karitativer Himmel auf Erden wie in Bethel und Alsterdorf, Rummelsberg und Kaiserswerth bis zum Kommen des Herrn errichtet. Das war als Zwischenlösung gut, doch jetzt steht die Auflösung dieser anstaltlichen Gegenwelt in die Normalität eines demokratisch-sozialen Gemeinwesens an.[24] Sicher – die Großunternehmen müssen sich mit geschicktem Sozialmanagement im sozialen Wettbewerb bewähren, denn es gibt natürlich eine Verantwortung für die vielen MitarbeiterInnen. Aber wie Größe und Erfolg kein Name Gottes ist, so ist die Erhaltung diakonischer Großunternehmen kein Zweck an sich. Ihre Umstrukturierung im Interesse der betreuten Menschen ist hingegen Gebot der Stunde. „Die Freiheit in der Diakonie entscheidet sich an der Frage: ist die Diakonie assoziativ? Bringt sie Menschen zusammen und räumt ihnen gleichzeitig einen Freiraum ein, sodass sie gemeinsam etwas bewegen können?"[25]

---

[24] Siehe dazu: Evangelische Stiftung Hephata, Freiheit wagen. Leben in Nachbarschaft, o.J. (2002). Seit Ende 2002 ist auch die Ev. Stiftung Alsterdorf in Hamburg keine Anstalt mehr, wie ihr Vorsteher Baumbach öffentlich bekannt gab.
[25] Joachim Weber, Diakonie zwischen Dienstleistung und Freiheit, in: PTh 92, 2003, 348.

Wie ist die Armutsorientierung der Diakonie zu verwirklichen?

Eine kritische Auseinandersetzung mit Steffen Fleßa[1]

1. Die neue Armut und die anwaltliche Reaktion von Kirche und Diakonie

„Es sollte überhaupt kein Armer unter euch sein" (Dt 15,4). Mit der Umsetzung dieser biblischen Verheißung hätte der westdeutsche Sozialstaat in den 60er und 70er Jahren aufwarten können. Seit Mitte der 80er Jahre ist die Armutsbevölkerung infolge der Massenarbeitslosigkeit in der BRD jedoch ständig angestiegen. Kirche und Diakonie reagierten auf die Entwicklung der neuen Armut[2] zum einen im Zusammenhang der Wohlfahrtsverbände[3], zum anderen in eigenen Stellungnahmen. Bereits 1989 gab es ein Wort der EKD-Synode: Armut in Deutschland.[4] Darin wird auf die dramatisch gestiegene Zahl der Sozialhilfeempfänger und der Arbeitslosen aufmerksam gemacht. Kirche dürfe hier nicht schweigen. Die Gemeinden werden zu genauer Wahrnehmung und zur Unterstützung der Armen aufgefordert, Armutsberichte und eine Reform der Sozialhilfe werden angemahnt. In den folgenden anderthalb Jahrzehnten haben Diakonisches Werk und Caritas in Armuts-

---

[1] Zuerst veröffentlicht in PTh 95, 2006, 462–476 mit einer Antwort von Fleßa, ebd., 493–506.

[2] Bereits 1976 sprach Heiner Geißler in einer politischen Kampfschrift von der „Neuen Sozialen Frage". Es ging darin um die Armut nichtorganisierter gesellschaftlicher Gruppen. Die sich anschließende Diskussion gab den Anstoß zu einer breiter angelegten wissenschaftlichen Armutsforschung. Mitte der 80er Jahre wurde zuerst öffentlichkeitswirksam auf die Erscheinung einer neuen Armut aufmerksam gemacht (zuerst W. Balsen u. a., Die neue Armut, Köln 1984). Der Zusammenhang von Arbeitslosigkeit und Armut wurde erforscht (T. Klein, Sozialer Abstieg und Verarmung von Familien durch Arbeitslosigkeit, Frankfurt/M. 1987), der Zusammenhang zwischen der Existenz der Armut und der Politik des Sozialstaats erkannt (S. Leibfried / F. Tennstedt (Hg.), Die Politik der Armut und die Spaltung des Sozialstaats, Frankfurt/M. 1985). Die wissenschaftliche Debatte differenzierte sich in den 1990er Jahren. D. Döring, W. Hanesch und E.-U. Huster plädierten in ihrem Band Armut im Wohlstand (Frankfurt/M. 1990) für die Heranziehung des Lebenslagenkonzepts der Armut. S. Leibfried u. a., Zeit der Armut. Lebensläufe im Sozialstaat, Frankfurt/M. 1995 zeigten das temporäre Schicksal der Arbeitslosigkeit auf, s. dazu insgesamt W. Hanesch, Armut und Armutspolitik in: H.-U. Otto / H. Thiersch, Handbuch Sozialarbeit/Sozialpädagogik, Neuwied 2001, 81ff.

[3] Einzelne Wohlfahrtsverbände und der DGB legten in den neunziger Jahren verschiedene Armutsberichte vor. So Hauser und Hübinger 1993 im Auftrag des Caritasverbands die Untersuchung Arme unter uns, Hanesch u.a. 1994 im Auftrag des DGB und des Paritätischen Wohlfahrtsverbands den Band Armut in Deutschland und 6 Jahre später 2000 den Armutsbericht Armut und Ungleichheit in Deutschland. Der neue Armutsbericht der Hans Böckler-Stiftung, des DGB und des Paritätischen Wohlfahrtsverbands. Erstmals im Jahre 2001 hat eine Bundesregierung einen Armuts- und Reichtumsbericht vorgelegt. Der 2. Armutsbericht folgte im März 2005.

[4] Abgedruckt in: Die Armen und die Reichen. Soziale Gerechtigkeit in der Stadt, Hamburg 1993, 85ff.

untersuchungen immer wieder auf den Anstieg der Armutsbevölkerung hingewiesen und sind anwaltlich für armutsfeste soziale Sicherungssysteme eingetreten. Im September 1992 veröffentlichte der Deutsche Caritasverband unter dem Titel „Arme unter uns: Der deutsche Caritasverband bezieht Position"[5] ein Positionspapier, das auf einer 1991 durchgeführten Klientenbefragung basierte. 1995 führten Caritas und Diakonisches Werk eine Lebenslagenuntersuchung in Ostdeutschland durch, deren Ergebnisse 1997 der Öffentlichkeit präsentiert wurden.

1997 veröffentlichten die beiden großen Kirchen nach einem längeren Konsultationsprozess unter dem Titel „Für eine Zukunft in Solidarität und Gerechtigkeit" das so genannte „Sozialwort des Rates der EKD und der Deutschen Bischofskonferenz zur wirtschaftlichen und sozialen Lage in Deutschland". In dem Kapitel „Armut in der Wohlstandsgesellschaft" wird eine deutliche Option für die Armen vertreten. Diese biblische Option halte an, „die Perspektive der Menschen einzunehmen, die im Schatten des Wohlstands leben und weder sich selbst als gesellschaftliche Gruppe bemerkbar machen können noch eine Lobby haben"[6]. Die Diakonie hat neben ihrem anwaltlichen Eintreten für die Armen viele kleine so genannte ‚Armutsprojekte' unterstützt oder selbst aufgebaut, die die EKD-Denkschrift von 1998 „Herz und Mund und Tat und Leben" als zivilgesellschaftliche Umsetzung Wicherns deutete. Die Frage, ob die Diakonie als Teil eines Gesellschaftssystems, das immer mehr Menschen in die relative Armut treibt, mit gravierenden Folgen besonders für die Kinder, die in Armut leben,[7] nicht mehr und anderes tun kann, als anwaltlich und in Nothilfeprojekten darauf zu reagieren, wurde zwar gestellt; es kam jedoch zu keinem alternativen theoretischen Ansatz und seiner praktischen Umsetzung. Inzwischen haben sich die führenden Vertreter der evangelischen Kirchen für eine Annäherung an die rotgrüne Reform des Sozialstaates ausgesprochen und ihre anwaltliche Position teilweise zurückgenommen.[8]

---

[5]   Abgedruckt in: R. Hauser / W. Hübinger, Arme unter uns Teil 1. Ergebnisse und Konsequenzen der Caritas-Armutsuntersuchung, Freiburg 1993, 17–46.

[6]   Für eine Zukunft in Solidarität und Gerechtigkeit. Wort des Rates der EKD und der Deutschen Bischofskonferenz zur wirtschaftlichen und sozialen Lage in Deutschland, hg. vom Kirchenamt der EKD Hannover und vom Sekretariat der Deutschen Bischofskonferenz, Bonn 1997.

[7]   Laut AWO Sozialbericht 2000, Bonn 2000, waren 1998 etwa 1 Million Kinder und Jugendliche auf Sozialhilfe angewiesen, eine gleich große Gruppe realisierte aus verschiedenen Gründen ihren Sozialhilfeanspruch nicht. Arbeitslosigkeit, Migrationshintergrund und Alleinerziehung sind die Hauptursachen für die wachsende Kinderarmut. Siehe dazu: Christoph Butterwege, Kinderarmut in Deutschland. Ursachen, Erscheinungsformen und Gegenmaßnahmen, Frankfurt / New York 2000; ders., Armut und Kindheit, Opladen 2003.

[8]   Der damalige EKD-Ratsvorsitzende Manfred Kock lobte angesichts des Berliner Ökumenischen Kirchentages 2003 den Reformkurs der rotgrünen Regierung, sein Nachfolger Wolfgang Huber sekundierte; die Deutsche Bischofskonferenz rückte in ihrem Impulstext „Das Soziale neu denken" teilweise vom Sozialwort ab, s. Frankfurter Rundschau 14.12.2003.

2.   Armutsorientierung der Diakonie – christliche Parteinahme für die Armen oder Rückfall ins Vor-Sozialstaatliche?

Vor dem Hintergrund der geschilderten Entwicklung ist das im Jahr 2003 erschienene Buch von Steffen Fleßa „Arme habt ihr allezeit! Ein Plädoyer für eine armutsorientierte Diakonie"[9] ein interessanter Diskussionsbeitrag. Fleßa geht von der Beobachtung aus, dass die Armut in Deutschland wächst, die diakonischen Einrichtungen jedoch nicht mehr primär den Schwächsten und Ärmsten dienen, sondern ihre sozialen Dienstleistungen vermehrt für den Mittelstand anbieten. Das sei besonders am Ausbau des betreuten Wohnens für Menschen mit überdurchschnittlicher Rente erkennbar. Auf der anderen Seite würden Schuldnerberatungen abgebaut (Belege dafür gibt Fleßa nicht).

Fleßa versteht Diakonie als Lebens- und Wesensäußerung der Kirche. Sie leite sich unmittelbar aus der biblischen Botschaft ab, die Fleßa als Wissenschaftler, der nicht vom Fach ist – er hat eine Professor für internationale Gesundheitsökonomik inne – auf ebenso schlichte wie herausfordernde Weise referiert.

In dem Kapitel „Grundzüge der christlichen Anthropologie" stellt er die Haushalterschaft in den Mittelpunkt. Verbreitet eher in den USA und in Skandinavien habe der Steward-ship-Gedanke eine Nähe zu Wirtschaftlichkeit und Effizienz. In der „gefallenen Welt" herrsche Güterknappheit und deswegen sei der verantwortungsvolle Umgang mit Ressourcen trotz eines Gottes, der ein Gott der Fülle sei, für die Kirche und Diakonie verbindlich. Die Nächstenliebe bzw. die christliche Liebe als höchster Wert, der jedes menschliche Maß übersteigt, sei für die Diakonie direkt nicht anwendbar. Sie sei kein operationales Ziel, sie sei nicht messbar, als rein intentionaler Größe fehle ihr die Eigenschaft eines Betriebsziels. „Der intentionistische Begriff der Nächstenliebe [ist] kaum geeignet eine konkrete Grundlage für Entscheidungsregeln und betriebliche Ziele zu bilden. Er muss als fundamentaler Wert allen christlichen Handelns stets präsent sein."[10] Hingegen lassen sich nach Fleßa aus einem konsequentialistischen Liebesbegriff, wie er auch in Lk 10,36 aufscheint, „konsequent die operationalen Ziele Dienstleistungsqualität und Effizienz ableiten."
Ein hoher Wert in der Bibel ist die Gerechtigkeit. Sie impliziert nach Fleßa keine Gleichheit. Das uneingeschränkte Lebensrecht jedes Einzelnen sei aus der Gottebenbildlichkeit ableitbar, unabhängig von seiner Leistung oder seinem Beitrag zum Bruttosozialprodukt. Aber es werde keine egalitäre Gesellschaft anvisiert. Die Bibel anerkenne das Eigentum, dieses sei aber sozialpflichtig. Deswegen fordere sie den Schuldenerlass. Hier ist Fleßa entschieden zu widersprechen, weil gleicher Grundbesitz für freie Männer im alten Israel Grundlage der Gerechtigkeit war und selbst das Institut der Sklaverei weitgehend abgeschafft wurde. Die Sozialgesetze zielten auf eine sozial gerechte Wirtschaft. Leider hat das Christentum diese soziale Gerechtigkeit wieder entpolitisiert.
Die ungleiche Verteilung sei zu akzeptieren, so Fleßa weiter, solange die Startchancen von Kindern und die Überlebenschancen von Erwachsenen nicht gefährdet seien. Nach John

9   Steffen Fleßa, Arme habt ihr allezeit. Ein Plädoyer für eine armutsorientierte Diakonie, Göttingen 2003.
10   Fleßa, Arme, 43.

Rawls (Theorie der Gerechtigkeit, 1972) kann Ungleichheit des Einkommens gerechtfertigt werden, wenn es letztlich auch den Ärmsten hilft. (Mir scheint, dass Fleßa hier Rawls Differenzprinzip seiner gegenüber Privatbesitz kritischen Spitze entkleidet.) Leistung solle dem Wohl des Nächsten dienen. Sie solle gefördert werden, wenn sie langfristig zum Wohl aller führe. Das sei jedenfalls die Idee von Adam Smith gewesen, mit der er sein Konzept des Marktes legitimiert habe. Dies traut Fleßa auch heute noch dem Markt zu.

Diese kurze Zusammenfassung macht deutlich: Fleßa argumentiert in einer seltsamen Mischung aus direkter Anwendung von biblisch-dogmatischen Aussagen und soziologischen Fakten. So sagt er: Armut ist erst in gefallener Welt denkbar, sie ist eine Konsequenz des Sündenfalls. Hier feiert jene Sicht des 19. Jahrhunderts eine Wiederauferstehung, die mit J. H. Wichern Armut und Entsittlichung als Konsequenz des Atheismus, also des Abfalls von Gott in der entkirchlichten Arbeiterbevölkerung deutete.[11] Die Vernachlässigung von Kranken und Hungernden hängt für Fleßa mit der Sündhaftigkeit des Menschengeschlechts nach dem Fall zusammen und ist erst von der christlichen Diakonie überwunden worden, was noch die alte antijüdische Haltung der Diakonie („die Welt vor Christo war eine Welt ohne Liebe") erkennen lässt.

Weiterführend ist Fleßas Interpretation von Mt 25,31ff. Er nennt die darin genannten Gruppen, Hungernde, Durstende, Kranke, Gefangene und Obdachlose, verletzlich, schutzlos oder mit einem Fremdwort vulnerabel. Vulnerabilität bedeutet: Eine Person ist nicht in der Lage, ihre Bedürfnisse selbstständig zu stillen; sie benötigt Hilfe. Mit der Bedürfnispyramide von Maslow unterscheidet Fleßa physiologische, Sicherheits-, soziale, Wertschätzungsbedürfnisse. Arme könnten oft ihre physiologischen und auch ihre Sicherheitsbedürfnisse nicht befriedigen – von den höheren Bedürfnissen wie Wertschätzung ganz zu schweigen. Sie bräuchten bereits hierfür Hilfe. Deshalb seien sie die eigentliche Zielgruppe diakonischer Unternehmen.[12] Für Fleßa folgt daraus: Geld löst das Problem physiologischer und auch der Sicherheitsbedürfnisse:

„Hilflos und damit Zielgruppe diakonischen Handelns sind Arme, die nicht genug Geld haben, um ihre physiologischen Grundbedürfnisse zu stillen"[13]. Dies werde durch die Armutsorientierung der biblischen Schriften unterstützt. „Diakonische Unternehmen haben deshalb den einen Zweck, Armen in ihrer Vulnerabilität zu helfen, damit sie ihre eigenen existenziellen Grundbedürfnisse befriedigen können."[14]

Auf der Grundlage des Armuts- und Reichtumsberichts der Bundesregie-

---

[11]   Siehe dazu H.-J. Benedict, Der Kommunismus und die Hilfe gegen ihn. Das antikommunistische
       Manifest Wicherns als Grundlage der berühmten Wittenberger Stegreifrede Wicherns, in diesem
       Band S. 77ff.
[12]   Vgl. Fleßa, Arme, 62.
[13]   Fleßa, Arme, 61.
[14]   Fleßa, Arme, 79.

rung von 2001 zeigt Fleßa, dass die Einkommensarmut und die Vermögens-armut einer wachsenden Bevölkerungsgruppe zu soziokultureller Ausgren-zung und Marginalisierung führen. So hingen Armut und schlechtere Gesundheit, geringere Bildung, beengte Wohnverhältnisse zusammen.[15] Die Angebote der Diakonie sollten sich deshalb bewusst an die Unterschicht wenden, die nicht allein der Arbeiterwohlfahrt überlassen werden sollte. Wohnungslosenhilfe, Altenheime für Randgruppen (z.B. wohnungslose Al-koholiker), Jugendarbeit mit Spätaussiedlern, Schuldnerberatung sollten nach Fleßa bevorzugte Arbeitsgebiete einer armutsorientierten Diakonie sein.

Fleßa hat einerseits Recht: „Eine Diakonie, die auch Armutshilfe betreibt, ist noch keine armutsorientierte Diakonie. Sie wird armutsorientiert, wenn sie primär und überwiegend ihre Angebot auf Arme zuschneidet."[16] Fleßa hat auch mit dem Recht, was er den Diakoniemanagern ins Stammbuch schreibt: „Würden die Manager diakonischer Sozialleistungsunternehmen genauso viel Phantasie für die Bekämpfung der Armut aufbringen wie für die Ent-wicklung neuer Angebote für die Oberschicht, könnte die Diakonie tatsäch-lich einen wichtigen Beitrag zur sozialen Gerechtigkeit leisten."[17]

Während der Markt für höhere Bedürfnisse eine gute Versorgung gewähr-leiste, bedarf er laut Fleßa für Güter, die der Grundbedürfnisbefriedigung dienen, der Regulation. Der Markt, auch der der Sozialleistungen, lasse viele Bedürfnisse – auch objektiven Mangel – unerkannt und ungestillt. Die Ar-men hätten nur einen begrenzten Marktzugang, da ihnen die Eintrittskarte, die Kaufkraft fehle. Daraus folgert Fleßa: „Die Bekämpfung der materiellen Armut ist [...] Dreh- und Angelpunkt der Diakonie, deren Hauptziel es ist, Menschen zu helfen, ihre Grundbedürfnisse zu befriedigen."[18]

Fleßa skizziert nun, wie eine armutsorientierte Leistungsprogrammpla-nung seiner Meinung nach auszusehen habe: Diakonie soll als „Intermediär zwischen Staats- und Marktversagen" tätig werden. „Dort, wo die Armen aufgrund ihrer fehlenden Kaufkraft von der Bedürfnisbefriedigung ausge-schlossen werden, garantieren diakonische Anbieter die biblisch verbürgte Startchancengerechtigkeit sowie die Mindestversorgung der Armen. Dort, wo der Staat diese Randgruppen nicht versorgen kann, weil er zu ineffizient, zu langsam, zu schwerfällig ist, gewährleistet die Diakonie, dass die Würde der Armen gewahrt bleibt. Klein und basisnah kann eine armutsorientierte Diakonie entstehende Notlagen aufspüren und angehen, lange bevor der

---

[15] So sei die altersstandardisierte Sterblichkeit für koronare Herzkrankheiten bei Männern stark von der sozialen Schicht abhängig. Herzinfarkt sei keine Managerkrankheit, sondern ein Ar-mutsproblem. Das gleiche gelte für Diabetes und für die Übergewichtigkeit von Kindern und Ju-gendlichen (Fleßa, Arme, 122f). Das große Problem, dass Armut in der Kindheit die Ent-wicklungs-, Bildungs- und Berufschancen von Kindern nachhaltig beeinträchtigt, erwähnt Fleßa leider nicht, siehe dazu Anm. 2.

[16] Fleßa, Arme, 132.

[17] Fleßa, Arme, 125.

[18] Fleßa, Arme, 141.

Staat diese Versorgungslücken entdeckt und nach einem komplizierten politischen Prozess endlich füllt."[19] Das Geld dafür solle zum Beispiel aus der Aufgabe diakonischer Kleinstkrankenhäuser und der Einrichtungen betreuten Wohnens genommen werden. „Auf Konkurrenzmärkten könnten Einrichtungen an kommerzielle Anbieter verkauft werden. Damit bleiben die Arbeitsplätze und die Versorgung der Kunden gewährleistet. Auch die starke Stellung der Seelsorge lässt sich vertraglich verankern."[20] Die Mittelzuflüsse sollen in Stiftungen zur Sicherung der Armenhilfe angelegt werden. Es würde eine Art Zero-Base-Budgeting (Planung ohne Vorbedingung) durchgeführt, das die diakonischen Einrichtungen auf dem Hintergrund des Bedürfnisschemas prüft. In einer Zukunftswerkstatt würden über die nächsten fünf bis zehn Jahre die möglichen Leistungen (Drogen- und AIDS-Beratung, Armenspeisung, Einrichtung für Wohnungslose etc.) wie die gegenwärtigen Tätigkeiten (Altenheime, Krankenhäuser etc.) in eine Reihenfolge gebracht, wobei die Armutsorientierung das entscheidende Kriterium wäre. Sei ein physiologisches Grundbedürfnis gefährdet, werde die Versorgung, falls es keine anderen Anbieter gebe, durch die armutsorientierte Diakonie wahrgenommen. Falls es konkurrierende Angebote gebe, werde gefragt, ob in deren Rahmen Seelsorge möglich sei. Wenn nicht, müsse die Diakonie „ran". Dies ist meiner Meinung nach eine sympathische Umsetzung der Option für die Armen, die eine heilsame Herausforderung für das Diakoniemanagement darstellt. Fleßa lehnt den „goldenen Mittelweg einer gleichzeitig kommerziellen und armutsorientierten" Diakonie ab, denn eine kommerzielle Diakonie entspreche nicht dem christlichen Wertesystem.[21] Mit dieser Kritik müssen sich die Leiter der großen Diakonieunternehmen auseinandersetzen. Ich merke hier nur an, dass der Konflikt zwischen den Zielsetzungen „gelingendes Leben für alle" und „Armutsorientierung" in der Diakonie einer intensiven Diskussion bedarf.

Meine Kritik gilt den fragwürdigen sozialstaatlichen Implikationen von Fleßas Ansatz.

Erstens: der soziale Ausgleich ist zunächst einmal grundgesetzliche Aufgabe des Sozialstaats und insofern nur subsidiär auch Aufgabe des dualen Wohlfahrtssystems, deren Teil die kirchlichen Wohlfahrtsverbände sind. Es ist keineswegs ihre Aufgabe, einen staatlichen Rückzug aus dieser Aufgabe – recht und schlecht – zu kompensieren. Fleßa optiert gegen den Interventionsstaat für den Markt, die Intervention aber zugunsten der infolge des Marktgeschehens Verarmten weist er einer Diakonie zu, die doch zu schwach ist, einen Ausgleich, der den Namen wirklich verdient, zu realisieren.[22]

---

[19]   Fleßa, Arme, 160.
[20]   Fleßa, Arme, 164.
[21]   Fleßa, Arme, 162f.
[22]   Fleßa behauptet, dass die Diakonie sich im 19. Jahrhundert sich an der Versorgung der Grundbedürfnisse der Armutsbevölkerung orientierte, heute sich aber den höheren Bedürfnisschichten

Zweitens: die von Fleßa geforderte Armutsorientierung gibt es schon längst in der Diakonie. In der Arbeit mit bestimmten Randgruppen, so besonders in der Flüchtlingsarbeit, sind die Kirchen und die Diakonie sehr präsent und solidarisch (während sich andere Wohlfahrtsverbände hier zunehmend zurückziehen).[23] Vor allem wurden kreative Projekte der Nothilfe für Wohnungslose und andere Ausgegrenzte entwickelt. Ein Beispiel, das sehr erfolgreich ist, ist das *Hinz & Kunzt*-Straßenmagazin in Hamburg. Obdachlose verkaufen die professionell gemachte Zeitung, bekommen einen Anteil vom Erlös, knüpfen so persönliche Kontakte zwischen „Ausgegrenzten" und „Normalen" und finden im günstigen Fall eine Wohnung und sogar Beschäftigung.[24] Mitternachtsbusse mit ärztlicher Versorgung, Kirchenkaten für Obdachlose, Anlaufstellen für schutzlose junge Prostituierte sind vorbildliche Projekte der Armutsorientierung. Wohnungslosen-, Tagelöhner- und Beschäftigungsprojekte binden in hohem Maße die Arbeitskraft, das Engagement und die Ideen von in Notlagen befindlichen Menschen selbst ein, gemäß der Frage Jesu: „Was soll ich für dich tun?" (Mk 10,51); sie schaffen je angemessene, auch bezahlte Arbeit und Beschäftigung für Arme; sie „erwirtschaften" ihre Ressourcen hauptsächlich am „Markt" und sind weitgehend unabhängig von staatlichen Förderungen mit ihrer mangelnden Flexibilität und Gängelung von Trägern. Im Ausbau und in der Verteidigung dieser Projekte muss die Diakonie gegebenenfalls in den Konflikt mit dem Staat gehen.

Die neuen zivilgesellschaftlichen Initiativen haben zu Beginn stets darauf bestanden, dass Regelleistungen des Sozialstaats durch sie nicht ersetzt werden sollen.[25] Von dieser Maxime weicht Fleßa ab, wenn er die Armutsorientierung zum Alleinstellungsmerkmal der Diakonie machen will. So sehr es

---

zuwendet. Dagegen ist zu sagen, dass das besondere Interesse der diakonischen Gründungsväter höchst selektiv den sittlich gefährdeten Gruppen (Wandererfürsorge, verwahrloste Jugendliche, gefallene Mädchen) galt. Keineswegs setzten sie sich die Abschaffung der Armut sozialpolitisch zum Ziel. Mit der Etablierung des Wohlfahrtsstaates und mit seinen homogenisierenden Gesetzen zunächst der Weimarer Republik (Jugendwohlfahrtsgesetz, Reichsfürsorgeverordnung) und dem Bundessozialhilfegesetz hat die Diakonie wie die anderen Wohlfahrtsverbände und kleineren Träger im Rahmen der gesetzlichen Vorgaben und Finanzierungen mit den „Armen" sozialpädagogisch gearbeitet, d. h. in der Fürsorgeerziehung, der Wohnungslosenhilfe, der Suchtkrankenhilfe, der Flüchtlingshilfe. Während des goldenen Zeitalters der Vollbeschäftigung zwischen 1955 und 1975 konnte die Diakonie sich sozialstaatlich absichern und von der Ausdifferenzierung der Sozialarbeit noch diesseits einer gravierenden Armutsproblematik profitieren.

23   Siehe dazu H.-J. Benedict, Art. Randgruppen, in: M. Honecker u.a. (Hg.), Evangelisches Soziallexikon, Neuausgabe, Stuttgart 2001, Sp. 1283–86. In Hamburg wird partielle Beratungsarbeit für von Abschiebung bedrohte Flüchtlinge fast nur noch von den kirchlichen Beratungsstellen gemacht.

24   Hinz & Kunzt, 1993 von dem damaligen Hamburger Diakoniepastor Reimers entwickelt, fußt in Idee und Struktur ziemlich exakt auf dem Beispiel von „The Big Issue" in London. Die deutsche Landschaft der Straßenmagazine ist allerdings sehr vielschichtig, der Hamburger Ansatz wird in der „Szene" eher kritisch betrachtet, zumal Hinz & Kunzt seine Klientel (unfreiwillig?) in gute und weniger gute Obdachlose aufteilt.

25   So Stephan Reimers, Biblische Diakonie – diakonische Gemeinde, in: M. Schibilsky / R. Zitt (Hg.), Theologie und Diakonie, Gütersloh 2004, 79–86, hier 86.

richtig ist, dass Beistandschaft das Merkmal christlicher Diakonie ist – man kann nicht so tun, als lebten wir noch in vorsozialstaatlichen Zeiten. Die von Fleßa vorgeschlagene Armutsorientierung geht indirekt von der Normalisierung von Armut aus und sieht ihre Bekämpfung nicht mehr als originär staatliche Aufgabe an. Eine öffentliche Politik der Arbeitsbeschaffungsmaßnahmen und der damit verbundenen indirekten Armutsbekämpfung wird aufgegeben. Diakonische und andere zivilgesellschaftliche Institutionen sollen Not und Armut aufspüren und kreativ unbürokratisch Nothilfe leisten. Diakonie wird so zum barmherzigen Samariter an der Straße eines deregulierten Sozial- und Wirtschaftsystems. Aus der Ausnahme der Nothilfe macht Fleßa die Regel; Diakonie als „Intermediär zwischen Staats- und Marktversagen" soll schlimmste Missstände erträglich machen, ohne sie noch beseitigen zu wollen.

So sehr dem Plädoyer der Armutsorientierung der Diakonie (gegenüber einer Marktorientierung an den besser Verdienenden) zuzustimmen ist – es geht nicht an, die Phase der Verrechtlichung sozialer Ansprüche und das verfassungsrechtliche Gebot des sozialen Ausgleichs einfach zu überspringen, wie Fleßa das tut, und die Armen wieder den barmherzigen Initiativen zu überlassen, seien sie auch diakonisch gut organisiert und finanziert. Wenn er sagt: „Diese Armut [kann] weder durch den Staat noch ausschließlich durch den Markt beseitigt werden. Vielmehr bedarf es der privaten Initiative von Christen, Armut nachhaltig zu bekämpfen"[26], so ist eine solche Position zurückzuweisen. Sie ist ein Rückfall in die vorrechtliche Phase des 19. Jahrhunderts. Im Übrigen basiert sie weder auf einer gründlichen Analyse der neuen Hartz IV-Sozialpolitik noch der Armuts- und Barmherzigkeitsprojekte. Sicher – es wäre ein hochherziger dramatischer und exemplarischer Akt der Selbstverausgabung von Diakonie, wenn sie, um den Skandal der neuen Armut aufzuzeigen, in großem Ausmaß Altersheime und Krankenhäuser verkaufen würde, um mit dem Erlös den Armen zu helfen (ganz wie Bonhoeffer das 1944 in seiner Vision einer „Kirche für andere" vorschlug). Es ist aber absehbar, dass ein solcher Akt das weitere Anwachsen von Armut nicht verhindern würde, wenn keine wirtschafts- und sozialpolitischen Korrekturen erfolgten.

3. Ambivalente Armutsorientierung – Zwischenbilanz der Armutsprojekte

Wie zweideutig eine Armutsorientierung, wie Fleßa sie sich vorstellt, sich entwickeln kann, soll am Beispiel der Tafeln gezeigt werden. Die 1993 in Berlin nach amerikanischem Vorbild entstandene Berliner Tafel basiert auf

---

[26] Fleßa, Arme, 8.

dem Gedanken, nicht benötigte Lebensmittel von Handelsketten und Hotels den Bedürftigen und sozialen Einrichtungen zukommen zu lassen. Es war eine Idee, die zündete. Sie wurde mit der Gründung der Hamburger Tafel richtig bekannt und verbreitete sich schnell. Bundesweit gibt es inzwischen 400 Tafeln mit ca. 10 000 ehrenamtlichen Helfern und einem Dachverband.[27] 800 Mitarbeiter arbeiten in festen und zeitweilig geförderten Stellen. 580 Tafelfahrzeuge transportieren die Lebensmittel. 50 000 Tonnen überschüssiger Lebensmittel werden jährlich verteilt. Was als Zwischenlösung in einer Notsituation gedacht war, hat sich inzwischen zu einem festen Bestandteil der Versorgung der Armutsbevölkerung entwickelt. Zivilgesellschaftliche Barmherzigkeit sollte zu Recht werden, sie blieb aber im Barmherzigen stecken. An die Stelle von Rechtsansprüchen an den Sozialsaat treten Almosen und das Angewiesensein auf private, zivilgesellschaftliche Mildtätigkeit. Private Caritas erspart dem Staat erhebliche Kosten. Aber Barmherzigkeit, die nicht auf die Reintegration ihrer zeitweiligen Empfänger abzielt, grenzt diese gegen ihre Absicht weiter aus und trägt so zur sozialen Spaltung der Gesellschaft bei.[28] Von der Umsetzung des biblischen Erbes einer institutionalisierten Gerechtigkeit (Sozialsteuer, Schuldenerlass) ist man weiter entfernt denn je. Amerikanische Verhältnisse herrschen an den Orten, wo vor allem Ehrenamtliche Suppen und einfache Speisen an Bedürftige austeilen. 400 bis 500 dieser Ärmsten kommen jeden Tag zu der von Schwester Gerharda geleiteten katholische Essensausgabe *Ali Maus* im Hamburg-Altona. Einen Einblick in diese Parallelgesellschaft bietet Gabriele Goettles Sozialreportage „Die Ärmsten! Wahre Geschichten aus dem arbeitslosen Leben".[29] Wie es inzwischen zugeht in den vielen Suppenküchen, ist unter sozialrechtlichen Gesichtspunkten nicht mehr akzeptabel. Die alltägliche Verelendung hunderttausender Menschen in einer reichen Gesellschaft ist ein Skandal, der durch die fallweise Armutsorientierung der Diakonie nicht aufzufangen ist. Angesichts des Umbaus sozialstaatlicher Leistungen und Leitbilder stellt sich die Frage, inwieweit Armutsprojekte gegen ihre erklärte Absicht instrumentalisiert werden, um staatlich organisierten Lastenausgleich durch private Wohltätigkeit weitgehend zu ersetzen. Das gilt für vergleichbare Projekte wie das Hamburger Spendenparlament (ohne das viele Hamburger Projekte

---

[27] McKinsey hat eine Auswertung der Arbeit der Tafelarbeit durchgeführt, die im Internet abrufbar ist: www.tafel.de.

[28] Auf diese Gefahr hat Hartmut Drude bereits 1998 aufmerksam gemacht, s. Hartwig Drude, Alles was recht ist … Wo bleibt die Barmherzigkeit?, in: J. Gohde / H.S. Haas (Hg.), Wichern erinnern –Diakonie gestalten, Hannover 1998, 89.

[29] Die TAZ-Journalistin hat in Berlin die Armenspeisungen und Kleiderkammern vor allem der Kirchen aufgesucht und mit den Besuchern Gespräche geführt, die einerseits das große Ausmaß des Elends zeigen, aber auch eindrückliche Zeugnisse ihrer eigenwilligen Überlebenskunst sind. Gabriele Goettle, Die Ärmsten! Wahre Geschichten aus dem arbeitslosen Leben, Frankfurt/M. 2000.

sozialer Arbeit schlechter arbeiten würden)[30], die vielen Kirchenküchen, Vesperkirchen sowie die Wohnungslosen – und Arbeitslosenprojekte. So beeindruckend sie unter dem Aspekt freiwilliger Solidarisierung sind, so skandalös ist die Tatsache, dass es sie in dieser Menge geben muss. Barmherzigkeitsprojekte sind so herum gesehen ein Armutszeugnis einer reichen Gesellschaft. Die uneingeschränkt positive Einschätzung dieser Projekte in der Diakoniedenkschrift der EKD von 1998[31], sie seien die Aktualisierung Wicherns unter den Bedingungen der Zivilgesellschaft, wäre also noch einmal zu überprüfen.

Am 5.7.2004 gab der Dachverband der Tafeln eine Meldung heraus, nach der gegenwärtig über 400 000 Arme täglich von den Tafeln bundesweit versorgt werden. Vor vier Jahren waren es noch 250 000. Der Verband äußert die Sorge, dass durch Hartz IV, die Zusammenlegung von Arbeitslosen- und Sozialhilfe, die Zahl der Bedürftigen noch einmal gewaltig steigen wird. Die Kapazitäten der Tafeln würden damit gewaltig überfordert.

Natürlich kann man nicht sagen, die positive Wirkung von Armutsprojekten würde allein durch die statistisch steigende Armut widerlegt. Die steigende Armut in unserem Land ist primär eine Folge der ökonomisch bedingten, in den vergangenen zehn Jahren immer weiter gestiegenen Massenarbeitslosigkeit, gegen die die Bundesregierungen kein wirksames Mittel fanden, weil zum einen der Konflikt mit der Wirtschaft vermieden wurde und zum andern keine neuen Konzepte, Arbeit anders zu organisieren, gewagt wurden.[32]

Wir haben also ein widersprüchliches Bild. Einerseits eine erstaunliche Zunahme zivilgesellschaftlichen Engagements und auch eine beachtliche Zunahme von Selbsthilfe der Betroffenen, andererseits den Rückzug des Staates aus diesen Bereichen. Der Staat rechnet inzwischen fest mit diesen ehrenamtlichen Initiativen. Selbst in die Auslegung des Sozialgesetzbuchs hat dies inzwischen Eingang gefunden, wenn es beispielsweise zu § 23 „Abweichende Erbringung von Regelleistungen" heißt: Die Agentur für Arbeit erbringt bei Nachweis eines unabweisbaren Bedarfs eine Sach- oder Geldleistung, „wenn

---

[30] Das Hamburger Spendenparlament tritt unter dem Motto auf: gemeinsam gegen Obdachlosigkeit, Armut und Einsamkeit. Es ist sein Ziel, „Hilfe zur Selbsthilfe auch in Zeiten fehlender staatlicher Mittel zu leisten und den Staat durch beispielhaftes privates Verhalten auch an seine sozialen Pflichten zu erinnern" (Broschüre 10 Jahre Hamburger Spendenparlament); es hat mehr als 3000 Mitglieder; es feierte im Februar 2006 sein 10-jähriges Bestehen im Hamburger Michel. In diesem Zeitraum unterstützte es mehr als 500 Projekte mit 3,6 Mill. Euro.

[31] Vgl. Herz und Mund und Tat und Leben. Grundlagen, Aufgaben und Zukunftsperspektiven der Diakonie. Eine evangelische Denkschrift, Gütersloh 1998, 44.

[32] Hierzu gibt es seit langem eine breite Diskussion, s. K. Böllert, Normalarbeitsverhältnis und Arbeitsgesellschaft, in: H.U. Otto / H. Thiersch (Hg.), Handbuch Sozialarbeit-Sozialpädagogik, 2. überarbeitete Auflage, Neuwied 2001, 1286–91 sowie zuletzt M. Opielka, Wer nicht arbeitet, soll auch nicht essen. Ein Grundeinkommen entkoppelt die ökonomische Teilhabe von der Erwerbsarbeit, in: FR, 8.3.2005.

der Leistungsberechtigte vorrangig nicht auf eine andere Bedarfsdeckung, z.B. auf Gebrauchtwarenlager oder auf Kleiderkammern verwiesen werden kann" (SGB II).

Viele Armutsprojekte feierten 2004 ihr zehnjähriges Jubiläum, obwohl es eigentlich keinen Grund zum Feiern gibt. Denn die zu begrüßende Rückbindung sozialer Verantwortung der Bürger in ihr alltagsweltliches Handeln geht leider einher mit einem Rückfall in deregulierte private Zuständigkeiten und mit dem Abbau sozialstaatlicher Leistungen. Die neue Sozialkultur muss also mit einer armutsfesten Grundsicherung und einer Umverteilung von oben nach unten verbunden werden. Diakonie und Kirche müssten in der Tradition der Reichtumskritik der frühen Kirche die Einführung der Vermögenssteuer, die Besteuerung von Spekulationsgewinnen und die schärfere Aufdeckung von Steuerbetrug bei Unternehmen fordern, um so die viel beschworenen leeren Kassen der Kommunen aufzubessern (es ist erwiesen, dass jeder zusätzlich eingestellte Steuerprüfer durch Steuerprüfungen ca. 1 Million Euro zusätzliche Steuereinnahmen erbringt).[33]

Falls es mittelfristig zu einer Perpetuierung der Armutsprojekte kommt – was weitgehend bereits der Fall ist – sollten diese gegenüber dem Staat und den Kommunen genauer ihre Bedingungen formulieren: Wir machen das nur, wenn ihr versprecht, jeden Monat so und so vielen Wohnungslosen eine Wohnung zu beschaffen, begleitete Tagelöhnerprojekte für langjährig Dauerarbeitslose einzurichten, das Nahverkehr-Sozialticket für arme Familien nicht abzuschaffen.[34] Die Zusammenarbeit von Kommunen und zivilgesellschaftlichen Projekten muss auf klaren Absprachen basieren. So gibt es in Hamburg den von der Stadtmission initiierten runden Tisch, der die sozialen Initiativen in der City zusammenbringt. Hier wird ein zunehmend dichteres Hilfenetz gewoben, das die Stadt nicht nur entlastet, sondern auch finanziell in die Pflicht nimmt.

Nötig ist also eine neue Politik gegen Armut und Ausgrenzung von Seiten des Staates und Gesellschaft; die Diakonie kann dafür Impulse setzen durch Pilotprojekte. Sie kann und darf dem Staat aber nicht die Armutsbekämpfung abnehmen, indem sie die physiologischen Grundbedürfnisse der Armen auf dem Niveau von Suppenküchen sichert. Das ist keine Option für die Armen im biblischen und im sozialstaatlichen Sinn („Schafft Recht den Ar-

---

[33] In *zeitzeichen* hat sich ein Themenschwerpunkt Reichtum zwar nicht mit dieser konkreten Forderung beschäftigt, dafür aber in gewohnt protestantischer Manier den Reichen ein wenig ins Gewissen geredet, „Wohlan ihr Reichen", in: zeitzeichen 10/2003, darunter ein Gespräch mit Margot Käßmann. Der Hamburger verdi-Bezirksvorsitzende Wolfgang Rose (früher als ÖTV-Sekretär auch für die Angestellten der Kirchen zuständig) erhebt diese Forderungen immer wieder öffentlich, zuletzt im Fernsehsender HH 1 am 21.2.2005.

[34] So geschehen 2003 in Hamburg unter der Sozialsenatorin Schnieber-Jastram (die immer betont, dass sie aus einer Pastorenfamilie stammt) unter dem Motto: Der Stadt das richtige Maß zurückgeben (Senatspressestelle 10/2003). Ein Protestbrief meines Seminars an die Behörde wurde nicht einmal beantwortet.

men"), sondern eher die überholte Armutsorientierung als Barmherzigkeit. Sich von Not anrühren zu lassen, ein Herz für die Armen zu haben, bleibt natürlich genuine Aufgabe der Kirche wie der Diakonie. Die Armen vor der Kirchentür, in den Einkaufsstraßen, aber auch die verschämte Armut in den Quartieren sind und bleiben eine Herausforderung zum Handeln. Aber genauso wichtig ist neben der Versorgung der Armen die Thematisierung einer normalisierten Armut zum Zwecke ihrer Abschaffung. Vielleicht ist es dafür schon zu spät. Wahrscheinlich werden die Suppenküchen und Armenspeisungen auch in Zukunft zum täglichen Erscheinungsbild in den großen Städten gehören, wie es seit langem in den USA der Fall ist.

4. Ein theologischer Schlussgedanke – eine Chance für die Güte?

Exemplarische armutsorientierte Aktionen der Diakonie sind sinnvoll. Strukturell gesehen ist jedoch die Anknüpfung an eine europäisch abgestimmte Sozialpolitik existenzsichernder Mindeststandards in der Tradition alttestamentlichen Sozialrechts und des Gerechtigkeitsverständnisses im Gleichnis von den Arbeitern im Weinberg Mt 20 wichtiger. Im alttestamentlichen Sozialrecht wird Gott als eine Macht der Gerechtigkeit gedacht und geglaubt, die mit der oft asozialen Welt in einen Prozess der Gerechtigkeit verwickelt ist. Zentrales Anliegen der Tora ist es, den Armen und Elenden Recht zu verschaffen, nicht nur ihr Leben zu sichern, sondern Wirtschaft und Staat so zu gestalten, dass Unterdrückung und Ausbeutung verhindert werden. Recht für die Armen ist ohne Kritik an Macht und Staat nicht zu haben. Der unhintergehbare alttestamentliche Zusammenhang von Recht/Gerechtigkeit und Barmherzigkeit besteht also in der Eingliederung rechtlos gestellter oder durch die ökonomische Verschlechterung rechtlos gemachter Menschen (damals vor allem Verschuldete und Sklaven) in die Rechtsgemeinschaft. Barmherzigkeit tritt dann ein, wenn das formale Recht zeitweilig nicht greift; sie darf es aber, wie oben gezeigt, nicht auf Dauer ersetzen. Die moderne Realisierung dieses Ansatzes ist der soziale Rechtsstaat.

In der anderen theologischen Linie, wie sie am Verhalten des gütigen Weinbergbesitzers auf unnachahmlich schöne Weise geschildert wird, bekommt der Einzelne unabhängig von seiner Leistung das, was er zu einem menschenwürdigen Leben braucht.

In der Tradition einer am Einzelnen orientierten patriarchalen Güte steht der besonders von der katholischen Soziallehre mitgestaltete westdeutsche Sozialstaat, der neben das Prinzip der Solidarität das der Subsidiarität stellte. Hilfen sind subsidiär für Bedürftige zu gewähren; sie sind Rechte, die der von der Gottesebenbildlichkeit bestimmten Menschenwürde entsprechen und keine Handlungen gelegentlicher Barmherzigkeit. Sie sind zu leisten von den Institutionen, die dem Hilfsbedürftigen am nächsten stehen. Deswegen der

Vorrang der freien Träger vor den staatlichen, weil diese näher am Einzelnen gedacht werden. „Diese Vorstellung von Subsidiarität wird zwar in der bürgerlichen, einer durch gesellschaftliche Klassen und/oder Schichten geprägten Gesellschaft entwickelt, folgt aber letztlich einer vorbürgerlichen, sozialen Logik."[35]

Dieses katholische Gesellschaftsverständnis ist vom naturrechtlich beeinflußten Ordo-Gedanken bestimmt. Der auch naturrechtlich begründbare Ordo, in dem Gott als Schöpfer die natürlichen Beziehungen der Menschen durchwirkt, enthält die Erinnerung an Gott als den Geber des Lebens und ist insofern der kapitalistischen Warenökonomie entgegengesetzt. Privateigentum und Marktgeschehen werden akzeptiert und zugleich begrenzt. Sozialbindung des Eigentums, wie es das Grundgesetz fordert, die Beteiligung der Arbeiterschaft am Produktivvermögen, wie in den 60/70er Jahren noch diskutiert und die generöse Ausgestaltung rechtlich gefasster sozialer Hilfen im Bundessozialhilfegesetz waren die noch gar nicht so lang zurückliegende Konkretisierung dieses Ansatzes. Dass dieses Konzept durch viele Vergünstigungen für nicht unmittelbar Bedürftige verwässert, geringfügig auch von den tatsächlich Bedürftigen „missbraucht" wurde, spricht nicht gegen es.

Die Arbeit von Diakonie und Caritas ist nach wie vor „einem patriarchalisch, nichtemanzipatorisch begründeten Ansatz von Eigenverantwortung und dem Konzept einer vorleistungsfrei zu gewährenden subsidiären Nächstenliebe"[36] verpflichtet. Dabei ist der Patriarchalismus positiv zu sehen, weil er in einem gnadenlosen Marktgeschehen für den Einzelnen Schutz bedeutet, sofern er das ihm aufgrund seiner spezifischen Leistungsfähigkeit Mögliche auch erbringt. Man könnte auch sagen, dass der von der christlichen Soziallehre beeinflusste Sozialstaat einem fürsorglichen Leistungsgedanken verpflichtet ist, was im Begriff der Daseinsvorsorge und der Subsidiarität zum Ausdruck kommt. Der Hintergrund ist biblisch-naturrechtlich-patriarchalisch-gütig, die Umsetzung aber ist weiblich-fürsorglich, sofern die neu entstandene Profession der Sozialarbeit primär „Mütterlichkeit als Beruf" war. So kommt es zu einer sozialen Marktwirtschaft, die an die soziale Verantwortung der Unternehmer nicht nur appelliert, sondern sie sozialrechtlich einbindet, die Grundrisiken Krankheit, Arbeitslosigkeit und Alter absichert und gleichzeitig leistungsschwachen Gesellschaftsmitgliedern Hilfe zum Lebensunterhalt und Hilfe in besonderen Lebenslagen relativ großzügig rechtlich zugesteht.

Die Zeit dieses fürsorglich-großzügigen Sozialstaats scheint jetzt vorbei. An seine Stelle ist der aktivierende Sozialstaat getreten, der in einer Zeit knapper

---

[35] H.U. Huster / K. Gebhardt, Reichtum und Armut in der Diakonie in: Schibilsky/Zitt (Hg.), Theologie und Diakonie, 129–149, hier 138.

[36] Huster/Gebhardt, 138.

Kassen und öffentlicher Armut (aber privaten Reichtums) die Hilfebedürftigen stärker in die Pflicht nimmt, die Starken aber weiter schont. Die Entstehung einer überflüssigen Schicht führt zu verstärkter Disziplinierung. Vorleistungsfreie Nächstenliebe und Gerechtigkeit werden eingeschränkt, Fordern wird rechtlich in den neuen Gesetzen betont. Die andere Seite des protestantischen Patriarchalismus kommt hier indirekt zur Geltung, das Misstrauen gegenüber den Untätigen, die nicht arbeiten. „Wer nicht arbeitet, soll auch nicht essen" (2Thess 3,10). Eine Sozialhilfepolitik des Misstrauens und des Lohnabstandsgebots (würdige und unwürdige Arme) setzt sich durch. Leistung soll sich auch für die Armen lohnen, wenn auch auf niedrigstem Niveau – ein Euro für jede geleistete Arbeitsstunde zusätzlich.[37]

Die in vorkapitalistischen Gesellschaften noch beachtete erhaltende Güte Gottes, jenseits der Mangelgesellschaft endlich eingelöst durch den gütigen Sozialstaat, der das Lebensnotwendige auf eine Weise garantiert, die Menschen den Rücken stärkt und sie fähig macht, wieder am Arbeits- und Kulturleben teilzunehmen – an sie könnte exemplarisch durch armutsorientierte Diakonie erinnert werden. Diakonie und Kirche müssen auf den ökonomischen und gesellschaftlichen Wandel wie auf die neue Sozialgesetzgebung anders, kreativer reagieren. Insofern ist das Plädoyer Fleßas trotz aller kritikwürdigen Punkte nützlich gewesen.

Anhang: Aus dem Vortrag „Gelingendes Leben für viele und/oder Gerechtigkeit für die Armen? Selbstkritische Anfragen an die Diakonie im gegenwärtigen Umbau des Sozialstaates"[38].

Anhang 1: Was denken die Armen?

Fleßa akzentuiert mit Recht die materielle Dimension der Armutsproblematik. Natürlich ist mehr Geld ein Schlüssel zur Teilhabe. Wie sagt der arme Woyzeck, als er den Hauptmann rasiert und dieser ihm moralische Vorhaltungen macht: „Wir arme Leut. Sehn Sie, Herr Hauptmann. Geld, Geld! Wer kein Geld hat. Da setz einmal einer seinesgleichen auf die Moral in die Welt! Man hat auch sein Fleisch und Blut. Unsereins ist doch einmal unselig in der und der andern Welt. Ich glaub, wenn wir in den Himmel kämen, so müssten wir donnern helfen" (Büchner, Woyzeck, Szene 6).
Die Gespräche, die das Forschungsteam um Claudia Schulz[39] in Wilhelmsburg mit ALG 2-Empfängern und 1 Euro-Jobbern geführt hat, zeigen das auf eindrückliche Weise.

---

[37]   Siehe dazu meine Kritik an der Beteiligung von Diakonie an dem 1 Euro-Programm in meinem Artikel, Arme habt ihr allezeit oder: Schaffet Recht den Armen, in: J. Eurich (Hg.), Diakonische Orientierungen in Praxis und Bildungsprozessen, DWI – Info Nr. 37, Heidelberg 2005, 173–178.

[38]   Gehalten auf der Tagung des Diakonischen Werks „Allgemeine soziale Arbeit" in Berlin am 22.10.2007.

[39]   Jetzt erschienen unter dem Titel Claudia Schulz, Ausgegrenzt und abgefunden? Innenansichten der Armut. Eine empirische Studie, Münster 2007, s. darin meinen Aufsatz: Es klingt so neu und ist doch so alt. Überraschende Ergebnisse und Deutungen der Studie, in einer Art Homilie kommentiert, 143–151.

Einerseits sehen sie ihre 1-Euro-Jobs als Gelegenheit sinnhafter Tätigkeit, mit der sie noch etwas für andere, für noch Ärmere tun können. Zum anderen haben sie sich so sehr mit ihrer Situation abgefunden, dass die aus der Beratung bekannte Wunderfrage bei ihnen wenig Phantasie freisetzt. Deutlich ist die Ablehnung der Wunderidee bei den erwerbstätigen armen Frauen. Sie führt zu gegenteiligen Assoziationen (kaputte Waschmaschine) oder sie provoziert ein tieferes Nachdenken (illusionärer Konsum).

Vor allem aber passt die Frage nicht zu ihrem üblichen Umgang mit der Realität. Das ist aufschlussreich, denn in der Kultursoziologie herrscht ja immer noch die Vorstellung, Frauen würden durch illusionäre Filme über die elende Welt hinweggetröstet (von Siegfried Kracauers „Die kleinen Ladenmädchen gehen ins Kino" über Adorno bis zu Woody Allens „Purple Rose of Cairo").

Die Migrantinnen wünschen sich vor allem die Schulden weg, ohne damit eine Vorstellung vom besseren Leben zu verbinden. Für sie ist das von Gerhard Schulze diagnostizierte Projekt des schönen Lebens (Die Erlebnisgesellschaft, 1992) noch nicht einmal am Horizont zu sehen, so sehr sind sie dem Überlebenskampf verhaftet. Interessant andererseits die Antwort der Männer mit 1-Euro-Jobs auf die Wunderfrage, die sich in gewisser Weise sofort auf das altruistische Gleis begibt. Sie übernehmen die Rolle des Wundertäters für die, denen es schlechter geht als ihnen (Charterflug mit Lebensmitteln nach Afrika). Mag darin auch ein Stück Versorger-Heroismus stecken – was die Studie noch vorsichtig anfragt (Einbindung Ausgegrenzter in Hilfeleistung für andere), ist m. E. sicher eine Stärkung von Teilhabe (man denke an den Kreislauf der Gaben in 2Kor 8/9). Wunderbar finde ich die Interpretation des Gesprächgangs der älteren Frauen – wie hier eine ansteckende, heitere Phantasie sich entwickelt, eine Freiheit der eigenen kulturellen Bedürfnisbefriedigung, die auch die zurückhaltende Frau dazu ermuntert, ihren größten Wunsch zu äußern – endlich einmal das Musical „Der König der Löwen" zu sehen.

„Damit Leben gelingt" ist der Leitsatz des Diakonischen Werks. Diakonie muss (mit Fleßa und anderen) sagen: Den Armen mangelt es schlicht an genügend Geld, um ein gelingendes Leben zu führen, was schon daran erkennbar ist, dass der Sozialhilfesatz weit hinter der Steigerung der Lebenshaltungskosten der letzten Jahre zurückgeblieben ist.[40] Was würde passieren, wenn die Diakonie in Hamburg ein, zwei Altenheime verkaufte, um einigen tausend ALG 2-Beziehern die fehlende 20%-Erhöhung für ein paar Monate zu kompensieren? Ein hochherziger symbolischer Akt, der zu denken gäbe. Die gegenwärtige Diskussion um die längere Bezugsdauer von ALG 1 für ältere Arbeitslose zeigt immerhin, dass die soziale Sensibilität für das relative Unrecht der Hartz IV-Regelungen in Politik und Gesellschaft nicht ganz verschwunden ist, auch wenn die liberale ZEIT deswegen gleich auf der ersten Seite ziemlich geschmacklos eine Todesanzeige für Hartz IV schaltet (in der Ausgabe vom 11.10.07).

Gelingendes Leben für möglichst Viele ist also weiter ein vorrangiges Ziel von Diakonie. Fleßa hält in seiner Antwort auf Hauschildt und mich nach dem völlig berechtigten Hinweis auf die weiter wachsende Armut dagegen: Wieso haben wir diakonische Pflegedienste, aber keine kirchlichen Physiotherapeuten, wieso Krankenhäuser und keine Bestattungsdienste?[41] Wieso Altenheime, aber keine Restaurants? Das hat gute geschichtliche Gründe, trägt aber heute unter den Bedingungen von *Dynaxity* (Prägung von hoher Komplexität und Dynamik in der Wirtschaft) nicht mehr. Von der Hausvaterorganisation zur Alleskönner-Diakonie, zum „regionalen Monopolisten für soziale Dienstleistungen"

---

[40] Siehe dazu Diakonie-Report DW Hamburg 1/2007: Diakonie fordert: Sozialhilfe erhöhen.
[41] Vgl. Steffen Fleßa, Antwort auf die Kritik von H.J. Benedict und E. Hauschildt, in: PTh 95, 2006, 493–506, hier 503.

(so der Betheler Anspruch, das sei Größenwahn, so Fleßa) – das sei infrage zu stellen. Fleßa sagt: Ein Gemischtwarenkonzern wird nicht überleben. Nötig sei die Reduzierung der Komplexität durch Fokussierung auf einen Aufgabenkern. Die Armutsdynamik sei ein solcher Kern – hier könne Diakonie basisnah, hochgradig vernetzt und aktuell reagieren. Und er warnt: „Wer Bereiche, die eigentlich getrost von anderen abgedeckt werden können, mit aller Gewalt behält und damit keine Kapazitäten schafft für armutsorientierte Diakonie, wird an diesen Menschen schuldig"[42].

Fleßas Ziel ist also die kleine parteiliche Diakonie nach dem Modell der kleinen Kirche. Das ist zwar in Einzelfällen immer wieder machbar, steht aber als Gesamt-Ziel quer zu dem dualen Wohlfahrtssystem der Bundesrepublik mit dem starken Kartell der großen Wohlfahrtsverbände, zu dem auch Diakonie und Caritas gehören. Auch Diakonie muss sich auf dem Sozialmarkt nach Freigabe der gewerblichen Anbieter profilieren und behaupten. Wie sie das tut, ob parteilich orientiert an der vorrangigen Option für die Armen und/oder an einer Fortschreibung des Mischunternehmens Diakonie im Hinblick auf Gesundheit, Erziehung, Fürsorge und Beratung, Behinderung, Alter, unter dem Aspekt gelingendes Leben, das ist die Frage. Also: noch mal: Was ist das Merkmal für ein diakonisches Leistungsprogramm? Gelingendes Leben für Viele oder vorrangige Option für die Armen? Oder beides?

Anhang 2: Eine Phantasie – wie sähe eine Armutsorientierung Rauhes Hauses aus?

Ich bin immer beeindruckt, wenn ich die Rechenschaftsberichte des Diakonischen Werks lese. Welche Vielfalt von Tätigkeiten; Initiativen, innovativen fachlichen Beiträgen, Gesetzesberatungen, Kommentaren, eventuell Klagen, Leitfäden und Forschungen, besonders in den Bereichen Gesundheit, Rehabilitation und Pflege sowie Familie, Integration, Bildung und Armut. Da überhaupt durchzublicken ist schon eine Kunst für sich. Ein hochkomplexes Paragraphen- und Förderungssystem, alles gesetzlich geregelt, in dem Akteur zu sein große Kompetenz erfordert. Wer überblickt noch all die Regelungen und Förderungsvoraussetzungen der Sozialgesetzbücher. Ach, dass doch ein Kirchhoff käme und das alles auf ein paar Grunddinge reduzierte. Und in alldem die aufmerksame Diakonie wie die christliche Frau, die der Christ und Jurist Tertullian (250 n.Chr.) erwähnt, die umhergeht und genau schaut, wo sie Not entdecken und in christlichem Geist der Nächstenliebe helfen kann. Wahrscheinlich hieß sie schon Diakonia, hat der Begriff doch eine weibliche Endung. Und dann im Jahrbuch die Statistik von Dr. Wolfgang Schmitt. Wer Statistiken gerne liest, wird daran seine Freude haben und sich so richtig laben an den satten und beeindruckenden diakonischen Zahlen. Was sind wir doch für eine große und wichtige Institution des Sozialstaats! Balsam auf die vom Bedeutungsverlust des christlichen Glaubens gebeutelte Theologenseele. Und das alles nicht nur so als soziale Dienstleistung, die eben gemacht werden muss in einem ausdifferenzierten europäischen Wohlfahrtssystem, sondern auch noch so gediegen christlich begründet. Diakonie ist eben mehr als eine normale Dienstleistung mit einer unbestimmten Hilfemotivation und ausgewiesener Profession. Wie hatte Luhmann doch unrecht, als er vor 25 Jahren schrieb: „Mit dem Pathos des Helfens ist es vorbei." Ist es eben nicht, jedenfalls nicht in der Diakonie. Da sind die pathetischen Begründungen noch immer im Schwange. „Keiner soll verloren gehen. Ungeheurer Aufbruch." Was der alte Wichern konnte, retten, das kann ein Präsident des Diakonischen Werks (heiße er nun Krimm, Gohde oder anders) schon lange.

---

42   Fleßa, Antwort, 504.

Klang ihnen das jetzt ein bisschen nach Kabarett, so war das nicht beabsichtigt. Nun aber – wie sieht die Armutsorientierung bei meiner Institution, dem Rauhen Haus, aus? Das Rauhe Haus mit seinen ca. 1000 Mitarbeitern ist ein mittleres diakonisches Unternehmen, es hat sechs Abteilungen/Arbeitsbereiche: Kinder- und Jugendhilfe, Behindertenhilfe, Altenhilfe und Sozialpsychiatrie, Evangelische Hochschule für Soziale Arbeit, Altenpflegeschule und Wichernschule. Eine direkte Armutsorientierung im Sinne Fleßas gibt es in keiner dieser Einrichtungen. Der Bereich, der dem Ziel, Armen in ihrer Vulnerabilität zu helfen, am ehesten dient, ist die Kinder- und Jugendhilfe, die historisch gesehen die Kernkompetenz des Rauhen Hauses ist, das als Rettungshaus begonnen hat und hier beispielgebend wirkte bis in die 70er Jahre des letzten Jahrhunderts; damals wurden im Rauhen Haus zuerst dezentralisierte Jugendwohnungen eingerichtet. Gerade dieser Bereich ist aber inzwischen so säkularisiert, dass ein evangelisches Profil hier überhaupt nicht mehr zu erkennen ist. Armutsorientierte Ansätze hat das Rauhe Haus aufgegeben, als der Staat nicht mehr refinanzierte (so zum Beispiel die Jugendwohnungen für Migranten-Jugendliche ohne Bleiberecht).

Eine Gästewohnung für illegale Flüchtlinge, wie sie in Hamburg der Kirchenkreis Stormarn zusammen mit Flüchtlingsgruppen betreibt, wäre im Rauhen Hause undenkbar. Ich habe mal mein Zimmer einem untergetauchten Flüchtling mit Zustimmung des Kollegiums zur Verfügung gestellt, kurz nach der Veränderung des Asylgesetzes, davon durfte der Vorsteher natürlich nichts wissen. Die Konviktmeisterin der Schwestern- und Brüderschaft, zunächst dabei, machte schnell einen Rückzieher. Und auch die Kollegen sagten schließlich, das sei ja nur Symbolik, um das schlechte Gewissen zu befriedigen. „In meines Vaters Haus sind viele Wohnungen" (Joh 14,2), auch auf dem Gelände des Rauhen Hauses, für Flüchtlinge aber darf es keine geben, letztlich wegen der Zusammenarbeit mit dem Staat.

In von Armut bestimmten Stadtteilen beteiligt sich die Familienhilfe des Rauhen Hauses an Projekten, die kulturelle Ausgrenzungen mildern sollen; das ist aber nicht eine diakonische Besonderheit, sondern Beteiligung an behördlich initiierten Reformen.

Die Behindertenwohnungen und Treffpunkte auf dem Gelände und in Hamburg, kulturelle Projekte wie das Behindertentheater Klabauter mit eigener Bühne inzwischen – alles vorbildliche Einrichtungen, indirekt armutsorientiert, weil Behinderte materiell nicht gut ausgestattet sind.

Das Alten- und Pflegeheim Haus Weinberg ist vorbildlich in der Bewohnerpartizipation und in der Entwicklung von Kurzzeitpflege. Sterbebegleitung wird jetzt auch angeboten, alles Angebote, die aber nicht in der Diakonie selbst entstanden sind. In keiner Schule in Horn und Hamm gibt es so wenig Kinder mit Migrationshintergrund wie an der Wichernschule; sie ist eben die Schule für die christlich orientierte Mittelschicht mit kreativen Musikzweig, Theatervielfalt usw. Das darf ja auch sein, nur, wie gesagt, modellhaft armutsorientiert ist das eben nicht. Unsere Fachhochschule war schon fast von der Kirche aufgegeben, da hat die finanzielle Treue des Staates sie weitgehend gerettet, ohne die Großzügigkeit der Kirche zu provozieren. Vor den anderen Hochschulen in Hamburg mussten wir höhere Studiengebühren erheben, um zu überleben. „Studium nur noch für Reiche", protestierten die Studentenvertreter. Das war zwar schrecklich überzogen, aber auch verständlich.

Ich erwähne das, um zu zeigen, wie die diakonische Selbsterhaltung auf dem Sozialmarkt gelegentlich zum entscheidenden Kriterium diakonischer Arbeit werden kann. Das ist ja auch nicht verwerflich sondern im Interesse der Beschäftigten, der Klienten und aus Achtung vor der Tradition geboten. Hätten wir nur nicht unsere anspruchsvolle Theologie mit der Option für die Armen und das ganz besondere Eintreten für die Menschen als Ebenbilder Gottes, das nach biblischer Tradition durch Armut beschädigt wird. Die Stif-

tung Alsterdorf, vor 15 Jahren fast bankrott und durch den Staat gerettet, stellt sich ja jetzt
als Avantgarde der dezentralisierten Behindertenarbeit öffentlich dar. Kürzlich erhielt ich
eine Einladung, weil irgendein Starkoch (er heißt Josef Viehauser) in dem Restaurant
Kesselhaus der Stiftung anlässlich des vierjährigen Jubiläums der Öffnung des Stiftungsge-
ländes seine Künste darbot. Alles in Ordnung, man muss heute werbewirksam die
Trommel rühren, seine Besonderheit inszenieren. Und doch ein bisschen peinlich. Als
kreativ expandierende diakonische Unternehmer verstehen sich die Vorsteher und Di-
rektoren. Wie ich höre, treffen sie sich in einer Art Rotary-Club. Sollen sie doch. Aber es
erzeugt eine gewisse Heuchelei, auf die Michael Klessmann in einem Aufsatz vor 15 Jahren schon mal hingewiesen hat: es geht darum, angesichts der großen theologischen Sätze
den eigenen Schatten wahrnehmen. „Aufbrechen – keiner darf verloren gehen" heißt der
letzte Rechenschaftsbericht von Gohde, eingeleitet von der Kafka-Erzählung „Aufbruch".
Mon Dieu. Hängen wir es also tiefer.

„Lasst uns daher vor allem die große Kamelfrage lösen."

1. Heinrich Heines Auslegung der Perikope vom reichen Jüngling und die Frage von Reich und Arm[1]

Heinrich Heine war ein kurzweiliger und interessanter Ausleger der Bibel.[2] Als Korrespondent der Augsburgischen Allgemeinen Zeitung in Paris war Heine zwischen 1840 und 1843 der Flaneur, der aus den politischen Tageswehen wie aus der Miene des Volks auf den Gassen die zeitliche Signatur herauszulesen verstand.[3] In einem seiner Berichte geht er am 5. Mai 1843 auch auf die Geschichte von dem Reichen ein, von dem Jesus sagt, dass er nicht ins Himmelreich kommt. Ich hole etwas weiter aus und schildere den Kontext dieser Auslegung.

Heine berichtet von der Eröffnung der beiden Eisenbahnenlinien nach Orleans und Rouen. Er vergleicht dies providentielle Ereignis mit der Entdeckung Amerikas, der Erfindung des Pulvers und der Buchdruckerei. „Es beginnt ein neuer Abschnitt in der Weltgeschichte und unsere Generation darf sich rühmen, sie sei dabei gewesen."[4] „Durch die Eisenbahnen wird der Raum getötet und es bleibt nur noch die Zeit übrig. Hätten wir nur Geld genug, um auch letztere anständig zu töten. In vierhalb Stunden reist man jetzt nach Orleans, in ebensoviel Stunden nach Rouen. Was wird das erst geben, wenn die Linien nach Belgien und Deutschland ausgeführt und mit den dortigen Bahnen verbunden sein werden. Mir ist kamen als kämen die Berge und Wälder aller Länder auf Paris angerückt." Und dann mit der Heimatsehnsucht des Emigranten: „Ich rieche schon den Duft der deutschen Linden. Vor meiner Türe brandet die Nordsee" (V, 449).

Heine kommt dann auf die großen Kapitalgesellschaften zur Finanzierung der Eisenbahnen sprechen, die das Publikum mit bekannten und unbekannten Namen von Beamten, Adligen und hohen Militärs, Admirälen sogar, zur Subskription auffordern. Heine prophezeit, die herrschende Geldaristokratie werde sich bald des Staatsruders bemächtigen. Das Bankhaus Rothschild sou-

---

[1] Gekürzte Fassung des Vortrags, den ich auf der Verabschiedung meines Freundes Heinrich Grosse vom Sozialwissenschaftlichen Institut der EKD am 22.6.2007 in Hannover gehalten habe. Die Langfassung ist veröffentlicht in: PTh 96, 2007, 475–492.

[2] Siehe dazu meinen Beitrag über Heines heitere Religionskritik in: H.-J. Benedict, Die schönen Künste, das Soziale und die Gottesfrage, Bielefeld 2001, 228–242.

[3] Heine trat 1853 in Verhandlungen mit seinem Verleger Julius Campe über eine Gesamtveröffentlichung dieser Artikel. Er wollte sie selbst redigieren, um, wie er sagt, dem posthumen Missgeschick verunstalteter Texte zu entgehen. Im Oktober 1854 werden diese Artikel endlich unter dem Titel „Lutetia (das ist der lateinische Name für Paris) Berichte über Politik, Kunst und Volksleben" veröffentlicht. Sie sind das erste Glanzstück deutschen Feuilletonismus, unbedingt lesenswert trotz ihrer Zeitbedingtheit.

[4] Heinrich Heine, Sämtliche Schriften, hg v. Klaus Briegleb, München 2005, Bd. V, 453f. Die Verweise im Text beziehen sich auf diese Ausgabe.

missioniere die Nordeisenbahn, und um die bereits über Wert notierten Aktien des Baron Rothschild zu bekommen, müsse man im wahren Sinn des Wortes betteln, und deswegen sei das Betteln jetzt keine Schande mehr. Heine skizziert Rothschilds Bildungsbestrebungen, „er versteht vielleicht keine Note Musik, aber Rossini ist beständig sein Hausfreund" (V, 451). Auf dem Höhepunkt seines Einflusses sei er wie Ludwig XIV. nur mit der Sonne zu vergleichen. Aber diese arme Sonne hat keine Ruhe vor ihren Anbetern, die ihr so stark zusetzen, dass man Mitleid mit ihr haben möchte. „Ich glaube überhaupt, das Geld ist für ihn mehr ein Unglück als ein Glück; er muss viel leiden von dem Andrang des vielen Elends, das er lindern soll." „Überreichtum ist vielleicht schwerer zu ertragen als Armut" (V, 452f). Jedem, der sich in großer Geldnot befindet, rät Heine, zu Herrn von Rothschild zu gehen, nicht um zu borgen, denn er zweifelt, dass er etwas Erkleckliches bekommt, sondern um sich durch den Anblick jenes Geldelends zu trösten. Und jetzt folgt die Passage, aus der der Titel meines Vortrags stammt:

„Wie unglücklich sind doch die Reichen in diesem Leben- und nach diesem Tode kommen sie nicht einmal in den Himmel! ,Ein Kamel wird eher durch ein Nadelöhr gehen, als dass ein Reicher in das Himmelreich käme', dieses Wort des göttlichen Kommunisten ist ein furchtbares Anathema und zeugt von seinem bitteren Hass gegen die Börse und haute finance von Jerusalem. Es wimmelt in der Welt von Philanthropen, es gibt Tierquälergesellschaften, und man tut wirklich sehr viel für die Armen. Aber für die Reichen, die noch viel unglücklicher sind, geschieht gar nichts. Statt Preisfragen über Seidenkultur, Stallfütterung und Kantsche Philosophie aufzugeben, sollten unsere gelehrten Sozietäten einen bedeutenden Preis aussetzen zur Lösung der Frage: wie man ein Kamel durch ein Nadelöhr fädeln könne? Ehe diese große Kamelfrage gelöst ist und die Reichen eine Aussicht gewinnen ins Himmelreich zu kommen, wird auch für die Armen kein durchgreifendes Heil begründet. Die Reichen würden weniger hartherzig sein, wenn sie nicht bloß auf Erdenglück angewiesen wären und nicht die Armen beneiden müßten, die einst dort oben in floribus (im Überfluss) sich des ewigen Lebens gaudieren (erfreuen). Sie sagen: Warum sollen wir hier auf Erden für das Lumpengesindel etwas tun, da es ihm doch einst besser ergeht als uns, und wir jedenfalls nach dem Tod nicht mit demselben zusammentreffen. Wüssten die Reichen, daß sie dort oben wieder in alle Ewigkeit mit uns zusammen hausen müssen, so würden sie sich gewiß hier auf Erden etwas genieren und sich hüten, uns gar zu sehr zu misshandeln. Laßt uns daher vor allem die große Kamelfrage lösen" (V, 453f).

Heines geistreiche Notiz gehört ebenso in die Auslegungsgeschichte der Perikope vom reichen Jüngling wie die des heiligen Chrysostomos, Clemens' von Alexandrien, Origenes', Thomas' von Aquin, Luthers, Karl Barths oder Dorothee Sölles.

Heine treibt seinen Spaß mit dem ehrwürdigen Text, über den in der Kirchen- und Weltgeschichte schon so viel gerätselt und gepredigt worden ist. Sein genialer Einfall besteht darin, sich auf die Seite der unglücklichen und gequälten Reichen zu schlagen, die vom Himmelreich ausgeschlossen sind. Geschickt hat er sich durch die Schilderung der bemitleidenswerten Lage des Barons Rotschild an das Thema Last des Reichtums herangearbeitet. Jesu

Satz wird nicht relativiert oder spitzfindig ausgelegt. Etwa in der Art: „Es gab ein kleines Stadttor namens Nadelöhr in Jerusalem, durch das gerade so eben ein Kamel passte" – eine reichtumsgünstige Auslegung, die seit dem Hochmittelalter (der Aquinate und Paschius Radbertus) bekannt ist und sich hartnäckig hält, obwohl es erwiesenermaßen nie ein solches Tor gegeben hat.

Luz schreibt in seinem großen Matthäus-Kommentar: „Wir Protestanten müssen neu lernen, warum für Jesus und das Urchristentum eine Spannung zwischen Gottesreich und Reichtum bestand und dass der Umgang mit Geld ein Brennpunkt des Glaubens ist."[5] Wer es nicht glaubt: Alle von mir benannten Stationen und Positionen der Auslegungsgeschichte finden sie zusammengefasst auf der einen Seite der Denkschrift „Gerechte Teilhabe" versammelt, die versucht hin- und hereiernd etwas zum Thema Reichtum zu sagen – ambivalentes Bild in der Bibel, sich auf Kosten Anderer Vorteile verschaffen, die Chance Gutes zu tun, an sich gesellschaftlich nicht unerwünscht, Gefahr der Machtkonzentration, keine Explosion der Zahl der Reichen.[6]

Wie klar doch dagegen Heine argumentiert. Der gezwungenermaßen aus Karrieregründen in Heiligenstadt von Pfarrer Grimm protestantisch getaufte Heine macht den Eiertanz zum Thema Reichtum nicht mit. Für ihn hat Jesus, der göttliche Kommunist, sein durch nichts zu erweichendes, furchtbares Anathema über den Reichtum gesprochen. In den „Geständnissen" heißt es: „Es gibt wahrscheinlich keinen Sozialisten, der terroristischer wäre als unser Herr und Heiland" (VI/1, 487). Sein Hass gegen die Börse und Hochfinanz von Jerusalem zeigt sich in dem Satz vom Kamel überdeutlich. Uns aber hat er damit ein Problem hinterlassen. In der Tat: Jesus hat diesen Konflikt mit der Finanzwelt, so die neuere Forschung, bei der Tempelaustreibung riskiert und ist deswegen verhaftet und hingerichtet worden. Es gibt eine zweite Stelle bei Heine, die sich auf diese Radikalität Jesu bezieht. In „Deutschland. Ein Wintermärchen" spricht Heine von seinem armen Vetter Jesus, als bei Paderborn im zerrinnenden Morgennebel am Wege das Bild des Gekreuzigten ragt:

„Mit Wehmut erfüllt mich jedes Mal/ Dein Anblick, mein armer Vetter,/ Der du die Welt erlösen gewollt,/ Du Narr, du Menschheitsretter!/ Sie haben dir übel mitgespielt,/ Die Herren vom Hohen Rate./ Wer hieß dich auch reden so rücksichtslos/ von der Kirche und vom Staate! [...] Geldwechsler, Bankiers hast du sogar/ Mit der Peitsche gejagt aus dem Tempel-/ Unglücklicher Schwärmer, jetzt hängst du am Kreuz/ Als warnendes Exempel" (IV, 605f).

---

[5]   Ulrich Luz, Das Evangelium nach Matthäus, EKK I,3, Neukirchen-Vluyn/Düsseldorf 1997, 136.
[6]   Vgl. Gerechte Teilhabe. Befähigung zur Eigenverantwortung und Solidarität Mit einer Kundgebung der Synode der EKD. Eine Denkschrift des Rates der EKD zur Armut in Deutschland, Hannover 2006, 23.

(Die ironische Pointe im Sinne von „hättest du nur ein Buch geschrieben, wär' dir das nicht passiert, du wärst allenfalls zensiert worden", übergehe ich hier.) Heine erweicht nicht den geldkritischen Ansatz Jesu, er aktualisiert ihn, ablesbar an den Begriffen „Bankiers", „Hochfinanz", „Börse". Vor Augen hat er das Aufkommen riesiger Finanzvermögen und Spekulationen. Von den Eisenbahnaktien (die Heine selber kaufte) über Rothschild zu Jesu Verdikt. Geld regiert die Welt. In seinem Artikel vom März 1841 schreibt Heine: „Das Geld ist der Gott unserer Zeit" (V, 355).[7]

Heine ironisiert den überreichen Baron Rothschild, der unter dem Geldelend leidet. Sein privater Kampf mit dem reichen Onkel Salomon Heine und dessen Familie in Hamburg dürfte auch in diese Passage hineingespielt haben. Ich stelle mir vor: Nach einem Besuch in Hamburg gefragt, wie er denn behandelt wurde, hätte er antworten können, wie der Diener Hirsch-Hyazinth auf die Frage, wie er denn vom reichen Baron Rothschild behandelt wurde: „ganz famillionär" (II, 425). Der Onkel, den er sehr verehrte und der ein großer Wohltäter war, hatte ihn lange finanziell an der kurzen Leine gehalten, ihm schließlich aber doch 1838 eine Pension ausgesetzt. Nach dem Tod Salomons 1844 war im Testament von der Pension keine Rede mehr, sondern nur von einer Einmalzahlung von 8000 Mark Banko. Die herablassende Art seines Vetters Carl, der ihn für unfähig erklärte, mit Geld umzugehen und außerdem eine Art Zensur ausübte, was die literarische Darstellung der Familie Heine betraf, zermürbte den Kranken. Trotzdem führte Heine den Kampf um Anteil an dem Erbe weiter, wobei es ihm vor allem um die Absicherung seiner Frau nach seinem Tode geht.

Heine fordert die Aussetzung einer Preisfrage zur Lösung der großen Kamelfrage. Er tut dabei so, als würden die Reichen Jesu Verdikt ernst nehmen und ihr jenseitiges Schicksal sie tatsächlich noch interessieren. Und das in einer Zeit, in der nach Marx' Diktum die Kritik des Himmels von Feuerbach längst bestens erledigt ist. Auch Heine hat natürlich diese Position vertreten, klassisch im ersten Caput von „Deutschland. Ein Wintermärchen" in den bekannten Zeilen:

„Es wächst hienieden Brot genug/ für alle Menschenkinder/ Auch Rosen und Myrten, Schönheit und Lust/ Und Zuckererbsen nicht minder./ Ja, Zuckererbsen für jedermann,/ Sobald die Schoten platzen!/ Den Himmel überlassen wir/ den Engeln und den Spatzen./ Und wachsen uns Flügel nach dem Tod,/ so wollen wir euch besuchen/ Dort oben, und wir, wir essen mit euch/ Die seligsten Torten und Kuchen" (IV, 578).

Das ist nicht nur frivoler Spott. Sondern Heine hält sich die Option des Himmelstrostes offen, falls das Projekt irdischer Glückseligkeit misslingen

---

[7]   Übrigens: Diese Geldreligion hat Karl Marx gleichzeitig 1843 in der Schrift zur Judenfrage prägnant beschrieben, insofern er im Juden nicht primär den zu emanzipierenden Staatsbürger, sondern den entwickelten praktischen Geldbürger sieht.

sollte. Sein schwärmerischer Saint-Simonismus war von Zweifeln durchsetzt, die im Laufe der Zeit immer stärker wurden. Wenn uns die irdische Realisierung des Himmelreichs nicht gelingt, „dann wollen in der Mönchskutte und barfuß durch Europa laufen, euch das tröstende Kruzifix vorhalten und dort oben alle sieben Himmel versprechen" (III, 519). So, wie er später schwerkrank in der Matratzengruft liegend zu Gott als Wort des Anrufs zurückkehrte, und froh war, dass er nachts, wenn seine Frau schlief, jemanden im Himmel hatte, dem er seine Leiden vorwimmern konnte. Heine beschreibt in seinen Berichten aus Paris, wie „der Geist der Bourgeoisie, der Industrialismus das ganze soziale Leben Frankreichs durchdringt" (V, 481) und die Kluft zwischen Arm und Reich immer größer wird. Das Bürgerkönigtum trägt bereits die „Dämonen des Umsturzes in sich", die ganze Bürgerkomödie „nimmt ein ausgezischt schreckliches Ende" und „es wird ein Nachspiel aufgeführt, welches Kommunistenregiment heißt", schreibt er bereits im Dezember 1841 in der Augsburger Allgemeinen Zeitung (V, 374). Die Geldherrschaft und ihre Ambivalenzen zeigen sich nach Heine auch schon in der Kunst. Über die Gemäldeausstellung im Mai 1843 im Louvre bemerkt er:

„Da hängt im langen Saal eine Geißelung, deren Hauptfigur, mit ihrer leidenden Miene, dem Direktor einer verunglückten Aktiengesellschaft ähnlich sieht, der vor seinen Aktionären steht und Rechnung ablegen soll; ja letztere sind auf dem Bild zu sehen und zwar in der Gestalt von Henkern und Pharisäern, die gegen den Ecce homo sehr erbost sind und an ihren Aktien sehr viel Geld verloren zu haben scheinen. Der Maler soll in der Hauptfigur seinen Oheim porträtiert haben. Die Gesichter auf den eigentlich historischen Bildern, welche heidnische und mittelalterliche Geschichten darstellen, erinnern ebenfalls an Kramladen, Börsenspekulation; Merkantilismus, Spießbürgerlichkeit" (V, 481).

Auch hier wieder in ironischer Absicht der Reiche als Leidensgestalt. Natürlich muss ich an die in Bestechungsgeschäfte verwickelten Manager von Siemens denken, an die mit Lustreisen geschmierten Gewerkschafter von VW, an ihren einst in höchsten Kreisen hofierten Arbeitsdirektor, der vor Gericht gestellt wurde wie Jesus und mancherlei Schmähungen der Hartz IV-Geschädigten über sich ergehen lassen musste. Die moderne Kunst hat sich ihrer leider noch nicht angenommen, oder findet man sie auf der Documenta? Gerade lese ich in der SZ von einem Börsenexperten, der hunderte von Anlegern gewaltig hereingelegt hat durch die Empfehlung eines Scheinpapiers. Er sieht smart aus und beteuert natürlich seine Unschuld. Nicht allen geht es wie dem armen Peter Hartz; Josef Ackermann hat das Abfindungsgerichtsverfahren blendend überstanden.

Die Lösung der großen Kamelfrage hieße also nicht einfach den Reichen den Reichtum wegzunehmen, Expropriation der Expropriateure, sondern ihnen eine Aussicht aufs Himmelreich zu eröffnen, damit sie die Armen hier nicht so misshandeln. Die Zachäus-Lösung oder die des Basilius vom Seelteil des Erbes – Heine hätte sie sicherlich gut geheißen. Seine Vorstellung einer gerechteren und reformierten Gesellschaft konnte sich sogar mit dem Gedanken eines sozialen Königtums anfreunden. Er litt mit dem armen Volk, wunderbar die Passage, in der er die Juli-Revolution von 1830 beschreibt („das arme Volk hat gesiegt"), aber er war skeptisch, was die Revolution durch selbsternannte Führer betraf. Er traute den Kommunisten nicht über den Weg. Interessanterweise hat das auch ästhetische Gründe. „Es ist die geheime Angst des Künstlers und Gelehrten, die wir unsere ganze moderne Zivilisation, die mühselige Errungenschaft so vieler Jahrhunderte, die Frucht der edelsten Arbeiten unserer Vorgänger durch den Sieg des Kommunismus bedroht sehen" (VI/1, 467). Es scheint, als ahne Heine hier, wie bald die selbsternannten Theoretiker der revolutionären Klasse mit der Basis-Überbau-Theorie und 80 Jahre später mit dem sozialistischen Realismus die Bausteine zu jenem simplen Kunstverständnis legen würde, das dann im Sozialismus herrschend wurde.

„Laßt uns daher vor allem die große Kamelfrage lösen." Wie sieht das die Kundgebung der EKD-Synode vom Herbst 2006? „Gerechtigkeit erhöht ein Volk. Armut muss bekämpft werden – Reichtum verpflichtet". Sie wagt ein paar deutliche Sätze. Sie benennt den Skandal, dass Armut wächst in einem reichen Land, dass die Ungleichheit wächst statt geringer zu werden (das reichste Zehntel verfügt über die Hälfte des Gesamtvermögens; Löhne unter dem Existenzminimum nehmen zu, während die Gehälter von Spitzenverdienern explodieren). Die Kundgebung fordert: Den Ausgleich gestalten, beeilt sich aber zu versichern: „Wir plädieren nicht für eine Robin Hood-Haltung. Die Verteilung von Gütern von den Reichen zu den Armen allein setzt keine nachhaltige Wohlstandsentwicklung in Gang." Bischof Huber und das Kirchenamt als Robin Hood – niemand hat das verlangt, das würde allenfalls Ulrich Duchrow zusammen mit einer Schar befreiungstheologischer Helfer in den Wäldern des deutschen Privilegien-Dschungels versuchen, und dort auf Oberkirchenräte und Bischöfe treffen, denn die Kirche ist ja dank der Übernahme der §§ 136–139 der Weimarer Verfassung in § 140 GG selbst ein Teil dieses Dschungels. Aber was ist mit der Jesus-Haltung „Verkaufe, was du hast und gib's den Armen"? Die Besitzer hoher Einkommen, sagt die Kundgebung, müssen vom Staat stärker in die Pflicht genommen werden. Was das konkret heißt, bleibt trotz des Konkret-Kästchens weitgehend unklar. Immerhin – ein Steuersystem, das alle Einkunftsarten erfasst, wird gefordert. Das hieße auch Besteuerung von Aktiengewinnen, eine höhere Vermögens- und Erbschaftssteuer. Des Basilius Seelteil als Richtschnur würde zighundert von Millionen erbringen und vielleicht schon für einige Hunderttausend den Hartz IV-Satz erhöhen. Und ob eine sinnvolle Lebensperspektive für die Reichen, denn darum geht es ja in dem Satz vom Himmelreich, allein dadurch eröffnet wird, dass sie vom Überfluss spenden und sponsern, das sei auch noch dahingestellt. Wie schwer haben es doch die Reichen – wohin bloß mit dem Überreichtum, ach dieses Geldelend, kommentierte Heine. Die große Kamelfrage wird trotz Heines hübsch-ironischer Idee wohl bis zum Ende der Tage nicht gelöst werden können!

2. Zwischenspiel: Der Zorn auf die Reichen und Mächtigen

Es gibt einen gerechten, einen heiligen Zorn, wie ihn auch Jesus, der „göttliche Kommunist" kannte, einen Zorn, der sich ausdrücken muss, ohne gewaltsam zu werden. Dazu jetzt ein paar Ausführungen mit aktuellem Bezug. Zunächst ein Zitat aus dem Jahr 1920:

„Die Praxis des Kommunismus möge der Teufel holen, aber Gott erhalte ihn uns als konstante Drohung über den Häuptern jener, so da Güter besitzen, die alle anderen zu deren Bewahrung und mit dem Trost, daß das Leben der Güter höchstes nicht sei, an die Fronten des Hungers und der vaterländischen Ehre treiben möchten. Gott erhalte ihn uns, damit dieses Gesindel, dass schon nicht mehr aus noch ein weiß vor Frechheit, nicht noch frecher werde, damit die Gesellschaft der ausschließlich Genußberechtigten, die da glaubt, daß die ihr botmäßige Menschheit genug der Liebe habe, wenn sie von ihnen die Syphilis bekommt, wenigstens doch mit einem Alpdruck zu Bette gehe! damit ihnen wenigstens die Lust vergehe, ihren Opfern Moral zu predigen, und der Humor über sie Witze zu machen."[8]

So schrieb Karl Kraus 1920 in der *Fackel* als Antwort auf die maliziöse Bemerkung einer ungarischen Gräfin zur Ermordung Rosa Luxemburgs durch die rechte Soldateska am Landwehrkanal. Die Luxemburg, so die Gräfin, hätte sich doch ihr Schicksal ersparen können, wenn sie, wie aus ihren Gefängnisbriefen ersichtlich, ihrer Liebe für die Natur nachgegangen wäre, statt auf der Straße zu agitieren. Dieser Frau wünschte Kraus den Kommunismus an den Hals. Das ist 85 Jahre her. Damals waren die Klassengegensätze in Europa noch gewaltig und der Kampf um die politische Macht wurde gelegentlich noch mit Gewehrläufen ausgetragen. Dennoch kommt mich ein eigenartiges Gefühl der Sympathie mit dieser scharfen Bemerkung an. Es ist der heilige Zorn über die Arroganz der herrschenden Klasse angesichts der Ermordung Rosa Luxemburgs, den ich gut finde. Ich merke daran, dass die Empörung über ein Unrecht nicht nachlässt, auch wenn es schon lange her ist. Das andere, was an diesem Kommentar von Karl Kraus berührt, ist seine erstaunliche Aktualität. Die Praxis des Kommunismus hat seit 15 Jahren der Teufel, sprich der Kapitalismus geholt. (Den Mut der Menschen, die gegen ihn protestierten, will ich damit nicht schmälern, denn der Kommunismus hatte als gesellschaftliche Alternative längst ausgedient.) Er existiert nicht mehr als Drohung über den Häuptern der Herrschenden, die ihre zunehmend rigide Politik gegenüber den Armen und Leistungsschwachen jetzt unbarmherzig durchziehen können. Keine gesellschaftliche Alternative

---

[8]   Zitiert in: W. Benjamin, Karl Kraus, in: ders., Illuminationen, Frankfurt 1901, 406.

zwingt die demokratisch-kapitalistischen Staaten mehr zu jenem sozialen Ausgleich, der bis in die 90er Jahre unbestritten galt und der eigentliche Kern der guten großzügigen Sozialpolitik war. Er wird jetzt auch von den Sozialdemokraten aufgegeben, die zusammen mit dem christlichen Sozialismus Träger dieser sozial ausgleichenden Gerechtigkeit waren. Eine sozialpolitische Errungenschaft nach der anderen wird abgebaut. Allenfalls die Drohung des Wählerverlusts führt dazu, dass dieser Abbau in kleineren Dosierungen vor sich geht (sie homöopathisch zu nennen, wäre unangemessen). Erst die Kürzung der Lohnfortzahlung im Krankheitsfall, jetzt der Abbau des Kündigungsschutzes in Kleinbetrieben. Dann die teilweise Privatisierung des Gesundheitssystems. Schließlich die an sich sinnvolle Vereinheitlichung von Sozial- und Arbeitslosenhilfe, die durch die Absenkung der früheren Regelsätze dazu führt, dass mehr Menschen auf dem Niveau staatlich festgelegter Mindestsicherung leben und damit in relativer Armut, der Zwang zur Arbeit in Gestalt von 1 Euro-Jobs. Der Verzicht auf öffentliche Beschäftigungsprogramme, damit verbunden die Ausweitung der Niedriglöhne, die auf die Schaffung einer neuen Unterklasse hinausläuft. Das schon sozialgesetzlich verankerte Rechnen mit Kirchenküchen, Kleiderkammern und Tafeln als zivilgesellschaftlicher Barmherzigkeit bzw. Ersatz für staatlich höhere Hilfe usw.

Die SPD hat dies in ihrer Reformagenda 2010 umgesetzt. Sie hat ihre bisherigen Leitbegriffe soziale Gerechtigkeit und Solidarität aufgegeben. Die Möglichkeit der Teilnahmegerechtigkeit soll in Zukunft genügen. Die Kirche redet nicht viel anders, gibt viele Positionen des Sozialworts von 1997 auf, spricht nur noch von gerechter Teilhabe, nicht mehr von Rechten. Im allenthalb geforderten und exekutierten Umbau des Sozialstaats wird seine Abschaffung vorangetrieben. Erwünscht ist der neue flexible, eigenverantwortliche, innovative und mobile freie Bürger, der auf den alten Sozialstaat pfeift.

Eine neue Härte scheint angesagt. Abbau von Privilegien trifft alle, heißt es. Nur wird dabei unterschlagen, dass der Kampf gegen die Kürzung der Lohnfortzahlung im Krankheitsfall von anderer Art ist als die Blockierung des Abbaus von Steuersubventionen. Die Lockerung des Kündigungsschutzes würde ältere Menschen gefährden, die wahrscheinlich in diesem Leben keinen Arbeitsplatz mehr bekommen, die Einführung der Vermögenssteuer für Reiche würde diese aber nicht arm machen. Die Reichtumsforschung in der BRD hat das überzeugend zeigen können.

Doch nichts liegt der herrschenden politischen Kasse ferner als den Reichen an die Taschen zu gehen (wohl auch weil sie selbst zu den Reichen gehört). Insofern stimmt Karl Kraus zornige Attacke immer noch – es fehlt die Angst vor der Drohung durch den Kommunismus. Sie ist, ironisch genug, nach dessen Zusammenbruch ersetzt worden durch die Bereitschaft zu helfen, solange es nicht an die eigenen Privilegien geht. Zynische Witze reißt man über die Armen nicht mehr. „Eure Armut kotzt mich an" – dieser Aufkleber, der eine zeitlang üblich war, eine Neuauflage des Zynismus der ungarischen Gräfin, er ist verschwunden. Nein, es grassiert gerade unter den Reichen das Mitgefühl. Es wächst die Spendenbereitschaft der Begüterten. Die Bessergestellten sind bereit, abzugeben und etwas „gegen Armut, Einsamkeit und Obdachlosigkeit" zu tun, so das Motto des Hamburger Spendenparlaments, das pro anno ca. 350 000 Euro für kleine Sozialprojekte zur Verfügung stellt. Ich bin auch Mitglied dieses Parlaments; viele Einrichtungen sozialer Arbeit könnten ohne die Hilfe des Spendenparlaments nicht so gut arbeiten, wie sie es tun. Das ist hilfreich, aber keine dauerhafte Lösung.

Kein Tag ohne Presseberichte über irgendeine gute Tat eines Millionärs, eine Stiftung zugunsten chronisch Kranker oder kränkelnder Kultursparten. Wir müssen uns einüben in das Leben mit Ungleichheiten und deren Paradoxien, das verkünden heute selbst kluge Intellektuelle (wie der über die verschiedenen Generationen schreibende Heinz Bude). Hunger und Syphilis sind in unseren Breiten nicht mehr üblich. Aber zum Beispiel gibt es Niedriglöhne von 2,68 Euro. Für zornige Attacken á la Karl Kraus wäre genug Anlass. Aber wer fürchtet sich noch davor? Das christliche Mittelalter kannte das Jüngste Gericht, das 20. Jahrhundert fürchtete sich vor dem Kommunismus. Wovor haben wir noch Angst? Vor der Klimakatastrophe, einem Tsunami in Europa, Terroranschlägen, der Erderwärmung. Immerhin beim letzteren wäre, zynisch gesagt, kein Winternotprogramm für Wohnungslose mehr nötig. Und innenpolitisch wären nur noch die Unruhen in den Vorstädten etwas zum Fürchten oder ein massiver Rechtsruck.

3. Das neue Evangelium – den Armen wird Bildung gepredigt

Auf die Täuferanfrage, ob Jesus der sei, der da kommen soll, lässt dieser ihm durch seine Jünger sagen: „…und den Armen wird das Evangelium gepredigt" (Mt 11,6). Heute wird den Armen nicht das Evangelium gepredigt, sondern Bildung, Bildung und nochmals Bildung. Das tut auch die Denkschrift „Gerechte Teilhabe". Bildung ist das heutige Evangelium für die Armen, die Innere Mission des 21. Jahrhunderts, die nach Ansicht der politischen Klasse notwendig ist, damit das Ganze nicht auseinanderdriftet. Wichern wandte sich mit Grausen von der Sittenlosigkeit ab, um dann ein Rettungshaus für die schlimmsten Kinder aufzubauen. Heine mochte nicht den Gestank des Handwerker-Atheismus und ekelte sich vor dem ungewaschenen Volk. Wir heute machen uns Sorgen über die Unbildung der unteren Schichten.

Angefangen hat diese Bildungswende in der Armutsbekämpfung mit gefällig formulierenden Zeitanalytikern wie Paul Nolte. „Das große Fressen" hieß der Artikel Noltes in der ZEIT (Nr. 52, 2003). Seine These: Armut macht dick und verblödet, das sei ein Anlass zu großer Sorge. Statt Geld in die materielle Versorgung der Armutspopulation zu stecken, so kurz darauf Wüllenweber

in einem prämierten Artikel im STERN „Das wahre Elend" (16.12.2004),
müsse man dies Geld in Bildung investieren. Jesus hat die Armen selig gepriesen, heute sollen sich die Armen diese Seligpreisung durch Zufriedenheit
mit ihrer schlechten Situation und durch mehr Bildungsanstrengungen aller-
erst verdienen. Heine würde sagen: Ach, wie nachlässig ist doch so ein
Armer. Er meint, er käme ja ohnehin in den Himmel, weil Jesus in der Bergpredigt ihm das verheißen und müsse sich deswegen hienieden nicht mehr
anstrengen. Dass er vor dem Eingang ins Himmelreich doch auch ein bisschen Aufstiegswillen zeigen könnte, das hat er ganz vergessen! Er lottert rum,
trinkt, sieht zuviel fern, achtet nicht auf seine Gesundheit, nutzt schamlos
den Sozialstaat aus. Wir sollten statt der Erforschung schwarzer Löcher im
Weltraum die Preisfrage aussetzen: Wie erziehen wir uns würdige Arme, die
die Seligpreisung wirklich verdienen?

Ein Forschungsprojekt der Friedrich Ebert-Stiftung machte im Herbst 2006
in einer Typisierung von Wertpräferenzen ein „abgehängtes Prekariat" aus,
das geprägt ist von sozialem Ausschluss und Abstiegserfahrungen. „Diese
acht Prozent der Bevölkerung leiden unter unsicheren Arbeitsverhältnissen,
Unzufriedenheit und sozialer Resignation" (FR 17.10.06). Problematisch an
der Armut ist nach dieser Studie im Auftrag der SPD also, „dass ein Teil der
Armen seine Lage zum Grund nimmt zu resignieren und sich gehen zu lassen". Man könnte sagen, und das tun die Politiker dann im Umgang mit den
Forschungsergebnissen auch, dass die ökonomische Armut relativiert und in
eine problematische Einstellung der Armen zur Armut umdefiniert wird.
„Armut existiert nur dann, wenn die Menschen mit dieser nicht wie gefordert umgehen. (…) Nicht die Taten von Unternehmern und Politikern machen den Betroffenen das Leben schwer, sondern die Armen geben den politisch Verantwortlichen Grund zur Sorge."[9] Der SPD-Vorsitzende Kurt Beck
erklärte: „Es gibt zu viele Menschen in Deutschland, die keine Hoffnung
mehr haben, den Aufstieg zu schaffen" (FAZ 9.10.06). Warum das so ist, das
fragt sich Beck nicht. Das Problem wird den Armen angelastet; sie sollen sich
in ihrer Lage nicht einrichten; mehr Geld würde diese inaktive Haltung nur
verstärken. Deswegen sei auch die Androhung von Zwangsmaßnahmen
notwendig. Nur eine kleine Gruppe von Politikern und Wissenschaftlern
sagt, dass die Politik der Unternehmen (Auflösung des Normalarbeitsver-
hältnisses, Billiglöhne, mehrere prekäre Jobs) und die Regierungspolitik (Abbau sozialer Leistungen, Deregulierung, Hartz IV-Reform) dafür verantwortlich sei. Die offizielle Kirche gehört leider nicht dazu. Von ihr wünschte ich
mir den Satz zu hören: „Sie können mit 345 Euro im Monat keinen sozialen

---

[9]   Jutta Hagen / Sybille v. Flatow, Armutsbekämpfung in Deutschland. Was hilft gegen Armut?, in:
       Sozialmagazin 32/2007, 14–28.

Aufstieg organisieren, selbst wenn die Motivation da ist."[10] Er stammt von dem Kinderarmutsforscher Professor Butterwege aus Köln.

Die Mehrheit der Öffentlichkeit meint (mit dem Artikel von Wüllenweber), dass das wahre Elend in der Lebensführung der Unterschicht liegt, die die Kontrolle beim Geld, beim Essen, bei Partnerschaft und Erziehung verliert und sich in einer niveaulosen Unterhaltungskultur einrichtet. Die Unterschicht, so die These, ist durch nichts gezwungen, so zu handeln, weder durch Verarmung nach durch vermeintliche Manipulatoren. Deswegen ist die Lösung: mehr Bildung. So wie Wichern vor 150 Jahren forderte: mehr Christlichkeit durch innere Mission. Heute heißt das Schlagwort: innere Bildung. Gegen solche verkürzte Sicht ist anzugehen. Einer meiner Studenten, Jochen Schindlbeck, hat in einer empirischen Untersuchung in Hamburg-Billstedt gezeigt, dass die so genannte Armutsbevölkerung keineswegs nur zur Pommesbude geht, Trashfernsehen sieht und Lore-Romane liest, sondern in den Bereichen Bildung, Fernsehen, Essen und Gesundheit, wenn es ihr materiell möglich ist, auswählt und Besseres vorzieht[11].

Natürlich: Bessere Bildung für die Kinder der Armen ist nötig. Mehr Haltung im Umgang mit Schwierigkeiten (‚Resilienz' heißt das heute) in vielen armen Familien auch. Die Denkschrift der EKD „Gerechte Teilhabe" (2006) funktionalisiert Bildung nicht für die moralische Erziehung der Armen und ihre Anpassung an die schlechten Verhältnisse; sie fordert immerhin eine enge Verzahnung von Sozial-, Bildungs- und Ausbildungspolitik. Also Gestaltung durch den Staat, um die Lage der Armen strukturell zu verbessern. Ein öffentlicher Arbeitsmarkt wäre dafür ein gestalterisches Mittel; Mindestlöhne auch, stärkerer staatlicher Eingriff in das Angebot von Lehrstellen, sagt sie. Eine Reform des dreigliedrigen Schulsystems sowieso.

Aber: In der Denkschrift werden die fatale Rolle der Finanzmärkte und die Deregulierung des Lohnsystems ausgeklammert. Die Wirtschaft wird wie von der Politik so auch von der Kirche geschont. Massenentlassungen bei steigender Rendite, leichtfertige Firmenverkäufe an ausländische Investoren, Selbstbedienungsmentalität der Aufsichtsräte, die Bestechlichkeit einiger Gewerkschaftsvertreter werden nicht einmal erwähnt (s. die Skandale bei VW und Siemens), die Verlagerungen ins Ausland kaum kritisiert. Die wachsende Unverschämtheit des Kapitals nach Wegfall der Systemalternative ist von der offiziellen Kirche nie kritisiert worden. Es hätte möglicherweise auch nicht viel gebracht (entgegen der Intention U. Duchrows, der nicht müde wird, im Hören auf die Kirchen aus dem Süden den *status confessionis* zu

---

[10]   Zit. nach http://www.stern.de/politik/deutschland/Gesellschaft/DerWeg/574082.html.
[11]   Vgl. Jochen Schindlbeck, Burger, Soaps und Schundromane. Eine kritisch-theoretische-empirische Untersuchung in Bezug auf Schichtdeterminanten, Ev. Fachhochschule für Sozialpädagogik des Rauhen Hauses Hamburg, 2005.

fordern) und wäre doch (prophetisch) geboten gewesen. Wäre es also nicht besser auf den Begriff ‚Teilhabe' zu verzichten und stattdessen vom „Recht auf Beteiligung" (Hengsbach) zu sprechen? Arbeitslose und Ausgegrenzte haben Rechte und dürfen nicht nur „gerecht teilhaben". Eine solche Formulierung entfernt sich vom Rechtsgedanken, wird zur appellativen Formel. Sie haben nach dem BSHG den Anspruch auf ein menschenwürdiges Leben, das auch in ausreichenden materiellen Leistungen sichtbar werden muss. Hier ist ein wichtiges Problem angesprochen. Es darf keinen Rückfall in Barmherzigkeit geben, der die Rechte ersetzt. So wichtig die Kirchenküchen und Tafeln für die Armutsbevölkerung sind, sie dürfen nicht wie in den USA auf Dauer gestellt werden. Genau dieser Gefahr aber erliegen Kirche und Diakonie, wenn sie nur von „gerechter Teilhabe" sprechen, den Gedanken der Rechtsverwirklichung klammheimlich aufgeben und sich stattdessen auf Bildungsappelle und zivilgesellschaftliche Barmherzigkeit konzentrieren.

Im Übrigen muss die Denkschrift sich an ihrer eigenen Aussage messen lassen: „Eine Kirche, die auf das Einfordern von Gerechtigkeit verzichtet, deren Mitglieder keine Barmherzigkeit üben und die sich nicht mehr den Armen öffnet oder ihnen gar die Teilhabemöglichkeiten verwehrt, ist (…) nicht die Kirche Jesu Christi." Die Denkschrift ist, das monieren Praktiker der Diakonie, nicht aus der Froschperspektive geschrieben. Was Armut für die davon betroffenen Menschen bedeutet, ihre seelische Not, ihre Ängste, die Sorgen um die eigene Zukunft der Kinder, die Perspektivlosigkeit derjenigen, die von Armut betroffen sind, all das kommt in der Denkschrift nicht vor. Sie nimmt die Hartz IV-Regelungen (ein Berater für 75 Klienten) für bare Münze und liegt so auf der herrschenden Politiklinie. Die Lebenshaltungskosten steigen aber ständig, man denke nur an Fahrpreiserhöhungen, die Praxisgebühren, die steigenden Energiekosten, ganz zu schweigen von den Kosten, die durch die Erhöhung der Mehrwertsteuer entstanden sind. Die Regelsätze aber werden nicht mehr jährlich angepasst. Das ist ein Skandal. Ein Blick in die Reportagen von Gabriele Goettle, „Die Ärmsten! Wahre Geschichten aus dem arbeitslosen Leben", hätte da schon helfen können. Sie zeigen auch die Kreativität und Überlebenskraft armer Menschen.

In diesem Zusammenhang sind auch die Anfragen zu hören, die eine durchgehende Armutsorientierung in der Diakonie vermissen, ich erinnere an die Streitschrift von Steffen Fleßa „Arme habt ihr allezeit".[12] Er fordert, dass die Diakonie ihre mittelschichtorientierten Angebote aufgibt, sich aus Bereichen zurückzieht, die andere Anbieter genauso gut können und sich primär den Armen zuwendet, getreu dem Motto: Verkaufe was du hast, und gib es den Armen. Ein idealistischer Ansatz, der für einen Sozialmischkonzern wie die Diakonie sicher nicht passt. Aber er ist trotzdem eine wichtige Erinnerung an die Option für die Armen. So bleibt die Denkschrift zwar im

---

[12]   Siehe meine Darstellung und Kritik von Fleßa in diesem Band S. 158ff.

Gespräch mit der politischen Klasse und den sie repräsentierenden Medien, verliert aber die Bodenhaftung. Eine Denkschrift von unten, ein Armutsbericht der Betroffenen wäre als Ergänzung nötig. Das hat jetzt die qualitative Befragung von Hartz IV-Empfängern und *working poor* in Wilhelmsburg versucht.[13] Wie Kirchengemeinden einen Zugang zu den Armen finden und ihre Milieuverengung aufbrechen können, zeigt eine von Heinrich Grosse durchgeführte empirische Untersuchung zu Armutsprojekten von Kirchengemeinden.[14] Die große Kamelfrage wird dadurch allerdings nicht gelöst. Sie steht weiter auf der Agenda; der Rat der EKD sollte dazu eine Preisfrage ausstellen.

---

[13] Vgl. Claudia Schulz, Ausgegrenzt und abgefunden? Innenansichten der Armut. Eine empirische Studie, Berlin 2007.

[14] Vgl. Heinrich Grosse, „Wenn wir die Armen unser Herz finden lassen ..." Kirchengemeinden aktiv gegen Armut und Ausgrenzung, epd-Dokumentation 34/2007.

IV. Stadtteil- und Gemeindediakonie

Die Kirche und das soziale Handeln in der Stadt[1]

Wie schön war doch von fern und nah
Die freie Stadt Hammonia
Sie hatte Kirchen, groß und dick
Die Chöre machten Bachmusik.
Die Häuser waren schön und bunt
Die Giebel weiss, die Türme rund.
Man konnte dort drei Tage wandern
Von einem schönen Platz zum andern.
Den Reichen, klar, gefiel es dort,
Sie wohnten gern an diesem Ort.
Schöne Aussicht, Bellevue
Darunter auch manch Parvenue.

Die Hamburger leben in einer Stadt, mit der sie sich identifizieren. Freie und Hansestadt Hamburg, die schöne Stadt an Elbe, Alster und Bille, mit der Silhouette der Kirchtürme und dem Rathausturm, der Mönckebergstraße und dem Jungfernstieg. Kirche ist seit der Stadtgründung ein wesentlicher Teil dieser Stadt – im Gegenüber von Bischofsstadt und Bürgerstadt, mit den Bürgerkirchen als Zeichen der Identität von christlicher und bürgerlicher Stadt, protestantisch seit Bugenhagens Kirchenordnung (1529) mit dem Gotteskasten und den Diakonen als Armenvorstehern. Aus den Kirchspiel-versammlungen entstand Ende des 17. Jahrhunderts Aufbegehren gegen den patrizischen Rat und seine Vetternwirtschaft sowie gegen allzu strengen Pietismus.[2] Wegen des lockeren Lebenswandels der Hamburger verhängte der

---

[1] Überarbeitete und aktualisierte Fassung eines Vortrags auf dem Workshop „Stadtteildiakonie" des Diakonischen Werks Hamburg und der Ev. Fachhochschule für Sozialpädagogik, November 2000. Auf dem Aktionstag gegen die beabsichtigte Schließung der Ev. Fachhochschule des Rauhen Hauses in der Hauptkirche St. Petri im Januar 2003 habe ich die Rede ebenfalls vorgetragen. Zuerst veröffentlicht in: PTh93, 2004, 482–498.

[2] 1684 wurde der Bürgermeister Meurer in einer frühbürgerlichen Erhebung unter Führung von Snitger und Jastram abgesetzt, es kam zu einer zweijährigen „Popularen"herrschaft; die beiden Anführer wurden 1686 hingerichtet. Der Theaterstreit 1681 (die Oper als „Satanskapelle neben der Kirche Jesu Christi") und der Predigerstreit von 1692 waren Ausdruck des Gegensatzes von lutherischer Orthodoxie und Pietismus, s. *Hermann Rückleben*, Die Niederwerfung der Hamburgischen Ratsgewalt. Kirchliche Bewegungen und bürgerliche Unruhen im ausgehenden 17. Jahrhundert, Hamburg 1970.

Rat anlässlich des Brands der Michaeliskirche noch im Jahr 1750 Bußtage.[3] Kirche und Staat versagten angesichts des Massenelends im 19. Jahrhundert in einer rapide wachsenden Stadt. Mit der Revolution von 1918 und der dazugehörigen Trennung von Kirche und Staat kam es zum Ausbau eines Stadtsozialismus, der den sozialen Ausgleich realisieren wollte und damit an der Vision einer gerechten Stadt (und das wäre doch die Stadt Gottes) arbeitete.

Die symbolische Überhöhung dieser Stadtzugehörigkeit wird gefeiert am Hafengeburtstag als einem Gründungsdatum, beim Alstervergnügen als dem Ort der Geselligkeit, auch beim Hansemarathon als dem Ausdruck der neuen Fitness-Kultur. Orte der Hochkultur wie die Oper und das Schauspielhaus strahlen Glanz aus und werden eifrig subventioniert (wofür ich als Opernliebhaber dankbar bin). Die Musicaltouristen kommen mit neuen Produktionen auf ihre Kosten; die Fußballfans haben trotz Niedergangs ihres HSV wenigstens ein neues Stadion erhalten.

Es sind überwiegend kommerziell-touristische Feste, die im Mittelpunkt des Stadtgeschehens stehen. Das Politisch-Soziale hingegen ist öffentlich bis zur Unkenntlichkeit geschrumpft. So etwas wie ein, biblisch gesprochen, Bundeserneuerungsfest mit Verkündigung der ethischen Standards gibt es nicht, es sei denn man sieht die Wahlen zur Bürgerschaft in dieser Tradition[4]. Soziales Handeln ist delegiert an die vielfältigen professionellen Dienste, die eine Wohlfahrtsstadt aufzuweisen hat.

Hamburg ist nicht die Stadt Gottes, denn es ist auch eine Stadt sozialer Ungerechtigkeit. Immer aber gab es Einzelne und Gruppen, die sozial aktiv wurden, weil sie den Anblick des Elends in einer reichen Stadt nicht aushielten, damals Wichern, heute viele Gruppen und Einzelne in Diakonie, Kirche und Gesellschaft – aktiv damals neben der Kirche, die sozial verantwortungslos war, heute als Kirche und Diakonie, die sozial verantwortlich handeln und die doch auf ihre Weise Teil eines ambivalenten Zustands sind, der mit Armut im/trotz Wohlstand beschrieben werden kann.

1. Der soziale Ist-Zustand Hamburgs

Hamburg ist eine reiche und attraktive Stadt, in der es seit fünfzehn Jahren eine konstante, leicht wachsende Armutsbevölkerung gibt, wie die Armutsberichte zugeben. Der Hamburger Sozialatlas verrät Asoziales.[5] Nach der

---

3   Vgl. Hans-Jürgen Benedict, Hamburgs Katastrophen und ihre theologische Deutung, in: Um der Hoffnung willen. Praktische Theologie mit Leidenschaft, Festschrift für Wolfgang Grünberg, Hamburg 2001.

4   Bei den Neuwahlen 2004 stellte die Diakonie soziale Wahlprüfsteine auf, die aber im Wahlkampf keine Rolle spielten, s. Hamburg von ganz unten, in: Diakonie-Report 1, 2004, 1f.

5   Vgl. Ulrich Podzuweit / Wolfram Schütte (Hg.), Sozialatlas Hamburgs, Hamburg 1997.

Studie „Armut und Ungleichheit in Deutschland"[6] ist jeder elfte Bürger ein-
kommensarm, d. h., er erhält zu wenig Geld, um am gesellschaftlichen Leben
angemessen teilhaben zu können. Zu den Gruppen mit den höchsten Ar-
mutsquoten zählen die Alleinerziehenden, von denen fast jeder dritte kein
ausreichendes Einkommen hat, ebenso wie Familien mit drei und mehr Kindern, von denen 20,4% von Armut betroffen sind. (Nicht mehr alte und
randständige Menschen bilden heute den Großteil der Leistungsempfänger
von Sozialhilfe, sondern Kinder und Jugendliche auf der einen Seite, Personen im erwerbsfähigen Alter auf der andern Seite.) Das reiche Hamburg
„leistet" sich arme Kinder; jedes fünfte Kind ist so gesehen arm, in manchen
Stadtteilen sogar jedes zweite.

Die soziale Spaltung der Stadt zeigt sich in Hamburg vor allem in der
Zunahme bzw. Verfestigung armer Stadtteile. Trotz Armutsbekämpfungs-
und Stadtentwicklungsprogrammen sind die armen Stadtteile nicht nur zahl-
reicher, sondern auch ärmer geworden, vor allem in den Wiederaufbauge-
bieten im östlichen Teil der Stadt (Barmbek, Hamm, Horn, Billstedt), in den
Großsiedlungen der 1960er und 1970er Jahre (Steilshoop, Mümmelmanns-
berg, Osdorfer Born, seit 1980 auch Allermöhe) sowie in den problembelas-
teten innenstadtnahen Wohnquartieren (St. Georg, Wilhelmsburg).[7]

Skandalös ist dabei, dass neue Armut mit Reichtumsentwicklung in un-
mittelbarer Nachbarschaft einhergeht. Man denke an die Aufwertung und
Neubebauung innenstadtnaher Wohngebiete für die besser Verdienenden
und an die damit verbundene Vertreibung der Armen und Alternativen (die
sog. Hafenrandbebauung). Über Hamburg hinaus bekannt geworden sind
die Konflikte um die Hafenstraße und die „Rote Flora"[8]. Armut wird zwar
primär von übergreifenden Faktoren wie der Dauerarbeitslosigkeit und der
unzureichenden Erwerbseinkommen (*working poor*) hervorgerufen, sie wird
aber von einer schlechten Stadtplanung und Wohnungspolitik verschärft.
Auch das lässt sich in Hamburg zeigen. 1990 gab es in Hamburg 265 000

---

[6]   Walter Hanesch (Hg.), Armut und Ungleichheit in Deutschland, Reinbek 2000. Zu unterschei-
      den ist eine ressourcentheoretische Definition von Armut, die zumeist vom Einkommen ausgeht,
      von einer lebenslagenorientierten, die die konkrete Versorgungslage in ausgewählten Lebens-
      bereichen untersucht, wobei die mit Hilfe von Indikatoren gemessene Unterversorgung in einem
      oder mehreren Lebensbereichen als Ausdruck einer generell depravierten Lebenssituation gilt, s.
      dazu D. Döring / Walter Hanesch / Ernst-Ulrich Huster (Hg.), Armut im Wohlstand, Frankfurt
      1990. Ich beziehe mich im Folgenden auf die einfacher darzustellende Einkommensarmut in
      Gestalt von Sozialhilfebezug.
[7]   Vgl. Jens Dangschat, Zwei-Drittel-Stadt Hamburg. Armut als Folge der Modernisierung des
      städtischen Wirtschaftsraumes in: Hamburg als Chance der Kirche. Ein Arbeitsbuch zur Zukunft
      der Kirche in der Großstadt, Hamburg 1997, 175ff.
[8]   Die Rote Flora ist ein Kommunikationszentrum der alternativen Szene im Hamburger Schanzen-
      viertel, das die Stadt seit langem abreißen möchte. Von diesem Zentrum ging der Protest gegen
      den Neubau des Musicaltheaters Neue Flora aus. In der jüngst aufgeführten Oper „Der lächerli-
      che Prinz Jodelet" des Hamburger Barockkomponisten Reinhard Keiser (dessen Opern vom Rat
      wegen aktueller Anspielungen gelegentlich verboten wurden) spielt die erste Szene vor der Roten
      Flora.

Sozialwohnungen, jetzt sind es nur noch 153 000. Wegen des Auslaufens der Sozialbindung wird sich dieser Bestand in den nächsten zehn Jahren noch einmal um 50 000 verringern. An die Stelle einer verantwortlich gestalteten Stadt des sozialen Ausgleichs ist immer stärker die Führung der Stadt als prosperierendes Wirtschaftsunternehmen getreten. Urbane Dynamik wird von dem neuen CDU-Senat unter dem Motto „Wachsende Stadt" suggeriert. Gleichzeitig hat sich die Öffentlichkeit an die Normalität der relativen Armut gewöhnt. Soziale Stadtentwicklung (sie hieß anfangs Armutsbekämpfungs-programm), so hilfreich sie in einzelnen Quartieren ist, steht dennoch im Schatten dieses stabilen „Unternehmens Stadt" (von Dohnanyi). Sozialer Ausgleich im Vollsinn des Wortes findet nicht mehr statt!

Bedenklich ist jener Wandel der Stadt, der sich in der Hierarchisierung des städtischen Raums zeigt. Es geht dabei um die Durchsetzung eines Ord-nungsmodells mittels Exklusion, mit dessen Hilfe man den städtischen Raum neu strukturieren möchte. Abweichendes Verhalten soll hier nicht länger geduldet werden. Doch die diskriminierten Gruppen haben den Kampf um soziale Räume aufgenommen. Das wird besonders sichtbar an der Präsenz der Drogenabhängigen an den Hauptbahnhöfen der großen Städte.

Die Kernstadt dient den verschiedenen Submilieus als wichtiger Aufent-halts- und Reproduktionsraum. Indem die marginalisierten Gruppen den öffentlichen Raum der Innenstädte nutzen, betreiben sie eine Überlebens-strategie, die auf Sichtbarkeit und Austausch setzt. Obdachlose können durch Betteln ihre Reproduktion besser absichern, Junkies sich auf dem illegalen Drogenmarkt den Stoff besorgen. Zugleich gibt es ein dichtes Netz sozialer Angebote in den Innenstädten: Drogenhilfe, Ersatzprogramme, Gesund-heitsversorgung, psychosoziale Beratung sowie karitative Unterstützung in Form von Kleidung, Nahrung (die so genannten Tafeln) und Unterkunft. Gegen die Versuche sozialer Aneignung des städtischen Raums durch die so genannten Randgruppen setzen die Städte, die Verkehrsunternehmen und der Einzelhandel auf Repression. Aggressives Betteln, dauerhaftes Verweilen in Fußgängerzonen, Trinkertreffpunkte sollen durch entsprechende Verord-nungen verhindert werden. „Maßnahmen gegen die drohende Unwirtlichkeit der Stadt" nannte die Hamburger Innenbehörde einen schließlich nicht durchgeführten Katalog von Maßnahmen, mit dem sie die sichtbaren Er-scheinungsformen von Armut bekämpfen wollte; in der Springer-Presse gibt es immer wieder mal einen Versuchsballon in Richtung Exklusion der Bett-ler, der allerdings sofort auf den Protest der Hamburger Bischöfin stößt. Immer noch gilt für viele das Null-Toleranz-Konzept der New Yorker Polizei hierfür als vorbildlich.

Die neuen Sicherheitskonzepte der städtischen Behörden und der Bundes-bahn demonstrieren: Es gibt gewissermaßen aus der Sicht der Mitte eine Wiederkehr des Typus der gefährlichen Klassen. Bislang zugunsten sozial-staatlicher Normalisierungsstrategien zurückgedrängt, wird jetzt mit den

Schlagworten ‚Ausländer-', ‚Migranten-', ‚Drogen-' und ‚Jugendkriminalität',
Flüchtlinge als Drogendealer die Angst vor den „gefährlichen Gruppen"
wieder belebt und zugleich mit der Demonstrierung von Handlungsfähigkeit
beruhigt.[9] Zwar ist die „neue städtische Unterklasse" für die politische Herrschaft keine wirkliche Bedrohung, denn es handelt sich um eine Schicht, die
im Zuge wachsender Arbeitslosigkeit überflüssig geworden ist. Es geht aber
um die Demonstration symbolischer Handlungsfähigkeit. Gerade hier ist die
Kirche als Symbolinstitution gefragt: Kann sie prophetisch-symbolisch und
auch materiell-konkret im Sinne des alttestamentlichen Fremdenrechts oder
einer Ethik der Compassion dagegenhalten? Die Ängste und Vorurteile, die
sich artikulieren (etwa im Schanzenviertel[10]), sind eben auch die von guten
Christen und Hamburgern.

Solche Bedrohungsszenarien werden aber inzwischen insgesamt auf die
Jugend ausgedehnt, die in den Medien und in der Politik als gefährliche und
gefährdete Jugend dargestellt wird, der nur mit härteren Sanktionen (geschlossene Heime, härtere Strafen usw.) – ein Grund für den Wahlerfolg von
Richter Schill im Jahr 2002 – beizukommen ist. Die Wiedereinführung der
geschlossenen Unterbringung für kriminalitätsgefährdete Jugendliche unter
dem rechtspopulistischen Senat hat aus diesem Bedrohungsszenario inzwischen praktische Politik gemacht.[11] In Zeiten der Kürzungen im sozialen
Bereich wird ein kostenaufwendiges und sozialpädagogisch mehr als fragwürdiges Projekt unbarmherzig durchgezogen.

Trotz der genannten Tendenzen ist Hamburg immer noch eine soziale
Stadt mit einem dicht gespannten Netz von Hilfe- und Beratungsinstitutio-
nen. Trotz neuer Steuerung und diverser Sparmaßnahmen kann man nicht
sagen, dass in Hamburg ein drastischer Einbruch sozialer Hilfen und der
Unterstützung von Menschen in schwierigen Lebenslagen erfolgt ist. Unter
vielfältiger Beteiligung von Diakonie und Kirche werden Kinder, Jugendliche, Alleinerziehende, kinderreiche Familien, Wohnungslose, Ausländer und
Flüchtlinge unterstützt, um ein menschenwürdiges Leben führen zu können.[12]

---

[9]   Siehe dazu Klaus Ronneberger / Stephan Lanz / Walter Jahn, Die Stadt als Beute, Bonn 1999.
[10] Die Hamburger Drogenszene, d. h. vor allem der Handel mit Drogen, verlagerte sich von St.
      Georg in das Schanzenviertel. Das führte zum Protest bürgerlicher Einwohner des Schanzen-
      viertels. Eine Frau aus dem Stadtteil machte regelmäßig Aufnahmen von meist schwarzen Dro-
      gendealern und forderte mit vielen anderen die Behörden und die Polizei zu härterem Eingreifen
      auf. Das führte u. a. schließlich dazu, dass zunächst von dem letzten SPD-Innensenator und dann
      von dem neuen rechtspopulistischen Senat der Brechmitteleinsatz gegen Drogendealer einge-
      führt wurde.
[11] Trotz vielfältiger Proteste aus der bundesweiten Fachöffentlichkeit. Die Fachhochschulversamm-
      lung der Ev. Fachhochschule für Sozialpädagogik fasste am 4.7.2002 eine Resolution: Gegen die
      geschlossene Unterbringung – Für eine demokratische Kinder- und Jugendpolitik. Es gibt seit-
      dem ein Aktionsbündnis gegen die geschlossene Unterbringung.
[12] Allerdings hat sich im Februar 2004 die Landespastorin für Diakonie, Annegrethe Stoltenberg,
      genötigt gesehen, die Sozialbehörde wegen der verfügten Kürzungen in der Jugendhilfe scharf zu
      attackieren.

Das Problem ist eher darin zu sehen, dass trotz und mit der sozialen Hilfe seitens Stadt, Kirche und freien Trägern sich ein positionales Elend (Bourdieu) stabilisiert hat, dem offensichtlich mit den herkömmlichen, aber auch den innovativen Methoden und Mitteln sozialer Arbeit nur schwer beizukommen ist.

In diesem Zusammenhang ist das Hamburger Programm für soziale Stadtentwicklung kritisch zu würdigen. Natürlich sind in vielen benachteiligten Quartieren Hamburgs durch dieses Programm und seine Vorläufer hilfreiche, vor allem die Wohnsituation und Lebensqualität in den Stadtteilen betreffende Verbesserungen erreicht worden. Sanierungen und Revitalisierungen haben die Quartiere menschlicher, freundlicher, ja schöner gemacht; Treffpunkte, Läden, Werkstätten, Statteilcafes mit ABM-Stellen sind hoffnungsvolle Anzeichen für eine neue Gemeinwesenökonomie. Der dritte Sektor belebt sich, auch wenn das Ziel der Schaffung neuer Arbeitsplätze kaum oder gar nicht erreicht wurde. Menschen, die sonst abwarteten oder sich resigniert verhielten, engagieren sich nun in Initiativgruppen und Beiräten. Aber die Hamburger Stadtpolitik ist dadurch natürlich nicht qualitativ verändert worden. Ohne soziale Stadtentwicklung sähe es in vielen Quartieren noch schlimmer aus, aber sie kann die dominierende unternehmerische Standortpolitik nicht brechen.

Es bleibt also die alte Frage aktuell: Was tun? Armut von Kindern führt bekanntermaßen zur soziokulturellen Ausgrenzung. Die Hamburger Zivilgesellschaft ist bekannt geworden durch eine diakonisch initiierte Kultur der Barmherzigkeit. Das Hamburger Spendenparlament finanziert beispielsweise 2003 52 Projekte gegen Armut, Einsamkeit und Obdachlosigkeit mit 373 684 Euro. Allerdings darf Barmherzigkeit kein Ersatz für Recht werden. Es ist nicht unbedingt ein Grund zum Feiern, wenn eine Kirchenküche ihr 10jähriges Jubiläum(so jetzt die Kirchengemeinde St. Georg) hat. Überlebt die soziale Stadt? Die Prognosen sind nicht besonders günstig, aber auch nicht hoffnungslos.

2. Stadtteildiakonie und kirchliche Strukturen

Als Gott war wieder einmal da
In seiner Stadt Hammonia
Bemerkte Gott mit groß Entsetzen
Viel arme Leute auf den Plätzen
Gott sprach, nachdem er das gesehn:
Das kann doch so nicht weitergehn!

Die Hamburger leben in 164 Stadtteilen (Quartieren), die in sozialer und kultureller Hinsicht höchst unterschiedlich sind. Sie leben in einer entgegen der sozialdemokratischen Verheißung sozial gespaltenen Stadt; rund 40%

von ihnen leben zugleich in oder sind zumindest nominell Mitglieder einer evangelischen Kirchengemeinde, deren Gemeindegrenzen oft denen des Stadtteils entsprechen. Soziales Handeln der Kirche in der Stadt geschieht aber auf drei verschiedenen Ebenen – auf der Ebene der Ortsgemeinden, auf der Ebene der Dienste und Werke (vor allem der Kirchenkreise) und auf der Ebene der in Vereinen und freien Trägern organisierten Diakonie. Alle drei Handlungsebenen sind wichtig. Seit Jahren läuft ein Prozess um ihre Zuordnung und ihre jeweilige Relevanz für das soziale Handeln der Kirche.

Drei Tendenzen haben diesen Konflikt verschärft und aus dem Versuch einer produktiven Neuorientierung inzwischen eine oft schwierige Konkurrenz werden lassen:

Zum einen ist das der Mitgliederschwund in den Ortsgemeinden der großen Städte, der inzwischen dazu geführt hat, dass immer mehr Gemeinden in den Stadtteilen sich zu Regionalgemeinden zusammengeschlossen haben, vor allem auch aus der Motivation, religiöse, kulturelle und soziale Aufgaben, die sie allein überfordern, gemeinsam weiter wahrnehmen zu können.

Zum andern sind Kirchensteuereinnahmen rückläufig, was die Gemeinden ebenso wie die Dienste und Werke zu Einsparungen und Rationalisierungen zwingt.

Schließlich ist ein allgemeiner Bedeutungsschwund der kirchlich organisierten Religion festzustellen, der nach neuen Antworten verlangt.

Die Frage nach dem sozialen Handeln der Kirche vor Ort ist auch eine Frage nach ihrem geistlichen Potenzial: „Die Liebe gehört mir wie der Glaube", sagte Wichern. Heute fragt man besorgt: Wie stark ist der Glaube noch? Welchen Gemeindebegriff haben wir?

Ist die Gemeinde religiöses Versorgungssystem im Nahbereich als entscheidender Teil der drastisch verschlankten Volkskirche? Soll sie gesellig-familiärer Verein vor Ort als Teil der lebensbegleitenden Kirche sein, wie das in den bürgerlichen Vororten noch der Fall ist? Oder soll sie – befreiungstheologisch verstanden – die Gemeinde der Befreiten mit kommunikativer Gemeindepraxis sein, so wie es das klassische Handbuch „Gemeindepraxis in Grundbegriffen"[13] 1987 skizzierte? Oder ist sie christliche Gemeinde im Quartier als kreative Minderheit – in Aufnahme des 2. Vatikanum: „Volk Gottes in der Welt" – mit weniger Bindung an ihren(ohnehin kaum noch zu erhaltenden) Baubestand und Kirchenbesitz und mehr diakonisch-missionarischer Mobilität?

Unaufschiebbar scheint mir der Abschied von der alten überschaubaren kleinen Ortsgemeinde. Es wird wieder zu größeren Parochien für die religiöse Versorgung und für die soziokulturelle Arbeit kommen, so wie das jetzt in Hamburg bereits versucht wird. Damit würde eingestanden, dass das vor

---

13   Vgl. Christof Bäumler / Norbert Mette (Hg.), Gemeindepraxis in Grundbegriffen, München 1987.

allem von dem Frankfurter Pfarrer Emil Sulze um die Wende zum 20. Jahrhundert vorangetriebene Konzept gegen die Entkirchlichung der Industriearbeiterschaft gescheitert ist.[14] Sulze und andere wollten mit der Schaffung von kleineren Ortsgemeinden für die Menschen identifizierbare und erreichbare Gemeinden bauen.[15] Die Parochie ist nicht mehr die einzige denkbare Form diakonischer Gemeinde.[16]

Ich habe mit Interesse den Abschlussbericht von Annette Sandig über den Beratungsprozess im Kirchenkreis Alt-Hamburg „Regionale Konzepte: …

---

[14]   Vgl. Emil Sulze, Die Evangelische Gemeinde (1891), 1912.

[15]   Nach dem Zweiten Weltkrieg wurde das von Hugo Schnell mit dem Konzept „Die überschaubare Gemeinde" (Hamburg/Berlin1962) aktualisiert – für maximal 2500 Mitglieder sollte ein Pastor zuständig sein, „als wünschenswerte Norm hat die Gemeinde mit 1000 Mitgliedern zu gelten" (ebd., 42). Eine kirchliche Parallelwelt um Kirchturm und Gemeindehaus, mit Gemeindeschwester und Diakon für die Jugendarbeit sollte die entstehende Wohlstandsgesellschaft religiös durchdringen, dem Trend zur Säkularisierung im nachtotalitären Biedermeier wehren, so habe ich es in meiner Gemeinde Ende der 50er Jahre erlebt. Die Vision hieß mit dem Hauptpastor und späteren Bischof *Herntrich*: Von Kirchturm zu Kirchturm blicken können. Das können wir seit Ende der 1960er Jahre. Aber es gibt ja zwei Tragödien im Leben. Einmal, wenn sich Träume nicht erfüllen, zum anderen, wenn sie sich erfüllen. Heute – oder genauer bereits seit 20 Jahren – stehen wir vor den Ruinen dieses Konzepts, und das ist nicht nur übertragen gemeint, wie die marode Bausubstanz mancher Neubauten von damals zeigt. S. dazu meinen Artikel: Von Kirchturm zu Kirchturm blicken, in: Baukunst von morgen, Hamburg 2008, 19ff.

[16]   Wolfgang Grünberg plädiert angesichts der Gefahr einer Rückzugsmentalität in die privaten Nischen des religiös Ansprechbaren für das Parochialprinzip im Gegensatz zum Personalprinzip, weil es den umfassenden Anspruch der Kirche deutlich mache: „Wenn ein ganzer Stadtteil mit seinen Straßenzügen, Gebäuden, Brachen, Parks und Friedhöfen usw. zu einem Gemeindebezirk gehört, dann gibt es eine Partizipation der Gemeinde am Geschick des Ortes, in dem sie verankert ist" (Wolfgang Grünberg, Die Mythen der Stadt und die Chance der Volkskirche, in: Hamburg als Chance der Kirche, 115). Die Gemeinden haben die Aufgabe „als fröhliche Minderheit für das ganze mitzudenken" (ebd., 119) und die größeren Hoffnungen des Glaubens (er verweist auf den neuen Himmel und die neue Erde von Offb 21) zum Ausdruck zu bringen. Meine Frage ist, ob nicht gerade der umfassende Anspruch der Kirche das Problem ist. Eine Gemeinde, die mühsam ihre eigene Selbsterhaltung und daneben einige öffentliche Aufgaben wie Kindergarten-, Jugend- und Altenarbeit wahrnimmt (falls sie das allein noch kann), hat es schwer, kritisch-universale Ansprüche zu vertreten. Weiter: Wieso kann nur eine flächendeckende Parochie sich mit dem Stadtteil, seinen Gebäuden und vor allem seinen Menschen (die hier nicht genannt wurden) identifizieren? Eine kreative fröhliche Minderheit von Christen, die sich regelmäßig in einem Bürgerhaus trifft, kann sich durchaus anwaltlich-solidarisch mit dem Stadtteil und seinen Menschen identifizieren, in dem sie lebt. Vielleicht sogar besser, weil sie nicht ständig daran denken muss, wie sie ihre Gemeindehäuser und Kirchen überhaupt noch erhalten kann. Vermietung, Verkauf oder Umwidmung von kirchlichen Gebäuden, um sozial-personal im Stadtteil präsent zu bleiben, darf also kein Tabu sein.
Inzwischen hat Grünberg umgedacht unter Rückgriff auf den Begriff des symbolischen Kapitals von Bourdieu (Kirche morgen. Strukturveränderungen im Kirchenkreis Alt-Hamburg bis 2010 als theologische und kirchenleitende Herausforderung, von W. Grünberg und A. Reitz-Dinse i.A. des KK Alt-Hamburg, 2003). Demnach entsteht das symbolische Kapital der Kirche als Kommunikationsprozess zwischen den unterschiedlichen Kapitalarten, als komplexes Zusammenspiel von Standorten (Kirche, Gemeindehäuser), Personen/Kompetenzen (Pastor, Diakon, Kantor) und Zeiten (für Beratung, Begleitung; Erinnerung Meditation). Jede der drei symbolischen Kapitalarten ‚Orte', ‚Personen', ‚Zeiten' kann erlöschen. „Eine Nutzungsänderung bis hin zu völliger Umwidmung (z.B. einer Kirche) kann neues, anderes symbolisches Kapital durchaus hervorbringen …" (ebd., 15). Durch den Verkauf von kirchlichen Häusern kann personales Kapital erhalten bzw. verstärkt werden.

der Stadt Bestes"[17] gelesen, mit Interesse und Betroffenheit. Die Gemeinden sollten ein Konzept vorlegen, das den Planungszeitraum bis 2005 berücksichtigt.

Wie gehen wir mit den schwindenden Ressourcen um? Wie konsolidieren wir unseren Haushalt? Mit wem wollen wir uns zusammenschließen? Wie erhalten wir die Kindertagesstätten? Was machen wir mit den kirchlichen Gebäuden? Wie sieht die zukünftige Jugendarbeit aus? Dem Bericht ist zu entnehmen, dass die Gemeinden sich diesen Fragen gestellt, ernsthaft gerungen, Konzepte entworfen und engagiert diskutiert haben.

Dabei zeigt sich – und das ist für unser Thema von Belang: Es gibt im Kirchenkreis Alt-Hamburg Gemeinden und Regionen, die reicher sind als andere. Und die Schere zwischen Arm und Reich wird eher größer. Im armen Bezirk Süd-Ost haben bislang die meisten Regionalisierungen stattgefunden, in Winterhude-Uhlenhorst, Hamm und Horn, weitere werden folgen, auf dem Dulsberg, in Eilbek, in Alt- und Nord-Barmbek und Barmbek-Winterhude. Also der Not gehorchend, nicht immer dem freien Trieb, kam es zu Fusionen. Was tun, wenn eine Gemeinde in einem gutbürgerlichen Stadtteil mit großem Spendenaufkommen die Abhängigkeit von der Kirchensteuerzuweisung erheblich herunterfahren kann, während eine Gemeinde in einem sozial schwachen Stadtteil fast vollständig von der geringen Kirchensteuerzuweisung abhängig ist? Große Spenden und Erbschaften sind in Horn nicht zu erwarten.

Der zwischenzeitlich aufgekommene Gedanke, den reichen Gemeinden ihr Vermögen gegen die Kirchensteuerzuweisung gegen zu rechnen und die frei werdenden Gelder den armen zukommen zu lassen, wurde verworfen – Gott sei Dank, meint die Berichterstatterin, weil das einer Bestrafung gleichkäme. Altkirchlich betrachtet wurde das seit Zachäus (Lk 19) nicht so gesehen – eine gewisse Umverteilung war Programm, der wahre Reichtum der Kirche seien die Armen, sagte der römische Diakon Laurentius zum Kaiser.

Es fällt natürlich auf, dass die Diakonie in diesem Beratungsprozess eine nur geringe Rolle für die Identität spielt. Für die armen wie die reichen Gemeinden geht es um spirituelles Leben, gottesdienstliche Belebung, um die Pfarrstellensituation und damit um religiöse Grundversorgung, um Erhaltung des Baubestands, die Sicherung der Kindertagesstätte, um die Zukunft des Arbeitsfelds Jugendarbeit. Das waren jedenfalls die Themen der Arbeitsgruppen, die sich an den mich beeindruckenden Bericht anschlossen. Ich verstehe, dass diese Probleme obenauf liegen, wenn die Vielfalt und Lebendigkeit, äußerlich ablesbar an Personal, Programmen und Baubestand, zerfällt, weil erheblich weniger Geld vorhanden ist. Auf einmal geht es um Gemeindesanierung oder sogar um ihre Rettung. Kirche für und mit anderen zu

---

17 Abschlussbericht des Projekts „Regionale Konzepte … der Stadt Bestes", Kirchenkreissynode Alt-Hamburg September 2000.

sein, gerät dann zeitweilig oder auf Dauer ins Hintertreffen. Aber wie ist es mit der Gleichrangigkeit von Wort und Tat, wie sie NEK-Verfassung (Art. 7,1) vorschreibt, wenn auch die letzten Diakonenstellen verschwunden sind? Geschieht die sozialdiakonische Arbeit dann nur noch ehrenamtlich? Sicher – eine Armenspeisung kann von Ehrenamtlichen als allgemeines Diakonat aller Gläubigen realisiert werden. Sie bleibt aber ohne ein gemeinwesenorientiertes Konzept der Gemeindearbeit okkasionelle Barmherzigkeit. Gibt es dafür keine hauptamtlichen Stellen mehr, ist das ein Zeichen für den geringen Stellenwert von professioneller Gemeindediakonie. Die Regionalisierung ist kein wirklich neuer Schritt, wenn die Größe Diakonie neben Verkündigung, Seelsorge, Unterricht, Bildung und Musik bei der Vergabe hauptamtlicher Stellen unterrepräsentiert ist. Im Verhältnis zu der Reduzierung von Pastorenstellen ist die Einsparung von Mitarbeiterstellen im diakonisch-pädagogischen Bereich unverhältnismäßig hoch. Kirchen und Gemeinden müssen sich also überlegen, wie sie in einer weiter eindeutig pastoral bestimmten Kirche stärker das diakonische Element einbringen wollen. Können Sozialdiakone aus anderen Quellen finanziert werden? Wie werden z. B. stadtteildiakonische Kenntnisse und Fähigkeiten bei der Besetzung und Aufgabenstellung der Pastorenstellen berücksichtigt?[18]

3. Diakonie als Lernprozess in der Gemeinde

Die entscheidende Frage ist m. E. folgende: Wie kann eine Gemeinde, die ihre Aufgabe, die Weitergabe des Evangeliums, auch sozial als Beistand der Armen wahrnehmen möchte, dies so tun, dass es einerseits fachlich kompetent geschieht, andererseits zu größerer Beteiligung der Mitglieder führt?

---

[18] Ein wichtiger Grund für den „Funktionsverlust" der Ortsgemeinde ist ja auch die „Auswanderung" der Diakonie aus den Ortsgemeinden, wobei man sich klar machen muss, dass die neuzeitliche Diakonie weithin außerhalb der Ortsgemeinden entstanden ist, etwa die Jugendhilfeeinrichtungen, die Obdachlosenarbeit, die Suchtkrankenhilfe. Kirche hat mit der Schaffung übergemeindlicher Pfarrstellen und kreiskirchlicher Einrichtungen auf diese Entwicklung lange Zeit durchaus angemessen reagiert. Inzwischen aber wandert Diakonie auch wieder in die Gemeinden zurück. Das ist einerseits Folge der Dezentralisierungskonzepte in der Diakonie, die zur Auflösung zentraler Einrichtungen geführt hat: zur breiten Streuung von Jugendwohnungen des Rauhen Hauses z. B. über das Hamburger Stadtgebiet, zur Dezentralisierung der Behindertenarbeit, sprich zur Integration von Behinderten in den Stadtteil und seine normalen Vollzüge. Ähnliches deutet sich auch in der Altenpflege an. Zum anderen aber ist die neue Armut stadtteilgebunden. Die kulturelle und soziale Ausgrenzung beginnt im Stadtteil und hier wäre ihr zu begegnen. Gemeinden sind auf neue Weise gefordert, wenn sie in relativer Nähe zum Zentrum oder zu Subzentren z. B. als Anlaufstellen für Obdachlose wieder wichtig werden. Die Kirchenküche in Wandsbek zeigt das etwa oder das Winternotprogramm für Wohnungslose mit den Containern vor verschiedenen Hamburger Kirchengemeinden. Neben solcher Nothilfe ist vor allem die Beteiligung an mittelfristiger sozialer Stadtentwicklung, auch Quartiersmanagement genannt, wichtig für die neugebildeten Großgemeinden. Dafür brauchen sie aber auch Fachleute, z. B. den gemeinwesenorientiert ausgebildeten Diakon und Sozialarbeiter.

3.1 Hinweise für eine bescheidene Praxis der Gemeindediakonie

Es geht darum, wie im Gleichnis vom Barmherzigen Samariter den in Not
Befindlichen nahe zu kommen, sich ihnen zu nähern und so wieder Nächster
zu werden. Es geht aber auch darum, den eigenen Schatten wahrzunehmen
und sich nicht unter überzogene Forderungen zu stellen. Es geht um Organi-
sations- und Verhandlungsgeschick mit den Behörden, die nicht das böse
Gegenüber in jedem Fall sind. Es geht um Stadtteilorientierung, die auf die
Zusammenarbeit mit anderen Organisationen angelegt ist und sich primär
an den Interessen der Betroffenen orientiert.

Indem Gemeindediakonie zusammen mit der nichtkirchlichen Sozialarbeit
so vor Ort arbeitet, weiß sie, dass sie an den verursachenden Faktoren von
Armut und Ausgrenzung direkt nichts ändern kann. Sie stärkt aber die
Widerstandskräfte der betroffenen Menschen und beteiligt sich am Aufbau
einer Politik des Sozialen, die dem Abbau des Sozialstaats wehrt.

Es gibt bereits viele neue kleine Projekte als Zeichen für die wieder gewonnene Handlungsfähigkeit des Glaubens. Die Beratungsstelle für sozialpolitische Projekte des Diakonischen Werks Hamburg hat 1997 dankenswerterweise einmal alle Initiativen und Projekte gegen Armut und Unterversorgung
in den Gemeinden zusammengestellt, und das ist schon eine eindrucksvolle
Liste. Es fällt auf, dass der überwiegende Teil (zwei Drittel) der Projekte im
Bereich Migration angesiedelt ist. Angesichts der Bedeutung des Fremdenrechts in der biblischen Tradition und der vorhandenen Ressourcen in Gestalt von Gemeindehäusern und Menschen, die sich ehrenamtlich engagieren
in der Asyl- und Flüchtlingsarbeit, ist das nicht überraschend. Hier liegt eine
besondere Chance und Aufgabe von Kirche, in einer Stadt, in der eine un-
barmherzige Abschiebepraxis unter der jetzigen Regierung gang und gäbe ist,
wie sie es bereits unter einer rotgrünen war.

Mir fällt weiter auf: Es entsteht durch die sozialdiakonische Arbeit vor Ort
von diakonischen und anderen freien Trägern und von Gemeinden ein mal
weit, mal enger geknüpftes Netz von unterstützender sozialer Arbeit, das
Menschen hilft, menschenwürdig zu leben, ein Ziel, das eben nicht mit der
Abholung der Sozialhilfe bereits verwirklicht ist. In den Bereichen ‚Arbeit',
‚Versorgung', ‚Kontakte', ‚Geld', ‚Beratung', ‚Kultur'/‚Freizeit' wird dem bekannten „Pentagon der Armut" ein „Sechseck der Unterstützung" gegen-
übergestellt.

	Arbeit	Versorgung	
Geld			Kontakte
	Beratung	Kultur/Freizeit	

Dieses Unterstützungsnetz ist auf Dauer nur tragfähig, wenn es eine gewisse
finanzielle Grundausstattung gibt, um die nicht immer wieder gekämpft

werden muss. Dazu passt gut ein jüdischer Witz: „Ein armer Verwandter wird zum Essen eingeladen. Lustlos stochert er an einem mageren Hünchen herum. Der Gastgeber zu seiner Frau: Nötige doch den Joel, dass er isst. Darauf der Eingeladene: Ach, hättet ihr doch genötigt das Hühnchen."

Es braucht einen Professionellen für die Begleitung und Beratung von Projekten. Sicher: Vieles ist ehrenamtlich zu realisieren, aber Ehrenamtliche wollen und müssen auch gewürdigt oder alimentiert werden im Rahmen der neuen zivilen Tätigkeitsgesellschaft. Bürgerarbeit ja, aber nicht nur zum Gotteslohn. Bei der Verteilung von Haushaltsmitteln ist darauf zu achten, dass für das Sozialdiakonische ein angemessener Anteil bleibt. Diakonische Tätigkeit als Beweis des Glaubens ist praktizierte Mission – alle Kirchenbefragungen haben das verdeutlicht. Und wenn's nicht so wäre, würde die Nächstenliebe trotzdem zu uneigennützigem Handeln motivieren.

3.2 Umsetzung: Gemeinde als Träger diakonischer Mixprojekte

Kindergarten, Jugendarbeit, Diakoniestation – das ist die diakonische Grundausstattung in vielen Gemeinden, auch in den fusionierten. Bleiben also in Hamburg die alten neuen Herausforderungen wie Arbeitslosigkeit, Wohnungslosigkeit und Sozialhilfeabhängigkeit. Hier könnte es sein, dass die sich darauf beziehende Diakonie der Kirchengemeinden eine ähnliche Entwicklung nimmt wie die sog. Anstaltsdiakonie. D. h., sie wird Teil des sozialstaatlichen Hilfeangebots, zwar noch erkennbar als kirchliche Einrichtung (besonders dort, wo sie im Schatten des Kirchturms oder in der Nähe des Gemeindezentrums angesiedelt ist), aber ist dann doch stärker das, was Anstaltsdiakonie heute charakterisiert: an den Menschen orientierte Sozialarbeit in kirchlicher Trägerschaft. Denn finanziert würde solche Arbeit weitgehend aus öffentlichen Mitteln; Gemeindediakonie würde also ein vor Ort angesiedelter freier Träger von Sozialarbeit in der Arbeit mit alleinerziehenden Frauen, mit Dauerarbeitslosen mit Wohnungslosen, mit Flüchtlingen und psychisch kranken Menschen. Ich könnte mir vorstellen, dass mehr Ortsgemeinden ein solches öffentlich mitfinanziertes Projekt entwickeln. Hier muss sich Gemeindediakonie ihre Konfliktfähigkeit gegenüber den staatlichen Finanziers bewahren, als Anwältin der Armen Missstände öffentlich skandalisieren können (so wie es z. B. kürzlich die „Hinz & Kunzt" angesichts der Drohung der Kürzung der Sozialhilfe für die Verkäufer getan hat). Gegen den Einwand, dann wäre Gemeindediakonie ja keine freie Diakonie mehr, weise ich darauf hin, dass auch die nur durch Kirchensteuermittel finanzierte Diakonie nicht völlig frei ist. Zum einen besteht kein großer Unterschied zwischen der Zwangseintreibung der Kirchensteuer und jener der gesetzlichen Krankenversicherung und der Lohnsteuer, aus denen die öffentliche Finanzierung von Sozialarbeit und Pflegesatzdiakonie geschieht. Zum anderen wird von vielen Kirchenmitgliedern die Kirchensteuer als eine indirekte Sozialsteuer verstanden; sie ist mit ein Grund für sie, in der Kirche bleiben. Der Unterschied liegt vor allem darin, dass bei rein kirchlich finanzierten diakonischen Projekten Kirche die allerdings selten genutzte Freiheit zu zeichenhaften Alternativen hat. Die Projektentwicklung müsste vorangetrieben werden mit möglichst großer Beteiligung der Gemeinde, nicht nur über einen Projektausschuss von Professionellen. Der Aufbau neuer Trägerstrukturen, etwa in Gestalt eigener Vereine, könnte sich ähnlich wie bei der „Anstaltsdiakonie" zu einer diakonischen Zweitstruktur entwickeln. Gleichwohl hätten solche Projekte in den Gemeinden einen diakonischen Lerneffekt. Die gemeindebezogene Entwicklung solcher Projekte führte zu einer neuen Wahrnehmung, Anteilnahme, Auseinandersetzung, Unterstützung und womöglich auch zu weitergehender Beteiligung in der Gemeinde. Die notwendige Professionalität müsste trotzdem Raum lassen für gemeindliche Partizipation. Die Vernetzung mit dem Diakonischen Werk und dem Kirchenkreis führte zur Sichtbarmachung der verschiedenen Diakonie-Ebenen und ihrer hilfreichen Verzahnung. Vor allem aber: Die Begegnung mit den Adressaten der Projekte ermöglicht Lernprozesse, Solidarisierungen, ein Aufbrechen der von Steinkamp kritisierten Mäzenenhaltung. Die so genannten Armen würden sich wieder in der Gemeinde zeigen, die gegenseitige kulturelle Ausgrenzung würde verändert zu einer dritten alternativen Kultur der Begegnung, die einen entfernten Reich Gottes-Duft hat bzw. den Geschmack von Milch und Honig.

Auch normale nützliche Dienstleistungen sind als Medium der tathaften Verkündigung nicht zu verachten. Suppen-Küchen, Wäschereien, Cafes, Kleiderkammern, Tauschbörsen, Umsonstläden[19] helfen Menschen in schwierigen Lebenslagen. Sie sind ein Begegnungsraum für Bessergestellte und Arme und zugleich ein Betätigungsfeld für innovative Profis, die listig-kreativ Spielräume nutzen, zwischen Behörden, Sponsoren, Spendenparlament und Kirchenämtern jonglieren. Natürlich, da gibt es auch viel Frust, der dauernde Kampf um die „Knete", das Anzapfen von Töpfen hier und da, die permanenten Absicherungskämpfe, all das ermüdet. Besser natürlich, das Reich Gottes bräche gleich an und wir könnten uns mit Büchners *Leonce* in den Schatten legen, Makkaroni und Feigen essen, nur noch lustige Kanons singen und den gerecht verteilten Reichtum genießen.

---

[19]   Studierende der Ev. Fachhochschule des Rauhen Hauses haben 2002 einen Umsonstladen Kostnix als ein Projekt alternativen Warenverkehrs in dem Hamburger Stadtteil Billstedt gegründet, der inzwischen als eingetragener Verein selbstständig ist und von 15 Ehrenamtlichen aus dem Stadtteil getragen wird.

3.3 Notwendige Professionalisierung sozialdiakonischer Projekte im Verein mit anderen Trägern

Ich komme noch mal zurück auf die Absicherung der gemeindlichen Diakonie im Prozess der Regionalisierung von Gemeinden. Vor 15 Jahren hieß es noch: „Der Diakon in der Einzelgemeinde ist Anwalt der diakonischen Dimension der Gemeinde."[20] Heute ist bei der Regionalisierung selbst die eine Diakonenstelle, die für verschiedenste Tätigkeiten übrig bleibt, gefährdet. Hier sind entschiedene Anstrengungen zu unternehmen – ich sage das gerade auch vor dem Hintergrund der Hamburger Tradition, Diakone im Vereinswesen (Stadtmission) oder in jeder Kirchengemeinde (60/70er Jahre) für nötig zu halten. Soll diese Tradition ganz abbrechen?

Ein Modell aus den neuen Bundesländern wäre hier auf der Regionalebene zu erwägen: Dort gibt es neuerdings den Kirchenkreis-Sozialarbeiter als Libero sozialdiakonischer Verantwortung[21] zwecks Diakonisierung der Gemeinden, Beratung und Anleitung. In den neuen Großgemeinden des Bezirks Südost müsste es einen Personalentwicklungsplan für Diakone und Stadtteildiakonie geben, der aus den Rücklagen der NEK, aus Spenden und Sponsorengeldern gebildet wird. D. h., es müsste für sie eine Chance geben, für fünf Jahre eine Stelle zu bekommen, die sich vorrangig der sozioreligösen Gemeindeentwicklung widmet.[22] Stadtteildiakonie ist auch Stadtmission, sofern immer noch die Einsicht aus den Tagen Thomas Münzers gilt: Wer arm ist und nicht zu essen hat, hat es auch schwer, sich für das Evangelium zu interessieren. Die Arbeit gegen durch Armut und Unterversorgung hervorgerufene soziokulturelle Ausgrenzung betrifft entscheidend auch das Religiöse. Wer arm ist, geht nicht singen und beten. Wo Ausgrenzung sich wandelt zur Teilhabe, wo das in kirchlichen Projekten erfahren wird, da bietet sich auch die Chance zur Teilhabe am kirchlichen Leben.

Das Beschäftigungsprojekt *Samt und Seife* (früher Textilwerkstatt), gegründet von der M. L. King-Kirchengemeinde in Hamburg-Steilshoop, ist dafür ein schönes Beispiel. Nicht, dass die dort tätigen sozialhilfeabhängigen Frauen jetzt ständig in den Gottesdienst gehen, aber sie nehmen häufiger am Festrhythmus der Gemeinde teil, haben mehr Kontakte zu anderen Gemeindegruppen. Auf diese Weise bewahrheitet sich die Einsicht Bonhoeffers, dass die Arbeit im Vorletzten der Gnade den Weg bereitet.

---

20   Ulfrid Kleinert, Der Beruf der Gemeindediakonin, in: Nordelbische Stimmen Nov. 1985, 235f.
21   Lars Eisert-Bagemihl / Ulfrid Kleinert, Mandat statt Mission – soziale Arbeit in Kirchenkreisen, Leipzig 2000.
22   Siehe mein Plädoyer für gemeinwesenorientiert ausgebildete Sozialarbeiter und Diakone, in: H. J. Benedict, Strategischer Handlungsbedarf für die Diakonie in: Soziale Stadt. Entwicklung und Chancen für Kinder, Jugendliche und Erwachsene in benachteiligten Stadtteilen, Informationen aus dem DW der EKD 8/2002, 80ff.

3.4 Gemeindlicher Lastenausgleich zwischen reichen und armen Gemeinden

Es ist stärker als bisher ein gesellschaftlicher Beitrag von denen zu fordern, die von den gegenwärtigen gesellschaftlichen, wirtschaftlichen Prozessen profitieren, die sich aber durch die Segregation der Wohngebiete diesem Beitrag zum sozialen Ausgleich entziehen können. Die Gemeinden in den problembeladenen Stadtteilen, die eine hohe Integrationsleistung erbringen, müssten von den reichen Gemeinden unterstützt werden. Kirchliche Kindergärten müssten hier mehr Zuschüsse bekommen (aufzubringen von den reichen Kindergärten). Sofern die sozio-kulturelle Infrastruktur auch kirchlich besser auszustatten wäre, müsste es einen horizontalen Disparitätenausgleich geben.

Was ist das christliche Profil stadtteildiakonischer Arbeit? Stimmt das: sozialdiakonische Arbeit darf nicht in der Sackgasse eines ethisch-orientierten Aktivismus stecken bleiben?[23] Wicherns Satz ließe sich auch entsprechend umkehren: Der Glaube gehört mir wie die Liebe. Wie schaffen wir das, die christliche Identität deutlicher zu machen (durch mehr als nur die kirchliche Trägerschaft)? Warum haben sozial-engagierte gemeinwesenorientierte Gemeinden oft kein lebendiges Gottesdienst- und Gruppenleben? Wieso sind kleine christlich-fromme Gruppen immer häufiger auch sozial vorbildlich aktiv? Wieso trauen sie sich mehr zu als Ortsgemeinden an sozial-missionarischer Arbeit (so das Jesus-Center im Schanzenviertel)?

Oder wäre genau andersherum zu blicken: Ist es nicht das Ökumenisch-Menschenrechtliche, auf den Aufweis der Identität zu verzichten? Besteht die Kraft des Rings (in der Terminologie der Lessingschen Parabel) nicht in der Fähigkeit, „vor Gott und den Menschen angenehm zu machen", sprich sozial das Notwendige einladend-kreativ zu tun? Wäre so die alternative Gesellschaft ohne soziale Ausgrenzung zu bauen, dem Land der Güte und Gerechtigkeit ein Stück weit näher zu kommen? Frei nach Goethe: „Frage nicht, durch welches Tor du in Gottes Stadt gekommen, sondern werde tätig dort, wo du einmal Platz genommen."

Die Ballade endet so:

Und Gott sprach kein Halleluja
Als er sah auf Hammonia.
Dann ließ er seine Blicke wandern,
sah von dem einen zu dem andern,
Sah viele Träger und Vereine.
Doch sieh, da fehlte die Gemeinde.

---

23   Vgl. Dietrich Werner, Kirche für das Leben – missionarische Prioritäten in der Stadt, in: Hamburg als Chance für die Kirche, 147.

Gott sprach zu ihr: Jetzt oder nie!
Hammonia braucht Diakonie
In den Gemeinden, heißt vor Ort,
Sonst wird es immer schlimmer dort,
Braucht feste Stellen, Wort und Tat!
Nun handelt mal, das ist mein Rat.

Suchet der Stadt Bestes –

Zur theologischen Grundlegung gemeinwesenorientierter Arbeit von Kirchengemeinden[1]

1. Historische Vorbemerkung

Judentum und Christentum ist zumal in ihren eschatologischen Strömungen eine originäre Stadtfeindschaft und Kritik eingeschrieben. Alle Gemeinwesenorientierung galt als vorläufige auf dem Weg zur himmlischen Stadt Jerusalem. Eine verhängnisvolle Spaltung zwischen Innen und Außen durch die Zwei-Reiche-Lehre belastete eine positive Stadtorientierung. Im 19. Jahrhundert waren die rasch wachsenden Städte unheimliche Orte der Sittenverderbnis, die durch Taten der rettenden Liebe (Wichern) christlich verbessert werden sollten, aber kein von Menschen autonom zu gestaltendes Gemeinwesen.

Juden und Christen hatten oft ein prekäres Verhältnis zur Stadt. Der Mörder Kain war der erste Stadtgründer. Stadt par excellence ist das sündige Babel aus Sicht der vorbeiziehenden abrahamitischen Nomaden. Der Prophet Jona will die Rettung der großen Stadt Ninive um jeden Preis verhindern. Immerhin: im Exil in Babylon rät der Prophet Jeremia den Exilierten: „Suchet der Stadt Bestes. Baut Häuser, heiratet etc". Das wurde 2500 Jahre später zum Motto städtischer, gemeinwesenorientierter Verantwortung der Christenheit in Mitteleuropa. Aber wie gesagt: es ist eine Anweisung im Exil. Und Exilsbewusstsein ist und bleibt prägend. Auch in der Christenheit.

Jesus stammte aus Galiläa. Die große Stadt Tiberias mied er. Die Jesusbewegung ist agrarisch-provinziell, siehe die Bildwelt der Gleichnisse. Das Landkind Jesus in Jerusalem: „Was für prächtige Bauten, Meister!", rufen die Jünger – die ernüchternde Antwort: „Kein Stein wird auf dem andern bleiben." Tempelkritik gleich Stadtkritik. Anders dann Paulus aus Tarsos mit römischem Bürgerrecht. Er nutzt die hellenistischen Städte für die Mission, aber er durcheilt sie. Ohne Stadtgesellschaft keine Ausbreitung der neuen Religion, wie Meeks gezeigt hat.[2] Aber die Christen danken ihr es noch nicht, treten nicht für gemeinwesenorientierte Stadtentwicklung ein, sondern missionieren für die jenseitige Stadt. „Unsere Bürgerschaft ist im Himmel", schreibt Paulus den Philippern. „Wir haben hier keine bleibende Stadt", konstatiert der Hebräerbrief. Und der Diognetbrief: „Jedes Vaterland ist ihnen Fremde."

---

[1] Vortrag auf der Konferenz des Diakonischen Werks der EKD in Berlin zum Programm „Soziale Stadt", 9.6.06.

[2] Vgl. Wayne A. Meeks, Urchristentum und Stadtkultur. Die soziale Welt der paulinischen Gemeinden, Gütersloh 1993.

Christliche Pilgerfahrt durch die Zeit, auf dem weg zur *civitas dei*, dem himmlischen Jerusalem, sagt dann Augustin. Mit ihm beginnt eine verhängnisvolle Spaltung zwischen Innen und Außen, die sich bis heute im kirchlichen Selbstverständnis und auch im Städtebau in der Neutralisierung des Raums fortsetzt.

Auf der anderen Seite eröffnet das christliche Verständnis des Leidens, seine Wahrnehmung des gebrechlichen Körpers, eine Möglichkeit, dem Schmerz in der Stadt Anerkennung zu verschaffen und ihn nicht durch großartige Bauten zu überspielen. Das ist Sennetts These in *Fleisch und Stein*.[3] Er weist auf das christliche Haus, die kleinen Zellen als Ort der Glaubensreise hin, auf das Schichten übergreifende Ritual des gemeinsamen Essens. Die Gemeinde als neue Welt, als kleines Reich Gottes.

Doch 200 Jahre später schon bei Basilius von Cäsarea institutionalisierte Caritas, Städte der Nächstenliebe im Chaos des untergehenden römischen Reichs. Dann nach Jahrhunderten politischer Wirren im Früh-Mittelalter merkantil-christliche Stadtrepubliken der Renaissance in Italien und auch in Deutschland: Stadtluft macht frei. Erinnert sei daran, dass die Reformation vor allem Städtereformation war, bürgerlich-kommunale Anliegen vertrat gegen katholische Hierarchie und Patrizier.

Diakonie im 19. Jahrhundert entstand als Zweitstruktur von Vereinen, Stiftungen und Anstalten neben der Kirche und ihren Großgemeinden. „Nachrichten aus dem wahren und geheimen Volksleben Hamburgs"[4], nannte Wichern seine Erkundungen in St. Georg. Es ging schon um Überschreitung der Grenzen zu den anderen, aber diese wahrgenommene Differenz sollte eingeebnet werden. Ziel war es, die problematischen Gruppen zu „retten", zu bessern, zu anständigen Mitgliedern der Gesellschaft zu erziehen. Entsittlichung, Trunksucht, Kriminalität, Prostitution, Krankheit und Behinderung waren die Haupttätigkeitsfelder. Durch Veränderung der Problemgruppen und den Bau von Anstalten und Städten der Nächstenliebe sollte der Gesellschaftskörper im christlichen Geist reformiert werden und so gesunden (Reich der rettenden Liebe). Man hoffte, so die Städte dem Griff von Säkularisierung und Sozialismus entreißen zu können.

---

[3]   Vgl. Richard Sennett, Fleisch und Stein, Der Körper und die Stadt in der westlichen Zivilisation, Frankfurt/M. 1977, 170ff.

[4]   Johann Hinrich Wichern, Hamburgs wahres und geheimes Volksleben 1832/33, in: ders., Sämtliche Werke, hg v. Peter Meinhold, Bd. V/1, Berlin 1958, 32–46.

2. Zwischenbemerkung zur sozialen Stadt und früher Gemeinwesenorientierung.

These: Die sozial gerechte Stadt war vor allem das Anliegen der Sozialdemokratie, nicht der Inneren Mission. Nach 1945 waren das Evangelische Hilfswerk und das Konzept der überschaubaren Gemeinde restaurativ orientiert, so etwas wie eine kirchliche Parallelgesellschaft zwecks Bestandssicherung im nachtotalitären Biedermeier. Erste Versuche des Community Organizing nach 1968 überschätzten die Reformfähigkeit der Institutionen. Das in die Krise geratene Parochialprinzip lässt nach einer sinnvollen Zuordnung von Ortsgemeinden und Diensten und Werken fragen. Ist Kirche im Kapitalismus nur im Exil oder gibt es eine „Heimat Babylon", zum Beispiel im Engagement für eine aktive Stadtentwicklung?

Die sozial gerechte Stadt, das um menschenwürdige Wohnquartiere, die Versorgung der Grundbedürfnisse und ausreichende Arbeit zentrierte Gemeinwesen war weder Ziel der Inneren Mission noch der Kirchengemeinden. Den Gedanken der Assoziation der Hilfebedürftigen gab es nur am Rande. Diese gesellschaftliche Vision ist mit der Sozialdemokratie verknüpft. Es ist der Versuch eines städtischen Sozialismus, wie er dann nach 1918 in den Städten der Weimarer Republik Wirklichkeit wurde und an den auch nach 1945 wieder angeknüpft wurde – die großen Städte waren jahrzehntelang sozialdemokratisch regiert. Ausreichend Wohnraum, soziale Sicherheit und Arbeitsplatzsicherheit waren sozialdemokratische Verheißungen. Übrigens hat das Evangelische Hilfswerk nach 1945 ein konservatives Pendant zu schaffen versucht, mit Stadtgründungen wie Espelkamp, Material- und Arbeitsbeschaffung plus Notkirchenbau – J. Degen deutete es als restaurativen Versuch in der Rekonstruktionsphase des Kapitalismus.[5]

Dies Muster städtischer Politik hat bis in die 80er Jahre funktioniert – es ist dann durch strukturelle Arbeitslosigkeit, neoliberale Politik und die Zunahme stagnierender Stadtteile in die Krise geraten.[6] Es kam zu einer städtischen Segregation mit einer auffälligen Zunahme von Armutsstadtteilen; zu rechten Wahlerfolgen in Hamburg, wo sich die SPD-Wählerschaft von der Partei enttäuscht abwandte.

Die Stadt ohne Gott wurde bis in 70er Jahre beklagt, die Säkularisierung nicht als Chance der Mündigkeit gesehen – das geschah unter Bezug auf Harvey Cox' „Secular City", auf deutsch missverständlich unter dem Titel: „Stadt ohne Gott" veröffentlicht.

---

[5]   Vgl. Johannes Degen, Diakonie und Restauration. Kritik am sozialen Protestantismus in der BRD, Neuwied/Darmstadt 1975.

[6]   Vgl. Jens Dangschat, Zwei-Drittel-Stadt Hamburg, in: S. Borck u. a. (Hg.), Hamburg als Chance der Kirche, Hamburg 1997, 175–183.

Die Kirche hat in der BRD mit dem Prinzip ‚überschaubare' Gemeinde die christliche Parallelgesellschaft im nachtotalitären Biedermeier zu errichten versucht.

Der in den 50 und 60er Jahren noch einmal kräftig forcierte Versuch, eine eigene Welt kirchlicher Betreuungsstrukturen aufzubauen, die die Kinder, Jugendlichen, Familien und alte Menschen zusätzlich zur pastoralen Betreuung mit sozialen Einrichtungen neben denen des Gemeinwesens und anderer gesellschaftlicher Gruppierungen versorgt, ist gescheitert. Faktisch ist das alte Parochialprinzip in die Krise geraten.

Trotzdem hält die Kirche an dem flächendeckenden Parochialprinzip fest, hilft sich mit Regionalgemeinden und Fusionen. Eine Folgerung wäre also: Wenn der Gedanke von der kreativen Minderheit ernst genommen wird, ist das Konzept der Volkskirche (Kirche für das Volk) nicht länger zu halten. An seine Stelle müsste der Gedanke der Kirche des Volkes, des wandernden Gottesvolks treten. Das 2. Vaticanum sprach vom „Volk Gottes in der Welt". Dieses Konzept hat heute allerdings bei fortschrittlichen katholischen Theologen das düstere Gepräge einer Exilexistenz im kapitalistischen Babylon angenommen, auch eine Übersteigerung.[7]

Stadt- und gemeinwesenbezogen dachten nach 1945 weder die Kirchengemeinden noch die Diakonie. Kirchengemeindliche Gemeinwesenansätze gab es dann Anfang der 70er Jahre (in Berlin vor allem), ein paar Reformkonzepte wurden entwickelt, hier und da auch umgesetzt, aber kein entscheidender Durchbruch in Richtung *community organizing* erzielt. Erlauben Sie mir, an eine Bemerkung eines Herrn Benedict, damals Assistent an der Ruhr-Universität Bochum, aus dem Jahr 1968 zu erinnern, in der er davon spricht, dass „die informative Tätigkeit des Pfarrers durch die des community organizers ergänzt werden (muß)". Er fährt dann fort: „In prinzipieller Anerkennung der Tatsache, daß die gesamte kommunale Einheit sein Arbeitsgebiet ist, wird er versuchen, dort, wo meist sehr verdeckt die Ungerechtigkeiten des Systems sich manifestieren, Methoden und Organisationsformen zu entwickeln, mit deren Hilfe die Betroffenen eine Besserung der Verhältnisse erreichen, und zwar so, daß sie selbst an dem Lösungsprozess entscheidend beteiligt sind."[8] Die Diakonie hat erst seit den 90er Jahren das Gemeinwesen im Blick, Auflösung von Behinderten-Anstalten – Normalisierung. Hephatah, Alsterdorf. Vorherige Dezentralisierungen (der diakonisch getragenen Jugendhilfe) waren weder gemeinde- noch gemeinwesenbezogen. Und erst 2002 gab es den ersten Kongress zum Thema Diakonie und soziale Stadt. In Ergänzung zur Zielgruppenorientierung nun also Gemeinwesen- und Stadt-

---

[7] Beispielsweise bei R. Zerfaß, s. dazu Thomas Seiterich-Kreuzkamp: Wie glauben wenn die Götzen überlegen sind?, publik forum 13/2000.

[8] Die Pastorenkirche als Demokratisierungsfaktor in der bundesrepublikanischen Gesellschaft, in: Theodor Ebert / Hans-Jürgen Benedict (Hg.), Macht von unten. Bürgerrechtsbewegung, Außerparlamentarische Opposition und Kirchenreform, Hamburg 1968, 195f.

teilorientierung, die aber nicht besonders beliebt ist in der gegenwärtigen Rückbesinnung aufs Eigentliche, sprich, auf Verkündigung und Spiritualität!

Soziale Stadtentwicklung kann sich theoretisch auch ohne die Beteiligung von Kirchengemeinde und Diakonie vollziehen und wartet nicht auf sie. Kirche und Diakonie sind nicht die Avantgarde der Humanisierung, aber mit ihnen (und der multireligiösen Kultur) kann Stadtentwicklung lebendiger, ganzheitlicher, spiritueller werden. Denn das Spirituell-religiös-Kulturelle gehört zum Menschsein. Das babylonische multi-ethnische Sprachengewirr wird durch pfingstliche Ereignisse wie ein Stadtteilfest, so könnte man sagen, zur „Heimat Babylon", auch für die Kirche, die mehr vom „himmlischen Jerusalem" her denkt. Zu sehen, wie Menschen ihre technischen und spirituellen Kräfte für ein gewaltfreies, lebendiges und kreatives Zusammenleben vor Ort bündeln, ist eine Erfahrung, die unter ganz anderen Bedingungen jenen heilenden Tätigkeiten der messianischen Bewegung damals in Palästina entspricht. Die heutigen sozialen Aktivitäten von Gruppen und Einzelnen, die sich ihr Quartier gemeinsam neu aneignen, sind heilsam.

Mit einem Wort Walter Benjamins ist das Profane „zwar keine Kategorie des Reichs, […] aber eine seines leisesten Nahens."[9] Quartiersentwicklung und Gemeinwesenorientierung sind solch ein leises Nahen, das guter Qualifizierung und Ausbildung bedarf, in dieser Hinsicht sind die Evangelischen Fachhochschulen wichtig.

3. Soziale Initiativen als implizite Gemeinwesenorientierung und Glaubensstärkung

In der Umbruchphase kirchlicher Reform muss das Verhältnis der in die Krise geratenen Ortsgemeinden zu den Diensten und Werken sowie der Diakonie neu bestimmt werden, als gegenseitige Wahrnehmung und Vernetzung.

Die alten Ortsgemeinden verlieren an Bedeutung und gewinnen sie räumlich gesehen teilweise durch die ortsgebundene neue Armut und die prekären Lebensverhältnisse zurück. Die um Gemeinschaft zentrierten kirchlichen Orte haben eine wichtige diakonische Funktion im Nahbereich. Frömmigkeitsformen sind kulturelles Kapital. Soziale Initiativen führen zur Wiedergewinnung religiöser Vergewisserung.

Als wichtiger Grund für den „Funktionsverlust" der Ortsgemeinde wird die „Auswanderung" der Diakonie aus den Ortsgemeinden angegeben. Das stimmt so nicht. Man muss sich klar machen, dass die neuzeitliche Diakonie

---

9   W. Benjamin, Illuminationen, Frankfurt 1961, 280.

im 19. Jahrhundert als „Zweitstruktur"[10] in Vereinen weithin außerhalb der Ortsgemeinden entstanden ist, etwa die Jugendhilfe-Einrichtungen, die Obdachlosenarbeit, die Suchtkrankenhilfe. Diakonisch orientierte Gemeinden entwickelten sich erst in den 20er Jahren des letzten Jahrhunderts, als der Vereinsgedanke auch das Gemeindeleben zu prägen begann (Frauenhilfe, CVJM). Unterbrochen durch den Faschismus wurden sie dann in den 50er Jahren neu stabilisiert (mit Gemeindeschwester, Diakon, Gemeindehelferin und Kindergarten, Ende der 70er Jahre kam die Diakoniestation hinzu). Dann differenzierten und spezialisierten sich durch den gesellschaftlichen Wandel (stärkere Individualisierung) die Hilfelagen und Angebote – Ehe- und Familienberatung, Suchtberatung, Krankenhausseelsorge zum Beispiel konnten die Gemeinden professionell nicht mehr leisten.

Kirche hat seit den 60er und 70er Jahren mit der Schaffung übergemeindlicher Pfarrstellen und kreiskirchlicher Einrichtungen auf diese Entwicklung lange Zeit durchaus angemessen reagiert; das war sozusagen eine neuerliche Zweitstruktur neben den Gemeinden (auch im eigentlichen Sinne keine Auswanderung). Der Konflikt zwischen Parochie und übergemeindlicher Arbeit wurde umgangen, weil genug Geld für beides da war.

Inzwischen aber „wandert" Diakonie auch wieder in die Gemeinden zurück oder besser gesagt, sie wandert in den Nahbereich überhaupt zum ersten Mal ein. Das ist einerseits Folge der Dezentralisierungskonzepte in der Diakonie, die zur Auflösung zentraler Einrichtungen geführt hat: zur breiten Streuung von Jugendwohnungen des Rauhen Hauses z. B. über das Hamburger Stadtgebiet, zur Dezentralisierung der Behindertenarbeit, sprich, zur Integration von Behinderten in den Stadtteil und seine normalen Vollzüge. Ähnliches deutet sich auch in der Altenpflege an.

Wir befinden uns gegenwärtig in einem streitbar geführten Diskussionsprozess um die Prioritäten der kirchlichen Arbeit. Sollen die Ortsgemeinden oder die diakonisch-sozialen Dienste und Werke gestärkt werden? Die gängigen soziologischen Theorien ‚Pluralisierung', ‚Mobilität', ‚Individualisierung', ‚Subjektivität' und ‚Ausdifferenzierung' sind dabei die kontrovers interpretierten Leitworte. Die einen sehen in der gesellschaftlichen Pluralität die negativen Aspekte und plädieren für eine einheitliche, beheimatende Organisationsform, die anderen argumentieren, eine einzige Sozialform könne nicht die Vielfalt gesellschaftlicher Aufgaben abdecken. Die einen haben die Modernisierungsverlierer im Blick, Ernst Langes kirchliches „Ensemble der Opfer", die anderen sehen den Zugewinn an Freiheit der Menschen, die sich als Subjekte ihres sozialen und religiösen Lebens verstehen.

Auf der einen Seite die Verfechter einer Konzentration auf das kirchliche Kerngeschäft, allen voran Thies Gundlach. Er nennt das „Konzentration auf

---

10   Siehe dazu Hermann Steinkamp, Diakonie – Kennzeichen der Gemeinde, Freiburg i.Br. 1985, 43ff.

den geistlichen Markenkern bei entschiedener Innovation in den Formen."[11] Und er konstatiert: „die Zukunft der Kirche wird darum bei aller Differenzierung im einzelnen geistlicher, spiritueller, theologischer werden oder wir werden keine haben." Also mehr geistliche Kompetenzsteigerung ist nötig, damit die danach Suchenden sich nicht anderen Angeboten zuwenden. „Im Schnitt berühren wir die Menschen zu wenig in ihren Seelen, geht unser Reden von Gott zu oft an den Lebens- und Gottesfragen der anderen vorbei."[12] Das ist z.T. richtig beobachtet. Leider wird die diakonische Dimension dann auf eine mittelschichtorientierte Gastfreundschaft begrenzt. Das grenzt an „soziale Häresie".

Auf der anderen Seite die Verfechter einer neuen Zelt-Kirchlichkeit in und jenseits der Ortsgemeinden, die etwa theoretisch aufwendig J. Halbe[13] unter Berufung auf Sloterdijks Sphären-Anthropologie entfaltet: moderne Gesellschaften tendierten zu einem Zustand zwischen „Selbst ohne Ort" und „Ort ohne Selbst" „mit einem schrumpfenden Mittelgrund aus gewachsenen Regionalkulturen und ortstreuen Zufriedenheiten." Die moderne Welt habe damit Anschluss an zentrale Elemente christlicher Tradition gefunden: keine bleibende Stadt zu haben und gleichwohl gesandt zu sein in alle Welt. Kompliziert und oberhalb der materiellen Gegebenheiten plädiert Halbe für Formen kirchlicher Gemeinde, die sich dem Regelfall Ortsgemeinde dadurch entziehen, dass „im Verhältnis von Selbst und Ort nicht mehr der Ort durch die Bindung an ihn das gemeindliche Selbst definiert, sondern das ekklesiologisch bestimmte soziale Selbst die Beziehung zum Ort". Gemeinde soll so dünnwandig sein, dass sie fähig ist, sich berühren zu lassen vom anderen. Es ist ein theoretisch anspruchsvoll maskierter Versuch, angesichts einbrechender Finanzen dem Abbau der Dienste und Werke zu wehren.

Mit U. Pohl-Patalong ist eine Lösung des Konflikts darin zu sehen, die Stärken beider Positionen zu verbinden. Sie geht deswegen von dem Gedanken der kirchlichen Orte aus: „Gemeint sind damit ebenso bisherige Parochien, die in der Regel baulich durch eine Kirche und ein Gemeindehaus repräsentiert werden, wie Tagungshäuser, kirchlich genutzte Räume in Krankenhäusern, Schulen und Gefängnissen und jegliche Gebäude, in denen bisher Kirchliche Arbeit geleistet wurde."[14] An jedem dieser Orte gibt es sowohl ein vereinsähnliches kirchliches Leben als auch inhaltlich qualifizierte Arbeitsbereiche. Also: Der Bereich des kirchlichen Vereinsleben zentriert sich um die religiösen Bedürfnisse nach Gemeinschaft und Geselligkeit. Eine

---

[11] Thies Gundlach, Wohin wächst die Kirche? Von der Generalzuständigkeit zu Zentren gelingender Kirchlichkeit in: PTh 94, 2005, 222.
[12] Jörn Halbe, Die dünne Haut der Zelte, in: WzM 55, 2003, 97.
[13] Halbe, Die dünne Haut, 100.
[14] Uta Pohl-Patalong, Regionalisierung – Modell der Zukunft?, in: PTh 92, 2003, 75ff.

bescheidene Praxis der Gemeindediakonie, wie ich sie 1995 vorschlug[15], ist hier angesiedelt. Der zweite Bereich der Arbeit am kirchlichen Ort erfüllt bestimmte klar definierte Arbeitsbereiche wie Bildungs- und Beratungsarbeit, spezialisierte diakonische Dienste. An jedem Ort findet gottesdienstliches Leben statt, wichtig ist die Vernetzung beider Bereiche. Das ist ein hilfreicher Modell-Ansatz.

Eines ist deutlich: die Verkündigungs- und die Geselligkeitsgemeinde (um die Typisierung Steinkamps zu gebrauchen) werden wieder wichtiger. Ortsgemeinden in Großstädten werden auch in ihrer regionalisierten Form gemeinwesenorientiert bleiben müssen, wollen sie nicht den Kontakt zu den Menschen in prekären Lebensverhältnissen verlieren. Sie sind aber auch implizit gemeinwesenorientiert, wenn sie spirituelle und sozioreligiöse Kompetenzen stärken.

Von Steinkamps dogmatischem Ansatz – nur die strukturell diakonische Gemeinde als *diakonia* und *koinonia* realisiert die Option für und mit den Armen – wäre Abstand zu nehmen.[16] Meine These ist: *Die um die Familie und die kirchlichen Kerngruppen zentrierte Kasual- und Ritualfrömmigkeit in geselligkeitsorientierten Gemeinden mit vielen Gruppen, Initiativen und Vereinen kann Ressourcen aktivieren und Widerstandskräfte stärken, die eine personale Gemeinwesenorientierung implizit befördern.* Die musikalische Früherziehung und die Kindergottesdienstarbeit stärken die soziokulturelle Dimension des Gemeinwesens ebenso wie die Kindergartenarbeit und die Mutter-Kind-Gruppen, sie bereichern die kulturellen Ausdrucksformen gerade in den Stadtteilen, die soziokulturell benachteiligt sind. Stadtteilaktivierung zielt heute vermehrt auf Bildungs- und Kulturaneignungsprozesse. Das gilt ebenso für Konfirmandenunterricht und erlebnisorientierte Jugendarbeit in Kirchengemeinden. Junge Menschen, die da „durchgegangen" sind, möglicherweise aktiv-gestaltend mitgemacht haben, sind die sozialen Akteure der Zukunft.

Diakonie als Lernprozess in der Gemeinde bedeutet die Stärkung der Wahrnehmungsfähigkeit für Probleme verborgener Not und für stummes Leiden; erinnert sei an die alte Funktion der Klage und der Fürbitten als Leidenswahrnehmung der Probleme vor Ort und weltweit. Sie geschieht als Annäherung an bescheidene Handlungsfähigkeiten, insofern durch eigene Sinnsuche bewegte Christen sozial initiativ werden. Auch die von Mitgliederbeteiligung und Aktivität her ausgedünnte Kirchengemeinde ist angesiedelt am Schnittpunkt von System und Lebenswelt. Nach Jürgen Habermas gehört

---

15 Vgl. Zur Situation der Gemeindediakonie Mitte der 90er Jahre, in: Benedict (Hg.), Wenn die Posaune einen undeutlichen Ton gibt, Hamburg 1995, 120ff.
16 Vgl. Steinkamp, Diakonie, 83ff.

die Kolonialisierung der Lebenswelt(Lebenswelt verstanden als selbstverständliche Regelung des Alltags) durch die Imperative von Wirtschaft und
Bürokratie zu den Leidenserfahrungen der Moderne. Menschen können ihre
schwierigen Lebenssituationen nicht mehr alleine bewältigen. Die sozial aufmerksame Kirchengemeinde kann die kleinen und größeren Beschädigungen
spüren, die den Menschen im Nahbereich angetan werden.

Sozialräumliches Handeln entsteht auch aus Nothilfeprojekten von Kirchengemeinden wie Suppenküchen, Kleiderkammern und Obdachlosenarbeit. Entsteht durch Vernetzung mit anderen Institutionen, durch Einmischung in städtische Sozialpolitik. Der soziale Raum wird dadurch Symbol-
handlungen verändert, ich erinnere an das bischöfliche Eintreten gegen das
Bettelverbot in der City (Maria Jepsen in Hamburg), an die Obdachlosenzeitungen als Begegnungschance Unterschiedlicher, an Gemeinderäume als
gastfreundliche Symbolorte für Fremde und Ausgegrenzte (Vesperkirchen
und Suppenküchen als Lebens- und Übungsfeld).[17] Subjektiv ist dieses soziale
Handeln eine wichtige Sinnressource für Menschen, die mit ihrem Beruf
oder nach ihrer Berufszeit nicht sinnvoll genug beschäftigt, besser gesagt:
tätig sind.[18]

Ich nenne das: Jeder muss in seinem Leben einmal oder in den verschiedenen Lebensaltern wiederholt die Erfahrung des barmherzigen Samariters
machen, also nicht delegieren, sondern tätig helfen. Christen, Kirchendistan-
zierte und Nichtchristen sagen, nach ihrem Motiv für die Mitarbeit befragt:
Ich brauche das. Das gibt meinem Leben einen Sinn. Erlebnisorientierung
und das schöne Leben[19] reichen für Viele nicht aus als Sinnorientierung. Es
gibt eine Schönheit der Alterität, der glücklichen ethischen Verausgabung
(ähnlich der ästhetischen Verausgabung in der Kunst), die ihren Sinn in sich
hat. Gerade aktive Senioren nach der Pensionierung kennen das. Dass bei
diesem Handeln der anonyme Christus in den Armen und Ausgegrenzten
erkannt wird, ist nicht mehr in jedem Fall die motivationale Voraussetzung
der sozial ehrenamtlich Handelnden.

Demütiger Dienst wie bei den Diakonissen im 19. Jahrhundert oder kirch-
liches lebenslanges Berufsehrenamt wie bei vielen Gemeindefrauen im 20.
Jahrhundert ist nicht mehr unbedingt angesagt. Eher geht es nach dem
Motto: Ich brauche das, es macht mir Freude, es gibt mir das Gefühl des
Gebrauchtwerdens. Die Gefahr des Burn-Out wie in sozialen Berufen gibt es
nicht, weil das Engagement zumeist begrenzt und selbstgewählt ist.

Das Handeln kann aber zu einem Interesse oder zu einer Vertiefung des
Glaubens führen. Zum Interesse an den alten Geschichten, die vom sponta-

---

[17]   In der Stuttgarter Vesperkirche arbeiten 800 Ehrenamtliche, davon fast die Hälfte Jugendliche.
[18]   Siehe dazu Klaus Dörner, Diakonie gehört in die Gemeinde, in: Die Nordelbische Nr. 32
        14.8.2005, 14.
[19]   Das ist gesagt auch gegen Gerhard Schulze, Sünde. Das schöne Leben und seine Feinde, 2006, der
        diese Sinnorientierung nicht angemessen berücksichtigt.

nen Helfen erzählen, zur Vergewisserung in Gebet und Fürbitten im Gottesdienst, zur Annäherung ans Abendmahl als spiritueller Handlung des Teilens, zur Darstellung von Not in einer öffentlichen Veranstaltung der Kirchengemeinde.

Schließlich: Beteiligung an Stadtentwicklung als Diakonie von Kirchengemeinden im Nahbereich. Die so genannte ‚Individualisierungsthese' stimmt
nur begrenzt. Flexibilität wird zwar von allen Arbeitnehmern gefordert, sie
ist aber nur von einem Teil einlösbar. Die Mieten in den besseren Stadtteilen
sind für bestimmte Einkommensgruppen nicht mehr bezahlbar. Sie müssen
in abgehängte Quartiere umziehen und dort bleiben. So entsteht eine inner-
städtische Segregation zwischen besser gestellten und armen Stadtteilen.
Darauf reagierte Stadtentwicklungspolitik (zuerst Armutsbekämpfung genannt) seit 10–15 Jahren, an der Kirchengemeinden sich viel zu wenig beteiligen. In vielen benachteiligten Quartieren sind durch diese Programme hilfreiche, vor allem die Wohnsituation und Lebensqualität betreffende Verbesserungen erreicht worden. Sanierungen und Revitalisierungen haben sie
freundlicher, menschlicher, kommunikativer gemacht. Pförtnerlogen in
Hochhäusern wirken der Verslumung entgegen. Neue schöne Spielplätze
werden gebaut. Treffpunkte, Läden, Werkstätten, Cafes sind hoffnungsvolle
Ansätze für eine sich ausbreitende Gemeinwesenökonomie. Der dritte Sektor
belebt sich, auch wenn das Ziel der Schaffung neuer Arbeitsplätze kaum oder
gar nicht erreicht wurde. Die Ressourcenaktivierung bei den Bewohnern hat
begrenzte Erfolge gezeigt. Menschen, die sonst abwarten oder resignieren,
engagieren sich in Planungsprozessen und Beiräten. Eine qualitative Veränderung durch Stadtentwicklung ist aber bislang nicht erreicht worden, sie ist
mehr symbolisch. Es dominiert weiter die Standort-Wirtschaftspolitik in der
Hoffnung, für die Stadtteile fällt genug ab.
  Die neue Armut ist stadtteilgebunden. Die kulturelle und soziale Ausgrenzung beginnt im Stadtteil und hier wäre ihr zu begegnen. Gemeinden sind
auf neue Weise gefordert, wenn sie in relativer Nähe zum Zentrum oder zu
Subzentren z. B. als Anlaufstellen für Obdachlose wieder wichtig werden. Die
Kirchenküche in Wandsbek zeigt das etwa oder das Winternotprogramm für
Wohnungslose mit den Containern vor verschiedenen Hamburger Kirchen-
gemeinden.
  Neben solcher Nothilfe ist vor allem die Beteiligung an mittelfristiger sozialer Stadtentwicklung, auch Quartiersmanagement genannt, wichtig für die
neu gebildeten Großgemeinden. Dafür brauchen sie aber auch Fachleute,
z. B. den gemeinwesenorientiert und gemeinwesenökonomisch ausgebildeten
Diakon und Sozialarbeiter.

4.   Die Wichtigkeit des gabenökonomischen Ansatzes für
      Gemeinwesenorientierung und Standtentwicklung

*Ein gabenökonomischer Ansatz, der von Gott als Geber des Lebens und der in
Christus erneuerten Gnade des Teilens der Gaben ausgeht, ist gerade für die
Gemeinwesenorientierung und Stadtteilentwicklung wichtig, sofern er die
Menschen als in Beziehungen lebende und sie stiftende Akteure sieht. Ihr
Handeln versteht er als Vertrauen in das im Weltprozess anwesende Prinzip
der kooperativen Gerechtigkeit Gottes.*

Gemeinwesenorientierung sollte auch die Existenz einer spirituellen Ökonomie einbeziehen, das heißt die Überzeugung, dass die Menschheit nicht
allein durch Geld- und Warenkreisläufe existiert, sondern auch durch spirituelle Lebensmittel wie das heilende Wort, Vertrauen, Nächstenliebe, Engagement[20]. Das Rechnen mit solchen Ökonomien nichtverrechenbarer Kraft der
Solidarität und der Beziehungen in Familie, Freundschaft und Nachbarschaft
ist die Basis aller Aktivierung und Partizipationsprozesse vor Ort. Ohne ir-
gendjemanden vereinnahmen zu wollen, möchte ich vorschlagen, von einem
wirksamen und kooperativen Prinzip der Gerechtigkeit und Güte auszugehen, das in den monotheistischen Religionen mit Gott dem Barmherzigen
und Gerechten identifiziert wird, in säkularen sozialen Bewegungen als Solidarität und Zivilcourage erscheint, in der sozialen Arbeit als Unterstützung
und Verstehen praktiziert wird und gemeinwesenökonomisch sich Mobilisierung, Aktivierung und Projektentwicklung nennt. Insofern wäre die Diakonie durchaus ganz bei ihrem Eigenen, wenn sie als Institution solche Studiengänge unterstützen würde, sei es durch die Entsendung von Mitarbeitern
in solchen Studiengänge, sei es durch Beteiligung an der Fortführung des
Hamburger Master-Studiengangs Gemeinwesenökonomie/Stadtteilentwick-
lung oder durch entsprechende Fortbildungen.

    Es verbindet sich mit dem Hamburger Studiengang die Hoffnung, dass
GWÖ (Gemeindewesenökonomie) keine Modeerscheinung ist, sondern die
Weiterentwicklung eines schon länger bestehenden Professionsverständnis-
ses, das als *community organizing* auch kirchlich-diakonische Traditions-
merkmale hat. Was ist damit gemeint? Nach der Wandlung von der Methode
zum Arbeitsprinzip, dann zur politischen GWA (Gemeinwesenarbeit) sowie
einem kurzfristigen Verschwinden hinter therapeutisch ausgerichteten Ansätzen, erstarkte Gemeinwesenarbeit u. a. durch das KJHG wieder und bildet
heute einen Kern dessen, was ‚Sozialraumorientierung' genannt wird. Mit
Bourdieu ist der soziale Raum als das Feld zu charakterisieren, in dem
soziales Denken und Handeln als Teil des sozialen und politischen Bezie-
hungsgeflechts wirkt. Statt der moralischen Parteilichkeit mit den Opfern

---

[20]   Siehe dazu ausführlich den Beitrag „Die Kreise ziehende Gnade" in diesem Band S. 219ff.

begibt sich die Profession so unmittelbar in das Macht- und Konfliktgerangel vor Ort, zusammen mit den Menschen, deren Aktivierung sie anregen möchte.

Was den Stellenwert der Ökonomie der sozialen und diakonischen Arbeit betrifft, so ist daran zu erinnern, dass er mit den Abendmahlsgaben und dem Almoseneinsammeln anfing, im 19. Jahrhundert über die Einwerbung von Stiftungsmitteln und die Gründung von Rettungsvereinen sich fortsetzte, in den Anfängen professioneller Arbeit entscheidend die Vermittlung der Fähigkeit des Haushaltens einschloss (bei Alice Salomon) und schließlich im konsolidierten Sozialstaat des goldenen Zeitalters bei garantierter Kostendeckung der Sozial- und Diakonie-Arbeit *whatsoever* endete. Heute sind die mit der Ökonomisierung der sozialen und diakonischen Arbeit (durch den neuen Sozialmarkt mit privat-gewerblichen Anbietern und die neuen Steuerungsmodelle) gesetzten Fragen erneut ins Zentrum gerückt: mit welchen Mitteln und Absichten wir welche Ziele anstreben, wozu auch die Frage gehört, ob und in welcher Weise die Ziele erreicht wurden.

Schließlich – angesichts des Booms, den derzeit Programme zur sozialen Stadt, zur Aktivierung von Nachbarschaften, zur Förderung der Freiwilligenarbeit und zur Stärkung der Bürgergesellschaft überhaupt haben, werden sich vermehrt Praxisfelder am Gemeinwesen und seiner Ökonomie herausbilden. Der Masterstudiengang rechnet mit Professionsprofilen, die sich durch eine Kombination aus planenden, konzipierenden, organisierenden, erfindenden und kommunikativen Tätigkeitsanteilen auszeichnen, welche sich mit Knowhow-Kompetenzen verbinden.

5.   Der soziale Raum als Ort sozialer Hierarchien

Die Wahrnehmung des sozialen Raums darf nicht nur sozial-administrativ gesehen werden, sondern im Sinne Bourdieus als Raum sozialer Hierarchien, in dem Selbstbehauptungs- und Aneignungskämpfe ausgetragen werden und als lebensweltlich bestimmter Raum (Thiersch). Kirchliche gemeinwesenorientierte Arbeit wird in Befolgung ihrer befreienden Tradition (Exodus, Heilungsgeschichten) Menschen den Rücken stärken, ihre Ressourcen zu entdecken und Hierarchien aufzubrechen.

In den abgehängten Stadtteilen, wo die Segregation bereits realisiert ist und es keinem Bessergestellten einfallen würde, dort hinzuziehen, stellt sich die sozialräumliche Frage einmal im administrativ-sozialgrafischen Sinn (Sozialraum und soziale Stadtentwicklung), zum anderen im Sinne der sozialen Hierarchien. Nach Bourdieu ist der Raum auch der Ort, an dem Menschen sich in hierarchisch unterschiedlichen Positionen befinden. Der Sozialraum ist eine Machtkonfiguration, in dem zuallererst Selbstbehauptungs- und Aneignungskämpfe ausgetragen werden.

„Die Macht über den Raum, die Kapitalbesitz in seinen verschiedenen Varianten vermittelt, äußert sich im angeeigneten physischen Raum in Gestalt einer spezifischen Beziehung zwischen der räumlichen Struktur der Verteilung der Akteure auf der einen und der räumlichen Struktur der Verteilung von Gütern und Dienstleistungen privater und öffentlicher Herkunft auf der andern Seite. Die Position eines Akteurs im Sozialraum spiegelt sich in dem von ihm eingenommenen Ort im physischen Raum wider(derjenige, den man als jemanden ‚ohne Heim und Herd' oder als ‚Obdachlosen' bezeichnet, hat sozusagen keine gesellschaftliche Existenz) wie auch in der relativen Position, die bei zeitlich begrenzten (z. B. Ehrenplätze, protokollarische Platzzuweisung) und vor allem bei dauerhaften Platzierungen (Privat- und Geschäftsadresse) im Verhältnis zu den Lokalisierungen der anderen Akteure innehat."[21]

Kapital-, Grund- und Hausbesitz führen zu einer geradezu physischen Beharrungskraft der Strukturen des Sozialraums. So kommt es zu Konzentrationen von höchst seltenen Gütern und ihren Besitzern an bestimmten Orten des physischen Raums (etwa in Hamburg am Jungfernstieg, dem Neuen Wall, den Passagen), die konträr sind zu den Plätzen und Orten, die hauptsächlich den Ärmeren vorbehalten sind. Aber auch an Orten hoher Konzentration von Gütern und Dienste gibt es Differenzen. Sie machen die Symbolik der feinen Unterschiede aus, etwa die alteingesessenen Geschäfte in der City, neben die die Straßenläden der Zugewanderten treten, etwa der Blumenkiosk und der Gemüsestand am Hauptbahnhof.

Selbst in den ärmeren Stadtteilen geht es um die Konkurrenz der Benachteiligten. Auch hier kämpfen alteingesessene Geschäfte gegen die Konkurrenz der türkischen und iranischen Straßenhändler und Läden. Auch hier geht es darum, ob kulturell Verschiedene mit unterschiedlichem Besitz und Einkommen in den Quartieren zusammenleben können auf der Basis dieser Differenz. Treffpunkte für alleinerziehende Mütter, Beschäftigungsprojekte für sozialhilfeabhängige Frauen, Elterngruppen in Kirchengemeinden sind Orte dieser sozialen Begegnung.

Die von Bourdieu herausgearbeitete Dimension des sozialen Raums ist für die in der Sozialarbeit Tätigen wie für die Studierenden sozusagen ein ständiges Memo, bei ihren Analysen und Praxen diese Positionierungen der Menschen zu berücksichtigen, ihre Orte zu sehen und sie nicht im geografisch-administrativen Raum als gleichrangige Subjekte zu sehen. Die bessere Gestaltung des Sozialen bedarf dieses geschärften Blicks. Denn das „Elend der Welt" findet sich nicht nur in den Institutionen (Fabriken, Schulen, Gefängnisse, Heime), sondern gerade auch in den Wohnquartieren, dort wo wie in Frankreich die Vorstädte (*banlieus*) brennen. Dort ist der Ort, wo Benachteiligungen manifest werden, wo aber auch Chancen der Aktivierung und Ein-

---

[21]   Pierre Bourdieu, Das Elend der Welt, Konstanz 1997, 199f.

mischung bestehen und wo immer noch die Kirchengemeinden am Schnittpunkt von System und Lebenswelt eine wichtige Rolle der Wahrnehmung und Unterstützung spielen. Sozialer Raum ist drittens lebensweltlich bestimmter Raum. Ziel sozialer Arbeit ist bekanntlich die Unterstützung von Menschen in schwierigen Lebenssituationen. Diese Situation ist aber nicht einfach die des Einzelfalls, sondern der Mensch im Ensemble gesellschaftlicher Verhältnisse. Das wird seit 25 Jahren, befördert vor allem von Hans Thiersch, durch den Begriff ‚Lebensweltorientierung' ausgedrückt. Dieser Begriff nimmt seinen Ausgangspunkt beim Individuum. Gemeint ist die Lebenswelt des Einzelnen. Analysiert werden seine räumlichen und sozialen Bezüge. Der Mensch erfährt sich in einer konkreten Wirklichkeit, in der er sich immer schon vorfindet. Die materiellen und immateriellen Ressourcen dieser Realität sind gegliedert in Erfahrung des Raumes, der Zeit und der sozialen Beziehungen. Lebensweltorientierte soziale Arbeit bezieht sich auf die Ungerechtigkeiten, Ungleichheiten und Verwerfungen in der heutigen Lebenswelt.[22]

In der Dimension der erfahrenen Zeit bezieht sie sich auf Bewältigungsaufgaben in der Gleichaltrigenkultur, in der Heranwachsende sich ihres Lebensstils und ihrer Möglichkeiten vergewissern. Das reicht von Jugendlichen, die in einer Jugendwohnung leben, bis zu den ‚Crash Kids'. Lebensweltlich orientierte soziale Arbeit hat zu tun mit Aufgaben des Dabeibleibens und Aushaltens in der Suchtarbeit, mit psychisch kranken Menschen, in der Geriatrie und der Hospizarbeit. Lebensweltlich orientierte soziale Arbeit handelt in den Dimensionen des sozialen Raums. Sie sieht benachteiligte Menschen vor allem eingeengt in ihren geografisch beschränkten Räumen. Alleinerziehende Mütter mit kleinen Kindern können sich nicht groß bewegen. Wenn eine Mutter mit ihrem Kind nicht zum Orthopäden geht, ist das nicht automatisch eine Vernachlässigung, sondern liegt unter Umständen auch daran, dass es keinen Orthopäden in ihrem abgehängten Stadtteil gibt.

Der gleiche Sozialraum wird von unterschiedlichen Altersgruppen und sozialen Gruppierungen ganz unterschiedlich als Lebenswelt empfunden. Der 8-jährige erfährt seinen sozialgeografischen Raum anders als der 17-Jährige oder die 70-jährige Rentnerin. Mobilität ist in der Kindheit und im Alter eingeschränkt. Sozial schwache Familien sind auf die benachbarten Räume angewiesen. Wenn ein Park in der Nähe ist (wie in Billstedt der Öjendorfer Park), wird dieser gerade im Sommer zu einem Arkadien der Grill- und Fitnesskultur, zum Paradies der Armen und kulturell Verschiedenen.

In der Dimension der sozialen Beziehungen geht es vor allem um die Beziehung zwischen den Sozialarbeitern und ihren Adressaten. Die Beziehungsaufnahme geschieht als Begegnung in alltagsweltlichen Situationen, die

---

[22] Vgl. K. Grünwald / H. Thiersch, Lebensweltorientierung, in: H. Thiersch / H.U. Otto (Hg.), Handbuch Sozialarbeit/Sozialpädagogik, 2. Aufl., Neuwied 2001, 1136f.

früher durch Verwandtschaft, Freundschaft und Nachbarschaft bestimmt wurden. Ganzheitlich soll die Beziehung sein; sie trägt aber oft zur Stigmatisierung und Abhängigkeit bei. Eine von der Gesellschaft verweigerte Anerkennung wird gerade von in der Diakonie tätigen Sozialarbeitern erwartet. Advokatorisch für die Klienten eintreten und sich doch nicht von ihnen vereinnahmen zu lassen, ist die sozialpädagogische Kunst, die zu lernen ist.

„Suchet der Stadt Bestes" – Kirche und Diakonie sind Teil des Gemeinwesens und von ihrem Glauben an die Menschenfreundlichkeit Gottes verpflichtet, für mehr Gerechtigkeit vor Ort und weltweit einzutreten. Aufgrund rückläufiger Kirchensteuereinnahmen kann Kirche immer weniger parallele Strukturen bereithalten. Aufgabe von Diakonen und Sozialarbeitern in den neuen Regionalkirchen wird es sein, Ehrenamtliche für soziale und diakonische Tätigkeit anzuleiten und zivilgesellschaftliche Projekte zu organisieren, handle es sich nun um Nothilfemaßnahmen wie Suppenküchen, Kleiderkammern, Wohnungslosenhilfe oder um gemeindepädagogische Projekte wie Freizeiten, Theater- und Musikarbeit. Denn Macht besteht nach Hannah Arendt darin, gemeinsam zu handeln. Sie entsteht zwischen Menschen, die sich verbünden (mit dem meist unbewussten Hintergrund, dass Gott sich mit den Menschen verbündet hat und als Prinzip kooperativer Gerechtigkeit diese Bündnisse mit ermöglicht). Das ist natürlich immer wieder gefährdet durch Vereinzelung und Resignation. Sozialräumlich orientierte Sozialarbeit und die Ausbildung dafür versuchen dem mit ihren bescheidenen Mitteln entgegenzuwirken.

Die Kreise ziehende Gnade – eine Erinnerung an ein kulturelles Kapital des Christentums[1]

Seit der Frankfurter Friedenspreisrede von Jürgen Habermas, in der er als religiös Unmusikalischer in der Gentechnologie-Debatte an das unaufgebbare, den Menschen begrenzende Gegenüber von Schöpfer und Geschöpf erinnerte, darf auch in kritischen Kreisen wieder über den rettenden Gehalt theologischer Einsichten nachgedacht werden. Ohne nun sogleich so weit wie weiland Joseph Kardinal Ratzinger, nunmehr Benedikt XVI, gehen zu wollen und die Eucharistie als letztes Geheimnis des Seins und die göttliche Liebe als Erfüllung aller menschlichen Liebesbestrebungen zu deuten, soll im folgenden eine Erinnerung an Gottes Ökonomie, verstanden im ursprünglichen Sinn einer guten Haushaltsführung, erfolgen. Dabei ist zu bedenken, dass neuzeitliche Theologie nach Kant, Feuerbach und Nietzsche sich des metaphorischen Gehalts theologischer Rede bewusst ist. Hier gilt sowohl „Einen Gott, den es gibt, gibt es nicht" (D. Bonhoeffer) wie: in der naturwissenschaftlich-technischen Welt müssen wir leben, „als wenn es Gott nicht gäbe". Gott „ist mitten im Leben jenseitig", „der jeweils gegebene Nächste ist das Transzendente".[2] Der Platz des theistisch verstandenen, ins Weltgeschehen eingreifenden Gottes ist leer, eine schmerzliche Einsicht, der sich bis heute viele Theologen und Prediger verschließen. Die Rede von der Schöpfung und Erhaltung der Welt durch Gott ist vielmehr ein Versuch, aus dem Glauben an einen letzten Grund des Lebens verantwortlich mit der Welt umzugehen und den Mehrwert dieses Glaubens produktiv in Debatten um die Zukunft einzubringen. Dies tut die Ökumene im „Konziliaren Prozess für Gerechtigkeit, Frieden und Bewahrung der Schöpfung" seit dem Ende der 80er Jahre des letzten Jahrhunderts. Angesichts einer allumfassenden Ökonomisierung aller Lebensverhältnisse möchte ich daran erinnern, dass wir von Voraussetzungen leben, die wir nicht selbst geschaffen haben.

1.   Soziale Ökonomie lebt vom Gabenaustausch – eine Erinnerung an Gottes Ökonomie der Gaben

Die Begriffsbestimmung der herrschenden Ökonomie bezeichnet die Kapital- und Marktlogik, die sich unter Absehung von sozialen, politischen und moralischen Bezügen systematisch durchsetzt. Gemeinwesenökonomie hin-

---

[1]   Zuerst veröffentlicht in: M. Lindenberg / L. Peters (Hg.), Die gelebte Hoffnung der Gemeinwesenökonomie, Bielefeld 2004, 177–193.

[2]   D. Bonhoeffer, Widerstand und Ergebung. Briefe und Aufzeichnungen aus der Haft, München 1964, 182.240.

gegen denkt vom Sozialen, vom Ganzen der Gesellschaft her und geht mit Karl Birkhölzer davon aus, dass ökonomische Aktivitäten nur das Mittel zur Realisierung sozialer Zielsetzungen darstellen.[3] Die jüdisch-christliche Tradition zielt auf Frieden und Nachhaltigkeit, nicht auf die Jagd nach Profit, Expansion und schrankenloser Erlebnisorientierung. Jesus hat im Vertrauen auf Gottes Schöpfergüte eine befremdliche Sorglosigkeit gegenüber alltäglicher Bedarfssicherung an den Tag gelegt. Der so genannte Urkommunismus der Jerusalemer Urgemeinde („es gehörte ihnen alles gemeinsam", Apg 4,32) wirkt als Idee bis in die Gegenwart, ist in der Kirche bis auf das Mönchstum und einige soziale Experimente der linken Reformation allerdings ein Ideal geblieben.

Bei der Ökonomie Gottes handelt es sich um eine Ökonomie des Gabenaustausches, nicht des Warentausches. Die Gabe des Lebens bewirkt Austauschprozesse, die zu einem gelingenden Leben führen. Die entscheidende Differenz liegt also darin, dass die am Gabenaustausch Beteiligten in einem Prozess wechselseitiger Verpflichtung stehen. Während die Dynamik der Akkumulation in der Warenökonomie die Solidarität mit der natürlichen Lebensumwelt aufgibt und letztlich zerstörerisch wirkt, geht es der Gabenökonomie letztlich um die Bewahrung und Wiederherstellung der gemeinsamen Lebensgrundlagen. Ihre theologische Grundlage ist der Glaube an Gott als den Geber und Erhalter des Lebens. „Im Anfang war die Gabe", könnte man im Anschluss an den Prolog des Johannesevangeliums und an M. Mauss berühmtes Buch über die Gabe sagen[4]. Gottes Ökonomie der Gabe und der Erhaltung des Lebens trifft sich mit den menschlichen Bemühungen um Lebensunterhalt und Erhaltung der Lebensgrundlagen. Für die alten vorkapitalistischen Gesellschaftsformen hat Martin Luther das prägnant in seiner Erklärung des 1. Glaubensartikels auf den Begriff gebracht:

Ich glaube, dass mich Gott geschaffen hat samt allen Kreaturen, mir Leib und Seele, Augen, Ohren und alle Glieder, Vernunft und alle Sinne gegeben hat und noch erhält; dazu Kleider und Schuh, Essen und Trinken, Haus und Hof, Weib und Kind, Acker, Vieh und alle Güter; mit allem, was Not tut für Leib und Leben, mich reichlich und täglich versorgt.[5]

Reichlich und täglich versorgen etwa aus der Sicht des zwölfjährigen Kindes, das diese Erklärung des 1. Artikels spricht, tun natürlich die Eltern, das verwandtschaftliche wie das nachbarschaftliche Netz, die örtliche Landwirtschaft, das Handwerk und der Handel, das lokale Gemeinwesen insgesamt.

---

[3]   Vgl. K. Birkhölzer, Formen und Reichweite lokaler Ökonomien, in: H. Ihmig (Hg.), Wochenmarkt und Weltmarkt. Kommunale Alternativen zum globalen Kapital, Bielefeld 2000, 56–88.

[4]   Vgl. M. Mauss, Die Gabe. Form und Funktion des Austauschs in archaischen Gesellschaften, Frankfurt/M. 1996.

[5]   M. Luther, Kleiner Katechismus, in: Evangelisches Gesangbuch, Hamburg/Kiel 1994, 806.2.

Doch ausgegangen und grundgelegt ist diese Lebenserhaltung und Hauswirtschaft von der Ökonomie Gottes als dem guten Haushalter des Lebens. Mit der industriellen Entfaltung der kapitalistischen Wirtschaft zu Beginn des 19. Jahrhunderts wird diese Grundlage gründlich vergessen. Menschlicher Fleiß, Technik und Erfindungskraft auf der Grundlage der Geld- und Tauschprinzips sorgen zusammen mit der *invisible hand* des Marktes[6] für immer besseren und expandierenden Unterhalt der Menschen (besonders im Wohlfahrtsstaat). Die nachmittägliche Katechismusprüfung, mit der Thomas Mann seinen Roman *Die Buddenbrooks* (1901) beginnen lässt, bringt das hübsch auf den Begriff. Der Großvater lässt die kleine Antonie im Jahr 1835 die Erklärung des 1. Artikels aufsagen. Bei den eben zitierten Worten „Haus und Hof, Weib und Kind, Acker und Vieh" aber „brach der alte Johann M. Buddenbrook einfach in ein Gelächter aus […]. Er lachte vor Vergnügen, sich über den Katechismus mokieren zu können und hatte wahrscheinlich nur zu diesem Zweck das kleine Examen vorgenommen. Er erkundigte sich nach Tonys Acker und Vieh, fragte, wie viel sie für den Weizen nähme und erbot sich, Geschäfte mit ihr zu machen."[7]

Dieses Gelächter, in das alle einstimmen (bis auf den Sohn, den frommen Konsul Johann Buddenbrook, der sagt: „Aber Vater, sie belustigen sich wieder einmal über das Heiligste"), ist uns zur zweiten Natur geworden. Der Begriff ‚das Heiligste' verweist auf den göttlichen Ursprung dieser Ökonomie. Auch Marx und Engels verwenden ihn im *Kommunistischen Manifest* (1848). Sie weisen in dramatischer Schilderung auf den Verlust hin, der mit der Zerstörung der Gaben-Ökonomie verbunden war. Die Zerstörung aller natürlichen familiären Beziehungen durch die international agierende Bourgeoisie wird drastisch beschrieben: „Die Bourgeoisie" habe alle natürlichen Bande „unbarmherzig zerrissen und kein anderes Band zwischen Mensch und Mensch übriggelassen als das nackte Interesse, als die gefühllose bare Zahlung. (Sie) hat dem Familienverhältnis seinen rührend-sentimentalen Schleier abgerissen und es auf ein reines Geldverhältnis zurückgeführt. […] Alles Ständische und Stehende verdampft, alles Heilige wird entweiht. […] Sie schafft sich eine Welt nach ihrem eigenen Bilde."[8]

Mit dem Bezug auf Genesis 1,27 wird der gegenreligiöse Aspekt des Kapitalismus hier exakt angegeben. Johann Hinrich Wichern, der kurz darauf im September 1848 gewissermaßen antikommunistisch zur Gründung der Inneren Mission aufrief, wollte vordergründig die soziale Reform mit einer Rechristianisierung des „heillosen Volkes" verbinden, wurde aber angetrieben durch die Wahrnehmung von Entsittlichung und Entkirchlichung, genauer

---

[6]   Vgl. A. Smith, Der Wohlstand der Nationen. Eine Untersuchung seiner Natur und Ursachen (1789), hg. v. C. Reckenwald, München 1993, 371.

[7]   Thomas Mann, Die Buddenbrooks. Verfall einer Familie (1901), 1930, 9f.

[8]   K. Marx / F. Engels, Manifest der Kommunistischen Partei, in: dies. Studienausgabe Bd. III, Frankfurt/M. 1966, 59–87, hier 61–63.

der Zerstörung lebensweltlicher Ressourcen in den Armutsfamilien, wie er
sie 1833 im Stadtteil St. Georg als Hamburgs „wahres und geheimes Volksleben" beobachtete. Angesichts dieses Elends motiviert die Liebe den eigen-
ständigen Protestanten, im Sinne des allgemeinen Priestertums der Gläubigen sich jenseits der Kirche in Vereinen zu organisieren und rettend zu handeln. Denn, so Wichern programmatisch 1848: „Die Liebe gehört mir wie der
Glaube." Die bürgerliche Liebesreligion findet hier auf dem sozialen Feld eine
neue Wirkungsmöglichkeit.

2. Verschiebung vom Geber auf die Nehmer

Geldwirtschaft, Industrie und Handel haben die vom Geber des Lebens initiierte Gabenwirtschaft im öffentlichen Bewusstsein fast vollständig verschwinden lassen. Denn sie existiert ja weiter. An sie zu erinnern ist vor-
nehmliche Aufgabe der Religionen. Die Frage ist, ob das in der grundsätzlichen Alternative ‚Gott oder Mammon' geschehen sollte (wie sie Jesus in Mt.
6, 24 formuliert hat). Ich bin der Meinung, dass die Geldwirtschaft durch
eine Gabenökonomie nicht zu ersetzen, wohl aber zu ergänzen ist. Von dieser Ergänzung, wie sie in der lokalen sozialen Ökonomie geschieht, könnten
transformierende Wirkungen auf die Geld- und Waren-Ökonomie ausgehen,
die sie wieder an das Ziel der Erhaltung der Lebensgrundlagen anknüpfen.
   In den alten Gesellschaften war es so, dass der Mensch sich im Glauben zu
dem Geber des Lebens in eine Beziehung setzte, anders gesagt: Gott forderte
vom Menschen in den Weisungen der Tora eine verpflichtende Beziehung,
die im Opfer und im sozialen Verhalten einen sinnlichen lebensweltlichen
Ausdruck fand. Zunächst in den Opfern, mit denen den Göttern und dann
dem einen Gott der Dank für Bewahrung und Segen zurückerstattet wurde,
womit sie um diesen Segen angefleht und gnädig gestimmt wurden, so auch
in Israel. Dann aber, vor allem in der sog. deuteronomischen Reform zur Zeit
des Königs Josia (630 v. Chr.), vollzog sich eine Umwandlung der Opfer in
soziale Abgaben, mit denen vor allem die Armen unterstützt werden sollten.
„Arme soll es unter euch nicht geben" (Dtn 15,4), der soziale Ausgleich wurde durch Wirtschaftsgesetze (Schuldenerlass, der Drittjahreszehnt für benachteiligte Gruppen) strukturell abgesichert. In den jährlichen Bundes-
festen, die die Erinnerung an den Auszug und die Gabe des Landes rituell
begingen, wurde an Gott als den Stifter dieser Beziehungs- und Segenskette
erinnert. Die von Gott empfangene Gabe wurde gerecht geteilt und weitergegeben, in den Familien, in den Wirtschaftsgemeinschaften, in Sippen und
im nationalen Zusammenhang. Das war ein Gegenmodell zu den antiken
feudalistischen Klassengesellschaften,[9] ein Wirtschaften für das Leben.

---

[9]   Vgl. U. Duchrow, Wirtschaften für das Leben, Gütersloh 1994, 112ff.

In der kapitalistischen Warenökonomie vollzieht sich nun eine Verschiebung vom Geber auf den Nehmer.[10] Die Macht liegt bei denen, die über Kapital verfügen, dieses auf dem Markt zirkulieren lassen und so akkumulieren können. Der Warentausch überwuchert den weiterhin stattfindenden Austausch der Gaben. Die besonders in der Erziehung der Kinder erkennbare Beziehungs- und Reproduktionsarbeit der Frauen (eine weithin umsonst geleistete Weitergabe des Lebens) wurde in das dominierende, männlich bestimmte Lohnarbeitsverhältnis integriert (und hat sich erst in den letzten Jahrzehnten teilweise aus diesen Fesseln befreien können). Diese Beziehungsgaben sind aber nicht auf die Frauen beschränkt – als quasi natürliche Ressource –, sondern stehen allen zur Verfügung. Auch Männer können und sollten die Gaben der Erziehung, der Beziehungsarbeit und des nicht lohnmäßig verrechenbaren Engagements nutzen. Auch Angehörige der Mittel- und Oberschicht können sich für gesellschaftliche Aufgaben aktivieren (und nicht nur die Menschen in den modernen Problemstadtteilen, die ihre brachliegenden Ressourcen aktivieren sollen).

3. Das Beziehungsnetz als Gabenaustausch

Am Gabenaustausch sind auch unter kapitalistischen Bedingungen die Menschen in verschiedener Weise beteiligt – dort, wo es um die intimen Beziehungen zwischen Liebespartnern, zwischen Eltern und Kindern, zwischen Freunden und Nachbarn, zwischen Hilfebedürftigen und Helfern, zwischen in Schwierigkeiten geratenen und ihren Unterstützern geht. Und auch hier hat die Gabe attraktiven Charme. Gabenökonomisches Handeln zeigt sich, neben der Professionalisierung der Gabe in helfenden Berufen, vor allem im ehrenamtlichen Bereich. Es gibt eine neue Solidarität, einen kooperativen Individualismus, der den Menschen nicht als Selbstaufopferung abgerungen werden muss. Das neue Ehrenamt verrät „ein freiflottierendes Potential an Gemeinsinn"[11]. Tätigwerden im sozialen Bereich wird als sinnhafte Lebenserweiterung erfahren. Es entstehen neue Netzwerke von Freiwilligen, oft unter Angehörigen der gleichen Schicht. Sie sind durch strukturelle Offenheit, lockere Verknüpfung und Wahlfreiheit gekennzeichnet, die sich an der Ähnlichkeit von Interessen orientiert. Aber es gibt auch schichtenübergreifende Netzwerke. Wo es beispielsweise solche Beziehungsnetze in Gestalt eines dezentralen Treffpunkts im Stadtteil gibt (sei es eine Elternschule, ein Bürgerzentrum, eine Kirchengemeinde), zeigt sich: alle denkbaren Probleme, von der Schwangerschaft bis zum Verlust einer wichtigen Vertrauensperson,

---

[10] Vgl. dazu H.M. Gutmann, Das Evangelium zu Markte tragen. Unternehmen Kirche?, in: Nordelbische Stimmen Mai 2002, 19–22.

[11] H. Klages, Diskussionsbeitrag in: Körberstiftung (Hg.), Wieviel Gemeinsinn braucht die liberale Gesellschaft?, Hamburg 1993, 40.

von der Arbeitslosigkeit bis zu schweren Krankheiten, haben die Chance, durch Hilfe und Unterstützung aus dem Beziehungsnetz gut gelöst zu werden.

4. Finanzierung als Handlung des Vertrauens auf die Gabenökonomie

Es ist Aufgabe von Kirche und Diakonie, diese Ökonomie Gottes als eine Ökonomie des Gabenaustausches öffentlich stärker als ihr Eigenes zur Geltung zu bringen. Das dürfte schwer fallen, wenn sie sich in der gegenwärtigen ökonomische Krise (drastischer Rückgang der Kirchensteuereinnahmen) exklusiv an Modellen ökonomischer Steuerung und Effektivierung aus der Wirtschaft orientiert, an Marketing-Strategien und primär betriebswirtschaftlichen Überlegungen. Die lutherische „Woran du dein Herz hängst, das ist dein Gott" muss zumindest in einer anderen Haltung zum Geld zum Ausdruck kommen. Natürlich muss kirchliche Arbeit weiter mit Kirchensteuern und mit staatlicher Refinanzierung diakonischer Aufgaben rechnen. Aber die notwendigen Reformen könnten doch in einer anderen Haltung vorgenommen werden, die sich von der betriebswirtschaftlichen Rationalität unterscheidet. Sich daran erinnernd, dass Gott der Geber und Unterhalter des Lebens ist („mich täglich und reichlich versorgt"), müsste mit mehr Vertrauen in den Gabenaustausch gehandelt werden. Vertrauen liegt sowohl dem kapitalistischen Handeln als dem Gabenaustausch zu Grunde. Ohne Vertrauen funktionieren die Finanzmärkte nicht; wo das Vertrauen verloren geht, brechen Währungen zusammen, stürzen Aktienkurse ab. Sprachlich übereinstimmende Begriffe wie ‚Credo' und ‚Kredit', ‚Schuld' und ‚Schulden', ‚Erlösung' und ‚Erlös' zeigen die Verwandtschaft beider Ökonomiebereiche. Auch im Begriff ‚Mammon' steckt die Wurzel ‚Vertrauen'. Kirche und Diakonie als Institutionen des Gabenaustauschs lassen wenig Vertrauen in die Ökonomie Gottes erkennen, sondern orientieren sich zu sehr an der herrschenden Ökonomie der Waren- und Profitlogik. Es gehört geschichtlich zu den beeindruckenden Erfahrungen des Handelns von Christenmenschen und kirchlichen Institutionen, dass sie in Krisensituationen das Vertrauen in die Güte des erhaltenden Gottes nicht aufgegeben haben und in der Regel überraschende Bestandserhaltungen und Unterstützungen erlebt haben (oft auf Gebetserhörungen zurückgeführt, Beispiele sind Legion – ich nenne nur Jung-Stillings berühmte Lebensbeschreibung).

Diesem Vertrauen kann man natürlich organisatorische Form geben, in Gestalt von Sponsoren und Fördervereinen. Diese können durch Kirchensteuern nicht mehr finanzierbare Projekte finanzieren, von der Renovierung einer Silbermann-Orgel bis zur Stelle für die Drogenarbeit einer Kirchengemeinde. Hier ist viel mehr möglich als gemeinhin angenommen wird, hier erweist sich die Anmut des Gebens, der Charme der Gabe in immer wieder überraschender Großzügigkeit der Gebenden, indirekt oder direkt angestiftet von dem Geber des Lebens.

6. Der Gaben-Mix von Ehrenamtlichen und Professionellen als Chance

Was mit den Abendmahlsgaben und dem Almosen-Einsammeln der frühen Christen anfing, in Klöstern und Kommunitäten soziale Gestalt gewann, im 19. Jahrhundert über die Einwerbung von Stiftungsmitteln und die Gründung von Rettungsvereinen sich fortsetzte, in den Anfängen professioneller Arbeit entscheidend die Vermittlung der Fähigkeit des Haushaltens einschloss (bei Alice Salomon) und schließlich im konsolidierten Sozialstaat des „goldenen Zeitalters" (Hobsbawn) bei garantierter Kostendeckung der Sozial- und Diakonie-Arbeit endete, ist heute in einem bewussten kreativen Gabenaustausch einer sozialen Zivilgesellschaft fortzusetzen. Modelle wie das Hamburger Spendenparlament sind ein Versuch, diese Gabenökonomie umzusetzen; es hat nur ergänzenden Charakter und übernimmt keine Grundaufgaben von freien Trägern und Staat. Besonders Umsonstläden machen die Erfahrung, dass im Vertrauen auf den Gabentausch die Regale immer wieder gefüllt werden. Hier kann und muss weiter kreativ-charmant experimentiert werden: Leget Anmut in das Geben!

Noch einmal theologisch gesagt: Die Vertreibung der vielen Götter durch den einen Gott der jüdisch-christlichen Tradition hat entscheidend zur Zentrierung von Liebe, Tausch und Sprache beigetragen. Im Systemfragment des deutschen Idealismus heißt es treffend: „Monotheismus des Herzens und der Vernunft, Polytheismus der Poesie und der Einbildungskraft". Danach wäre zu verfahren auch in Zeiten, in denen das Versprechen von Glück durch die Kunst gebrochen zu sein scheint. Sinnerfahrung wird heute im kulturellen Erlebnis gesucht, wie G. Schulzes *Die Erlebnisgesellschaft* gezeigt hat. Aber es ist ein Glück, das nicht trägt und durch die Jagd nach immer neuen schönen Erlebnissen nicht befriedigt werden kann. Es strahlt wieder auf in schönen solidarischen Beziehungen, die von Gaben leben. Es gibt eine Ästhetik der Solidarität, die viel zu wenig unter diesem Aspekt beachtet wird. Noch aktive ältere Menschen im Ruhestand drängen in soziale Initiativen wie die Tafeln, Kirchenküchen und Kleiderkammern. Sie sagen, sie bräuchten diese Tätigkeit und es mache ihnen Spaß. Sie geben so ihrem Leben, das sonst in mallorquinischer Sonnenanbetung enden würde, einen Sinn, der eine neue zivilgesellschaftliche „Aneignung des Sozialen" (Rauschenbach) verrät. Die Handlung des barmherzigen Samariters als „souveräne Daseinsäußerung" (K. Lögstrup) kehrt zurück, etabliert sich neben der Delegierung sozialer Probleme an die Professionellen. Diese müssen ihre Chancen der Begleitung und Koordinierung in der neuen Freiwilligenkultur sehen, statt nur über den dadurch zu befürchtenden Stellenabbau zu klagen.

Von der Ökonomie Gottes zum eigenen Gabentausch, zur schönen sozialen Verausgabung. Sie ereignet sich in den Tauschringen, in denen Fähigkeiten ohne vermittelndes Geldäquivalent getauscht werden. Ein anderes gutes

Beispiel dafür, wie der geldfixierte Warentausch rückgängig gemacht werden kann, ist der Umsonstladen, in dem gebrauchsfähige Konsumgüter umsonst mitgenommen werden können. Es gibt inzwischen viele solche Läden in der BRD. In Hamburg-Billstedt heißt er „Kostnix". Aus einem Studierendenprojekt der Evangelischen Hochschule für Soziale Arbeit und Diakonie ist er inzwischen zu einer Einrichtung geworden, die von 15 Ehrenamtlichen betrieben wird. Nicht der Geldeswert, den der Besucher mitbringt, ist entscheidend, sondern sein Wunsch, Dinge, die sonst weggeworfen würden, zu gebrauchen. Das gilt auch für den Bringenden, der aus seinen Konsumgütern Gaben macht. Aus Waren werden wieder Dinge mit eigener Würde. Ein Umsonstladen ist nicht nur ein Ort alternativen Warenverkehrs, sondern auch ein Kunstprojekt, eine sich ständig wandelnde Ausstellung von Konsumgütern. Er wird zum Treffpunkt unterschiedlicher Menschen, der Ehrenamtlichen, die dort mit Hingabe tätig sind. Darunter sind manchmal Messies, die nicht aufräumen können, Moralisten, die gelegentlich die Armen erziehen möchten. Unter den Besuchern sind auch solche, die sich für den Flohmarkt bedienen. Trotzdem lebt hier viel von der Gabenökonomie weiter und zieht ermutigende Kreise.

V. Von welchem Glauben können wir in der Diakonie verantwortlich reden?

Theologische Herausforderungen nach zehn Jahren Leitbild des Diakonischen Werks[1]

„Damit Leben gelingt", heißt das 10 Jahre alte Leitbild. Dass das Leben gelingt, wünschen wir uns alle; wir kennen alle Erfahrungen des Scheiterns; prekärer Wohlstand wird zur Erfahrung auch für die Mittelschicht. Es gibt sehr viel Scheitern in Beziehungen und im Beruf. Inzwischen existiert eine Ratgeber- und Seelsorgeliteratur, die gelingendes Leben durch spirituelle, esoterische und lebenskunsttechnische Anleitungen als machbar erscheinen lässt, Versagen als selbst verursacht. „Diakonie – damit Leben gelingt". Eine Institution, die mit dieser Verheißung Beistand und Unterstützung leistet, ist gesellschaftlich notwendig, unabhängig von ihrer Weltanschauung. Aber es gibt viel Konkurrenz auf dem Sozialmarkt, und insofern ist ein Leitbild hilfreich zur Verdeutlichung der eigenen Position nach innen und außen.

1. Wo sehe ich die theologischen Herausforderungen für die Diakonie und ihr Leitbild? Ein Blick von außen

„Damit Leben gelingt". Ich fange an mit einem theologischen Blick von außen auf die Diakonie. Gegenwärtig ist mehr theologisches Profil gefragt. Oder zumindest christliche Werte, was immer das ist. 76% der Befragten halten einen christlichen Hintergrund der diakonischen Arbeit für wichtig (Diakonie Jahrbuch 2003). Auf der andern Seite zeigen die Mitgliedschaftsuntersuchungen der EKD, dass die diakonische Arbeit der Kirche für selbstverständlich gehalten wird und nicht besonders für eine stärkere Verbundenheit mit der Kirche zu Buche schlägt. Aber ganz unabhängig davon, was sollte theologisch in einem veränderten Leitbild thematisiert werden? Je nach theologischer Position wird das unterschiedlich ausfallen. Klaus Berger wird anders darauf antworten als Friedrich Wilhelm Graf, Matthias Kroeger anders als Eberhard Jüngel, Theodor Strohm anders als Papst Benedikt. Gott

---

[1]   Vortrag auf der Projekttagung „Leitbild und Selbstverständnis der Diakonie", Diakonische Akademie, Berlin, 30.8.2006. Ich habe bewusst an einigen Stellen theologisch ungeschützt und provozierend formuliert.

ist Liebe und begründet christliche Liebestätigkeit, *caritas*. Aber Versöhnung geschieht exklusiv in der Eucharistie, „der innersten Kernspaltung des Seins", wie sich der Papst auf dem Weltjugendtag in Köln auszudrücken beliebte, allerdings in der Enzyklika „Deus Caritas est" die sozialen Konsequenzen durchaus betonte.

Die Fragen, die für die systematische und praktische Theologie eine Rolle spielen, sind für die Diakonie eher uninteressant. In der Diakonie geht es um Strukturen, Unternehmertum, Selbstbehauptung auf dem Sozialmarkt, um soziales Management etc. Schauen wir uns kurz auf der „Baustelle Christentum" um, wie eine Serie in der auflagenstärksten ökumenischen Zeitschrift *publik forum* heißt. Matthias Kroeger mit seinen Büchern über Theologie und Kirche[2] geht auf die Diakonie gar nicht oder nur am Rande ein. Was die Diakonie macht, könnten andere auch, heißt es einmal, das sei kein Unterscheidungsmerkmal. Der entscheidende Umbruch müsse in den Köpfen geschehen, vielleicht auch im Herzen, aber nicht – um im Körperbild zu bleiben – in den Händen. Zu helfen sei selbstverständlich. (Mit Recht so schon Luhmann 1980: „Mit dem Pathos des Helfens ist es vorbei.") Allerdings hat Kroegers Kritik des Gottesverständnisses – er plädiert für ein Nontheistisch-an-Gott-glauben – auch Auswirkungen auf das theologische Selbstverständnis der Diakonie. Die zweite bahnbrechende Streitschrift über eine angemessene Gestalt des heutigen Christentums, Klaus Peter Jörns *Notwendige Abschiede*, geht auf die Diakonie auch nicht besonders ein, sein Ansatz hat in einem Punkt allerdings Konsequenzen für die Diakonie. Zu überwinden sei die Ansicht von einer wechselseitigen Ebenbildlichkeit von Gott und Menschen. Gott, so Jörns, könnten wir nicht auf personale Kategorien festlegen. Genau dies aber ist eine zentrale Begründung von Diakonie in ihrem Eintreten für die ihr Anvertrauten, siehe den 2. Leitbildsatz „Wir achten die Würde jedes Menschen". Außerdem ist der traditionelle Gottesbezug diakonischen Handelns, Gott als personale, altruistisches Tun begründende Größe, die ein *aliud* gegenüber anderen Begründungen impliziert, staatskirchenrechtliche Grundlage der BVfG-Urteile zur besonderen Rolle der Diakonie.[3] Hier steckt also Diakonie in einer Sackgasse, um nicht zu sagen, in einer selbstgebauten Falle – die neuen theologischen Erkenntnisse sind auf sie nicht anwendbar, da damit ihre staatskirchenrechtliche Privilegierung entfallen würde. Die alltagsweltlich ausgerichteten Theologien, etwa Gräbs Religion als „Kultur der Symbolisierung letztinstanzlicher Sinnhorizonte alltagsweltlicher Lebensorientierung" oder die vielen auf die Populärkultur gerichteten theologischen Deutungen geben für unser Thema wenig her.

---

[2]   Vgl. M. Kroeger, Im religiösen Umbruch der Welt. Der fällige Ruck in den Köpfen der Kirche, Stuttgart 2006.

[3]   So auch Moritz Linzbach mündlich auf der in Anm. 1 erwähnten Projekttagung zu den von den katholischen Verfassungsrichtern bestimmten BVfG-Urteilen der 50er und 60er Jahre über den Vorrang der Diakonie.

Anders ist die Situation bei einigen jüngeren praktischen Theologen. In der Pastoraltheologie tauchen in den letzten Jahren häufiger einzelne Aufsätze oder sogar Themenhefte zum Thema Diakonie auf. Der von Schibilsky und Zitt herausgegebene große Sammelband *Theologie und Diakonie* versammelt die im Dialog befindlichen Theologen und Praktiker. Schnittmengen gibt es natürlich bei pastoralpsychologischen Ansätzen, sofern Diakonie Träger von Beratung und Seelsorge ist.

Ich gehe kurz auf das neueste Denkmodell aus dem Bereich der EKD-Zentrale ein. Das Papier „Kirche der Freiheit. Perspektiven für die Evangelische Kirche im 21. Jahrhundert" zielt vor allem darauf ab, die kirchlichen und gemeindlichen Kernkompetenzen zu stärken. „Konzentration auf den geistlichen Markenkern"[4] nennt das Chefdenker Thies Gundlach prägnant. Zwar wird deutlich gesagt, dass „die Freiheit eines Christenmenschen die Wahrnehmung hin auf den Nächsten und Fernsten erweitert". An der diakonischen Arbeit werde es exemplarisch deutlich: „christliche Freiheit ist eine Kraft zur Selbstverpflichtung, das Eigene für andere und zum Wohl des gemeinsamen Lebens einzubringen" (34).

Unter den 12 Leuchtfeuern der Kirche im Jahr 2030 unter der Überschrift „Auf Gott vertrauen und das Leben gestalten" steht unter Punkt 8 „Diakonie evangelisch profilieren. Im Jahr 2030 ist die Diakonie ein zentrales Handlungsfeld der sich auf ihre Stärken konzentrierenden evangelischen Kirche. Jede diakonische Aktivität hat ein deutlich wahrnehmbares evangelisches Profil und steht in einer guten Relation zu einem Handlungsfeld der evangelischen Kirche. Die Verbindung zwischen verfasster Kirche und Diakonie ist besser verwirklicht. Das Eintreten der Kirche für Menschenwürde und Menschenrechte, für Gerechtigkeit und nachhaltige Entwicklung, für Gewaltfreiheit und Frieden prägt die öffentliche Wirksamkeit der Kirche, ihrer Gemeinden und Initiativgruppen" (81). In der Ausführung zu diesem Leitsatz wird die doppelte Rolle der Diakonie, als Teil des Sozialstaats soziale Aufgaben zu übernehmen und gleichzeitig durch ihre geistlich geprägten Angebote unverwechselbar zu sein, angemessen beschrieben. Deutlich wird gesagt, dass die Anwaltschaft für Bedrängte und Bedrückte und die Orientierung an den Ärmsten nicht zur Disposition stehen darf, hier wird vor einer rein auf betriebswirtschaftlichen Erfolg orientierten Diakonie gewarnt. Für problematisch halte ich die Zielvorgabe, via Diakonie „den Wahrheitsanspruch des Evangeliums im Dienst an den Schwachen zu bezeugen" (83). Diakonische Aktivitäten seien bei „sachgemäßer Professionalität, Wertorientierung und evangelischer Frömmigkeit" „als Werk der Kirche (erkennbar) und betonen die Christusorientierung des kirchlichen Dienstes."[5]

Eine solche Zielvorgabe läuft eher auf eine bekennende Gemeindediakonie hinaus und nicht auf eine breitgestreute Volksdiakonie, um an die Diskussion in den 70er Jahren zu erinnern. Aber vielleicht ist es trotzdem möglich, durch eine engere Verbindung von übergemeindlicher Diakonie und Orts-

---

4 Thies Gundlach, Wohin wächst die Kirche, in: PTh 94, 2005, 220.
5 Zur kritischen Auseinandersetzung mit Gundlach siehe auch U. Kleinert, Zu Thies Gundlachs These vom Kerngeschäft der Kirche in: PTh 95, 2006, 191ff.

gemeinden eine solche evangelische Profilschärfung zu erreichen. Die kleinen Freikirchen, die eine Anlaufstelle für Drogenabhängige, Wohnungslosenhilfe, Aids- und Prostituiertenberatung an sozialen Brennpunkten organisieren, zeigen ja diesen essentiellen Zusammenhang von Glaube und Liebe. „Seht, wie sie einander und die andern lieben", das Erfolgsrezept der frühen Kirche könnte zum (mit Mt 25,31ff allerdings unabsichtlichen) Ausweis, wenn auch nicht von Wahrheit, so doch von Wahrhaftigkeit werden. „Damit Leben gelingt" braucht es auch Diakonie, aber vorrangig ist die attraktive, beheimatende Kirche. So lautet das 1. Leuchtfeuer, so denkt die EKD.

Also mein vorläufiges Fazit: Theologie und Kirche sind mit anderen Fragen beschäftigt als Diakonie und Diakoniewissenschaft. Ihr Gemeinsames ist und bleibt trotzdem die soziale Verantwortung des Christen und der Kirchen. Insofern sagt der 7. Leitsatz mit Recht: „Wir sind Kirche." Aber der Satz: „Diakonie ist Christsein in der Öffentlichkeit" ist ebenso überzogen wie der theoretisch richtige Satz: „Diakonie geht aus vom Gottesdienst der Gemeinde." Schön, wenn es so wäre! Der Pflegedienst der Diakoniestation funktioniert am Montag Gott sei Dank auch dann, wenn am Sonntag der Gottesdienst mal wieder nur von 20 älteren Frauen und drei Konfirmanden besucht wurde.

Ich finde, die Theologie hat den Mund oft zu voll genommen und sich dabei häufig vor der Wirklichkeit blamiert. Sicher wollte sie damit Gott loben und ehren und die Christen in ihrem Glauben bestärken. Gott sei Dank ist gelegentlich dann unerwartbar etwas Gutes dabei herausgekommen. So wollte Wichern die Rechristianisierung der Gesellschaft und schuf einen ersten christlichen Wohlfahrtsverband. Aber man denke nur an die Theologie der Königsherrschaft Christi, an die der Hoffnung, ganz zu schweigen von derjenigen der Revolution.

Ich will zunächst einige Gefahren benennen – diakonische Theologie sollte sich nicht funktionalisieren lassen für die Wettbewerbsprofilierung der Diakonie auf dem Sozialmarkt, sondern unbeirrt ihr prophetisches Wort sagen, auch wenn es dieser Profilierung nicht dienlich ist. Sie sollte sich auch nicht funktionalisieren lassen für eine christlich enge Identitätsgewinnung der diakonischen Mitarbeiterschaft. Zwar ist die Diakonie ein Tendenzbetrieb, aber als großer Arbeitgeber sozialer Dienstleistungen in einer weithin säkularen Gesellschaft doch mit unterschiedlichsten bei ihr tätigen Menschen und ihren Glaubenshaltungen gesegnet. Darauf muss sie auch theologisch Rücksicht nehmen. Sie sollte ein spirituelles Angebot für ihre Mitarbeiterinnen bereithalten, um mit Hilfe der biblischen Bilder und Symbole ihre Berufs- und Leidenserfahrungen zu deuten und daraus Kraft gewinnen zu können. Also Einkehrtage, Meditationswochenende, Bibliodrama, Wochen-Gottesdienste und Andachten. Die müssten auch für kirchlich Distanzierte einladend sein.

Diakonische Theologie sollte schließlich auch nicht dazu herhalten, dass

Diakonie bloß der Imageverbesserung der Kirche dient. Sie sollte aber deutlich sagen, was der Hauptimpuls der christlichen Liebestätigkeit ist: die vorrangige Orientierung an den Armen und das Eintreten für eine entsprechende Sozialpolitik.

Ich illustriere das an einem Satz von Theodor Strohm. „Theologie ist in einer Zeit, in der an die soziale Verantwortung der Christenheit überall in der Welt die höchsten Erwartungen gerichtet werden, herausgefordert, Gottes universalen Versöhnungsdienst an der Welt den denkenden und handelnden Menschen so zu bezeugen, dass sie ihn in ihrer Wirklichkeit verstehen und sich hineinstellen lassen."[6] Das ist richtig, aber es klingt mir schon wieder zu pathetisch, obwohl ich selbst in ähnliche Richtung denke und formuliere: „Inhaltlich geht es in der Diakonie der Kirche um die Wahrnehmung von Leidens- und Krisensituationen der Welt unter dem Aspekt der aktiven Liebe Gottes für seine Schöpfung."[7] Vorsichtiger, skeptischer, wäre diese Versöhnungstendenz zu formulieren. Wir können eigentlich mit E. Levinas nicht mehr sagen, als dass wir versuchen, mit unserer Diakonie, „in der Spur Gottes zu bleiben"[8]. Wir könnten auch mit einem umgekehrten Bonhoeffer sagen: „Wir handeln in der Welt, als ob es Gott gäbe. Wir glauben mit Gott an einen guten Ausgang der Geschichte, daran, dass jenseits unserer Vorstellungskraft die Traurigen getröstet und ihre Tränen abgewischt werden."

Beispiel: Gerechte Teilhabe. In dem dritten Leitbildsatz von 1997 heißt es: „Wir leisten Hilfe und verschaffen Gehör". Darin wird die Integration Ausgegrenzter und die Teilhabe aller am Leben der Gemeinschaft als Ziel genannt. Dies müsste in einer neuen Version noch viel schärfer gefasst werden. Wie kann das geschehen?

Die neueste Denkschrift der EKD nennt als entscheidendes sozialethisches Kriterium, und das ist ihr Titel „Gerechte Teilhabe. Befähigung zur Eigenverantwortung und Solidarität"[9]. Die Denkschrift hält entschieden an der Verteilungsgerechtigkeit fest. Sie fordert jedoch stärker aktivierende und unterstützende Hilfen seitens des Staates, besonders im Bildungsbereich, um eine breite Teilhabe der betreffenden Menschen an der Gesellschaft zu ermöglichen. In diesem Zusammenhang ist das vor allem von Traugott Jähnichen vertretene Gerechtigkeitskonzept, das in die Abschnitte 59–74 der Denkschrift Eingang gefunden hat, etwas genauer zu betrachten. Die theologische Voraussetzung gerechter Teilhabe ist nach der Denkschrift „die Teilhabe des Menschen an der Wirklichkeit Gottes und am Leibe Christi" (11). Begabungen als Teilhabe an Gottes Kraft sind Schenkungen, Voraussetzungen des Lebens, die angeeignet werden können und sich so im zwischenmenschlichen Bereich segensreich auswirken, insofern die Gaben weitergegeben werden – von

---

[6]   Diakonie Jahrbuch 1998, 31.

[7]   H.-J. Benedict, Die größere Diakonie in: WzM 53, 2001, 356.

[8]   Zit. H.-J. Benedict, Verantwortung für den anderen als mitmenschliche Schuld, in: WzM 53, 2001, 251.

[9]   Gerechte Teilhabe. Befähigung zur Eigenverantwortung und Solidarität. Eine Denkschrift des Rates der EKD zur Armut in Deutschland, Hannover 2006.

Eltern an die Kinder, von Freunden an Freunde, von Gemeinschaften und Vereinen an die Mitglieder, von Gutgestellten an die Schwächeren, über die Nahestehenden hinaus auch weltweit an die Fernen. Ich nenne das die „Gabentheologie der erhaltenden Ökonomie Gottes", die Kreise zieht in unseren menschlichen Ökonomien. So wie Luther das für eine agrarische Gesellschaft sehr schön in der Erklärung des 1. Artikels des Glaubensbekenntnisses entfaltet hat. Die Denkschrift sagt: „Die von Gott gewährte Teilhabe an ihm selber bewährt sich so in der aktiven Weltgestaltung" (11). Man könnte auch nichttheologisch sagen: das In-der-Welt-Sein des Menschen verpflichtet zum gegenseitigen Am-Leben-halten. Verpflichtet zu gelingendem Leben in gerechten Institutionen.

Die Denkschrift geht davon aus, dass Teilhabe-, Befähigungs- und Verteilungsgerechtigkeit das Fundament eines theologisch-sozialethisch begründeten Verständnisses von Gerechtigkeit sind. Auf diesem Fundament fordert evangelische Ethik, so heißt es weiter, für alle Menschen den Zugang zu den Grundgütern der Gesellschaft, eine grundlegende soziale Sicherung und eine Qualifikation aller für die Sphäre des gesellschaftlichen Austauschs. Diese Sphäre des gesellschaftlichen Austauschs sei in gerechtigkeitstheoretischer Perspektive wesentlich von der Tauschgerechtigkeit bestimmt. „In dieser Sphäre werden auch bei strikter Gleichbehandlung aufgrund eines unterschiedlichen Leistungsvermögens sowie zufälliger Umstände gesellschaftliche Ungleichheiten hervorgerufen. Diese Ungleichheiten sind dann zu akzeptieren, wenn auch diejenigen, die am schlechtesten gestellt sind, davon Vorteile haben, indem ihre Teilhabe an den wirtschaftlichen und sozialen Prozessen wächst" (44).

Ich halte den Begriff ‚Tauschgerechtigkeit' für einen Euphemismus. Auch ohne Marxist zu sein, weiß man, dass die Güter ungleich verteilt sind und vererbt werden. In der Deuteronomischen Reform (630 v. Chr.) wurde deswegen diese im Laufe der Zeit sich verschärfende Ungleichverteilung durch strukturelle Maßnahmen angegangen. Das ist heute ungleich schwieriger, trotzdem muss sich eine diakonische Sozialethik dafür einsetzen. Gerechte Teilhabe muss staatlich gestaltet, notfalls erzwungen werden. Denn das von der Denkschrift zitierte Rawlssche Gerechtigkeitstheorem funktionierte in der Nachkriegsgesellschaft nur bis Ende der 80er Jahre. Dann führte die Massenarbeitslosigkeit für immer mehr Menschen zum Ausschluss von der Teilhabe am Arbeitsmarkt und infolgedessen auch vom sozialen und kulturellen Geschehen. Die Verpflichtung zum sozialen Ausgleich (Sozialstaatsgebot) wurde zunehmend ebenso dereguliert wie die Arbeitnehmerrechte (Kündigungsschutz im Krankheitsfall, Tarif- und Mindestlöhne u. a.). Die Denkschrift spricht nur noch von einem „Impuls zum sozialen Ausgleich" (44). Sie weist auf die Gefahr eines Wohlfahrtspaternalismus hin, wenn durch bloße Finanztransfers nicht zu eigenverantwortlichem Handeln ermächtigt wird. Die Denkschrift fordert deswegen eine enge Verzahnung von Sozial-, Bildungs- und Arbeitsmarktpolitik (14). Der gegenwärtig populären Tendenz (siehe Nolte und Wüllenweber, „Armut macht dick und verblödet"), ausschließlich mangelnde Bildung für die kulturelle Exklusion der Unterschicht verantwortlich zu machen, entgeht sie Gott sei Dank. Der Niedriglohnsektor soll so klein wie möglich gehalten (was heißt das angesichts seiner grassierenden Expansion?), Beschäftigungsförderung für gering bezahlte Arbeitsplätze angestrebt werden. Das hört sich nach dem CDU-Kombilohn und Münteferings Lohnzusatz für ältere Arbeitnehmer an. So ist das nun mal in ausgewogenen Denkschriften. Immerhin plädiert sie wie die Diakonie für öffentlich geförderte und wo nötig auch für direkt öffentlich bereitgestellte Arbeitsplätze (13).

Hier entscheidet sich also, ob eine theologische Prämisse sozialethisch entweder verwässert oder konturiert wird. Im ersteren Fall könnten wir die Theologie ohnehin gleich fahren lassen, denn um eine niemandem weh tuende Maxime zu empfehlen, brauchen wir keine theologische Begründung. Praktische Versuche zum fortschreitenden Abbau von Transferleistungen bei keinesfalls diese auffangenden Bildungs- und Ausbildungsanstrengungen für Menschen mit eingeschränkter Teilhabe haben wir genug. Die biblische Option für die Armen, die nach wie vor hochgehalten und zitiert wird (45–47), wird nur vorsichtig politisch operationalisiert (46f), die materielle Sicherung der Existenz ein wenig relativiert. So kann Kirche die Verfestigung von Exklusion nicht bremsen[10] und lässt die Diakonie auf diesem Feld eher allein. Und dieser bleiben auch nur Proteste und exemplarische Aktionen, sofern sie nicht bei der Mehraufwandsentschädigung, sprich 1-Euro-Jobs, aus Konkurrenzgründen sich gezwungen sieht, selbst mitzumachen.

2. Der Sinn der Gottesrede in der Diakonie

„Der Hirte Israels schläft und schlummert nicht", heißt es in Psalm 121,4. „Was tut Gott", fragt eine rabbinische Geschichte, „wenn er nicht schläft? Er tut dasselbe wie wir, er stattet arme Bräute aus, wacht bei einem kranken Kind und geht mit im Begräbniszug, wenn kein anderer da ist."

Wir sollen den Namen Gottes nicht verschweigen in der Diakonie. Warum? Der Einspruch im Namen des Gottes, der die Schreie der Armen hört, hat kaum noch sanktionierende Wirkung für die Verantwortlichen in der Politik. Selbst über Forderungen einer Massenveranstaltung, wie es der Evangelische Kirchentag ist, wird schnell hinweggegangen, ebenso auch über kirchliche Verlautbarungen wie das Sozialwort, auch über die auf Lobby-Ebene vorgetragenen Einsprüche hoher Diakonievertreter. Das ist bekannt. Auch unabhängig von dieser skeptischen Beurteilung des Gottesrechts in unserer Zeit ist der Gedanke festzuhalten, dass die Symbolisierung der menschlichen Gerechtigkeitshoffnungen (Rechtsansprüche) in dem Bild eines barmherzigen Gottes, der Gerechtigkeit will, für religiös soziale Bewegungen unaufgebbar ist. An der Arbeit für das Reich Gottes und seine Gerechtigkeit teilnehmen, heißt am Prozess schöpferischer Gerechtigkeit in einer Welt immer noch dominierenden Unrechts teilzunehmen. Gott ist nach diesem Verständnis nicht der allmächtige Herr der Geschichte (bzw. der Diakonie) sondern der zugleich transpersonale und personal ansprechbare Grund der Welt, eine Beziehungskraft der Barmherzigkeit, Liebe und Gerechtigkeit, die zu ihrer Verwirklichung in der Welt der Menschen bedarf. Auch die Diakonie muss endlich die nontheistische Rede von Gott in ihr Selbstverständnis aufnehmen. Wir können von Gott nur in Bildern reden. Das in der Diakonie beliebte Bild eines Gottes, der sich erbarmt, „wie sich ein Vater über Kinder

---

[10]   Siehe dazu M. Kronauer, Exklusion: Die Gefährdung des Sozialen im hochentwickelten Kapitalismus, Frankfurt/M 2002.

erbarmt, so erbarmt sich der Herr über die, die ihn fürchten" (Ps 103,13), hat motivierende Kraft, auch wenn wir uns eingestehen, dass es nur ein Bild ist und Gottes Erbarmen mit unserem Erbarmen zusammenhängt.

Von dem Paradigma eines sein Volk befreienden Gottes müssen wir dann aber Abschied nehmen, zumindest in der Hinsicht, dass Gott rettend-befrei-end eingreift. Diese progressive Geschichtstheologie (*God's action in history*) ist nicht länger zu halten. Gott hat sich seiner direkten Einwirkungsmacht begeben, ist aber gegenwärtig in dem Gesetz und den Propheten wie in der Botschaft Jesu als „eindrücklich-stummes Werben seines unerfüllten Ziels" (H. Jonas), als Ruf an unsere Seelen, als Aufforderung zur Kooperation. Ähn-lich hat es J. Degen, ebenfalls unter Berufung auf Hans Jonas, ausgedrückt: „Gott hat auf seine Allmacht, das heißt auf seine Herrschaft verzichtet. Er ist es, der mit dieser asozialen Welt in einen Prozess des Werdens einer neuen Gerechtigkeit verwickelt ist."[11]

Gottes Sein hängt an unserem Eintreten für Gerechtigkeit, an unserem barmherzigen Handeln, das auf Gerechtigkeit zielt. Und zwar durchaus dia-lektisch in dem Sinn, dass es Gott als eine ethische Kraft barmherziger Ge-rechtigkeit unabhängig von unserem Handeln gibt und dass andererseits un-ser Handeln das Bild des barmherzigen und gerechten Gottes zugleich als Kraft bewahrt. Dabei muss Diakonie achtsam sein, dass sie sich nicht nur auf die Barmherzigkeit als Aushalten des harten Lebens zurückzieht, sondern dass sie jeweils die Grenze nach vorne ins Land der Güte und Gerechtigkeit verschiebt, sofern sie das noch kann (man denke an die Errungenschaften in der Jugend- und Behindertenhilfe der letzten 30 Jahre). Dieser Gottesbegriff könnte Diakonie instand setzen, die Leidenssituationen genauer wahrzu-nehmen. Da werden dann die personalen Gottesbilder als Bilder auch wieder wichtig. Von einem Gott her, der die Schreie der Leidenden hört und in Christus selbst ins Leiden geht, der das Gedächtnis der Leidenden ist, ist es eher möglich, die Bedürfnisse und Nöte der Menschen genauer wahrnehmen und zur Grundlage menschen- und sozialrechtlicher Forderungen zu ma-chen.[12]

---

[11] Johannes Degen, Diakonie im Schatten des Wohlstands in: Diakonie der Versöhnung, Festschrift für Theodor Strohm 1998, 75.

[12] Ähnlich sagt nichtreligiös S. Staub-Bernasconi: von Verletzungen und Leiden her denken, so eine interdisziplinäre Bedürfnistheorie entwickeln für die Realutopie der Menschen- und Sozial-rechte; vgl. S. Staub-Bernasconi, Soziale Arbeit als Menschenrechtsprofession, in: Baldur Schruba, Vom Jugendwohlfahrtspfleger zum Sozialmanager, Dortmund 2000, 49ff.

3. Menschenwürde aufgrund von Gottebenbildlichkeit – eine Problemanzeige

Ich gehe jetzt indirekt auf den 2. Leitsatz ein, der lautet „Wir achten die Würde jedes Menschen" und der implizit auch eine Aussage zum Gottesbegriff der Diakonie ist. „Die Bibel nennt den Menschen, Mann und Frau, das ‚Ebenbild Gottes'. Gott will und liebt jeden Menschen, unabhängig davon, was er ist und was er kann. Er nimmt ihn an – auch im Scheitern und in der Schuld. Daran richten wir unser Handeln aus." Und in den erklärenden Sätzen heißt es: „Gott traut uns zu solidarisch zu handeln, das Recht der Schwachen zu achten und jedem Gerechtigkeit zukommen zu lassen. Das gibt uns Kraft, den Menschen vorbehaltlos anzunehmen." Was das praktische Handeln betrifft, ist gegen diesen Leitsatz nichts einzuwenden. Einerseits wird hier personal von Gott gesprochen: Gott will, liebt, nimmt an. Er ist der Zutrauende, Annehmende und der Zuteilende. Andererseits wird Gott hier, mit Carter Heyward gesprochen, als eine „Macht in Beziehung" (*power in relation*) verstanden. Gott ist nicht mehr wie in den traditionellen Bezeichnungen ‚der Herr', der ‚Richter', der ‚Allmächtige', sondern eine solidarische Kraft. Das deuten auch die zitierten Bewegungsneutra an. Dieser Ansatz zu einem transpersonalen Gottesbegriff wäre auszubauen. Ich erinnere an Jörns Kritik am Gedanken der Ebenbildlichkeit. Zu überwinden ist die Ansicht von einer wechselseitigen Ebenbildlichkeit von Gott und Menschen. Wir können Gott, so Jörns, nicht auf personale Kategorien festlegen. Eine nichtreligiös fundierte, unantastbare Menschenwürde ist in der Menschenrechtsdebatte inzwischen Gemeingut.[13] Die wiederholten Umschreibungen dessen, was Gott tut, will, liebt etc. machen den Gedanken der Ebenbildlichkeit nicht überzeugender.

Die Menschenwürde ist zu achten um des Menschen willen. Wer sie „nur" um Gottes Willen achtet, kann Gefahr laufen, sie um angeblicher göttlicher Mandate zu verletzen, wie die Geschichte der Konfessionskriege und des jetzigen religiös fundierten Terrorismus, ob von Einzelnen oder von Staaten, zeigt. Als innerkirchliche Verständigung über den absoluten Schutz des Menschen, sozusagen als Motivationsumweg und -hilfe, ist sie dennoch unaufgebbar. Um Gottes und Christi willen helfend zu handeln ist eine wichtige, letzte christliche Sinnressource.

Zum Vergleich: Die Geschöpflichkeit des Menschen als eine Aussage über die Begrenzung seines Machbarkeitswahns bringt in die öffentliche Debatte über die Gentechnologie eine vergessene, andere Dimension hinein, die noch uneingelöst ist. In diesem Sinne hat ja auch Jürgen Habermas in seiner

---

[13] Siehe dazu U. Kleinert / U. Liedke (Hg.), Dekalog – Dialoge. Orientierungen für heute mit Geboten von gestern, Leipzig 2004, 185–203.

Frankfurter Friedenspreisrede an dieses Theologumenon als zu rettendes erinnert.

4.   Leiden, Sterben und Auferstehung Jesu als Wahrnehmungskraft und funktionalisierte Hoffnung

Ich gehe jetzt noch mal zurück auf den 1. Leitbildsatz ein: „Wir orientieren unser Handeln an der Bibel". Genauer gesagt müsste es hier heißen: am Neuen Testament. Denn dies ist sozusagen der christologische Leitsatz des Leitbildes. Es wird von der Nachfolge Jesu gesprochen, von dem Leiden und Sterben Christi, das zur Wahrnehmung, Anrührung von Not, Leid und Schwäche als Teil des Lebens befähigt, schließlich von der Auferstehung, die als Hoffnung auf Überwindung des Todes in Lebenskrisen begegnet. Dagegen ist an sich nichts zu sagen, man kann es ein wenig anders, zugänglicher ausdrücken. Es ist eine „an Jesus Christus orientierte Ethik der Fragmentarität", mit Henning Luther zu sprechen oder der „Compassion", um auf Johann Baptist Metz zurückzugreifen. Sie hat aber noch einen christologisch-dogmatischen Ansatz, der für viele Mitarbeiterinnen und für die Öffentlichkeit sowieso schwer verständlich ist.

Die heutige Frage ist ja, wie Leiden und Sterben des Jesus von Nazareth für uns bedeutsam sind. Der Leitsatz rückt eindeutig ab von der stellvertretenden Deutung des Todes Jesu für unsere Sünden. Er sieht Leiden, Sterben und Auferstehung Jesu als Befähigung, Leiden und Schwäche als Teil des Lebens wahrzunehmen, Bruchstückhaftigkeit als Teil und Kennzeichen des menschlichen Lebens anzunehmen. Das ist eine diakonisch hilfreiche Interpretation des Geschicks Jesu. Sie ist alltagsweltlich nachvollziehbar. Diakonie verdrängt aufgrund ihrer biblisch-neutestamentlichen Orientierung nicht die Realität des Leidens, sondern wird im Blick auf Jesus instand gesetzt, dieser Differenzerfahrung standzuhalten.

Etwas schwieriger wird es mit dem bekenntnisartigen Satz, dass uns die Auferstehung den Glauben an die Überwindung des Todes schenkt. Sicher ist dieser Satz zentral für den christlichen Glauben. Ich nenne die Auferstehung eine verwegene Hoffnung; sie ist entstanden angesichts des Geschicks der Gerechten in der Makkabäerzeit 200 v. Chr., sie wird auf alle Christus Nachfolgenden und für Gott Unrecht Leidenden ausgedehnt in der frühchristlichen Deutung durch Paulus. Letztlich entgeht der Leitsatz aber der Gefahr einer dogmatischen Verobjektivierung und lässt auch diese „verwegene Hoffnung" als spirituelles Beziehungsgeschehen in Krisensituationen gelten.

Die Frage ist allerdings, ob dies nicht schon ein Schritt zu weit ist. Ich erinnere an Marie Luise Kaschnitz Gedicht: „Die Mutigen sagen: es gibt keine Auferstehung." Es endet mit dem Satz: „Ich bin nicht mutig." Was ich damit sagen will: es ist angesichts der Schwierigkeit, die Auferstehungshoffnung selbst für Christen nachvollziehbar auszusagen, noch schwieriger sie für ein Leitbild zu funktionalisieren; es ist eine Hoffnung an der Grenze, die in existentiellen Situationen ihre Kraft erweisen kann oder auch nicht.

„Christen stehen bei Gott in Seinen Leiden"[14], sagt Bonhoeffer leidensmystisch und pathetisch zugleich. Das ist erfahrbar in der Arbeit mit Aids- und Krebskranken, die oft schwer auszuhalten ist. Das Ritual des Segnens, die Berührungen, das ist Mystik, das Flehen um eine Kraft, die größer ist als man selbst. Das erlebt man nur mit Menschen, die an der Grenze der Machbarkeit stehen. Diese Haltung macht sensibel für die Lebenswünsche derjenigen, deren menschenwürdiges Leben und Sterben in der Gesellschaft oft Gefahr läuft, als zu kostenaufwendig betrachtet zu werden (Hochbetagte und Verwirrte im Altersheim, Schwerstbehinderte, Hospizarbeit). Hier an den Grenzen des Lebens bei der Sterbebegleitung ist eine Diakonie gefragt, die den Grenzerfahrungen nicht ausweicht, ohne ein abrufbares objektives Mehr an Hoffnung zu haben, sondern nur die unableitbare Kraft des Dabeibleibens, der Präsenz bei den Menschen am Rande. Das siebte Werk der Barmherzigkeit, das in Mt 25 nicht vorkommt, gewinnt in einer alternden Gesellschaft neue Relevanz. Hier käme, ohne darauf ein Monopol zu haben (Hospizarbeit entstand nicht in der Diakonie), das Unverwechselbare des Glaubens zum Tragen.[15]

5. Was ist die tiefste Not des Menschen?

Zum Schluss ein kurzer Blick auf die altneue Präambel des Diakonischen Werks, die ja auch Leitbildcharakter hat.[16] Diese Präambel unterscheidet bekanntlich die materielle, leibliche und seelische Not von der tiefsten Not des Menschen, der Trennung von Gott. So korrekt dies theologisch ist, Theologie, Kirche und Diakonie müssen sich einmal selbstkritisch mit der Frage auseinandersetzen, ob dieses Sündenverständnis noch trägt. Letztlich ist die Innere Mission, deren Ansatz sich diese Formulierung in der Präambel verdankt, damit gescheitert. Denn das in der Öffentlichkeit vorherrschende Sündenverständnis orientiert sich heute primär an der Tatsünde, nicht an der Sünde der Trennung von Gott. Gegen seine Intention der geistlichen Rettung war auch der moralistische Ansatz in der sozialen Praxis der Inneren Mission so geartet. Auch hier wurde Entchristlichung als Tatsünden-Entsittlichung verstanden, besonders bei schwererziehbaren Jungen, gefallenen Mädchen, arbeitsfaulen Männern, haltlosen Frauen. Nicht die schlechten materiellen

---

[14]   D. Bonhoeffer, Widerstand und Ergebung, München 1964, 247.
[15]   In dem 7. Leitbildsatz „Diakonie macht sich stark für andere", siehe meine Ausführungen in diesem Band S. 154f.
[16]   Diesen Passus habe ich ergänzt.

Verhältnisse wurden attackiert, sondern die darauf reagierenden Verhaltensweisen der Menschen.

Wie kommen wir aus diesem Dilemma heraus? Sollten wir den Satz von
der tiefsten Not des Menschen, der Gottesnot, sofort fallen lassen? Das nun
gerade nicht. Aber wir sollten ihn für die Heutigen verständlicher interpretieren. Wir Theologen sind ein wenig unaufrichtig. Wir leben natürlich auch
gerne und genießen die Freuden des Lebens. Aber wir müssen eine welt-
flüchtige Tradition, entstanden in einer Mangelgesellschaft, die als vergehen-
de verstanden wurde, in eine Zeit übersetzen, für die das Leben die gute, kon-
sumorientierte, letzte Gelegenheit ist, hier auf Erden glücklich zu sein. In
einer solchen Zeit ist es schwierig, das „neue" von Paulus zuerst vorgetragene
und von der Reformation erneuerte Sündenverständnis als Entfremdung von
Gott, dem Grund des Lebens, verständlich zu machen. Und eigentlich scheitern wir damit häufig. Wir können nicht jedes Mal mit Adam und Eva wieder
anfangen. Irgendwann mussten die beiden ja mal das Paradies verlassen (auch
wenn es nicht gerade „der glücklichste Moment der Menschheitsgeschichte"
ist, wie Schiller meinte). Auch der verlorene Sohn hat ja nichts Böses getan,
als er vom Vater sein Erbe forderte. Natürlich verliert man als Theologe auch
die Lust, anderen ein schlechtes Gewissen zu machen wegen ihrer Vorliebe
für gutes Essen, Liebesfreuden und Besitzdenken. Deswegen erzähle ich gern
den Witz von dem französischen Adligen, der während der Fastenzeit mit
Genuss ein Omelett verspeist, als ein Gewitter aufzieht. Zum Himmel bli-
ckend sagt er: „So viel Lärm für ein Omelett." Ja, es ist schwer, die Zeitgenos-
sen mehr oder weniger dezent darauf hinzuweisen, dass ohne die Übereinstimmung mit Gott in ihrem Leben etwas nicht stimmt. Nach Bonhoeffer
sollen wir das auch nicht, sondern in der Mitte des Lebens ansetzen. „Ich
möchte von Gott nicht an den Grenzen, sondern in der Mitte, nicht in den
Schwächen, sondern in der Kraft, nicht also bei Tod und Schuld, sondern im
Leben und im Guten des Menschen sprechen (…) Gott ist mitten in unserem
Leben jenseitig."[17]

Das gilt auch für die Menschen, mit denen die Diakonie vorrangig zu tun
hat – die Armen. Sie sind nicht sündig im Sinne einer grundsätzlichen Entfremdung von Gott. Ihre „tiefste Not" ist zunächst die Armut. Ihre materiell
schlechten Lebensverhältnisse, entstanden zumeist durch Arbeitslosigkeit,
treffen bei ihnen auf fehlende Fähigkeiten der Lebensbewältigung, zuweilen
auf persönliche Schwächen, bei denen sie dann Unterstützung brauchen.
Eine empirische Studie aus Hamburg-Wilhelmsburg zeigt, dass die armen
Gesprächspartner, Hartz IV-Empfänger mit 1-Euro-Jobs oder *working poor*,
nirgendwo auf religiöse Angebote zurückgreifen oder ihre Lage theologisch
deuten. Die Lebenskräfte des Religiösen sind oft nicht mehr vorhanden in

---

[17]   Bonhoeffer, Widerstand und Ergebung, 182.

postsäkularen Gesellschaften.[18] Denn die Botschaft von der Annahme durch Gott ist nicht bekannt, und wenn sie bekannt ist, bleibt sie oberhalb der gesellschaftlichen Realität, kann sie die Selbstannahme der Armen offensichtlich nicht bestärken. (Das ist im Westen anders als in einfacheren Gesellschaften, in denen religiöse Gesellungen, Basisgemeinschaften und die in Lateinamerika und Afrika erfolgreichen Pfingstgemeinden auch gute soziale Auswirkungen haben – ohne institutionalisierte Sozialarbeit.) Eine Erklärung besagt: Die religiösen Lebenskräfte sind wegen der Milieu-Verengung der mittelschichtigen Kirchengemeinden für Arme nicht zugänglich. Armutsprojekte können diese Milieu-Verengung aufbrechen, wie eine Befragung von in Armutsprojekten aktiven Kirchengemeinden gezeigt hat.[19] Meines Erachtens ist aber auch die Geringschätzung der materiellen Ausstattung des Lebens durch die Kirche ein entscheidender Grund für die religiöse Abstinenz der Armen. Die Kirche nimmt die „Armutssituation" trotz aller Beteuerungen nicht theologisch ernst.[20] Eine wirklich armutsorientierte Kirche und Diakonie würde zum Beispiel die Regelsätze von Hartz IV viel vehementer kritisieren und sagen: Damit ist in unserer Gesellschaft keine kulturelle Teilhabe zu verwirklichen. Die qualitative Befragung in Wilhelmsburg hat nicht nur gezeigt, wie schwer es die Armen haben, am normalen Leben teilzunehmen. Sie hat überraschend auch gezeigt, dass auch bei den Armen, sowohl Hartz IV-Empfänger wie *working poor*, die früher sittlich genannten, heute zivilgesellschaftlich zu nennenden Potentiale durchaus vorhanden sind.[21] Sie sind also nicht „entsittlicht". Welche Not ist also die größte? Die größte Not des Menschen ist, wenn er aufgrund seiner Lebensverhältnisse kein menschenwürdiges Leben führen kann, zu dem neben der materiellen auch die religiös-kulturelle Dimension gehört. Diese wenigen Bemerkungen deuten an, dass es gut gewesen wäre, nach 50 Jahren die Präambel des Diakonischen Werks einmal versuchsweise neu zu formulieren. Wieso es dazu nicht gekommen ist, das steht auf einem anderen Blatt. Aber ich wollte wenigstens daran erinnern.

---

[18]   Siehe dazu Gerhard Wegner, Gott hat dich (nicht) lieb, in: Claudia Schulz, Ausgegrenzt und abgefunden? Innenansichten der Armut. Eine empirische Studie, Münster 2007, 136–142.

[19]   Vgl. Heinrich Grosse, „Wenn wir die Armen unser Herz finden lassen." Kirchengemeinden aktiv gegen Armut und Ausgrenzung. Ergebnisse einer empirischen Untersuchung, epd-Dokumentation 34, 2007.

[20]   Paul Tillich sagte das 1930 von der „proletarischen Situation" der Arbeiterschaft, s. Wegner, Gott hat dich (nicht) lieb, 139ff.

[21]   Siehe meinen Kommentar zu der Wilhelmsburg-Studie: Es klingt so neu und ist doch so alt, in: Schulz, Ausgegrenzt und abgefunden, 143–152, hier 148.

VI. Rundfunk-Andachten zum Thema Arm und Reich[1]

Vorbemerkung: Die Bibel ist parteilich für die Armen, daran gibt es nichts zu deuteln. Die Armen sollen menschenwürdig leben können. Die andere Seite ist auch wahr: die Bibel ist kritisch gegenüber den Reichen. Beides hängt zusammen. Jesu Satz ist sprichwörtlich geworden: „Eher geht ein Kamel durch ein Nadelöhr, als dass ein Reicher ins Gottesreich kommt." Aber die Bibel eröffnet ihnen Möglichkeiten, trotz ihres Reichtums am Reich Gottes teilzuhaben. Arm und Reich begegnen sich. Wie sieht das aus?

1. Der Gott der Armen

Seit jeher schreit das Elend der Armen zum Himmel, doch keiner hört sie. Nicht so in der Bibel. Der Gott Israels erklärt sich mit den Armen, Bedrängten und Flüchtlingen solidarisch. Das war ungewöhnlich in der antiken Welt. Denn die Götter waren zumeist die Götter der Reichen und Mächtigen. Sie waren vor allem die Götter der Könige, die als Söhne Gottes galten. Dass ein Gott sich vorbehaltlos mit den Armen und Schwachen solidarisiert, kam selten vor. Da wagt ein unscheinbarer kleiner Gott einen Aufstand gegen die großen Reichsgötter. Ein kleines Volk im alten Ägypten muss Frondienste für die Bauten des großen Pharao leisten. Es ruft seinen Gott um Errettung an. Der hilft ihm unter der Führung Moses aus Ägypten zu fliehen. Nach einer mühsamen Wüstenwanderung siedelt es sich im gelobten Land Kanaan an. Das Land wird gerecht aufgeteilt. Jeder freie Mann erhält seinen Anteil. Doch bald schleichen sich Ungerechtigkeiten ein. Mit der Einführung des Königtums werden die Bauern dem König tributpflichtig. Missernten führen dazu, dass Bauern ihren Tribut nicht abliefern können und sich verschulden. Die Bedürfnisse des Königshofes mit seinen Beamten und einem stehenden Heer werden immer größer. Der Mehrwert, den die Bauern erwirtschaften, wird durch Sklavenarbeit, Landanhäufung und Abgaben der Früchte und des Viehs abgeschöpft. Immer mehr Bauern verarmen, während der Reichtum sich bei der herrschenden Schicht anhäuft. Das stößt auf den Protest der Propheten, die im Namen Gottes die Reichen anklagen. „Sie verkaufen die Unschuldigen für Geld und die Armen für ein paar Schuhe", charakterisiert Amos die Reichen in Samaria. „Sie treten den Kopf der Armen in den Staub und drängen die Elenden vom Wege" (Am 2,6f). Da das Ins-Gewissen-Reden

---

allein nicht hilft, werden in einem ersten Sozialgesetz die Armen, die Witwen und Waisen und die Fremdlinge unter den Schutz Gottes gestellt. Ein Existenzminimum wird angemahnt. „Wenn du den Mantel deines Nächsten zum Pfand nimmst, sollst du ihn wiedergeben, ehe die Sonne untergeht, denn sein Mantel ist seine einzige Decke für seinen Leib. Worin soll er sonst schlafen? Wird er aber zu mir schreien, so werde ich ihn erhören, denn ich bin gnädig" (Ex 22,15f). Es dauert aber noch einige Jahrhunderte, bis in Israel die Randgruppen strukturell geschützt werden. Unter König Josia wird der Zehnte, die traditionelle Hauptsteuer auf agrarische Produkte, praktisch abgeschafft. Der Zehnte ist Königs- wie Tempelsteuer und Hauptgrund für Verarmung und Verschuldung. Jedes dritte Jahr soll er nun denen am Ort zugute kommen, die nicht über das Produktionsmittel Land verfügen – also den Leviten, die keinen Landbesitz haben, den Fremdlingen, den Witwen und Waisen. Zum ersten Mal wird mit dieser Verwendung des staatlichen Tributs zugunsten der sozial Schwachen so etwas wie eine Sozialsteuer eingeführt.

Recht modern ist auch der Versuch im Rechtsbuch des Königs Josia, mit Regelungen wie dem Zinsverbot und dem Schuldenerlass Wirtschaftsgesetze zu formulieren; sie sollen die Produktion sozialen Elends bereits im Ansatz verhindern. „Du sollst von deinem Bruder nicht Zinsen nehmen, weder für Geld noch für Speise noch für alles, wofür man Zinsen nehmen kann" (Dtn 23,20). Darüber hinaus soll es alle 7 Jahre ein Erlassjahr für diejenigen geben, die trotz dieser solidarischen Regelungen in Verschuldung geraten sind. Aus den im Alten Orient üblichen unregelmäßigen Schuldenerlassen, als Gnadenakt des Königs, versucht also das Gesetz des Königs Josia eine regelmäßige und berechenbare Institution zu machen. Das heutige Insolvenzrecht, das nach sieben Jahren Verschuldete entschuldet, ist von ihm beeinflusst. In der Kampagne *Erlaßjahr 2000* haben christlichen Gruppen angesichts der ungeheuerlichen Verschuldung der Länder der sog. Dritten Welt diese antike Regelung umzusetzen versucht. Die reichen Industrieländer sollten ihnen die Schulden erlassen. Der Erfolg war begrenzt, aber das Engagement für eine Welt mit weniger Armen geht weiter. Immer wieder finden Menschen Trost und Kraft in dem Satz „Ich bin ein Gott, der die Schreie der Armen hört."

2. Menschen den Rücken stärken

„Unmögliches erledigen wir sofort, Wunder dauern etwas länger." Dieser witzige Spruch findet sich an manchen Behördenschaltern. In den Evangelien wird von den Wundern Jesu erzählt. Menschen, die lange unter körperlichen und seelischen Leiden gelitten haben, werden auf einmal in der Begegnung mit Jesus gesund. Da ist eine Frau mit verkrümmten Rücken in der Synagoge, in der Jesus lehrt. Seit 18 Jahren konnte sie sich nicht aufrichten. Jesus sieht sie, ruft sie zu sich, sagt: „Sei frei von deiner Krankheit" (Lk 13,12) und legt ihr die Hände auf. „Und sogleich richtete sie sich auf und pries Gott." In dieser Wundergeschichte liegt ein Geheimnis versteckt. Im Zeitraffer erzählt das Wunder, was ein längerer Prozess der Unterstützung ist. Es erzählt, wie man leidenden Menschen den Rücken stärkt, sodass sie sich wieder aufrichten können. Zum Beispiel Langzeitarbeitslose und Sozialhilfe-Empfänger. Da hört man die Ansicht, „die wollen nicht arbeiten". Jetzt sind die Parteien auf die Idee gekommen, mit Druck nachzuhelfen. Wer bei den 1-Euro-Jobs nicht mitmacht, dem wird die Sozialhilfe gekürzt. Wer als Langzeitarbeitsloser nicht jede zumutbare Arbeit annimmt, der bekommt eben weniger. Da stellt sich doch die Frage: Kann man anders helfen als durch Zwang und Druck? Soll so das Wunder erzwungen werden? Ich meine: Das Wunder liegt in einem Prozess der Unterstützung. Wahrnehmen, herbeirufen, ermuntern, unterstützen. Lange Zeit Arbeitslose müssen erst einmal wahrgenommen werden in dem, was sie brauchen. Sie müssen gerufen werden. Sie brauchen Ermunterung und Anerkennung. Sie müssen ein Handwerkszeug bekommen, das sie wieder aufrichtet. Ich habe ein Beschäftigungsprojekt für sozialhilfeabhängige Mütter vor Augen, die Textilnäherei in der Hamburger Martin Luther King-Gemeinde. Vor 15 Jahren entstanden im alten Gemeindehaus. Heute, wo noch eine Wäscherei hinzugekommen ist, immer noch ein gutes Beispiel dafür, wie Arbeitsfähigkeit und Lebensführung durch Akzeptanz und klare Regeln auch ohne Sanktionen gefördert werden können. Hier wird die gewünschte Aktivierung durch ein ermutigendes Klima hervorgerufen. Diese Frauen waren jahrelang ohne Arbeit, lebten von Sozialhilfe. Notdürftig kamen sie durch, meistens allein zogen sie ihre Kinder groß. Angesehen waren sie nicht. Eine Randgruppe, irgendwie mit durchzuschleppen. Nun aber der tägliche Acht-Stunden-Tag, Anlernung im Handwerk durch eine Schneidermeisterin. Dazu begleitende Sprachkurse, soziale Beratung, Unterstützung bei der Kinderunterbringung und -erziehung. Bei Gemeindefesten sind sie dabei, verkaufen ihre Produkte. Ganz wichtig: Anerkennung geschieht materiell durch das Programm „Tariflohn statt Sozialhilfe". Die Arbeit wird bezahlt wie andere Arbeit auch, gleichstellend, nicht abwertend, das würde ihr zerbrechliches Selbstbewusstsein sofort wieder erschüttern. (Insofern ist die Abkehr von diesem Programm in Hamburg im letzten Jahr mit Recht von der Diakoniepastorin mit ihrem Austritt aus dem Aufsichtsrat der Hamburger Beschäftigungsgesellschaft beantwortet worden.) Vor allem sind Ausstattung und Arbeitsklima des Projekts Textilwerkstatt so, dass „Frauen mit gebeugtem Rücken" sich nach und nach aufrichten können. Sie üben Verhaltensweisen ein, die ihnen helfen, auch auf dem ersten Arbeitsmarkt zu bestehen. Denn der ist ja immer noch der dominierende, dafür müssen sie eben auch fit gemacht werden. Wer die zwei Jahre durchhält, bekommt meistens einen Job. Aber so lange dauert das Wunder auch bei Menschen, die zehn Jahre keine Arbeit gehabt haben. Es gibt Wunder, aber wie gesagt, sie geschehen nicht ruckzuck. Sie dauern etwas länger, aber sie sind möglich.

3. Arbeitssuchende unterstützen, nicht beschimpfen

Der Apostel ist empört, er gebraucht deutliche Worte. „Wir hören, dass einige unter euch unordentlich leben und nichts arbeiten, sondern unnütze Dinge treiben" (2Thess 3,10) Diese Faulenzer in der Gemeinde zu Thessaloniki erinnert der Apostel Paulus an sein eigenes arbeitsames Vorbild: „Mit viel Mühe haben wir Tag und Nacht gearbeitet, um niemandem zur Last zu fallen. Wir wollten euch uns selbst zum Vorbild geben, damit ihr uns nachfolgt." Und er erinnert sie vor allem an das von ihm aufgestellte Gebot: „Wer nicht arbeiten will, soll auch nicht essen." In den frühchristlichen Gemeinden galt das Prinzip der Gastfreundschaft und der gegenseitigen Solidarität. Schwache wurden eine Zeit lang mit durchgetragen. Das machten sich offensichtlich einige Gemeindeglieder zunutze. Sie verlängerten die Zeiten des Nichtstuns. Christliches *dolce far niente* unter dem Vorwand geistlicher Solidarität. Ein klarer Fall von Missbrauch der Gastfreundschaft, dem eine Grenze gesetzt werden musste. „Wer nicht arbeiten will, soll auch nicht essen" – ein harter Satz, der in der gegenwärtigen Debatte um zumutbare Arbeit für Sozialhilfeempfänger und Langzeitarbeitslose gerne zitiert wird. Die eine Million Arbeitsfähigen unter den 2,8 Millionen Sozialhilfeempfängern, so ein deutsches Nachrichtenmagazin, muss wieder zur Arbeit motiviert werden. Seit einigen Jahren stehen die Sozialhilfe-Empfänger generell unter dem Verdacht des Missbrauchs der staatlichen Zuwendungen. Einige spektakuläre Fälle heizten die Debatte an. Da lebte doch tatsächlich jemand von der Sozialhilfe im sonnigen Florida. Ein Aufschrei ging durch die Presse, wie damals in Thessaloniki. „Wer nicht arbeiten will, soll auch nicht essen." Die angeblich zahlreichen Drückeberger sollen also zur Arbeit verpflichtet werden. Vermehrt werden seitdem Sozialhilfeempfänger zu gemeinnütziger Arbeit gezwungen; wer diese Arbeit ablehnt, muss Kürzungen an der Sozialhilfe in Kauf nehmen Es gibt einen kleinen Anreiz von einem Euro pro Arbeitsstunde zusätzlich zur Sozialhilfe. Diese 1-Euro-Aktion lässt sich überdies in der Öffentlichkeit gut verkaufen. Ab 2005, mit Hartz IV, sollen auch die Langzeitarbeitslosen die 1-Euro-Jobs annehmen. „Ich bin sicher, dass es entwürdigender ist, wenn man gezwungen ist, zu Hause zu hocken", sagte eine Politikerin ganz im Tonfall des Apostels Paulus. Die Ein-Euro-Jobs seien realistische Angebote, wieder in Arbeit zu kommen und einen Platz zu haben in der Gesellschaft. Sicher – da ist etwas dran. Arbeit zu haben, gibt dem Leben einen Sinn. Zu arbeiten ist menschliche Bestimmung und göttliche Berufung, sagt die christliche Sozialethik. Aber ist es sinnvoll, als Facharbeiter oder als Akademiker Laub zu harken im Park? Selbst der ungelernte Sozialhilfe-Empfänger, der schon seit fünf Jahren nicht mehr gearbeitet hat, auch weil er oft krank war, braucht etwas anderes als eine irgendeine beliebige Zwangsarbeit. Er braucht Unterstützung und Begleitung, wenn er wieder anfangen soll, regelmäßig zu arbeiten. Ein entschiedener Vertreter des

Freiheitsgedankens wie Sir Ralf Dahrendorf fragt besorgt: „Was aber, wenn die Menschen die verfügbare Arbeit nicht mehr wollen, weil sie wohl wissen, dass sie eigentlich nicht gebraucht werden? Dann muss man sie zur Arbeit zwingen."[2] Anders gesagt: der aktivierende Staat versucht das Gefühl der Dazugehörigkeit durch Zwang durchzusetzen, bei Menschen, die die Erfahrung, überflüssig zu sein, ständig begleitet. Das nagt am Selbstwertgefühl. Diese Menschen wollen wohl arbeiten, aber sie wollen es sinnvoll tun, nicht nur, um irgendwie beschäftigt zu sein. Nicht nur um den anderen, die möglicherweise hart arbeiten, kein Anlass zu Selbstzweifeln zu sein. Denn ehrlich gesagt, nach etwas mehr süßem Nichtstun sehnen wir uns doch alle ein bisschen. Sozialhilfe-Empfänger und Langzeitarbeitslose brauchen vor allem Unterstützung, Begleitung und geduldige Beratung, wenn sie wieder in Arbeit gehen sollen. Sie brauchen Anerkennung. „Wer arbeiten soll, muss auch Hilfe für diese Arbeit bekommen." Das ist ein besserer Satz als das fragwürdige: „Wer nicht arbeiten will, soll auch nicht essen."

4. Suppenküchen

Wir leben in einer reichen Gesellschaft. Und doch gibt es viele Arme, die sich nicht mit einem anständigen Frühstück oder einer warmen Mittagsmahlzeit versorgen können. Die keinen Platz haben, um sich zu duschen, die sich keine neue Kleidung leisten können. In einer so schönen und reichen Stadt wie Hamburg gibt es nach einer Statistik der Bahnhofsmission 25 Essensausgabestellen für arme und bedürftige Menschen. Am häufigsten wird Ali Maus an der Reeperbahn aufgesucht. Da kommen an fünf Tagen in der Woche jeweils bis zu 300 bis 400 Hilfesuchende. Und die Zahl nimmt eher zu. Die älteste dieser Suppenküchen ist vor fast 15 Jahren als Nothilfeprojekt gegründet worden. Da fiel einem Kirchenvorsteher in Wandsbek auf, dass am Wandsbeker Markt die Zahl der herumlungernden Obdachlosen zunahm. Er sprach mit dem Pastor. Räume in der Kirche wurden hergerichtet, Ehrenamtliche angesprochen. Es konnte sogar eine halbe Sozialarbeiterstelle für die Beratung und Begleitung der Obdachlosen in der Kirchenküche Wandsbek, so hieß die Einrichtung dann, eingerichtet werden.

Die meisten Projekte arbeiten ehrenamtlich. Es sind erstaunlich viele Menschen gerne bereit, bei der Vorbereitung des Essens und der Essensausgabe zu helfen. Ich brauche das, sagte eine ältere Frau, die durch halb Hamburg fährt, um in Wandsbek zu helfen. Es tut offensichtlich gut, selbst einmal die Erfahrung des barmherzigen Samariters zu machen. Es sind oft ältere Menschen, die ihre Kinder großgezogen haben. Jetzt sollen sie als Konsum- und Tourismusbürger die Wirtschaft auch als Ältere weiter am Laufen halten.

---

[2]   R. Dahrendorf, Die globale Klasse und die neue Ungleichheit, in: Merkur H.11, 2000, 1066.

Aber das ist doch zu wenig, sagen sie. Bedürftigen unmittelbar zu helfen, ohne großen bürokratischen Aufwand, gibt unserem Leben Sinn. Einfach deswegen, weil Mensch an der Not des Nächsten nicht vorübergehen kann. Aber auch, weil es Sinn macht, ja sogar Spaß. Man ist mit anderen zusammen, tauscht sich aus, hört von den Schicksalen der Bedürftigen. Was heißt überhaupt Bedürftige? „Viele haben so interessante Schicksale; womit die im Leben fertig werden mussten, davon kann man noch lernen", sagt eine der beteiligten Frauen. Selbstverständliche Nächstenliebe also, keine große pathetische Begründung. Der Hungrige bekommt zu essen, weil er hungrig ist, nicht weil er der anonyme Christus ist.

Aber die Barmherzigkeitsprojekte haben auch eine fragwürdige Seite. Sie waren als Nothilfeprojekte gegründet worden. Sie wollten Menschen in Not helfen, aber auch auf den Skandal dieser Not aufmerksam machen, damit er abgestellt wird. Das ist jedoch nicht geschehen. Inzwischen sind viele der Notprojekte 10 Jahre alt, feiern ihr kleines Jubiläum. So die Suppengruppe der Kirchengemeinde St.Georg am Hamburger Hauptbahnhof. Viele Helfer fühlen sich nicht wohl dabei. Man hat den Eindruck, die Projekte gegen Armut werden benutzt, um Recht durch Barmherzigkeit zu ersetzen. Zunehmend wird staatlich zu leistender Lastenausgleich durch private Wohltätigkeit abgelöst. Diese Armutsprojekte machen die Armut mitten im Wohlstand erträglich. Der Staat rechnet mit ihnen, lobt sie, unterstützt sie. Sicher – die Projekte sind großartig, die Menschen, die mitmachen, liebenswert und wunderbar. Vielen Menschen wird unbürokratisch geholfen. Wie bei dem Hamburger Obdachlosenprojekt *Hinzt & Kunzt*, das auch gerade 10 Jahre alt wurde. Ein sehr erfolgreiches Projekt. Obdachlose verkaufen ein von ihnen mitgestaltetes Straßenmagazin, verdienen so dazu, haben Kontakte, bekommen eine Wohnung, gelegentlich sogar eine Arbeitsstelle. Die Sensibilität für die Situation der Obdachlosen in Hamburg ist durch *Hinzt & Kunzt* eindeutig gewachsen. Die Obdachlosen gehören wieder in die Gesellschaft, sind nicht mehr so ausgegrenzt. Aber insgesamt nimmt die Zahl der Obdachlosen zu. Strukturell ändert sich wenig. Bleibt es deswegen bei der paradoxen Aussage, die auf dem Jubiläum von einem prominenten Unterstützer zu hören war: „So sehr ich stolz bin, dass es das Projekt gibt, so sehr schäme ich mich, dass es das Projekt geben muss."

5. Vorleistungsfreie Gerechtigkeit

Frühmorgens um sechs stehen die Tagelöhner auf dem Marktplatz. Es ist die Zeit der Weinernte, sie hoffen alle darauf, heute eine Arbeit zu finden, um ihre Familie ernähren zu können. Der Weinbergbesitzer kommt und stellt einige Arbeiter für den tagesüblichen Lohn von einer Silbermünze ein. Die anderen bleiben enttäuscht zurück. Doch drei Stunden später taucht der

Besitzer noch einmal auf. Wieder nimmt er einige mit und versichert ihnen:
„Ich zahle euch, was angemessen ist." Das gleiche Spiel wiederholt sich um 12
Uhr mittags und nachmittags um drei. Als die letzten Nichteingestellten
enttäuscht nach Hause gehen wollen, es ist inzwischen fünf Uhr, erscheint
der Besitzer noch einmal und gibt ihnen Arbeit in seinem Weinberg. Besser
ein paar Groschen als gar nichts, denken sie bei sich. Um 6 Uhr ist Feier-
abend, es kommt zur Auszahlung des Lohns durch den Verwalter. Da geschieht das völlig Unvorhersehbare. Alle Arbeiter von den letzten bis zu den
ersten, bekommen den gleichen Lohn – einen Silbergroschen. Die Ersteinge-
stellten fangen an zu murren und stellen den Weinbergbesitzer empört zur
Rede: „Die letzten haben nur eine Stunde gearbeitet, doch du hast sie uns
gleichgestellt, die wir des Tages Last und Hitze getragen haben." Doch der
gibt kühl zurück: „Du hast bekommen, was ich mit dir vereinbart habe. Ich
will dem letzten dasselbe geben wie dir." Und dann: „Oder blickst du böse,
weil ich so gütig bin?" (Mt 20,15) Das sitzt: Diese Frage ist bis heute aktuell.
Die Arbeiter der ersten Stunde werden mit dieser Geschichte an ihre besseren Möglichkeiten erinnert. Eine davon ist die Freude darüber, dass ein
anderer unerwartet belohnt wird. Das Gleichnis sagt: auch wenn es dir nicht
gut geht, musst du angesichts dieser den anderen treffenden Güte nicht nei-
disch werden. Du kannst dich mitfreuen, du kannst solidarisch mit dem
Glück der anderen sein – mit denen, die überraschend den gleichen Lohn
erhalten. Das Gleichnis ist so gesehen eine Werbung um Solidarität zwischen
denen, denen es nicht gut geht.

Nicht der Wunsch der Langarbeiter nach Lohngerechtigkeit wird kritisiert,
sondern dass sie die großzügige Entlohnung der anderen fast wie einen eigenen Verlust betrachten. „Die einzige Hoffnung der Welt ist das Mitleid der
Unterdrückten mit den Unterdrückten", sagt Bertolt Brecht. Das klingt selt-
sam, wie ein Versprecher und enthält doch eine tiefe Wahrheit.

Eine Silbermünze für die Arbeiter der elften Stunde. Das Gleichnis von den
Arbeitern im Weinberg stellt die Güte Gottes gegenüber den Ausgegrenzten
dar. Es zeigt Fürsorglichkeit als das Andere der Gerechtigkeit. „Blickst du
böse, weil ich so gütig bin?", fragt der Weinbergbesitzer. Gott ist anders als
ein normaler Gewinn und Verlust berechnender Arbeitgeber, der genau kal-
kulieren muss, will er sich auf dem Markt behaupten. Diese patriarchale Güte
hat eine Umsetzung gefunden im fürsorglichen Sozialstaat, wie er in der
Bundesrepublik bislang Parteien übergreifend in der Nachkriegszeit entstanden ist.

Jedem zu geben, was er zu einem menschenwürdigen Leben braucht, war
sein Prinzip. Christlich nennt man das eine vorleistungsfreie Tat der Nächstenliebe. Sie wurde dem unverschuldet in Not Geratenen von unserem So-
zialsystem subsidiär, als unterstützende Hilfe gegeben. Nicht aus Barmherzigkeit, sondern als Rechtsanspruch. Auch die nicht so Leistungsstarken

konnten am wachsenden Wohlstand teilnehmen. Damit soll jetzt Schluss sein. Wer nicht mithalten kann, soll das auch spüren im Lebensstandard. Armut soll normal werden, nicht nur für die Gestrauchelten an den Rändern. Auch für denjenigen, der mit 53 gekündigt wird, keine Arbeit mehr bekommt und nun auf einmal zum Sozialrentner-Fall wird. Die Güte Gottes im Gleichnis von den Arbeitern im Weinberg beschwört ein anderes Ziel – das Lebensnotwendige soll für alle großzügig gesichert werden – durch neue Standards der Mindestsicherung, die auch sozial Ausgegrenzten einen menschenwürdigen Lebensstandard garantieren. Eine Silbermünze als Existenzminimum. Und zwar überall gleich in ganz Europa. Dieser existenzsichernde Mindeststandard ist ein Erbe der gesamten biblischen Tradition. Sich daran zu erinnern, stünde Europa gut an, auch wenn der Name Gottes in der Verfassung nicht mehr erwähnt werden sollte. Ich will dir geben, was zum Leben notwendig ist, selbst wenn du nur für eine Stunde am Tag arbeiten konntest. Nicht aus Faulheit, sondern weil mehr Arbeit nicht da war. Der entscheidende Punkt: die Sicherungssysteme müssen armutsfest gemacht werden. Aber wahrscheinlich ist diese Grundsicherung nicht zu erreichen, wenn nicht auch dem Reichtum eine Grenze gesetzt wird. Armut und Reichtum hängen zusammen. Der gütige Weinbergbesitzer muss von seinem Gewinn abgeben, wenn seine Großzügigkeit allen zugute kommen soll. Gott machte es vor.

6. Reichtumsberichterstattung

Ein junger Mann fragt Jesus, was er tun muss, um das ewige Leben zu gewinnen. Jesus verweist ihn auf die Gebote: „Die habe ich gehalten von Jugend auf", antwortet der Jüngling. Jesus sieht ihn an, gewinnt ihn lieb und sagt zu ihm: „Geh hin, verkaufe alles was du hast, und gib's den Armen, so wirst du einen Schatz im Himmel haben. Und komm und folge mir nach." Doch der Jüngling ist ganz niedergeschlagen über die Antwort und geht traurig davon, denn, so das Markus-Evangelium, „er hatte großen Besitz." Daraufhin sagt Jesus zu seinen Jüngern: „Wie schwer werden die Reichen in das Reich Gottes kommen" (Mk 10,17ff). Die Geschichte ist so bekannt wie abständig. Was in vergangenen Jahrhunderten die Reichen nachdenklich machte, ist heute nur noch Anlass für ein müdes Lächeln. Reichtum ist so normal wie Frühstücksbrötchen.

Immerhin hat vor drei Jahren eine Bundesregierung zum ersten Mal einen Reichtums- und Armutsbericht vorgelegt. Was würde Jesus dazu sagen? Vielleicht: Wie schwer ist es einzugestehen, dass der Reichtum in unserer Gesellschaft sehr ungleich verteilt ist! Einerseits wird in dem Bericht erwähnt, dass es 1995 27 230 Einkommensmillionäre gab, mit einem mittleren Brutto-Jahreseinkommen von 1,4 Millionen Euro. Doch dann wird eingeschränkt: das seien doch nur 12 707 Netto-Einkommensmillionäre, 0,043% aller Ein-

kommensbezieher. Also statistisch unerheblich. Gleichzeitig gibt die Bundesregierung in ihrem Bericht aber zu, dass 42% des Privatvermögens in Höhe
von 8,2 Billionen Euro auf die obersten zehn Prozent der Bevölkerung entfie-
len. Nur 4,5% des Privatvermögens gehörten den unteren 50% aller Haus-
halte. Also, denkt Jesus, muss es doch viel mehr Vermögensmillionäre in der
Bundesrepublik geben. Und siehe da: der Welt-Reichtumsbericht einer renommierten US-Unternehmensberatung vermerkt, dass Ende 2002 in der
Bundesrepublik 755 000 Privatpersonen über ein Finanzvermögen von mehr
als einer Million Dollar verfügten. Zöge man jetzt alle Betriebsvermögen in
die Berechnung mit ein, käme man noch zu ganz anderen Zahlen. Dennoch
behauptet die Bundesregierung, die Verteilung des Privatvermögens sei trotz
der gestiegenen Ungleichheit der Einkommen im langfristigen Trend ten-
denziell gleichmäßiger geworden. Zur Angleichung der Vermögen habe der
vermehrte Erwerb von Immobilien beigetragen. 49% der Arbeitnehmerhaus-
halte seien inzwischen Eigentümer von Immobilien. Doch was ist ein abzu-
stotterndes kleines Eigenheim gegen ein Millionenvermögen? Und – was ist
mit den andern 51%, die keine Immobilien besitzen?

Noch mal gefragt: was würde Jesus sagen? Würde Jesus wie die Bundesregierung sagen, es gibt keinen ursächlichen Zusammenhang zwischen dem
großen Reichtum und der drastisch angestiegenen Armut bei uns? Die statis-
tischen Daten zu Armut einerseits und Reichtum andererseits stehen in dem
Bericht beziehungslos nebeneinander. Maßnahmen schlägt die Bundesregierung nur für Armutsbekämpfung vor, nicht aber hinsichtlich des Reichtums.
Möglich wäre ja beispielsweise als einfachste Maßnahme die Wiedereinführung der Vermögenssteuer oder die Besteuerung von Spekulationsgewinnen.

Doch die Bundesregierung meint: „Der Reichtum darf nicht diskriminiert
werden. Denn Reichtum hat wichtige Funktionen in unserer Gesellschaft im
ökonomischen sozialen und kulturellen Bereich." Beweise liefert sie für diese
These nicht. Ob die im Grundgesetz verankerte soziale Bindung des Eigentums auch für den Reichtum gelte, das sei unklar. Da wäre Jesus anderer
Meinung. Die Erde gehört Gott, und was der Mensch als Lehen erhalten hat,
damit muss er sozial verantwortlich umgehen. Insofern ist Reichtum, der aus
Grundbesitz entsteht, stets sozial gebunden.

Der reiche Jüngling ging traurig davon. Es gibt in den westlichen Ländern
hunderttausende von jungen Männern und Frauen, die reich oder reiche
Erben sind. Sie werden sich über ihren Reichtum Gedanken machen, wie sie
ihn weiter gewinnbringend anlegen, wie sie als Mäzenaten und großzügige
Förderer auftreten können. Sicher tun sie auch viel Gutes mit ihrem Reichtum. Trotzdem – an der Ungleichverteilung ändert das nichts. Müssten sie
eine Vermögenssteuer zahlen, sie würden nicht arm dabei werden. Aber es
geschieht nichts. Was tut Jesus? Den Armuts- und Reichtumsbericht der
Bundesregierung in den Händen geht er traurig davon.

7. Lebensgewinn durch Teilen

Jesus preist die Armen selig; ihnen, sagt er, gehört das Reich Gottes. Die jetzt hungern, sollen satt werden, die jetzt weinen, sollen lachen. Den Reichen gegenüber ist er kritisch. „Weh euch ihr Reichen", ruft er, „denn ihr habt euren Trost dahin" (Lk 6,24) Immer wieder spricht er von den Gefahren des Reichtums. Erzählt Geschichten wie die vom reichen Kornbauern. Der baut sich neue Scheunen für seine Kornvorräte und sagt zu sich selber: „Mein Lieber, du hast große Vorräte für viele Jahre; ruh dich nun aus, iß und trink und sei guter Dinge! Aber Gott sagte zu ihm: Du Narr! Diese Nacht wird man dein Leben von dir fordern, und wem gehört dann, was du angehäuft hast?" (Lk 12,20) Angesichts dieses letzten Ernstes im Urteil Jesu muss man erst einmal schlucken. „So geht es dem, der sich Schätze sammelt und nicht reich ist bei Gott." Aber, wohlgemerkt, es ist eine Geschichte, eine Geschichte, die mahnen und verändern will. Jeder hat eine Chance, reich bei Gott zu werden. Jesus schreibt die Reichen nicht ab.

Da ist die schöne Geschichte vom reichen Oberzöllner Zachäus. Der möchte den berühmten Wanderprediger Jesus auch einmal sehen. Weil er so klein ist, klettert er auf einen Baum. Jesus entdeckt ihn, sagt: „Steig schnell herab, ich will in dein Haus einkehren." Zachäus ist so überwältigt, dass er von sich aus zwei Maßnahmen vorschlägt, die auch heute noch bedenkenswert sind. „Die Hälfte meines Vermögens gebe ich den Armen, und was ich unrecht erworben habe, gebe ich vierfach zurück" (Lk 19,8). Das ist der Versuch in der frühen Kirche, auch den Reichen die Möglichkeit zur Umkehr zu eröffnen. Wenn sie teilen, können auch die Reichen reich bei Gott werden. „Heute ist diesem Haus Heil widerfahren", sagt Jesus zu Zachäus. Lebensgewinn geschieht durch Verzicht und Teilen. Da wird einer reich bei Gott, indem er abgibt. In Hamburg gibt es tausende von gut gestellten Bürgern, die einen kleinen Teil ihres Geldes für das Hamburger Spendenparlament geben. Daraus werden soziale Projekte finanziert, die sich gegen Armut, Ausgrenzung und Isolation in der Hansestadt richten. In einer öffentlichen Sitzung stellen sich die Projekte vor, die Spender als Parlamentarier stimmen über die Vergabe ab. Drei Millionen Euro wurden auf diese Weise bereits vergeben. Eine schöne Idee, die schon viel Gutes bewirkt hat. Diese private ehrenamtliche Initiative könnte durch den Gesetzgeber aufgegriffen werden, etwa durch höhere Besteuerung von Erbschaften und Vermögen, die dann der Bekämpfung der Armut zugute kommen.

Eines sollte zum Schluss dieser Andachten über Arme und Reiche in der Bibel festgehalten werden. Vor Gott sind wir alle arm. Der Gnade Gottes bedürfen auch die Armen. Weil sie arm sind, sind sie nicht die besseren Menschen. Wir sind Bettler, das ist wahr, sagte Luther auf dem Sterbebett. Wir alle bedürfen der Annahme durch Gott in unserem Sosein. Wenn wir loslassen, können wir diese Annahme spüren. Das hat mit Glauben und Vertrauen zu tun. Darin sind wir alle gleich vor Gott und gleich geliebt von Gott. Trotzdem hat Gott eine Schwäche für die materiell Armen. Ich frage mich, warum das so ist. Gott kann nicht anders. Weil er es von Anfang mit den Schwächeren hält, dem kleinen Volk Israel. Das wird zwischen den großen Mächten zerrieben. Weil er schließlich in Jesus selber arm und schwach wurde, der als Kind armer Eltern in einem Stall zur Welt kam. Sie wenden ein, das sei erst Weihnachten dran. Richtig, aber die Option Gottes für die Armen gilt das ganze Jahr.

7. Nachbemerkung. Ein Selbstgespräch Gottes

Irgendetwas ist schief gelaufen. Seit drei Jahrtausenden setze ich mich für die Armen ein, aber ihre Zahl wird nicht weniger. Selbst im reichen Europa nimmt ihre Zahl wieder zu. Hunderttausende von Obdachlosen, heruntergekommene Stadtviertel, so viele Kinder in ärmlichen Verhältnissen, oft sind sie dick, weil sie ungesund leben. Aber das ist ja alles noch harmlos verglichen mit dem Schicksal der Armen in Afrika. So viele sind aidskrank, bekommen keine Medikamente. Es ist zum Verzweifeln. Immer noch wie beim armen Lazarus – der Arme sieht zu, dass er die Brosamen von des Reichen Tisch zu essen bekommt. Es hat alles nichts genutzt, dass er im Schoß Abrahams sitzen durfte. Die Feuerqualen für den Reichen, seine flehentliche Bitte doch seine fünf Brüder zu warnen, im Mittelalter hat das noch gewirkt. Aber jetzt, wer fürchtet sich noch vor solchen Aussichten? Wer kennt die Geschichte überhaupt noch? Sollen sie auf Mose und die Propheten hören! Wer kennt die alttestamentlichen Sozialgesetze? Ja, da steht alles drin. Seit dreitausend Jahren versuche ich die Reichen zu bewegen, ihren Reichtum zu teilen, abzugeben. Das Experiment mit dem Sozialismus, eigentlich wollte ich es gar nicht, aber meine Christen waren ja so staatsfromm und obrigkeitstreu, da blieb mir nichts anderes übrig, als es so zu versuchen. Immerhin, es hat eine zeitlang gewirkt. Die Reichen bekamen es mit der Angst zu tun, waren bereit zu Reformen. Der Acht-Stunden-Tag, Tarifverträge, Arbeits- und Krankenversicherung, Kündigungsschutz, Sozialhilfe, Sozialstaat. Dann das Ende des Kalten Krieges. Der Kommunismus hat abgewirtschaftet. Da hätte das Steuer doch wunderbar herumgerissen werden können. Keine Verfeindung mehr, alle Anstrengung auf die Bekämpfung der Armut gerichtet. Die Rüstungsmilliarden für Entwicklungshilfe und zivile Konfliktlösung. Aber nein, aber nein, da fingen sie auf dem Balkan an, dann in den islamischen Ländern. Können sich einfach nicht damit abfinden, dass Israel in ihrer Mitte einen kleinen Staat hat. Gotteskrieger, wenn ich das schon höre. Aber die Reichen in den USA, auch nicht besser, fürchten um die Kontrolle der Ölquellen, führen deswegen Krieg gegen den Terror, wo soll das hinführen!

Ich freue mich über die Armen in den Ländern der südlichen Erdhälfte. Sie gehen wenigstens noch in die Kirche. Sie schöpfen noch Hoffnung aus den Befreiungsliedern der Bibel. Oder sie finden wenigstens Trost in ihrer Gemeinschaft. Was die Pfingstkirchen für Zulauf haben! Und wie meine Tochter Maria immer noch Millionen Trost spendet. Selbst mein Stellvertreter, der krumme Greis auf dem Stuhl Petri, ist für viele ein Hoffnungsträger – unbeugsam in seinem Kampf für Frieden und Gerechtigkeit. Vielleicht muss ich mir doch nicht so viel Sorgen machen. Vielleicht wird es besser. Werden die Schreie der Armen wirklich gehört bei den Verantwortlichen der Weltbank und des Weltwährungsfonds, vor allem auch bei den großen Konzernen? Die Banker und Bosse sind doch auch meine Kinder (obwohl, da gibt es welche wie den Ackermann, die machen es einem schwer). Sie zu ersäufen wie das Heer des Pharao bringt doch nichts. Kommen ja immer neue. Nein, ändern sollten sie sich. Ob sie das wohl schaffen? Ich hoffe es immer noch.